Liebe Leserin,
lieber Leser,

... in Sachen Lernfelder ...

wer seine beruflichen Chancen verbessern möchte, braucht hilfreiche und kundige Begleiter. So einen hilfreichen Begleiter dürfen wir Ihnen vorstellen:

✔ **Das Arbeitsbuch Elektrotechnik, Lernfeld 5–13**

Dieses Arbeitsbuch ist die Fortsetzung des bewährten Arbeitsbuches Elektrotechnik Lernfeld 1–4.

Die vorliegende 5. Auflage wurde weiter verbessert und an gültige Normen angepasst.

Aufbau des Buches:

✓ Jedes Lernfeld hat mehrere Lernsituationen.

✓ Die Lernsituationen sind praxisorientiert und unterstützen somit Ihre berufliche Handlungen.

✓ Lernsituationen erleichtern Ihnen den Einstieg in das Thema und zeigen Ihnen die berufliche Bedeutung auf.

✓ Jede Lernsituation beinhaltet Arbeitsaufträge und kann in Einzel-, Partner- oder Teamarbeit bearbeitet werden.

✓ Arbeitsaufträge haben eine logische Abfolge.

✓ In manchen Arbeitsaufträgen findet man Hinweise zum Lösen von Aufgaben.

Wie sollen Sie mit diesem Buch arbeiten:

✓ Lesen Sie die Aufgabenstellungen sorgfältig durch.

✓ Achten Sie auf mögliche Lernhilfen.

✓ Machen Sie sich eventuell Notizen auf einem separaten Blatt.

✓ Bei schwierigen Aufgaben ist es sinnvoll diese zu zweit oder in Teamarbeit zu lösen.

✓ Tragen Sie Ihre Lösung an der entsprechenden Stelle im Arbeitsbuch ein. Achten Sie unbedingt auf den zur Verfügung stehenden Platz.

✓ Kontrollieren Sie nochmals Ihre Lösung. Gehen Sie Ihre Lösung Schritt für Schritt gedanklich durch.

✓ Haben Sie die Lernsituation bearbeitet, beantworten Sie zum Abschluss die Seiten „Testen Sie Ihre Fachkompetenz“ am jeweiligen Kapitelende.

✓ Zur Hilfestellung, zur Stoffaufbereitung und Stoffvertiefung können Sie z.B. das Fachbuch „Fachkunde Elektrotechnik“ verwenden.

Wir wünschen Ihnen viel Freude beim Arbeiten mit diesem Buch. Der Erfolg stellt sich dann sicher ein.

Gerne freuen wir uns auf einen Dialog mit Ihnen. Schreiben Sie uns unter: lektorat@europa-lehrmittel.de

Autoren und Verlag Europa-Lehrmittel

Herbst 2018

Für wen ist das Buch geeignet?

- Für alle Auszubildenden, die einen Elektroberuf in der Industrie und im Handwerk erlernen,
- Schüler und Studierende von Fachschulen, Meisterschulen, Berufskollegs und Berufsfachschulen und
- überbetriebliche Ausbildungsstätten.

Arbeitsbücher für die Lernfelder der Grundstufe + Fachstufe

Wenn Sie Hilfe benötigen:

Informieren Sie sich im Buch „Fachkunde Elektrotechnik“.

Bearbeiten Sie die Lernsituationen mit der optional erhältlichen Interaktiven CD, die einblendbare Musterlösungen enthält.

Weitere Bücher die Ihnen helfen die Lernsituationen zu bearbeiten und zu lösen:

- Rechenbuch Elektrotechnik
- Tabellenbuch Elektrotechnik
- Praxis Elektrotechnik
- Formeln für Elektrotechniker
- Prüfungsbuch Elektrotechnik
- Arbeitsblätter Fachkunde Elektrotechnik

Elektroenergieversorgung und Sicherheit von Betriebsmitteln gewährleisten LF5

Anlagen und Geräte analysieren und prüfen LF6

Kommunikationssysteme in Wohn- und Zweckbauten planen und realisieren

Elektrische Anlagen der Haustechnik in Betrieb nehmen und instand halten

Energietechnische Anlagen errichten, in Betrieb nehmen und instand setzen

KNX Energie- und gebäudetechnische Anlagen planen und realisieren LF 12

Infoteil

Lernsituation: Eine Leuchtstofflampe an Wechselspannung untersuchen

Ihr Betrieb soll in einer Schule die veraltete Deckenbeleuchtung einiger Unterrichtsräume **(Bild)** durch neue Leuchtstofflampen ersetzen.

Da die Leuchtstofflampen mit Wechselspannung betrieben werden, hat Ihnen Ihr Meister den Auftrag erteilt, sich zuvor mit den Besonderheiten von Wechselspannung und Wechselstrom vertraut zu machen.

Ihr Meister übergibt Ihnen auch eine ältere Leuchte, damit Sie die einzelnen Bauteile kennenlernen und sich den Schaltplan für die Grundschaltung einer Leuchtstofflampe erarbeiten können.

Um das elektrische Zusammenwirken der Bauelemente an Wechselspannung zu erkennen, sollten Sie eine Leuchtstofflampenschaltung im Schulunterricht oder im Ausbildungsbetrieb aufbauen, daran elektrische Messungen durchführen und die Messergebnisse auswerten.

Bild: Deckenbeleuchtung mit Leuchtstofflampen

Arbeitsauftrag 1: Errechnen von Spannungswerten und Zeichnen einer Sinuslinie

Eine sinusförmige Wechselspannung entsteht in einer Leiterschleife oder Spule, wenn diese in einem homogenen Magnetfeld mit gleichbleibender Geschwindigkeit gedreht wird **(Tabelle)**.

1. Berechnen Sie für den jeweiligen Drehwinkel α der sich drehenden Spule die Augenblickswerte u der erzeugten Spannung.
   Der Scheitelwert der Spannung beträgt $\hat{u} = 325\,V$.
2. Tragen Sie die Augenblickswerte in die **Tabelle** ein und übernehmen Sie dann diese Augenblickswerte in das Liniendiagramm **(Bild 2)**.
3. Zeichnen Sie den Verlauf der Spannung.

Augenblickswert einer sinusförmigen Wechselspannung

$u = \hat{u} \cdot \sin \alpha$

u	Augenblickswert
$\hat{u}$	Scheitelwert
$\sin \alpha$	Sinuswert des Drehwinkels α

Beispiel:

Bei $\hat{u} = 325\,V$ und $\alpha = 30°$ beträgt der Augenblickswert
$\boldsymbol{u} = \hat{u} \cdot \sin \alpha = 325\,V \cdot \sin 30° = 325\,V \cdot 0{,}5 = \mathbf{162{,}5\,V}$

Hinweis zum Taschenrechner (TSR):

Modus DEG einstellen,
Bsp.: 30 [sin] **0,5** oder sin30 = **0,5** (je nach TSR)

Tabelle: Augenblickswerte und Liniendiagramm

α	0°	30°	60°	90°	120°	150°	180°	210°	240°	270°	300°	330°	360°
u in V		162,5											
Lage der Spule	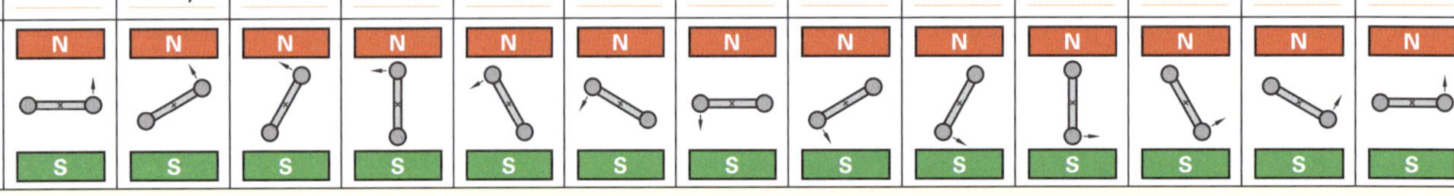												

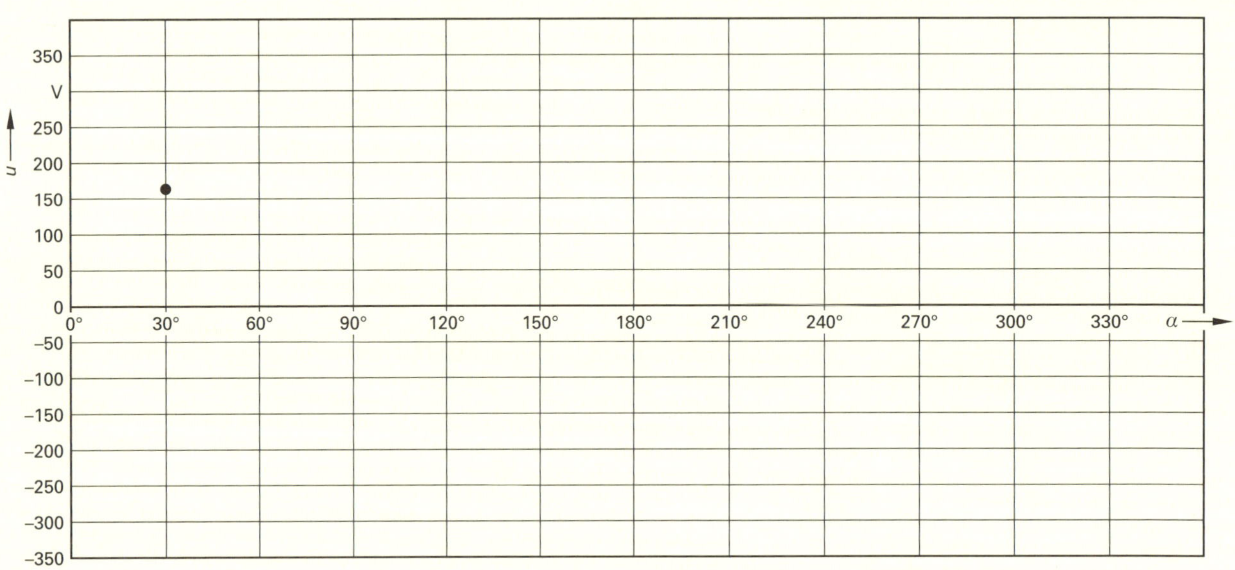

Bild 2: Liniendiagramm

Arbeitsauftrag 2: Kenngrößen zur sinusförmigen Wechselspannung bzw. Wechselstrom erarbeiten

Bevor Sie die Bauteile und die Funktion der Leuchtstofflampe untersuchen, überprüfen und festigen Sie Ihre Kenntnisse über Wechselspannung und Wechselstrom.

Fachkunde Elektrotechnik, Kapitel: Wechselstromtechnik

1. Erklären Sie die Begriffe: Sinusförmige Wechselspannung bzw. sinusförmiger Wechselstrom.

2. Tragen Sie die Kenngrößen und Formelzeichen einer Sinus-Wechselspannung im **Bild 1** ein.

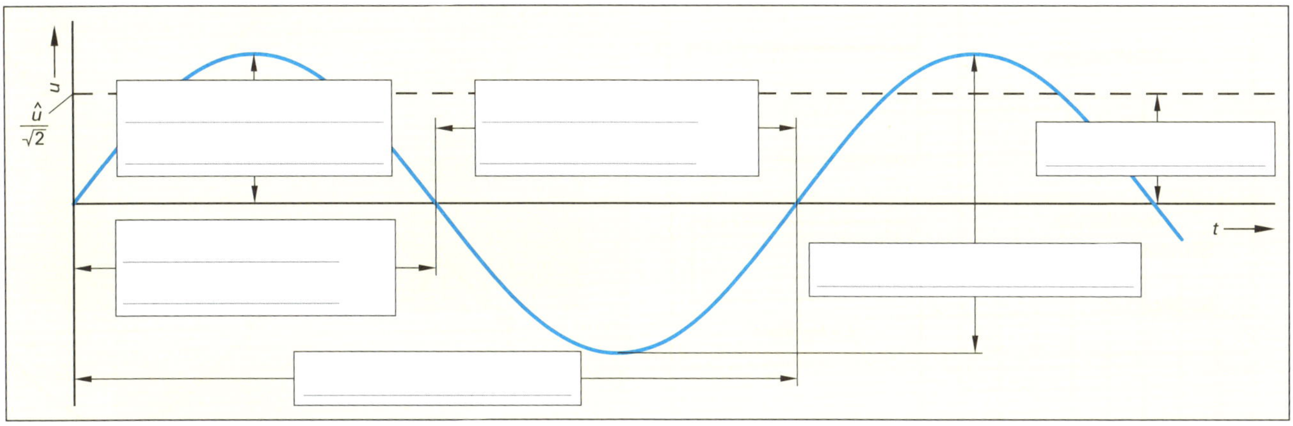

Bild 1: Sinusspannung

3. Was versteht man bei einem sinusförmigen Wechselstrom unter dem Effektivwert?

Achtung! In Netzen mit z.B. drehzahlgesteuerten Motoren, Stromversorgungen für Bürogeräte, elektronischen Transformatoren und Dimmern kann der Effektivwert fehlerhaft gemessen werden, da die Wechselspannungen und -ströme nicht mehr sinusförmig sind. Nur Echt-Effektivwert-Multimeter (Geräte mit True RMS) messen nicht sinusförmige Größen genau. Der Crestfaktor und die Frequenzbandbreite des Multimeters müssen beachtet werden.

4. Berechnen Sie den Effektivwert U für die Wechselspannung aus Arbeitsauftrag 1, Aufgabe 1 **(Seite 8)**.

5. Berechnen Sie die Periodendauer einer 50-Hz-Wechselspannung.

6. Das **Bild 2** zeigt das Oszillogramm einer sinusförmigen Wechselspannung. Berechnen Sie **a)** den Effektivwert und **b)** die Frequenz.

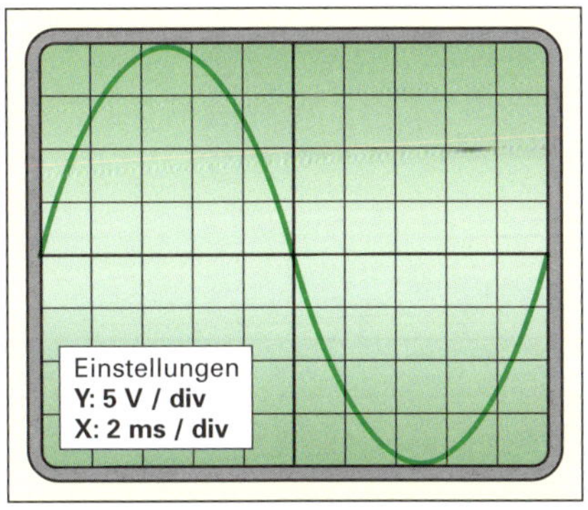

Bild 2: Oszillogramm einer sinusförmigen Wechselspannung

a)

b)

Arbeitsauftrag 4: Leuchtstofflampen-Schaltung analysieren

Das **Bild 1** zeigt das geöffnete Gehäuse einer Leuchte mit der Lage der einzelnen Bauteile. Benennen Sie die Bauteile im **Bild 1**. Verdrahten Sie die Bauteile **(Bild 1)** entsprechend dem Stromlaufplan **(Bild 2)**.

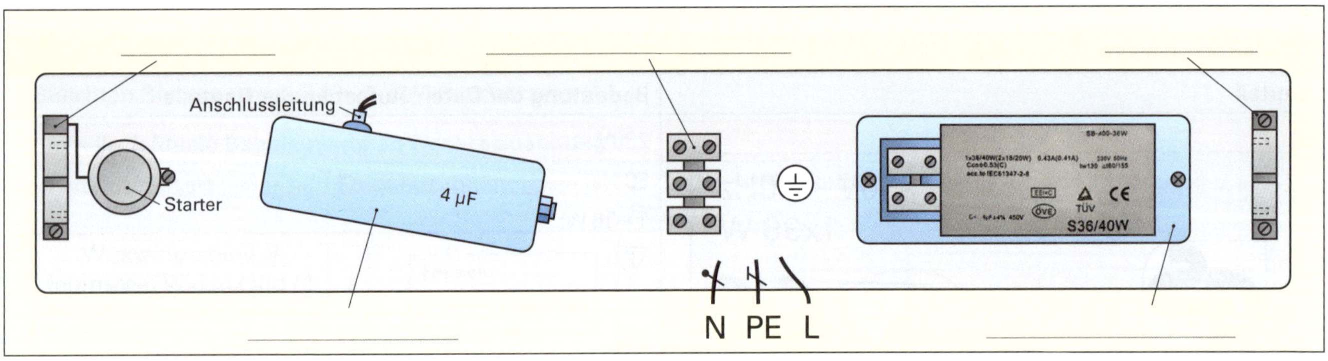

Bild 1: Verdrahtungsplan einer Leuchtstofflampe

Arbeitsauftrag 5: Messungen an der Leuchtstofflampen-Schaltung durchführen

Im Ausbildungsbetrieb oder in der Schule können Sie z.B. im Team die Funktion einer 18-W-Leuchtstofflampen-Schaltung messtechnisch untersuchen.

> Wenn Sie keine eigenen Messungen ausführen können, nutzen Sie für die Bearbeitung der entsprechenden Arbeitsaufträge die Vergleichswerte in der **Tabelle** auf **Seite 13**.

1. **a)** Zeichnen Sie im Schaltplan der Leuchtstofflampen-Schaltung (ohne Kondensator) **(Bild 4)** einen Leistungsmesser ein, um die Wirkleistung *P* der Leuchte direkt messen zu können, sowie einen Spannungs- und einen Strommesser, um die Betriebsspannung *U* und den Strom *I* zu messen.
   b) Messen Sie die elektrischen Größen *P*, *U* und *I* und übernehmen Sie die Werte in die **Tabelle** auf **Seite 13**.
   c) Lesen Sie den Messwert *P* vom Leistungsmesser **(Bild 3)** ab und tragen Sie diesen Wert in die **Tabelle** auf **Seite 13** unter Vergleichswert ein.
2. **a)** Ergänzen Sie den Schaltplan **(Bild 4)**, um die Teilspannungen U_1 am Vorschaltgerät (R1), U_2 an der Leuchtstofflampe (E1), sowie U_3 über beide Bauelemente (R1 und E1) messen zu können.
   b) Tragen Sie die Bezugspfeile für den Strom und die Spannungen ein.
   c) Messen Sie die elektrischen Werte und übertragen Sie diese in die **Tabelle** auf **Seite 13**.

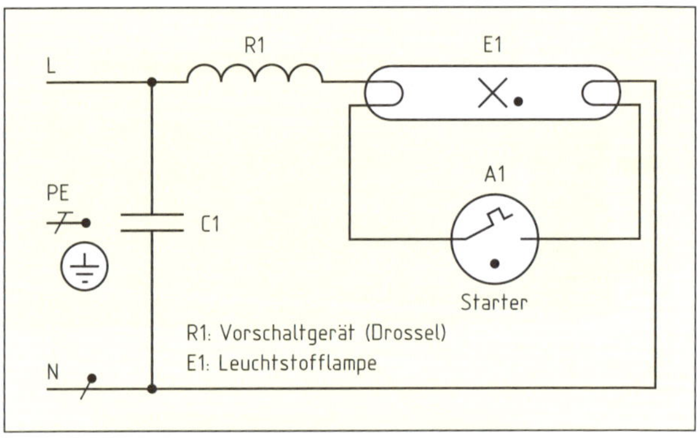

Bild 2: Stromlaufplan einer Leuchtstofflampe

> Nach DIN EN 61346 Teil 2 werden energiebegrenzende Betriebsmittel, z.B. Drossel, mit dem Kennbuchstaben R bezeichnet.

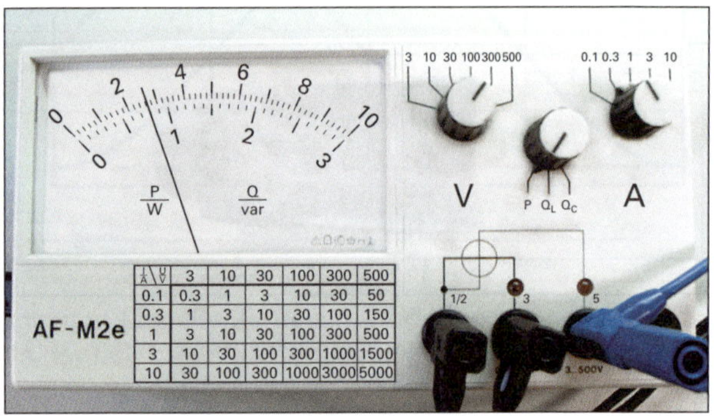

Bild 3: Messung der gesamten Wirkleistung *P* an der Leuchte

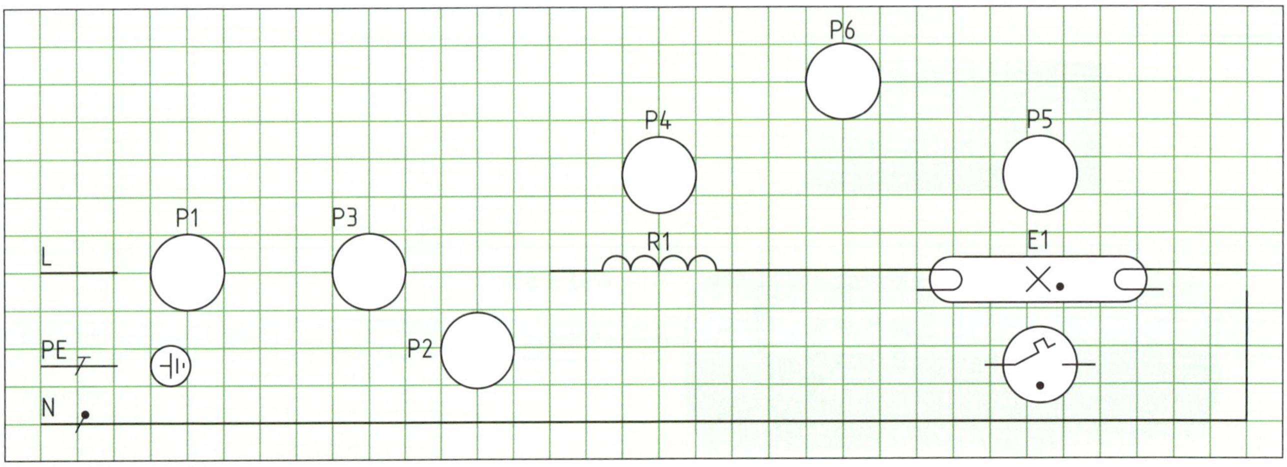

Bild 4: Schaltplan mit Messinstrumenten

3. a) Ergänzen Sie die Messschaltung **(Bild 1),** um mit einem Widerstandsmesser den Widerstand des Vorschaltgerätes R1 direkt messen zu können.

b) Messen Sie vom Vorschaltgerät die Größe des Widerstandes und tragen Sie den Messwert in die **Tabelle** ein.

R1

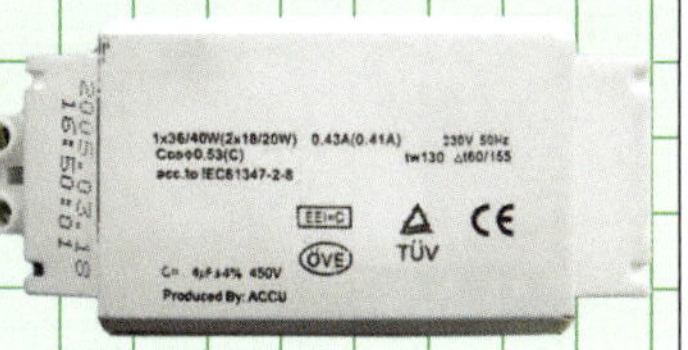

a)

Bild 1: Direkte Widerstandsmesung

Direkte Widerstandsbestimmung mit einem Widerstandsmesser wird nur im spannungslosen Zustand der Schaltung durchgeführt.

Fachkunde Elektrotechnik,
Kapitel: Messen von Widerständen

4. Vergleichen Sie in der **Tabelle** Ihre Messwerte eventuell mit den Messwerten einer anderen Gruppe, sowie mit den bereits vorgegebenen Vergleichswerten. Diskutieren Sie eventuelle Unterschiede bei den Messwerten.

Tabelle: Messwerte an einer 18-W-Leuchtstofflampe

Stromstärke I	Betriebs-spannung U	Wirkleistung P	Spannung U_1 am Vorschalt-gerät R1	Spannung U_2 an der Lampe E1	Spannung U_3 über R1 und E1	Widerstand am Vorschalt-gerät R1 (direkt gemessen)
Vergleichswerte						
0,36 A	233 V		213 V	64,5 V	233 V	62 Ω

Arbeitsauftrag 6: Messwerte der Leuchtstofflampen-Schaltung auswerten

Wenn Sie die Messungen nicht durchführen konnten, verwenden Sie für die Auswertung die Vergleichswerte aus der **Tabelle.**

Sie sollen nun die Messwerte oder die Vergleichswerte der **Tabelle** auswerten und dabei auch auf die Unterschiede zwischen den Gesetzmäßigkeiten bei Wechselspannung und Gleichspannung achten.

1. a) Berechnen Sie aus den U-I-Werten die Scheinleistung S der Leuchte.

b) Vergleichen Sie den Wert der Scheinleistung S mit dem Wert der Wirkleistung P **(Tabelle)** und erklären Sie den Unterschied.

c) Lesen Sie die Messwerte für den Wirkfaktor cos φ und den Phasenverschiebungswinkel φ im **Bild 2** ab.

d) Berechnen Sie die gesamte Wirkleistung P.

a)

b)

c) aus **Bild 2:** Wirkfaktor cos $\varphi \approx$

Phasenverschiebungswinkel $\varphi \approx$

d)

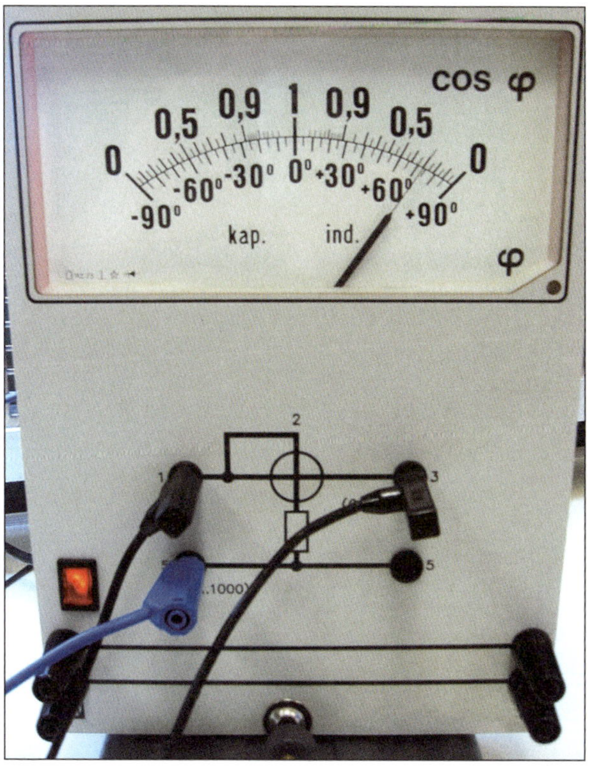

Bild 2: Leistungsfaktormesser

2. a) Berechnen Sie die Blindleistung Q_L.

b) Zeichnen Sie mit dem angegebenen Maßstab das Leistungsdreieck **(Bild 1)** der Leuchte. Bestimmen Sie dazu für die Leistungen P, Q_L und S die Zeigerlängen im angegebenen Maßstab und zeichnen dann das Leistungsdreieck.

c) Ermitteln Sie daraus den Phasenverschiebungswinkel φ der Leuchtstofflampen-Schaltung und vergleichen Sie den so bestimmten Phasenverschiebungswinkel mit dem vom Messgerät angezeigten Phasenverschiebungswinkel **(Bild 2, Seite 13)**.

3. a) Berechnen Sie den Scheinwiderstand Z_{VG} des Vorschaltgerätes mithilfe der Messwerte U_1 und I aus Arbeitsauftrag 5 **(Tabelle, Seite 13)**.

b) Vergleichen Sie diesen Wert mit dem direkt gemessenen Widerstandswert des Vorschaltgerätes.

c) Erklären Sie die beiden Widerstandswerte.

a)

b) Bestimmung der Zeigerlängen bei einem Maßstab: 10 W ≙ 10 VA ≙ 10 var ≙ 5 mm

c)

Phasenverschiebungswinkel φ der Leuchtstofflampen-Schaltung
vom Messgerät angezeigter Wert:
aus Leistungsdreieck ermittelt:

Bild 1: Leistungsdreieck

a)

b)

c)

4. a) Zeichnen Sie für eine reale Spule, z.B. für das Vorschaltgerät, die vereinfachte Ersatzschaltung **(Bild 2)**, um den ohmschen Drahtwiderstand R und den induktiven Widerstand der Spule X_L zu berücksichtigen.

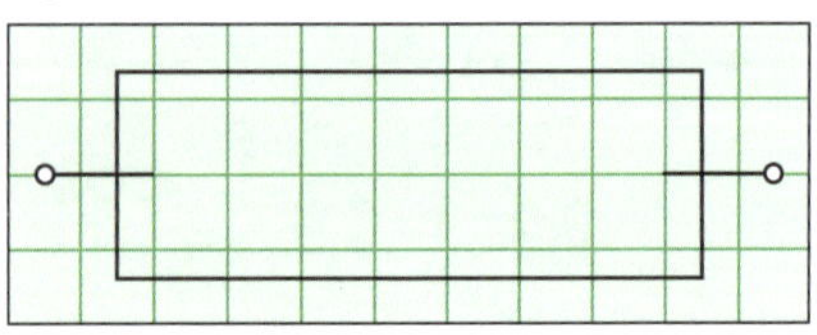

Bild 2: Ersatzschaltung einer realen Spule

b) Berechnen Sie vom Vorschaltgerät den induktiven Blindwiderstand X_L und die Induktivität L.

c) Berechnen Sie den Wirkfaktor $\cos\varphi$ und den Phasenverschiebungswinkel φ.

d) Zeichnen Sie das maßstabsgerechte Widerstandsdreieck **(Bild 3)** für das Vorschaltgerät.

Bestimmung der Zeigerlängen bei einem Maßstab: 10 Ω ≙ 2 mm

e) Lesen Sie aus dem gezeichneten Widerstandsdreieck **(Bild 3)** den Phasenverschiebungswinkel φ des Vorschaltgerätes ab.

Phasenverschiebungswinkel des Vorschaltgerätes: φ =

Bild 3: Widerstandsdreieck

5. Bild 1a zeigt die Grundschaltung zum Betrieb der Leuchtstofflampe.

a) Ergänzen Sie im **Bild 1b** die Ersatzschaltungen für das Vorschaltgerät und für die Leuchtstofflampe (ohmscher Widerstand).

b) Tragen Sie in die Ersatzschaltungen **(Bild 1b)** des Vorschaltgerätes und der Leuchtstofflampe die Bezugspfeile für den Strom und für sämtliche Spannungen ein. Verwenden Sie die Formelzeichen der **Tabelle.**

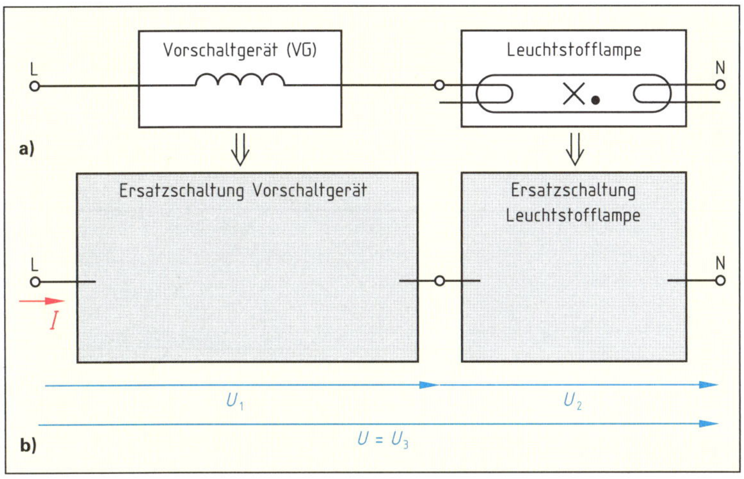

Bild 1: Grundschaltung und Ersatzschaltungen einer Leuchtstofflampen-Schaltung

c) Berechnen Sie mithilfe der Stromstärke I die Teilspannungen U_R und U_{XL} am Drahtwiderstand und am Blindwiderstand des Vorschaltgerätes. Berechnen Sie mithilfe der Teilspannungen die Spannung U_1 über das Vorschaltgerät. Tragen Sie die Rechenwerte in die **Tabelle** ein.

d) Warum darf man die Teilspannungen der Wirkwiderstände und die Teilspannung am induktiven Blindwiderstand nicht einfach addieren?

e) Zeichnen Sie das maßstabsgerechte Zeigerdiagramm **(Bild 2)** aller Teilspannungen, um die Gesamtspannung (Betriebsspannung) für die Leuchtstofflampen- Schaltung zu ermitteln.

f) Entwickeln Sie aus dem Zeigerdiagramm mithilfe des Satzes des Pythagoras eine Formel zur Berechnung der Gesamtspannung U aus den Teilspannungen und berechnen Sie dann die Gesamtspannung U.

g) Ermitteln Sie im Zeigerdiagramm **(Bild 2)** den Phasenverschiebungswinkel φ zwischen U und I und tragen Sie den Wert im **Bild 2** ein.

h) Diskutieren Sie mit Ihrer Lerngruppe die Ursachen für mögliche Unterschiede zwischen den errechneten und den gemessenen Werten.

Ersatzschaltungen benutzt man, um die Eigenschaften realer Bauelemente, z.B. einer Spule, mithilfe idealer Bauelemente, besser erklären zu können.

Tabelle: Betriebswerte der Leuchte

	gemessen	berechnet
Stromstärke I	0,36 A	
Betriebsspannung $U = U_3$	233 V	
Spannung U_1 am VG	213 V	
Spannung U_2 an der Leuchtstofflampe	64,5 V	
Spannung U_R am Drahtwiderstand des VG		
Spannung U_{XL} am Blindwiderstand des VG		

Maßstab: 20 V ≙ 10 mm

Phasenverschiebungswinkel φ zwischen U und I der Leuchte: ______

Bild 2: Zeigerbild aller Spannungen der Leuchte

Testen Sie Ihre Fachkompetenz

1. Sie sollen für einen Laborversuch die Schaltung **(Bild 1)** analysieren. Wie verhalten sich die LEDs P1 und P2, wenn die Frequenz der Wechselspannung **a)** 1 Hz und **b)** 50 Hz beträgt?

a) ______________________________

b) ______________________________

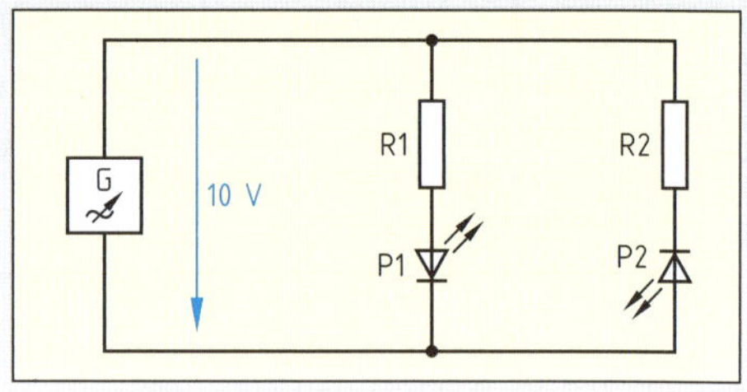

Bild 1: Versuchsschaltung

2. a) Was meint ein Elektronik-Fachmann, wenn er sagt, dass Spannung und Strom phasenverschoben sind? **b)** Mit einem Oszilloskop wurden Spannung und Strom an einem Verbraucher gemessen **(Bild 2)**. Um welche Belastungsart, z.B. ohmsche-induktive oder ohmsche-kapazitive Last, handelt es sich? Begründen Sie.

a) ______________________________

____

____

b) ______________________________

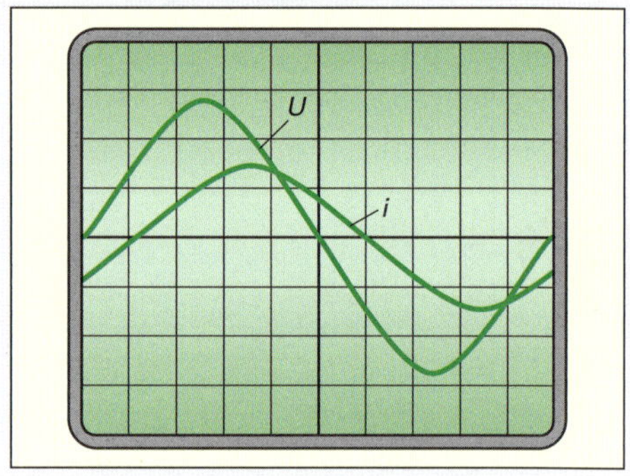

Bild 2: Phasenverschiebung von Spannung und Strom

3. An eine Schützspule Q1 mit der Steuerspannung AC 24 V wurde versehentlich DC 24 V angeschlossen **(Bild 3)**. Nach Inbetriebnahme der Steuerschaltung brannte die Schützspule durch. Erklären Sie, warum die Schützspule durchbrannte.

____

____

____

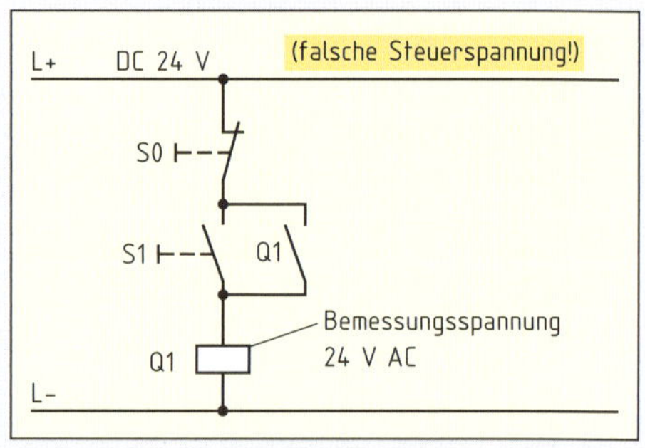

Bild 3: Schützsteuerung

4. Berechnen Sie aus den Angaben des Leistungsschildes **(Bild 4)** des Wechselstrommotors **a)** die Scheinleistung, **b)** die aufgenommene Wirkleistung, **c)** die Blindleistung und **d)** den Wirkungsgrad.

a)

b)

c)

d)

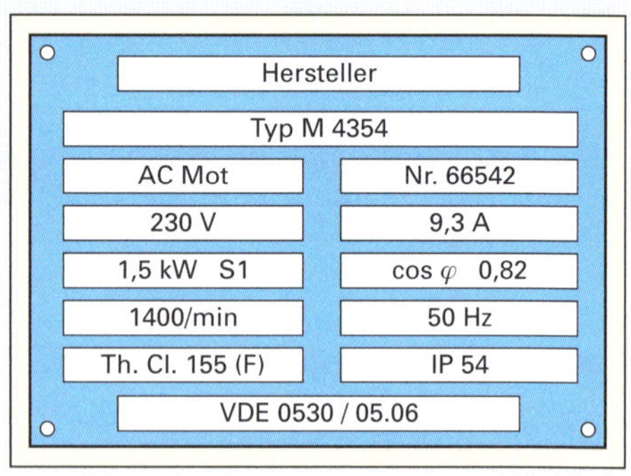

Bild 4: Leistungsschild eines Motors

5. Mit der Messschaltung **(Bild 5)** wurde das Verhalten der Schützspule Q1 im Betrieb untersucht. **a)** Berechnen Sie mithilfe der Messwerte von P1 und P2 die Scheinleistung der Schützspule. **b)** Vergleichen Sie das Ergebnis mit dem gemessenen Wert von P3 und begründen Sie Ihre Feststellung. **c)** Wie groß ist der Wirkwiderstand der Spule?

a)

b)

____

____

____

____

c)

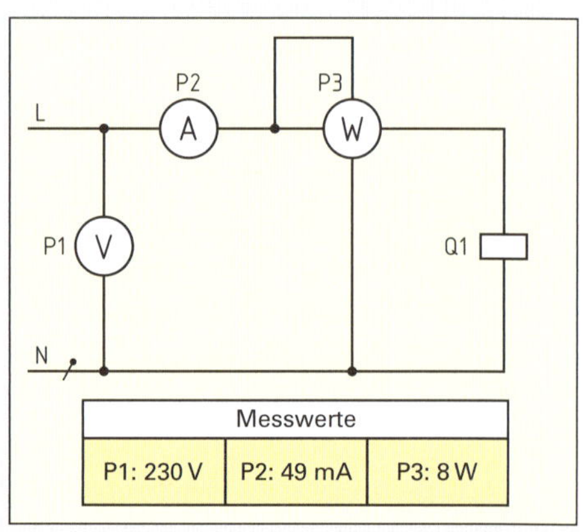

Bild 5: Messungen an einer Schützspule

Testen Sie Ihre Fachkompetenz

6. Mithilfe eines Rundsteuersignals mit einer Frequenz von z.B. 750 Hz kann ein NB z.B. öffentliche Straßenbeleuchtungen zentral ein- und ausschalten oder die Hoch- und Niedertarifumschaltung für verschiedene Verbraucher vornehmen. Warum kann ein solches hochfrequentes Rundsteuersignal einen Schaltempfänger nicht erreichen, wenn im selben Netz viele Kondensatoren (C_{ers}) parallel geschaltet sind **(Bild 1)**? Begründen Sie Ihre Aussage.

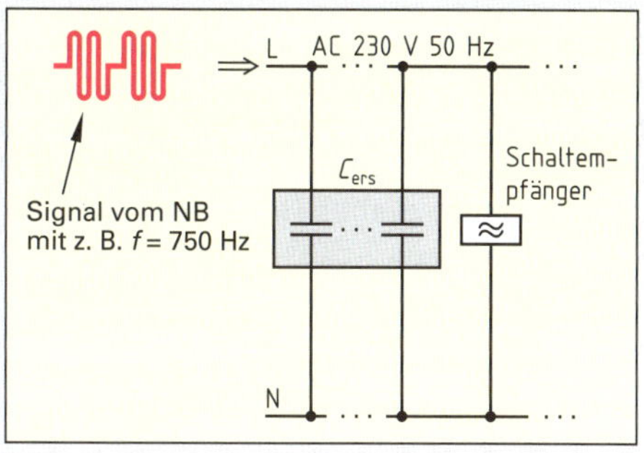

Bild 1: Kondensatoren in Anlagen mit Rundsteuersignalen

7. Ein 100-W-Heizwiderstand R_{E1} am Wechselspannungsnetz 230 V/50 Hz soll zur Energieeinsparung zeitweise nur mit halber Bemessungsleistung P_{50} betrieben werden. Anstelle eines ohmschen Vorwiderstandes soll dazu ein Kondensator C1 eingesetzt werden **(Bild 2)**.

Berechnen Sie **a)** die Kapazität C_1 des Kondensators, **b)** den Wirkfaktor $\cos\varphi$ und **c)** den Wirkungsgrad η der Schaltung, wenn der Heizwiderstand 50 W abgibt.

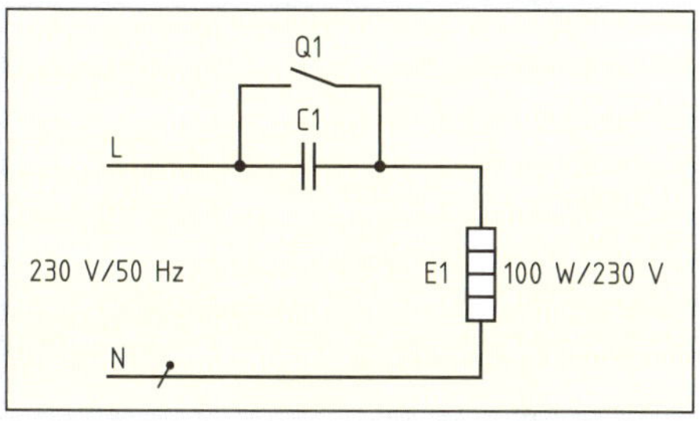

Bild 2: Heizwiderstand mit Kondensator

Für Berechnungen in der Energietechnik mit $f = 50$ Hz können Kondensatoren als ideale Bauelemente behandelt werden. Der Rechenfehler ist meist vernachlässigbar klein.

a)

b)

c)

8. Wie ändern sich die Betriebswerte **(Tabelle)**, wenn an den Anschlussklemmen L und N, z.B. einer 36-W-Leuchtstofflampe, ein 4-µF-Kondensator parallel dazugeschaltet wird **(Bild 4, Seite 12)**? Antworten Sie mit: unverändert, wird größer oder wird kleiner.

Tabelle: Verhalten der Betriebswerte einer LS-Lampe beim Zuschalten eines Kondensators

Betriebsspannung U	Frequenz f	Gesamtstromstärke I	Scheinleistung S	Wirkleistung P	Blindleistung Q

Lernsituation: Außensteckdose mit einer Fehlerstrom-Schutzeinrichtung (RCD) nachrüsten

Bei der Bearbeitung eines Installationsauftrages bemerkte der Auszubildende eine Steckdose **(Bild 1)** an der Außenwand eines Bürogebäudes, die nur über einen Leitungsschutzschalter geschützt ist. Da dies gegen aktuelle Vorschriften, z.B. DIN VDE 0100-410, verstößt, empfahl er dem Auftraggeber Herrn Lehmann, zusätzlich eine Fehlerstrom-Schutzeinrichtung (RCD) für diesen Steckdosenstromkreis einbauen zu lassen. Herr Lehmann lehnte diesen Vorschlag mit den Worten ab: *„Das Gebäude ist 1971 errichtet worden und ich habe auch ein Prüfprotokoll über die Sicherheit der Elektroanlage. Es ist auch noch nie etwas passiert!“.*

Der Auszubildende kannte die Regel, dass Alt-Anlagen, nur dann an neue Normen angepasst werden müssen, wenn diese Normen oder Behörden die Anpassung fordern oder wenn Gefahren für Menschen und Sachwerte bestehen.

Er wusste aber auch, dass Arbeitsschutz vor „Bestandschutz“ geht. Im Gespräch mit dem Meister erteilt dieser dann seinem Auszubildenden den Auftrag den Steckdosenstromkreis zu überprüfen und für den Auftraggeber eine Empfehlung schriftlich zu formulieren und darin auch auf das Arbeitsschutzgesetz zu verweisen.

Damit doch noch eine Umrüstung des Steckdosenstromkreises ausgeführt werden kann, soll der Auszubildende seine Kenntnisse über Fehlerstrom-Schutzeinrichtungen vertiefen und dann nochmals ein Kundengespräch führen.

Bild 1: Außensteckdose an der Außenwand

Nach DIN VDE 0100-410 müssen Steckdosenstromkreise bis 20 A, die zur Verwendung durch Laien, sowie Endstromkreise im Außenbereich, die für verwendbare tragbare Betriebsmittel bis 32 A bestimmt sind, durch eine RCD mit einem Bemessungs-Differenzstrom $I_{\Delta n} \leq 30$ mA zusätzlich geschützt werden.

Arbeitsauftrag 1: Wirksamkeit der vorhandenen Schutzmaßnahme für die Außensteckdose überprüfen

1. Entscheiden Sie für den vorhandenen Steckdosenstromkreis **(Bild 2)**, ob die Abschaltbedingung der Schutzmaßnahme nach DIN VDE 0100-600, Anhang D.6.4.3.7.2 erfüllt ist.

Abschaltbedingung:

Berechnungen:

Entscheidung:

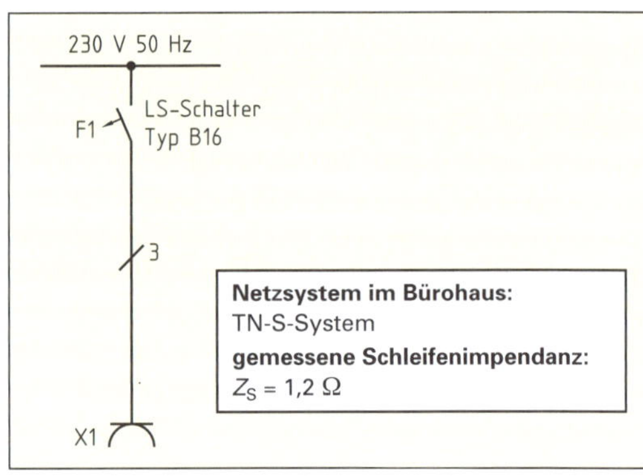

Bild 2: Übersichtsschaltplan und Prüfergebnisse

2. Schreiben Sie eine E-Mail für den Auftraggeber, damit der Betreiber der Elektroanlage über seine Verantwortung informiert wird und ihre Firma sich „abgesichert“ hat.

§ Arbeitsschutzgesetz (ArbSchG)
§ 3 Grundpflichten des Arbeitgebers

(1) Der Arbeitgeber ist verpflichtet, die erforderlichen Maßnahmen des Arbeitsschutzes unter Berücksichtigung der Umstände zu treffen, die Sicherheit und Gesundheit der Beschäftigten bei der Arbeit beeinflussen. Er hat die Maßnahmen auf ihre Wirksamkeit zu überprüfen und erforderlichenfalls sich ändernden Gegebenheiten anzupassen. Dabei hat er eine Verbesserung von Sicherheit und Gesundheitsschutz der Beschäftigten anzustreben.

Arbeitsauftrag 2: Die Fehlerstrom-Schutzeinrichtung (RCD) kennenlernen

1. Benennen Sie die Bestandteile der RCD im **Bild 1.**

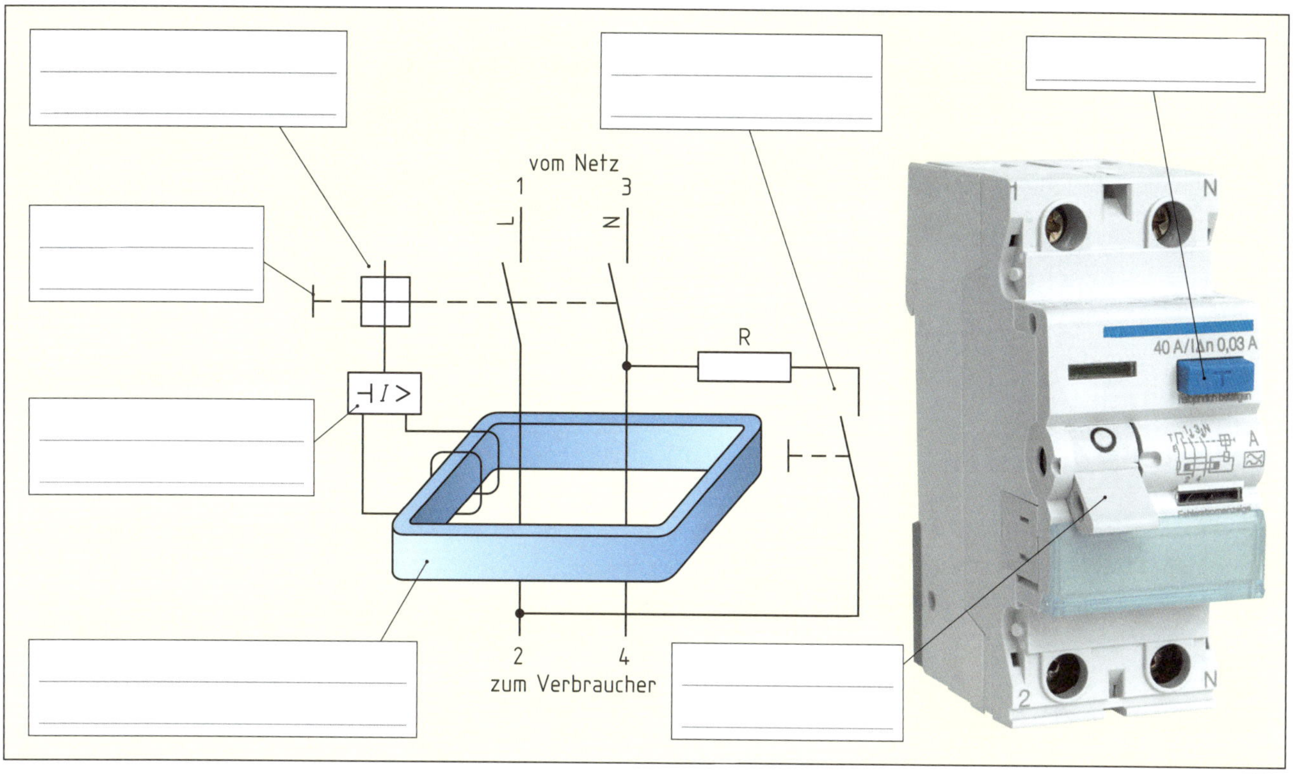

Bild 1: Fehlerstrom-Schutzeinrichtung (RCD), 2-polig

Fachkunde Elektrotechnik, Kapitel: Fehlerstrom-Schutzeinrichtungen

www.hager.de

2. Erklären Sie mithilfe **Bild 2a** und **Bild 2b** die Wirkungsweise der Fehlerstrom-Schutzeinrichtung (RCD).

Fehlerfreie Anlage **(Bild 2a):**

Anlage mit Isolationsfehler **(Bild 2b):**

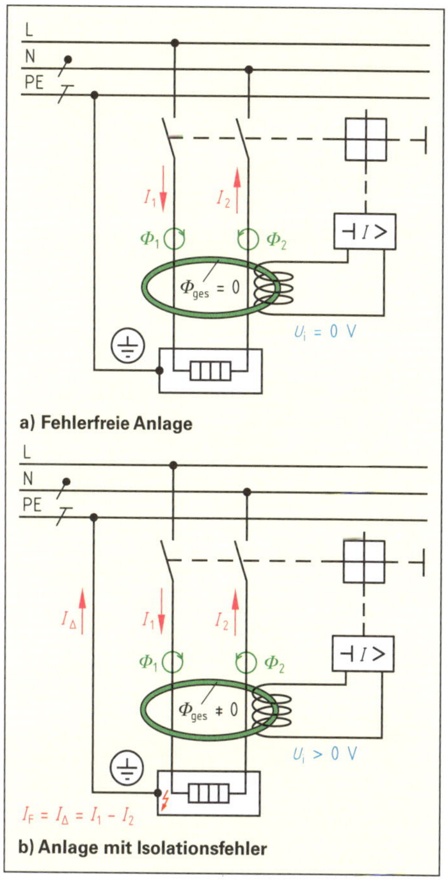

Bild 2: Funktionsprinzip einer RCD

3. An der RCD ist eine Prüf- bzw. Testtaste (T) vorhanden **(Bild 1, Seite 19).**

a) Erklären Sie die Aufgabe dieser Taste.

b) In welchen zeitlichen Abständen soll diese Taste im Wohnbereich, sowie bei Anschluss ortsveränderlicher Geräte betätigt werden?

a) ______________________________

____

____

____

____

b) ______________________________

____

____

____

4. Zeichnen Sie in den **Bildern 1 bis 5** den Verlauf des Fehlerstromes rot ein. Ergänzen Sie unter jedem Bild, ob die RCD abschaltet oder nicht abschaltet.

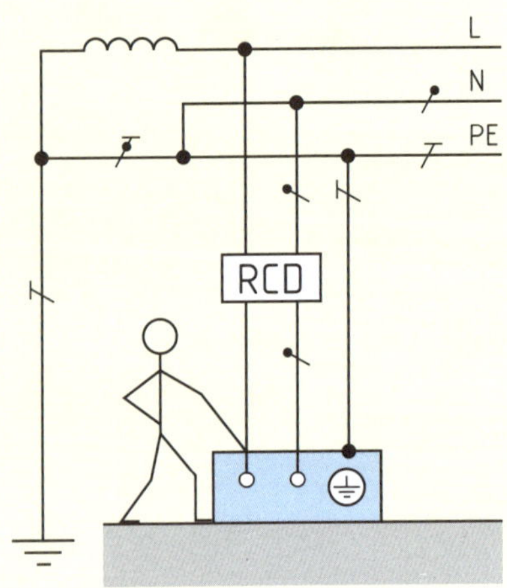

RCD schaltet ______________

Bild 1: RCD und direktes Berühren

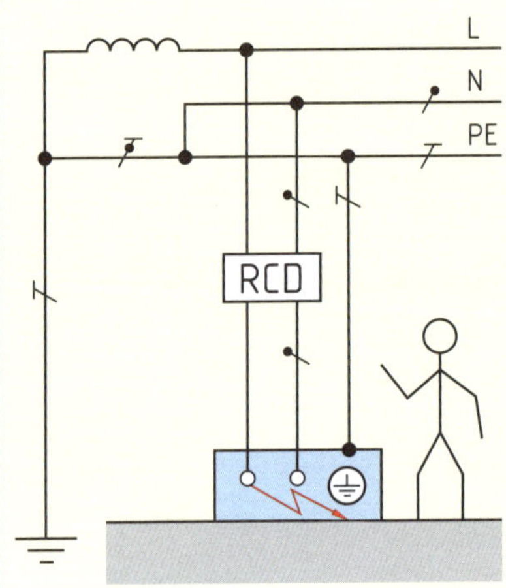

RCD schaltet ______________

Bild 2: RCD und Körperschluss

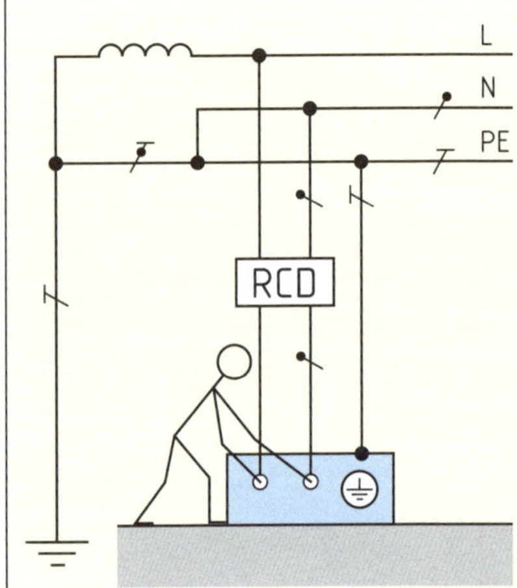

RCD schaltet ______________

Bild 3: RCD und direktes Berühren von L und N

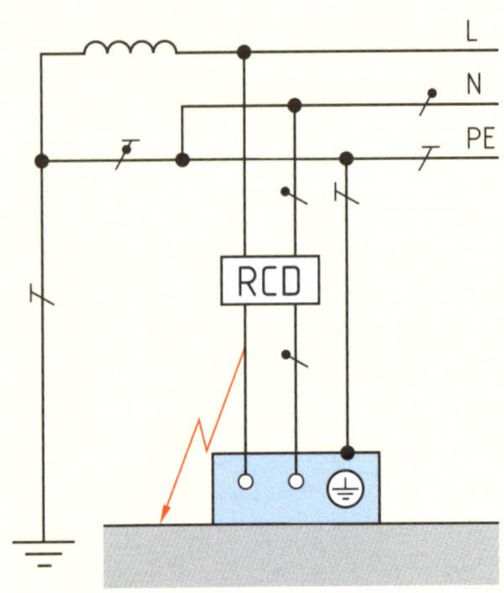

RCD schaltet ______________

Bild 4: RCD und Erdschluss

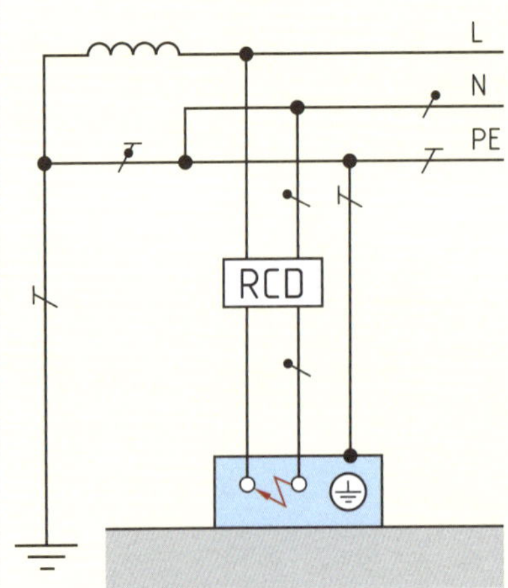

RCD schaltet ______________

Bild 5: RCD und Kurzschluss

5. Welche Schlussfolgerung ist aus der richtigen Entscheidung von **Bild 5** zu ziehen?

____

____

____

____

____

____

____

____

____

6. Erklären Sie wichtige Angaben und Sinnbilder für die Kennzeichnung von RCDs **(Tabelle)**.

Tabelle: Aufschriften und Sinnbilder auf RCDs (Beispiele)

Aufschrift/Beispiele	Erläuterung
25 A/30 mA	
IP 40	
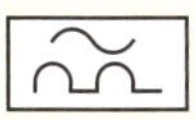	
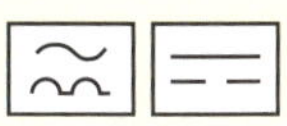	
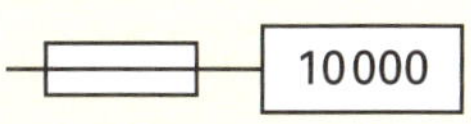	
S	

7. a) Berechnen Sie den maximalen Schleifenwiderstand Z_S, damit beim Einsatz einer 30-mA-RCD im 230-V-TN-S-System ein Fehlerstrom innerhalb der geforderten Abschaltzeit von 0,4 s abschaltet.

b) Beurteilen Sie diesen Widerstandswert auf seine praktische Bedeutung.

c) Vergleichen Sie die Wirksamkeit der Abschaltbedingung für eine RCD mit der einer Überstrom-Schutzeinrichtung.

a)

b)

c)

8. a) Berechnen Sie den maximalen Fehlerstrom I_F, der in einem 230-V-AC-Netz fließen darf, wenn die Wärmeleistung an der widerstandsbehafteten Fehlerstelle 60 W nicht überschreiten soll.

b) Welche Leistung P_{max} kann maximal entstehen, wenn der Fehlerstrom von einer 30-mA-RCD abgeschaltet wird?

c) Beurteilen Sie den Einsatz eines LS-Schalters Typ B 16 A und einer 30-mA-RCD als Brandschutzeinrichtung.

Eine Wärmeleistung von ca. 60 W gilt bereits als brandgefährdend!

a)

b)

c)

9. RCDs gibt es für verschiedene Bemessungs-Differenzströme. Kreuzen Sie in der **Tabelle** die zutreffenden Einsatzmöglichkeiten an.

Tabelle: Einsatzmöglichkeiten von RCDs

Bemessungs-Differenzstrom $I_{\Delta N}$	Fehlerschutz als Schutz bei indirektem Berühren	Zusatzschutz als Schutz bei direktem Berühren	Brandschutz
0,03 A			
0,1 A			
0,3 A			

10. Nach DIN VDE 0100-410 müssen Steckdosenstromkreise bis 20 A, die zur Verwendung durch Laien in Innenräumen bestimmt sind, durch RCDs mit einem Bemessungs-Differenzstrom $I_{\Delta N} \leq 30$ mA zusätzlich geschützt werden. Nennen Sie Ausnahmen, wo eine RCD entfallen darf.

Arbeitsauftrag 3: Vorteile der RCD als Schutzmaßnahme im TN-S-System benennen

Damit Sie den Kunden für den Einbau einer RCD überzeugen können, stellen Sie sich für das Kundengespräch die Vorteile einer RCD zusammen. Vermeiden Sie elektrotechnische Fachbegriffe, da der Kunde diese Begriffe nicht versteht.

Arbeitsauftrag 5: Die RCD in der Verteilung anschließen

Nachdem der Kunde dem Umbau des Stromkreises für die Außensteckdose zugestimmt hat, wurde die RCD eingebaut. Ergänzen Sie die Verdrahtung in der Verteilung **(Bild)** und vervollständigen Sie die Tabelle.

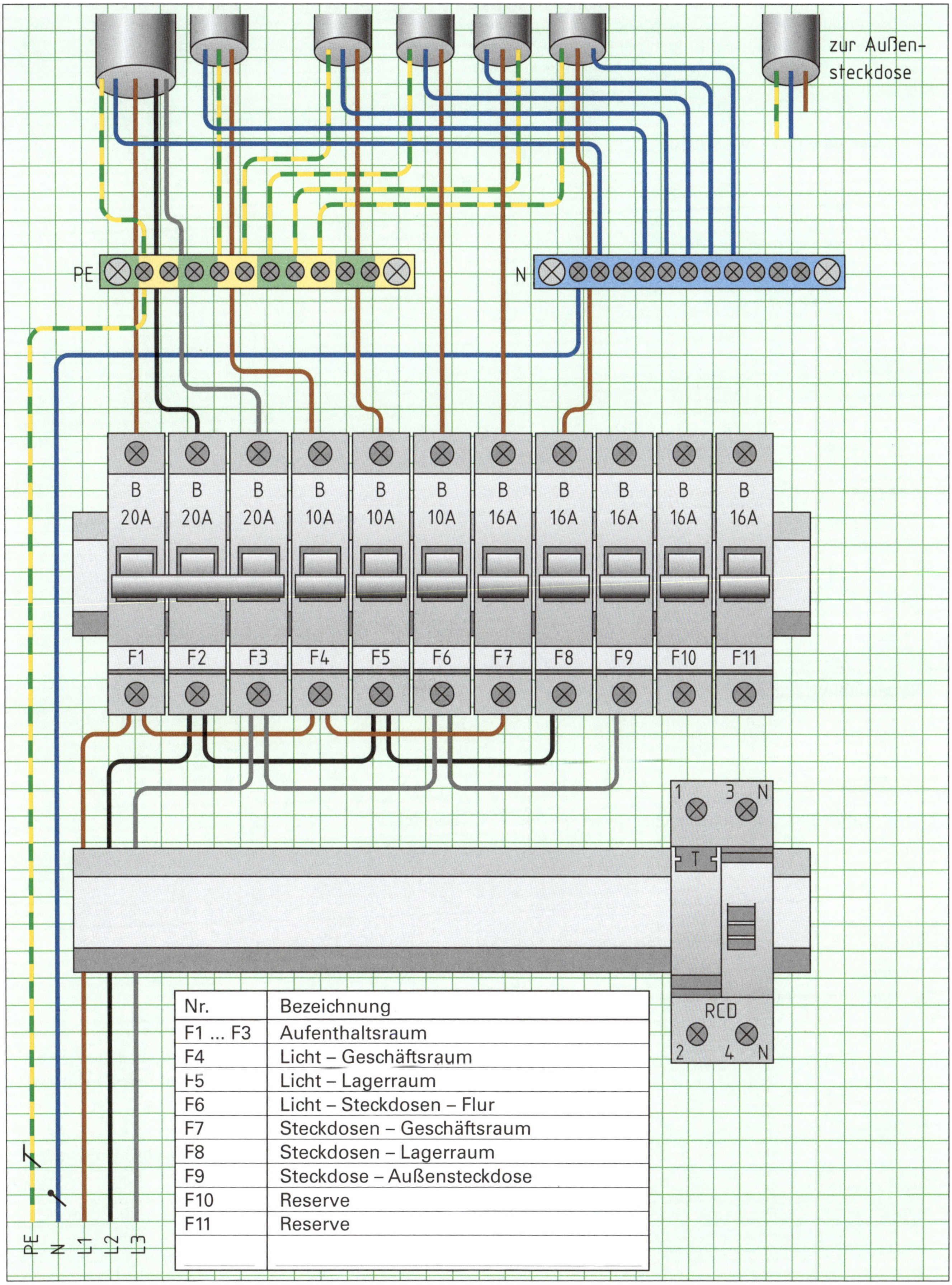

Nr.	Bezeichnung
F1 ... F3	Aufenthaltsraum
F4	Licht – Geschäftsraum
F5	Licht – Lagerraum
F6	Licht – Steckdosen – Flur
F7	Steckdosen – Geschäftsraum
F8	Steckdosen – Lagerraum
F9	Steckdose – Außensteckdose
F10	Reserve
F11	Reserve

Bild: Stromkreisverteiler

Arbeitsauftrag 6: Den Außensteckdosenstromkreis prüfen

1. Vor Inbetriebnahme der geänderten Elektroanlage müssen vorgeschriebene Prüfungen durchgeführt werden. Nennen Sie in der richtigen Reihenfolge die notwendigen Tätigkeiten zur Prüfung des umgebauten Steckdosenstromkreises und geben Sie für die Messungen die genormten Grenzwerte an. Erklären Sie auch, worauf Sie besonders achten müssen.

Die Prüfungen müssen nach DIN VDE 0100-600 und DIN VDE 0100-410 von einer Elektrofachkraft mit Erfahrung beim Prüfen durchgeführt werden.

Netzspannung nicht zugeschaltet:

Netzspannung zugeschaltet:

Nicht vorgeschrieben, aber empfehlenswert sind weitere Messungen:

2. Für die verlegte Steckdosenzuleitung vom Typ NYY-J 3 × 2,5 mm² mit einer Länge von 22 m sollen

a) der Schutzleiterwiderstand R_{PE} überschlägig mithilfe der Infotabelle berechnet und

b) der Grenzwert für die Niederohm-Messung des PE-Leiters festgelegt werden.

a)

b)

Leiterwiderstände für Kupferleitungen bei 30 °C zur überschlägigen Berechnung nach DIN VDE 0100-600

Leiternennquerschnitt *A* in mm²	Leiterwiderstand *R* bei 30 °C in mΩ/m
1,5	12,58
2,5	7,57
4	4,74
6	3,15

Testen Sie Ihre Fachkompetenz

1. Ergänzen Sie in der **Tabelle** die deutschen Bezeichnungen für die üblichen Kurzbezeichnungen, z.B. für RCD.

Tabelle: Fehlerstrom-Schutzeinrichtungen

Kurz-Bezeichnung	Erklärung, Fachbezeichnungen
RCD	Fehlerstrom(FI)-Schutzschalter, allgemein
RCCB	
RCBO	
PRCD	
SRCD	
PRCD-S	
RCM	

2. Entscheiden Sie, ob in den Netzsystemen der **Tabelle** der Einsatz einer RCD zum Personenschutz zulässig oder nicht zulässig ist.

Tabelle: RCD-Einsatz in Netzsystemen

TN-C-System	
TN-S-System	
TT-System	

3. Zeichnen Sie die für einen Übersichtsschaltplan genormten Schaltzeichen für

a) eine 2-pol. RCD,

b) eine 4-pol., selektive RCD und geben Sie jeweils den zugehörenden Kennbuchstaben an.

a) b)

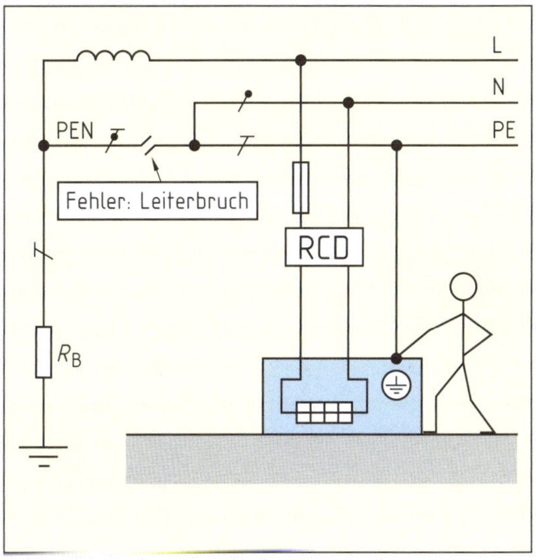

Bild: Bruch des PEN-Leiters

4. Das **Bild** zeigt einen fehlerhaften Heizungsstromkreis in einem TN-C-S-System.

a) Zeichnen Sie den Verlauf des Fehlerstroms rot ein und bewerten Sie die Wirksamkeit der Schutzmaßnahme für den Fall eines PEN-Leiterbruchs.

b) Nennen Sie Vorschriften und Maßnahmen, damit das Eintreten einer Situation nach **Bild** möglichst verhindert wird.

Testen Sie Ihre Fachkompetenz

5. Nach Installation und Prüfung eines Steckdosenstromkreises wurde eine nicht fachgerechte Funktion der RCD festgestellt. Die Fehlersuche ergab den im **Bild 1** dargestellten Anschlussplan. Der Fehlerstrom-Prüfkreis der RCD ist nach **Bild 2** aufgebaut.

a) Wie reagierte die RCD, nachdem die Netzspannung zugeschaltet und die Prüftaste betätigt wurde und

b) nach Anschluss eines Verbrauchers an die Steckdose.

c) Nennen Sie die Maßnahme, um den Fehler zu beheben.

a) ______________________________

____

b) ______________________________

____

c) ______________________________

____

____

____

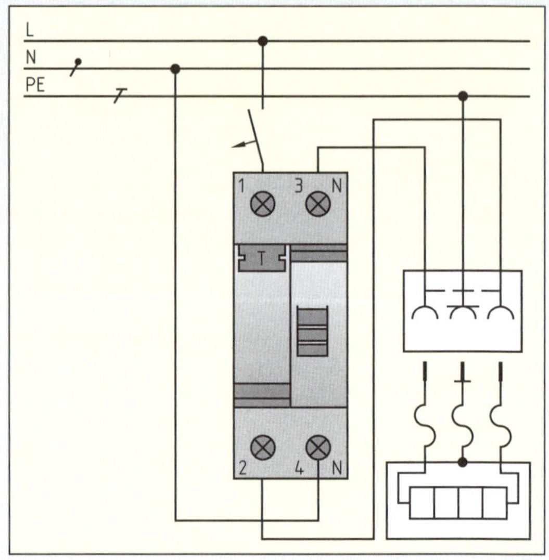

Bild 1: Fehlerhafter RCD-Anschluss

6. **Bild 2** zeigt aus einem Herstellerkatalog den Schaltplan einer Schutzeinrichtung.

a) Um welche Schutzeinrichtung handelt es sich?

b) Beschreiben Sie die Wirkungsweise im Fehlerfall.

c) Geben Sie auch die Kurzbezeichnung für dieses Gerät an.

a) ______________________________

____

b) ______________________________

____

____

c) ______________________________

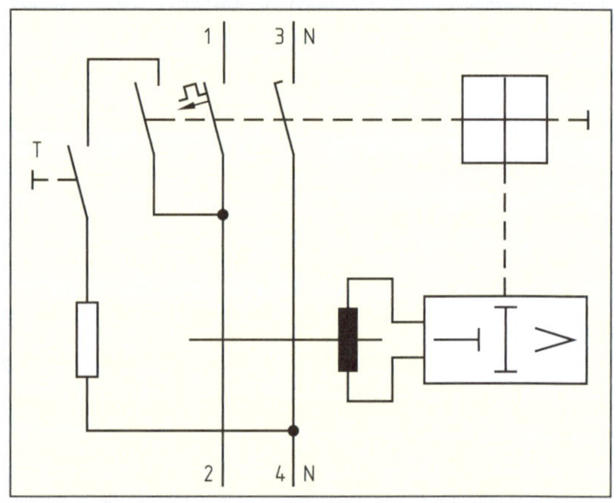

Bild 2: Schaltplan aus einem Herstellerkatalog

7. Sie erhalten den Kundenauftrag, für einen Steckdosenstromkreis eines Kinderzimmers, diesen nachträglich und zusätzlich durch eine FI-Schutzeinrichtung zu schützen. Der Kunde stellt Ihnen eine 4-polige RCD 16 A, 30 mA mit Schaltplan des Herstellers **(Bild 3)** bereit. Ergänzen Sie im **Bild 3** die notwendigen Leitungsverbindungen zur RCD (Leitungsschutzschalter ist nicht eingezeichnet).

8. Schutzschalter, z.B. RCDs, müssen eine Freiauslösung besitzen. Was versteht man unter Freiauslösung?

____

____

____

____

9. Nach DIN 18015, Teil 2 ist die Zuordnung zu Fehlerstrom-Schutzschaltern so vorzunehmen, dass das Abschalten eines Fehlerstrom-Schutzschalters nicht zum Ausfall aller Stromkreise führt. Durch welche Maßnahme erfüllen Sie diese Forderung?

____

____

____

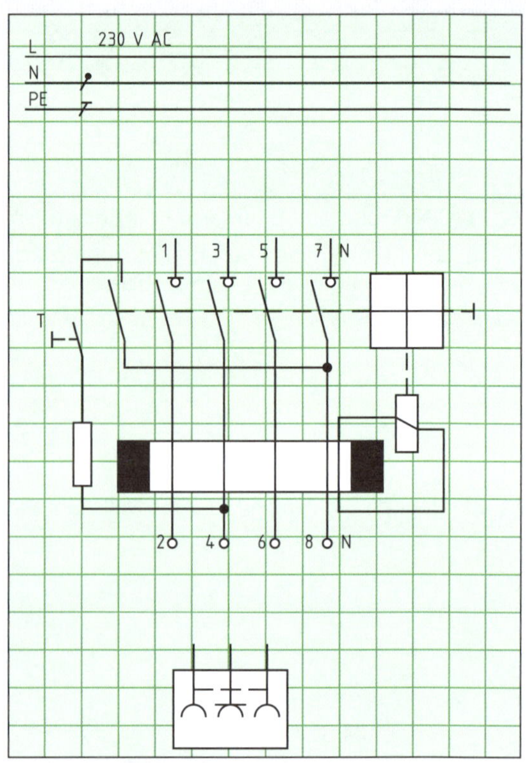

Bild 3: Schaltplan für eine 4-pol. RCD aus einem Herstellerkatalog

Lernsituation: Drehstromsysteme erkennen und bewerten

Konstantin erlernt seit einem Jahr den Beruf des Elektronikers für Betriebstechnik. Gegenwärtig absolviert er seine praktische Ausbildung auf einer Baustelle **(Bild 1).** Dort hört er mehrfach im Gespräch seiner Arbeitskollegen, dass von „Schutzmaßnahmen im TN-C-System“ die Rede ist. Konstantin hat diesen Begriff noch nie gehört. Er weiß aber, dass umfangreiche Kenntnisse über das TN-C-System für den sicheren Betrieb der zu errichtenden elektrischen Anlage notwendig sind. Deshalb versucht er, sich einen allgemeinen Überblick zu dieser Problematik zu verschaffen.

Bild 1: Messarbeiten auf einer Baustelle

1. Auftragsanalyse

In der Praxis wird das TN-C-System nicht allein angewendet. Verschaffen Sie sich deshalb anhand Ihres Fachkundebuches einen allgemeinen Überblick über den Aufbau und die Eigenschaften von Drehstromsystemen, die im Niederspannungsnetz Anwendung finden.

Arbeitsauftrag 1: Arten von Drehstromsystemen kennenlernen

1. Ermitteln Sie,

a) wie viel Leiter zu einem Drehstromsystem maximal gehören und

b) benennen Sie diese Leiter ausführlich sowie mit dem Kurzzeichen.

a)

b)

2. In der Praxis werden prinzipiell 3 Drehstromsysteme unterschieden: TN-System, TT-System und IT-System. Geben Sie die allgemeine Bedeutung des ersten und des zweiten Buchstabens zur Kennzeichnung der Drehstromsysteme an.

1. Buchstabe:

2. Buchstabe:

3. Nennen Sie für die einzelnen Drehstromsysteme die Erdungsverhältnisse

a) der Stromquelle und

b) der Verbraucher.

a) T: I:

b) T:

N:

4. Beim TN-System unterscheidet man drei Arten, TN-S-, TN-C- und TN-C-S-System. Erläutern Sie anhand der Bedeutung der Buchstaben die Unterscheidungsmerkmale der drei Ausführungsformen des TN-Systems.

S:

C:

C-S:

5. Vervollständigen Sie im **Bild 2** die Drehstromsysteme.

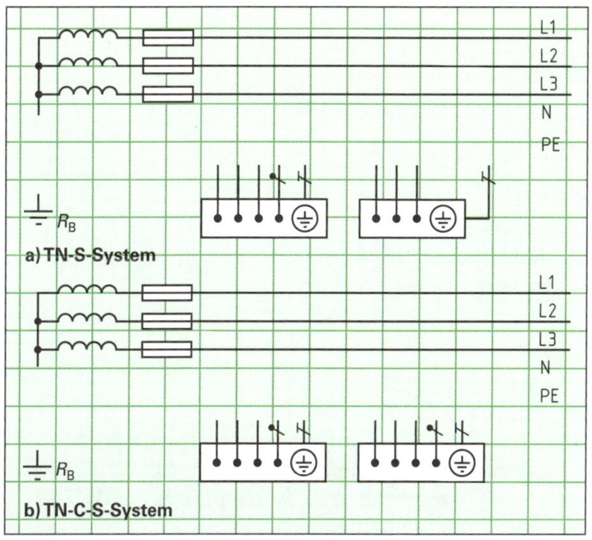

Bild 2: Varianten des TN-Systems

Arbeitsauftrag 2: Schutz von elektrischen Anlagen gewährleisten

1. Welche Aufgaben haben Schutzmaßnahmen in elektrischen Anlagen zu erfüllen?

- ____________________
- ____________________
- ____________________

2. Nennen Sie die DIN VDE-Vorschrift, die die Grundregeln zum Schutz gegen elektrischen Schlag in Niederspannungsanlagen festlegt.

____

3. Eine wichtige Aufgabe ist, den Basisschutz unter normalen Bedingungen zu gewähren.

a) Nennen Sie die Aufgabe, die der Basisschutz unter normalen Bedingungen zu erfüllen hat.

b) Bei welchen Spannungen ist der Basisschutz gefordert?

c) Nennen Sie Maßnahmen, durch die der Basisschutz realisiert wird.

a) ____________________

b) ____________________

c) ____________________

4. Ordnen Sie den vier Darstellungen im **Bild 1** die Maßnahmen **Basisisolierung**, **Hindernis** und **Abdeckung** zur Realisierung des Basisschutzes zu.

5. Welche Aufgabe hat der Fehlerschutz?

____

6. Nennen Sie die erforderliche Maßnahme, mit der der Fehlerschutz realisiert wird.

____

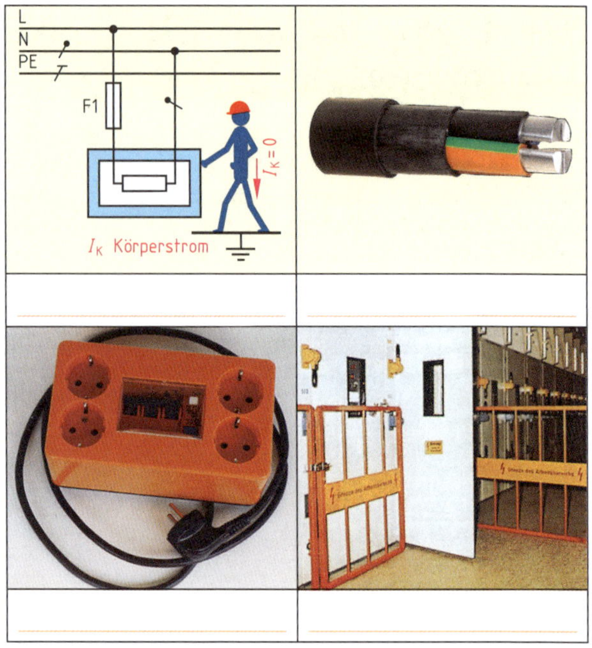

Bild 1: Maßnahmen zum Basisschutz

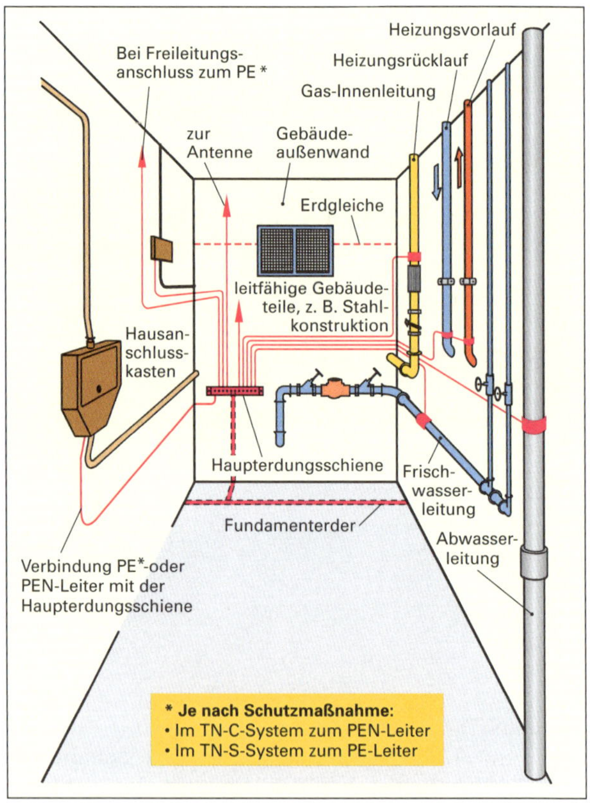

Bild 2: Schutzpotenzialausgleich in Gebäuden

7. Analysieren Sie **Bild 2** und geben Sie alle Anlagenteile an, die in den Schutzpotenzialausgleich einbezogen werden müssen.

____

8. Geben Sie die Leiterquerschnitte für Schutzpotenzialausgleichsleitungen in Abhängigkeit vom Querschnitt des Außenleiters nach DIN VDE 0100, Teil 540 an.

Außenleiterquerschnitt in mm² Cu	bis 10	16 bis 35	50	70 und mehr
Schutzleiterquerschnitt in mm² Cu				

Arbeitsauftrag 3: Schutz im TN-System gewährleisten

1. Ergänzen Sie das TN-System **(Bild 1)** unter Beachtung folgender Bedingungen: Bis einschließlich Hauptsicherung F1 handelt es sich um ein TN-C-System, danach wird ein TN-S-System installiert. Der Verbraucher wird durch Leitungsschutzschalter F2 abgesichert.

2. Der Außenleiter L1 verursacht am Verbraucher einen Körperschluss. Tragen Sie diesen Fehler im **Bild 1** durch einen Blitzpfeil ein.

3. Markieren Sie farbig im **Bild 1** den vom Fehlerstrom durchflossenen Weg.

4. Wie nennt man den gesamten Weg, den der Fehlerstrom durchfließt?

5. Beschreiben Sie die Auswirkungen, die der Körperschluss in der elektrischen Anlage verursacht.

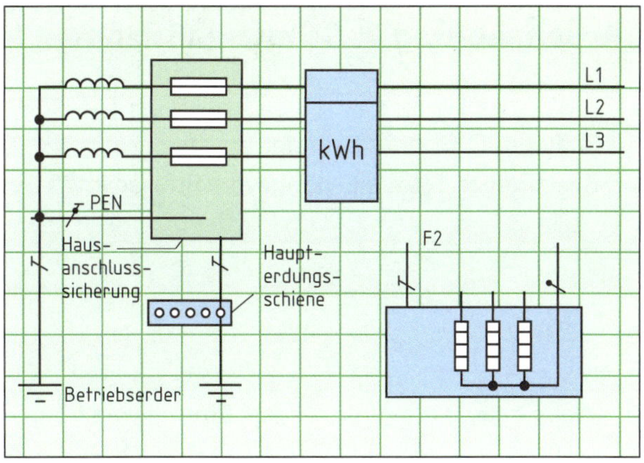

Bild 1: TN-System

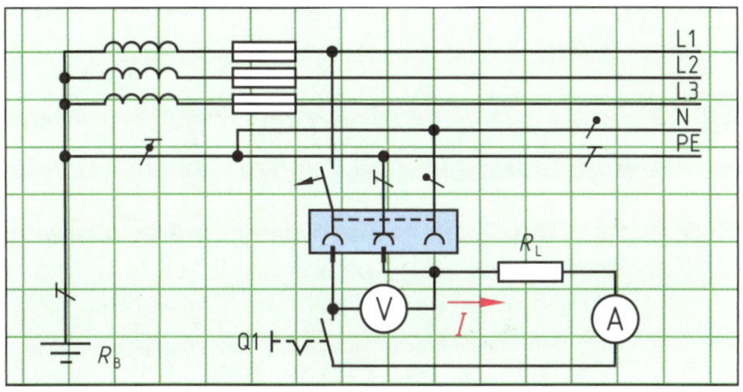

Bild 2: Prinzip der Schleifenimpedanzmessung

6. Den gesamten vom Fehlerstrom durchflossenen Widerstand bezeichnet man als Schleifenimpedanz Z_S. Aus welchen Einzelwiderständen setzt sich im **Bild 1** die Schleifenimpedanz zusammen?

-
-
-

7. Eine prinzipielle Messschaltung zur Bestimmung der Schleifenimpedanz zeigt **Bild 2.** Beschreiben Sie das Prinzip dieses Messverfahrens, markieren Sie in Bild 2 den Stromverlauf während der Messung und und geben Sie die zur Berechnung notwendige Formel an.

a)

b)

c)

Formel:

8. Die Leitungsschutzschalter (LS-Schalter) im **Bild 1** und **Seite 228** haben einen Bemessungsstrom von 16 A (Typ B). Die Schleifenimpedanz wurde mit einem Wert von 0,8 Ω bestimmt. Überprüfen Sie, ob ein ausreichender Schutz im vorhandenen Netz 230 V/400 V/50 Hz gewährleistet wird.

a) Bestimmen Sie die zulässige Abschaltzeit.

b) Berechnen Sie den Abschaltstrom I_a der verwendeten Leitungsschutzschalter.

c) Berechnen Sie den Kurzschlussstrom I_k für den dargestellten Fehlerfall.

d) Werten Sie die ermittelten Ergebnisse aus.

a)	b)
c)	d)

9. Welche Maßnahmen sind zu treffen, wenn in der bestehenden Anlage die Abschaltung durch die Überstrom-Schutzeinrichtung nicht in der vorgegebenen Zeit erfolgt?

Arbeitsauftrag 4: Schutzmaßnahmen im TT-System realisieren

1. Ergänzen Sie **Bild 1** so, dass sich der Drehstromverbraucher in einem TT-System befindet.
2. Beschreiben Sie die Erdungsverhältnisse im TT-System.

3. Welche Bedingung gilt für den Erdungswiderstand R_A?

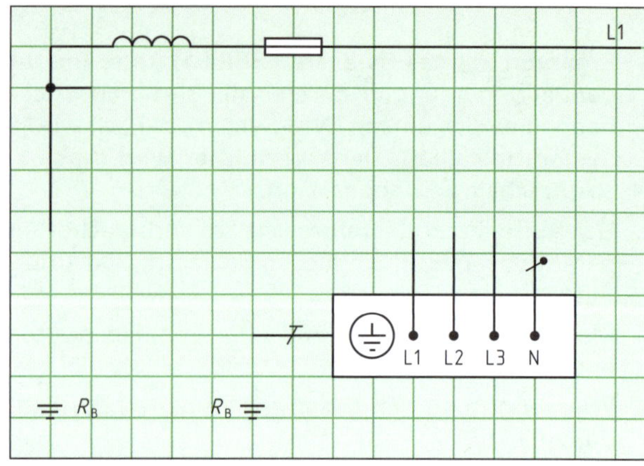

Bild 1: TT-System

4. Geben Sie rechts die Grenzwerte im TT-System für die **a)** Berührungsspannung U_L und **b)** Schleifenimpedanz Z_S an.

a) b)

5. Zeichnen Sie farbig in **Bild 1** den Fehlerstrom infolge eines Körperschlusses vom Außenleiter L3 ein und benennen Sie alle Widerstände, die die Schleifenimpedanz bilden.

6. Begründen Sie, warum in TT-Systemen vorzugsweise Fehlerstrom-Schutzeinrichtungen (RCDs) eingesetzt werden.

Arbeitsauftrag 5: Schutzmaßnahmen im IT-System realisieren

1. Schließen Sie die zwei Drehstromverbraucher in ein IT-System **(Bild 2)** an.
2. Beschreiben Sie
   a) die Auswirkungen eines Körperschlusses des Außenleiters L1 mit dem Motorgehäuse und
   b) begründen Sie diese Aussage.
   a)
   b)

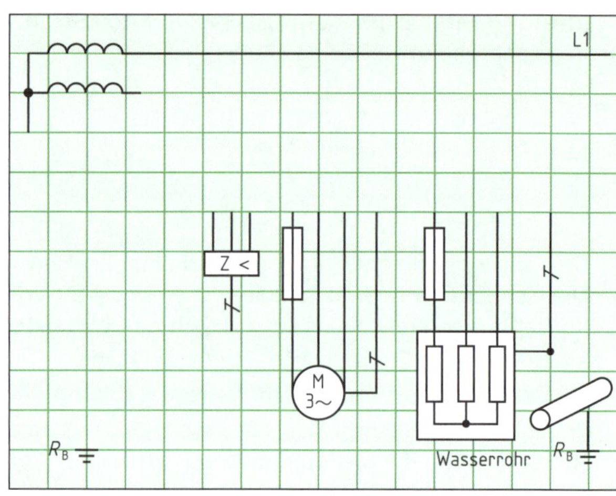

Bild 2: IT-System

3. Gleichzeitig zum Körperschluss am Motorgehäuse **(Bild 2)** tritt zusätzlich ein Körperschluss des Außenleiters L2 am zweiten Verbraucher auf. Welche Auswirkungen hat der zweite Fehler im IT-System?

4. Tragen Sie in **Bild 2** den Fehlerstromkreis ein, wenn beide Körperschlüsse gleichzeitig auftreten.
5. Welche Funktion hat die Isolationsüberwachung im IT-System?

Testen Sie Ihre Fachkompetenz

1. Analysieren Sie **Bild 1** und beantworten Sie folgende Fragen.
   a) Welches Drehstrom-System ist dargestellt?

   b) Wie wirkt sich der dargestellte Körperschluss aus?

   c) Welches Drehstromsystem entsteht, wenn der PEN-Leiter unterbrochen wird?

   d) Nennen Sie in einer Folgekette die Auswirkungen einer PEN-Leiter-Unterbrechung auf die Einhaltung der Abschaltbedingungen.

   e) Welche Maßnahme führt trotz einer Unterbrechung des PEN-Leiters nicht zur Gefährdung des Anlagennutzers?

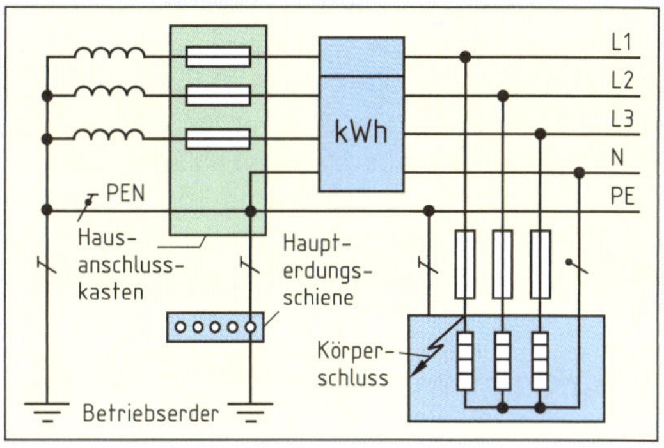

Bild 1: Drehstromsystem

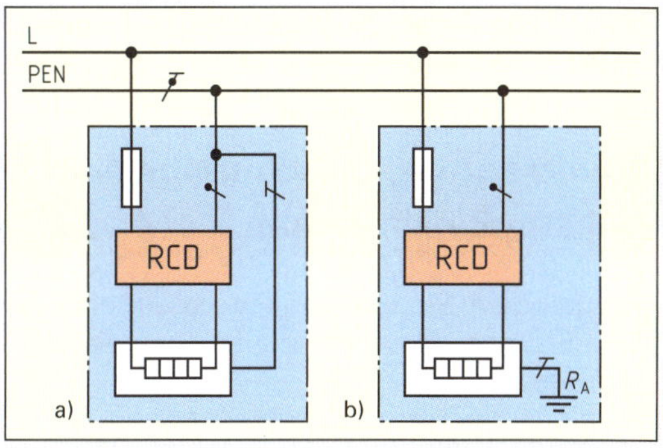

Bild 2: Einbau einer RCD im TN-C-System

2. **Bild 2** stellt zwei Fälle dar, in denen eine RCD den Fehlerschutz in einem TN-C-System gewährleisten soll. Erfolgt in beiden Fällen bei Auftreten eines Fehlerstromes, der größer als der Bemessungs-Differenzstrom $I_{\Delta n}$ ist, die Abschaltung normgerecht? Begründen Sie Ihre Antwort für beide Fälle.
   a)

   b)

3. Welcher Erdungswiderstand R_A ist im TT-System zulässig, wenn für den Fehlerschutz
   a) ein LS-Schalter Typ B 16 A (**Seite 228**) und
   b) eine Fehlerstrom-Schutzeinrichtung RCD mit einem Bemessungs-Differenzstrom $I_{\Delta N}$ = 0,3 A eingesetzt wird?

   a) b)

4. **a)** Erklären Sie den Begriff selektive Abschaltung. **b)** Wodurch wird sie erreicht?
   a)

   b)

Lernsituation: Induktive Verbraucher am Drehstromnetz betreiben

Der Ausbildungsbetrieb von Nico Schönemann installiert in der Werkhalle der Firma Bastian die Beleuchtungsanlage **(Bild 1)**. Für die gesamte Beleuchtung sollen Leuchtstofflampen verwendet werden. Sie werden in 3 Leuchtbändern angeordnet, wobei jedes Leuchtband an einen anderen Außenleiter des vorhandenen TN-S-Systems 3/N/PE ~ 50 Hz 400/230 V 50 Hz angeschlossen wird. In jedem Leuchtband werden 8 Leuchten mit jeweils 2 Leuchtstofflampen installiert.

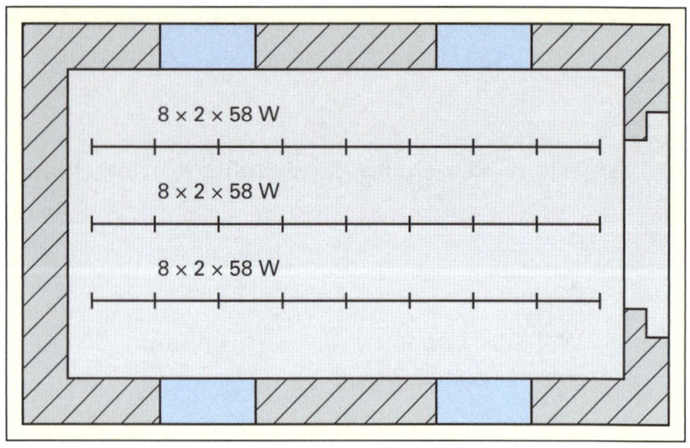

Bild 1: Übersicht über die Beleuchtungsanlage

1. Auftragsanalyse

Auf der Verpackung der Lampen lesen Sie, dass die einzubauenden Leuchtstofflampen die Bezeichnung L 58 W/865 haben. Sie informieren sich anhand des Tabellenbuches über die notwendigen Kenngrößen der Leuchtstofflampen **(Tabelle)**, um die gesamte Anlage energietechnisch zu berechnen. Beachten Sie, dass jede Leuchtstofflampe ein Vorschaltgerät (Drossel) besitzt.

Tabelle: Lampendaten für Leuchtstofflampen für 230 V (Auszug)

Typ	Leistungsaufnahme in W ohne/mit Drossel	Betriebsstrom in A	Lichtstrom in lm	Länge in mm
L 18W/..	18/27	0,37	1350	590
L 36W/..	36/44	0,43	3350	1200
L 58W/..	58/69	0,67	5200	1500

Arbeitsauftrag 1: Technische Größen der LS-Lampe bestimmen

1. Entnehmen Sie aus der **Tabelle** die erforderlichen Daten, die Sie benötigen, um die Lampenleistung berechnen zu können.

   • Betriebsspannung: ______ • Betriebsstrom: ______ • Leistungsaufnahme: ______

2. Ermitteln Sie mit den entnommenen Daten **a)** Schein-, **b)** Wirk- und **c)** Blindleistung einer LS-Lampe.

   a) Scheinleistung b) Wirkleistung c) Blindleistung (induktiv)

3. Geben Sie an, wie
   a) der Wirkfaktor cos φ für einen induktiven Verbraucher ermittelt wird und
   b) berechnen Sie den Wirkfaktor für die Leuchtstofflampe.
   c) Bestimmen Sie den Winkel φ.

   a) ______

   b) c)

4. Zeichnen Sie das Leistungsdreieck der LS-Lampe im angegebenen Maßstab **(Bild 2)**.

5. **a)** Tragen Sie den Phasenverschiebungswinkel φ in das Leistungsdreieck **(Bild 2)** ein und
   b) messen Sie den Winkel.
   Gemessener Winkel: ______

6. Ermitteln Sie die Lampenanzahl in einem Leuchtband mithilfe der vorgegebenen Lernsituation.

Maßstab: 20 W ≙ 1 cm

Bild 2: Leistungsdreieck

Arbeitsauftrag 2: Beleuchtungsanlage am Drehstromnetz analysieren

1. Geben Sie stichpunktartig an, wie die 16 Leuchtstofflampen (LS-Lampen) eines Leuchtbandes in das vorhandene Netz geschaltet werden müssen.

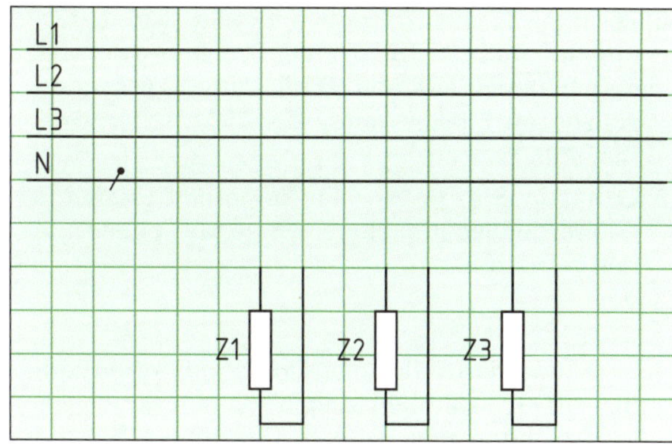

Bild: Anschluss der Leuchtbänder (Prinzip)

2. Vervollständigen Sie im **Bild** den prinzipiellen Anschluss der Leuchtbänder für die gesamte Werkhalle. Zur Vereinfachung werden alle 16 parallel geschalteten LS-Lampen des ersten Leuchtbandes zu einem gemeinsamen Scheinwiderstand Z1 zusammengefasst. Analog werden die Lampen des zweiten und des dritten Leuchtbandes zu Z2 und Z3 zusammengefasst.

3. Welcher Drehstrom-Verkettungsart entspricht die Schaltung **(Bild)**?

4. Welche Aussage können Sie zur Belastung des Drehstromnetzes treffen, da in jedem Außenleiter die gleiche Anzahl von gleichen LS-Lampen zugeschaltet wird?

5. Berechnen Sie rechts für ein Leuchtband
a) die gesamte Stromaufnahme,
b) die gesamte Scheinleistung,
c) die gesamte Wirkleistung und
d) die gesamte Blindleistung.

6. Berechnen Sie
a) den Wirkleistungsfaktor cos φ und
b) den Winkel φ für ein Leuchtband.

a)

b)

zu 5a)

zu 5b)

zu 5c)

zu 5d)

7. Zeichnen Sie die Liniendiagramme für die Strangspannung u_{3N} und den Leiterstrom i_3 unter Beachtung der vorgegebenen Maßstäbe für Strom und Spannung. Stellen Sie die Spannung blau und den Strom rot dar.

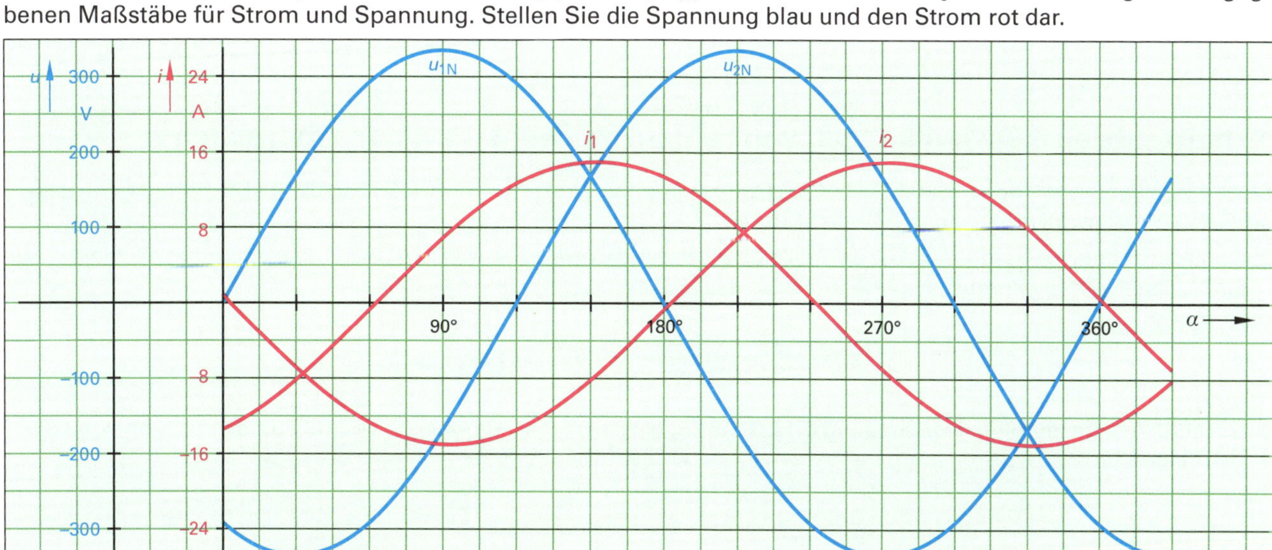

8. Zeichnen Sie das Zeigerbild für alle Ströme (rot) und Spannungen (blau) unter Beachtung der vorgegebenen Maßstäbe **(Bild)**. Die Zeigerlängen sollen den Effektivwerten der elektrischen Größen entsprechen.

9. Ermitteln Sie grafisch im Zeigerbild **(Bild)** die Größe des Neutralleiterstromes und geben Sie den Wert an.

10. In symmetrisch belasteten Drehstromnetzen können die 3 Gesamtleistungen mithilfe der Leitergrößen berechnet werden. Bestimmen Sie auf diese Art

a) Schein-,

b) Wirk- und

c) Blindleistung für die gesamte Lampenanlage.

a) Scheinleistung

b) Wirkleistung

c) Blindleistung

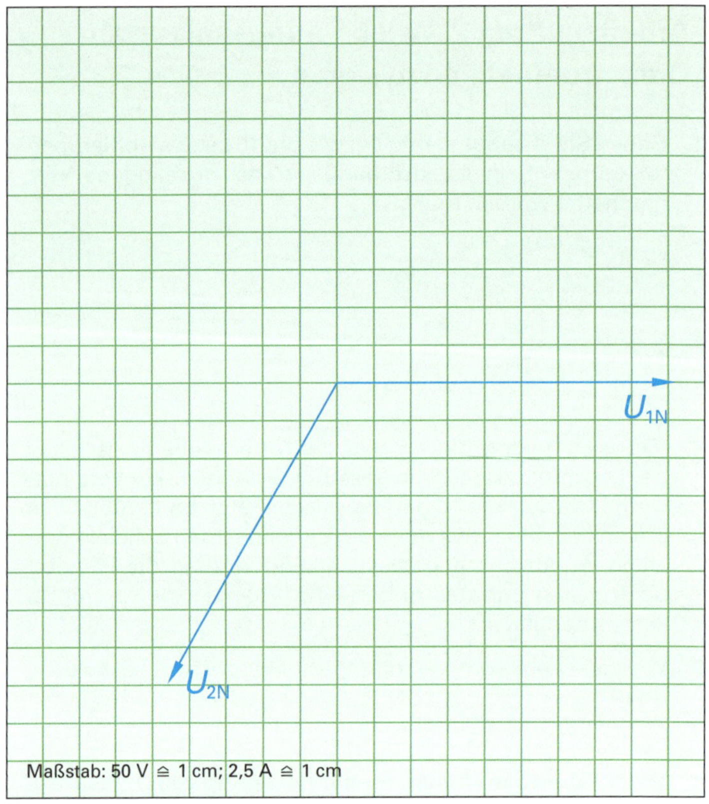

Bild: Zeigerbild der Ströme und der Spannungen der Beleuchtungsanlage

Symmetrisch belastete Drehstromnetze liegen vor, wenn in jedem Strang ein gleich großer Widerstand liegt. In diesem Fall gilt: $I_N = 0$.

11. a) Vergleichen Sie die berechneten Leistungswerte mit den Werten aus Aufgabe 5, **Seite 33,** und

b) ziehen Sie eine Schlussfolgerung für den Zusammenhang zwischen Gesamtleistung und Strangleistung in einem symmetrisch belasteten Drehstromnetz.

a)

b) Schlussfolgerung:

Arbeitsauftrag 3: Auswirkungen von Fehlern im Drehstromnetz analysieren

Durch einen Fehler hat die vorgeschaltete Sicherung im Außenleiter 3 ausgelöst. Untersuchen Sie anhand der folgenden Aufgaben die Auswirkungen auf das Drehstromnetz.

1. Durch die Unterbrechung des Außenleiters L3 wird der Strom $I_3 = 0$. Welche Auswirkung hat diese Tatsache auf die Größe des Neutralleiterstromes? Nehmen Sie das Zeigerbild **(Bild)** als Hilfestellung.

2. Untersuchen Sie mithilfe der Schaltung **Bild, Seite 33,** welche Auswirkungen die Leitungsunterbrechung von L3 auf die Größe von Strom und Spannung der beiden intakten Leuchtbänder hat?

3. Wie groß ist die gesamte Scheinleistung der Beleuchtungsanlage, wenn L3 ausfällt?

4. Formulieren Sie eine allgemein gültige Aussage über die Leistungsverhältnisse, wenn in einem symmetrisch belasteten Drehstromnetz in Sternverkettung mit Neutralleiter ein Außenleiter unterbrochen wird.

5. Zum bisher aufgetretenen Fehler, Unterbrechung des Außenleiters L3, tritt gleichzeitig eine Unterbrechung des Neutralleiters auf. Zeichnen Sie die Schaltung mit beiden Fehlern in das **Bild**.

6. Wie sind die beiden Leuchtbänder in Bezug auf das Drehstromnetz durch das gleichzeitige Auftreten der beiden Fehler geschaltet?

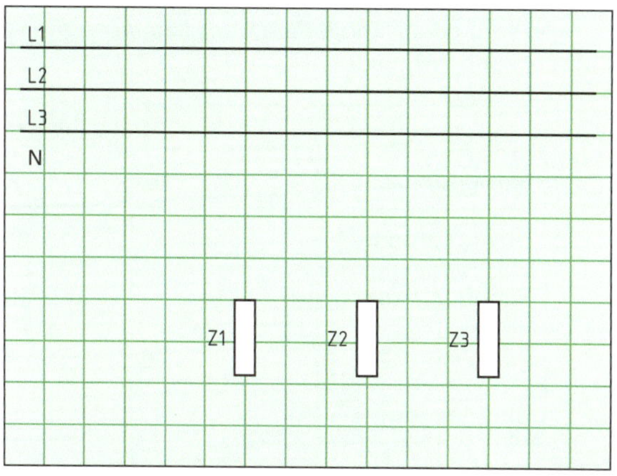

Bild: Beleuchtungsanlage mit zwei Leiterunterbrechungen

7. Zur Berechnung der Leistung der fehlerbehafteten Schaltung gehen Sie davon aus, dass die Strangwiderstände der Leuchtbänder infolge der Leiterunterbrechungen ihren Scheinwiderstand nicht verändert haben. Ermitteln Sie mithilfe der Untersuchungsergebnisse von **Seite 33** Strangspannung und Strangstrom, um den Scheinwiderstand Z_{Str} eines Stranges bestimmen zu können.

8. Berechnen Sie mit beiden Stranggrößen den Scheinwiderstand Z_{Str} eines Leuchtbandes.

9. Berechnen Sie mithilfe des ermittelten Scheinwiderstandes und der Erkenntnisse zur vorliegenden Schaltung entsprechend dem **Bild**

a) den Strom I durch die Leuchtbänder Z1 und Z2 und

b) die gesamte Scheinleistung S_F der Schaltung.

10. In welchem Verhältnis steht die Scheinleistung S_F bei gleichzeitiger Unterbrechung von einem Außenleiter und Neutralleiter zur Scheinleistung S im ungestörten Netz? Runden Sie diesen Wert, da aufgrund von gerundeten Ergebnissen bei den einzelnen Rechnungen die Scheinleistungen eine vertretbare Ungenauigkeit aufweisen.

zu 8) Strangwiderstand eines Leuchtbandes

zu 9 a) Strom durch die Leuchtbänder Z1 und Z2

zu 9 b) Scheinleistung S_F im gestörten Netz

11. Formulieren Sie eine allgemeingültige Aussage über die Änderung der Leistungsaufnahme eines symmetrischen Drehstromverbrauchers in Sternverkettung, wenn gleichzeitig ein Außenleiter und der Neutralleiter unterbrochen werden.

12. Abschließend sollen noch die Spannungsverhältnisse in der gestörten Schaltung betrachtet werden. Geben Sie an, welche Spannung bei Auftreten der beiden Leiterunterbrechungen an einer LS-Lampe anliegt, und ziehen Sie Schlussfolgerungen für die Arbeitsweise für die Leuchtbänder.

Testen Sie Ihre Fachkompetenz

1. Die drei Leuchtbänder in einem Drehstromnetz 3/N/PE ~ 50 Hz 400/230 V sind mit einer unterschiedlichen Anzahl von LS-Lampen versehen. Leuchtband 1 (Anschluss an L1) hat 20 Leuchten mit jeweils zwei LS-Lampen LS 36W/930 einschließlich Drossel, Leuchtband 2 (Anschluss an L2) hat 16 Leuchten und Leuchtband 3 (Anschluss an L3) hat 12 Leuchten der gleichen Art.

1.1 Bestimmen Sie von

a) einer LS-Lampe, **b)** Leuchtband 1, **c)** Leuchtband 2, **d)** Leuchtband 3 und

e) der gesamten Beleuchtungsanlage Lampenanzahl, Stromaufnahme, Scheinleistung, Wirkleistung, Blindleistung und Wirkfaktor.

	a) Lampe	b) Leuchtband 1	c) Leuchtband 2	d) Leuchtband 3	e) Gesamte Anlage
Lampenanzahl					
Stromaufnahme					–
Scheinleistung					
Wirkleistung					
Blindleistung					
Wirkfaktor					

1.2 Zeichnen Sie in **Bild 1** mit den aus Aufgabe 1.1 ermittelten Größen das Zeigerbild aller Leiterströme und Strangspannungen der Leuchtbänder und ermitteln Sie grafisch den Neutralleiterstrom I_N.

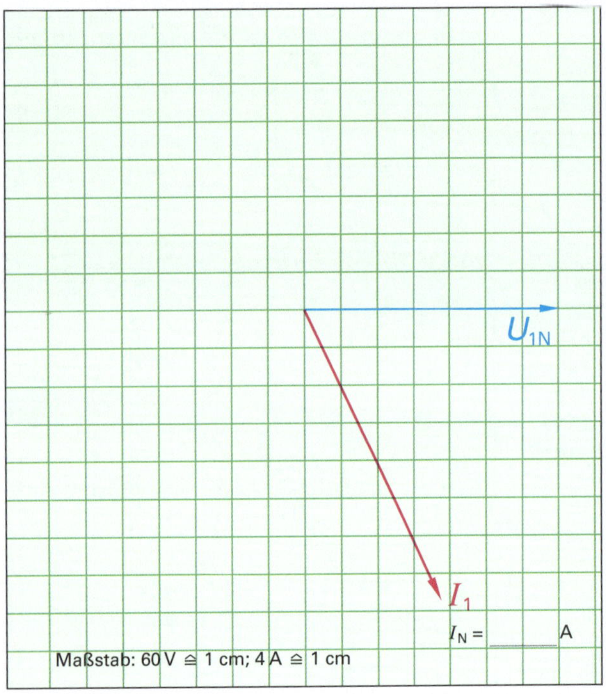

Bild 1: Zeigerbild im Vierleiternetz

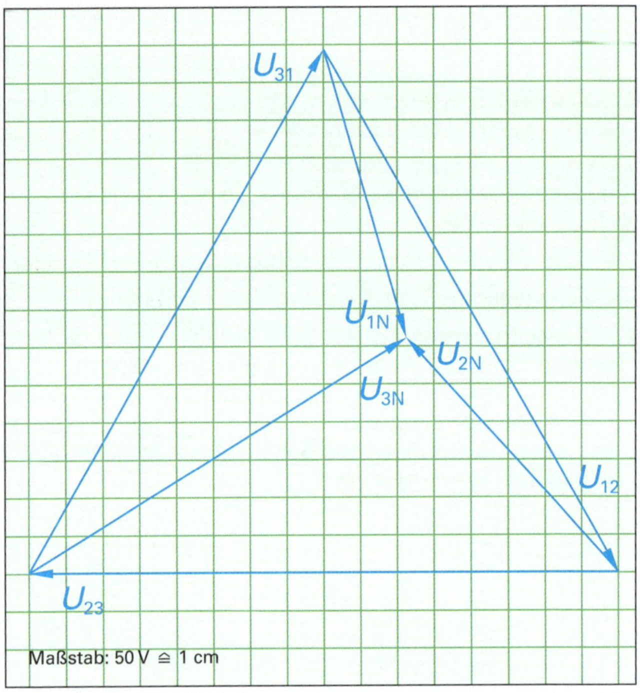

Bild 2: Zeigerbild bei unterbrochenem N-Leiter

1.3 Ermitteln Sie mithilfe von **Bild 2** die Effektivwerte der Strangspannungen U_{1N}, U_{2N} und U_{3N} bei unterbrochenem N-Leiter.

U_{1N} = ________ V, U_{2N} = ________ V, U_{3N} = ________ V

1.4 Wie wirkt sich in dieser Beleuchtungsanlage eine Unterbrechung des Neutralleiters auf die Strangspannungen (Spannungen an den LS-Lampen) aus?

Lernsituation: Drehstrommotor am TN-System betreiben

Herr Mayer hat sich eine Drehmaschine gekauft und plant, sie in seiner Hobby-Werkstatt aufzustellen. In der Werkstatt befindet sich bereits eine Schutzkontaktsteckdose. Der Kunde möchte, dass an dieser Steckdose die Drehmaschine angeschlossen werden soll. Die vorhandene Steckdose ist jedoch seit längerer Zeit nicht mehr in Betrieb gewesen. Deshalb bittet Herr Mayer die Elektroinstallationsfirma Schmidt, die Anlage auf ihre Funktionstüchtigkeit hin zu untersuchen. Sie erhalten von Ihrem Meister den Auftrag, die elektrische Anlage in der Werkstatt von Herrn Mayer zu begutachten und eine Entscheidung über den Anschluss der Drehmaschine zu treffen.

1. Auftragsanalyse

Sie informieren sich in der Werkstatt über die bereits installierte Elektroanlage und über die neue, anzuschließende Maschine. Dabei stellen Sie Folgendes fest:

- Die Elektroanlage stellt ein TN-S-System 3/N/PE 400/230 V 50 Hz dar.
- Die vorhandene Steckdose ist eine Wechselstromsteckdose mit Schutzleiteranschluss, abgesichert durch einen LS-Schalter Typ B 10 A.
- Auf dem Motor der Drehmaschine befindet sich das Leistungsschild **(Bild)**.
- Der Kunde möchte den Motor mittels Taster ein- und ausschalten und eine Kontrollanzeige der laufenden Maschine haben.

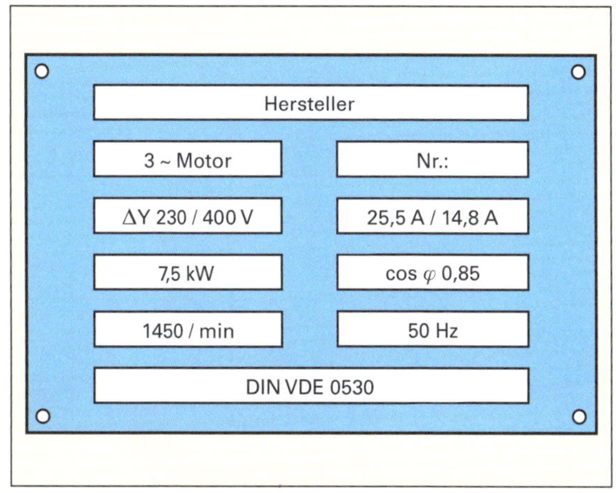

Bild: Leistungsschild

Arbeitsauftrag 1: Leistungsschild (Bild) auswerten

1. Nennen Sie die Motorart des Drehmaschinenantriebs.

2. Ziehen Sie Schlussfolgerungen für den Anschluss des Motors an die vorhandene Steckdose.

-
-
-

Als Ergebnis Ihrer Untersuchung informieren Sie den Kunden, dass zusätzlich eine 5-adrige Zuleitung von der Unterverteilung direkt auf der Wand verlegt werden muss. Außerdem soll eine Kleinverteilung an der Wand (verputztes Mauerwerk) angebracht werden, von der aus die Stromversorgung der Maschine ein- bzw. ausgeschaltet werden kann und in der auch alle zusätzlich notwendigen Betriebsmittel untergebracht werden.

3. Erläutern Sie:

a) An welchen Netzspannungen kann dieser Motor betrieben werden?

b) Für welche Strangspannung ist der Motor geeignet?

c) Wie muss der Motor für den Betrieb an einem 230-V-Netz und an einem 400-V-Netz geschaltet werden?

a)

b)

c) 230-V-Netz: 400-V-Netz:

4. Für welchen Betriebsfall des Motors sind die Werte auf dem Leistungsschild angegeben?

Arbeitsauftrag 2: Motor an das vorhandene TN-S-System anschließen

1. Beschreiben Sie mithilfe der Buchstaben den Aufbau des Drehstrom-Systems.

T:

N:

S:

2. Skizzieren Sie den Aufbau eines TN-S-Systems **(Bild 1)** und schalten Sie die drei Motorwicklungen

a) in Sternschaltung bzw.

b) in Dreieckschaltung zu.

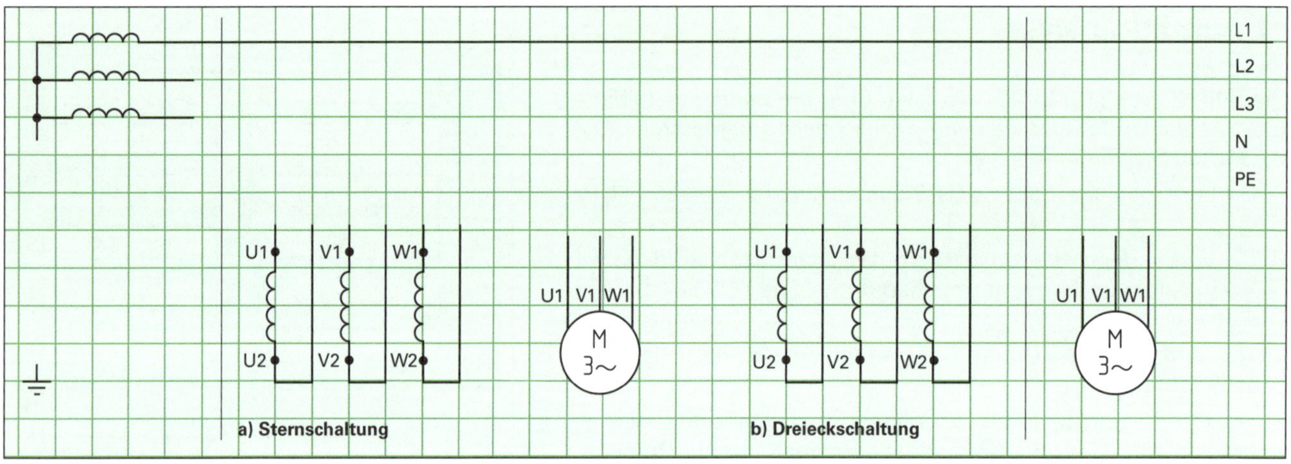

Bild 1: TN-S-System

3. In der Praxis werden die einzelnen Motorwicklungen durch Kontaktbrücken am Klemmbrett miteinander in Stern oder Dreieck geschaltet. Ergänzen Sie die beiden Klemmbretter **(Bild 2)** um die Kontaktbrücken für die jeweilige Schaltung.

4. Schließen Sie im **Bild 1** den Motor der Sternschaltung und den Motor der Dreieckschaltung an das Drehstromnetz an.

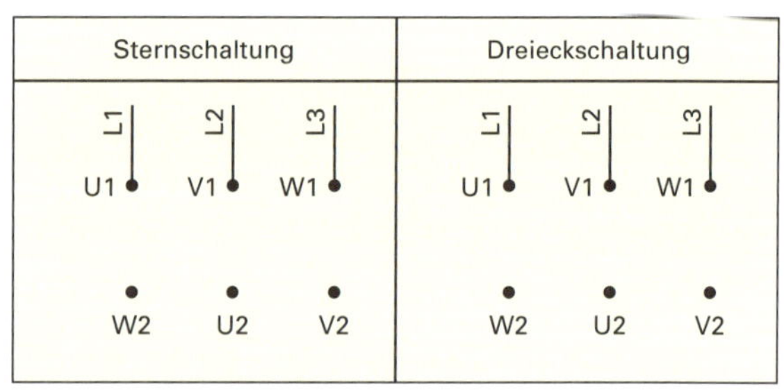

Bild 2: Klemmbretter

> Die drei Wicklungen eines Drehstrommotors haben alle gleiche Widerstandswerte. Man sagt: Das Drehstromsystem wird symmetrisch belastet, der Neutralleiter wird nicht benötigt.

Arbeitsauftrag 3: Leistungen des Drehstrommotors berechnen

1. Nennen Sie die Formeln zur Berechnung

a) der Scheinleistung, **b)** der Wirkleistung und **c)** der Blindleistung eines symmetrischen Drehstromverbrauchers.

a) Scheinleistung	b) Wirkleistung	c) Blindleistung

2. Berechnen Sie die drei Leistungen des Motors mit den Angaben von **Bild, Seite 37**

a) für den Betrieb in Sternschaltung und

b) für den Betrieb in Dreieckschaltung.

	Scheinleistung	Wirkleistung	Blindleistung
a) Stern-schaltung			
b) Dreieck-schaltung			

2. Projektplanung

Arbeitsauftrag 4: Zuleitung von der Unterverteilung zum Schaltkasten dimensionieren

1. Vervollständigen Sie die **Tabelle** mit den für die Leitungsberechnung notwendigen Angaben unter Beachtung der Datenblätter **(Seite 226 und 227)**.

Bemessungsstrom	Verlegart	Umrechnungsfaktor f_1	Umrechnungsfaktor f_2

2. Ermitteln Sie

a) den Nennquerschnitt der Leitung und geben Sie

b) das Typkurzzeichen der zu verwendenden Leitung an.

a) Nennquerschnitt: ______________ b) Typkurzzeichen: ______________

3. Nennen Sie die für den Leitungsschutz zulässigen Schutzeinrichtungen für das beim Auftraggeber vorhandene Drehstromsystem.

Vorhandenes Drehstromsystem: ______________

Zulässige Schutzeinrichtungen: ______________

4. Wählen Sie den passenden Leitungsschutzschalter **(Seite 228)** aus.

____

5. Nennen Sie

a) die Auslösebestandteile eines Leitungsschutzschalters und

b) die Art des durch sie gewährleisteten Schutzes.

a) Auslösebausteine des LS-Schalters	b) Schutz gegen
•	
•	

6. Begründen Sie die Auswahl des LS-Schalters vom Typ C.

____

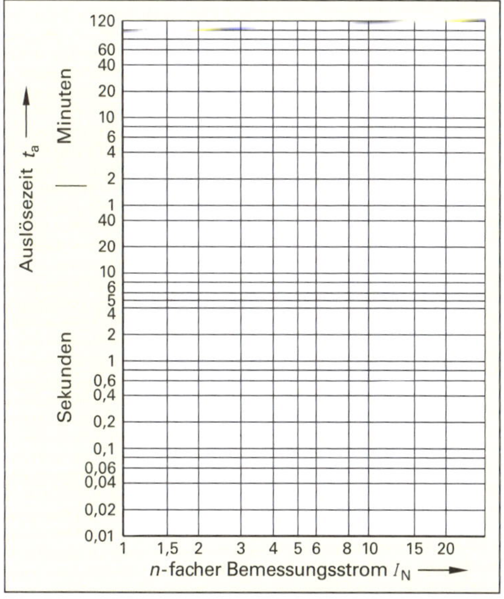

Bild: Auslösekennlinie LS-Schalter Typ 16 A

7. Tragen Sie mithilfe des Datenblattes **Seite 228** im **Bild** die Auslösekennlinie des LS-Schalters Typ C 16 A maßstabsgerecht ein.

8. Ermitteln Sie die Auslösezeit des verwendeten LS-Schalters **(Bild)**, wenn ein Strom von

a) 48 A und

b) 110 A fließt.

a) ______________ b) ______________

9. Welcher Bestandteil des LS-Schalters ist für die Abschaltung nach Aufgabe 8a) und nach Aufgabe 8b) verantwortlich?

8a) ______________

8b) ______________

10. Bei welchem Auslösestrom I_a löst der LS-Schalter Typ C **(Bild)** innerhalb von 0,4 s aus? I_a = ______________

Arbeitsauftrag 5: Motorschutz auswählen

1. Nennen Sie typische Fehler, die im Motorbetrieb auftreten können.

•

•

2. Ergänzen Sie die **Tabelle** mit Maßnahmen, die dem Schutz des Motors bei

a) Überlastung und

b) Kurzschluss dienen.

a) Überlastschutz	b) Kurzschlussschutz
•	•
•	•
•	•
•	

3. Der zu installierende Motor soll durch einen Motorschutzschalter **(Bild 1)** geschützt werden. Beschreiben Sie den Aufbau und die Auslösearten eines Motorschutzschalters.

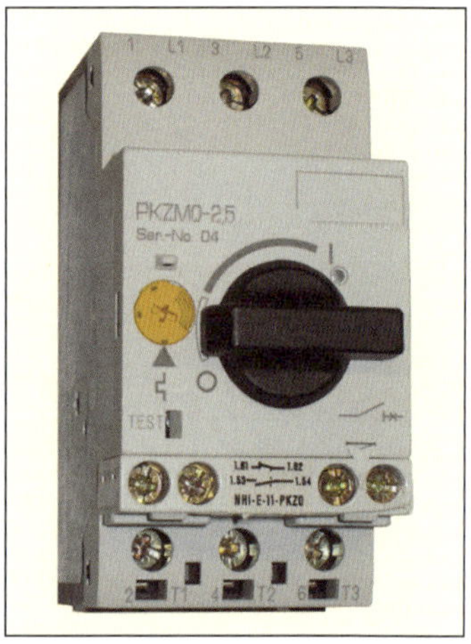

Bild 1: Motorschutzschalter

4. Bestimmen Sie mithilfe des Datenblattes **(Seite 230)** die beiden Kennwerte des zu verwendenden Motorschutzschalters.

Bemessungsdauerstrom: I_N =

Einstellbereich Überlastauslöser: I_r =

5. Tragen Sie in das nebenstehende **Bild 2**

a) das Schaltzeichen eines Motorschutzschalters für allpolige Darstellung und

b) für einpolige Darstellung ein.

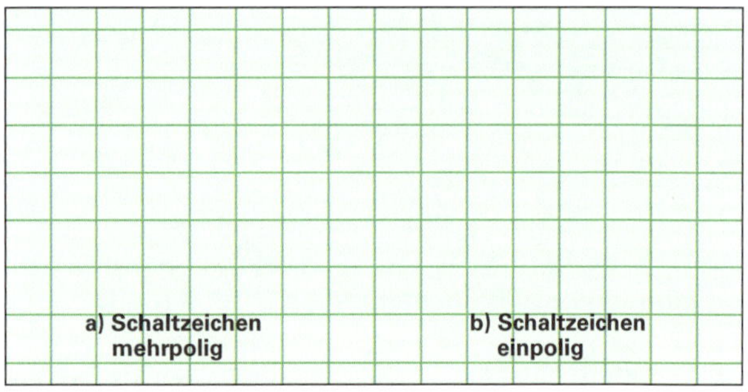

Bild 2: Schaltzeichen eines Motorschutzschalters

6. Auf welchen Wert wird der thermische Auslöser (Bimetallauslöser) für den verwendeten Motor eingestellt?

7. Unter welcher Bedingung dürfen Motorschutzschalter ohne Vorsicherung am Netz betrieben werden?

8. Erklären Sie den Begriff eigensicherer Motorschutzschalter.

Arbeitsauftrag 6: Kleinverteilung entwerfen

Die neben die Drehmaschine anzubringende Kleinverteilung muss alle die für den sicheren Betrieb des Motors und die vom Kunden gewünschten Zusatzeinrichtungen aufnehmen.

1. Analysieren Sie mithilfe von **Bild 2a** und **Bild 2b,** welche Betriebsmittel in der Kleinverteilung untergebracht werden müssen.

Da nur wenige Bauelemente benötigt werden, genügt eine Kleinverteilung mit zwei Hutschienen.

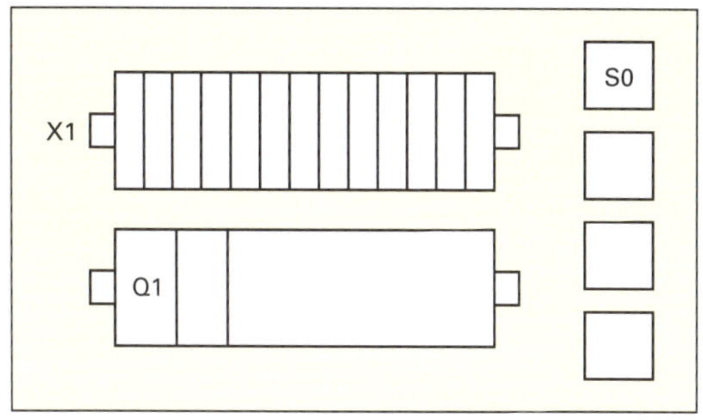

Bild 1: Anordnungsplan der Kleinverteilung

2. Ergänzen Sie den Anordnungsplan der Kleinverteilung **(Bild 1)**.

a) Übersichtsschaltplan | **b) Klemmenplan**

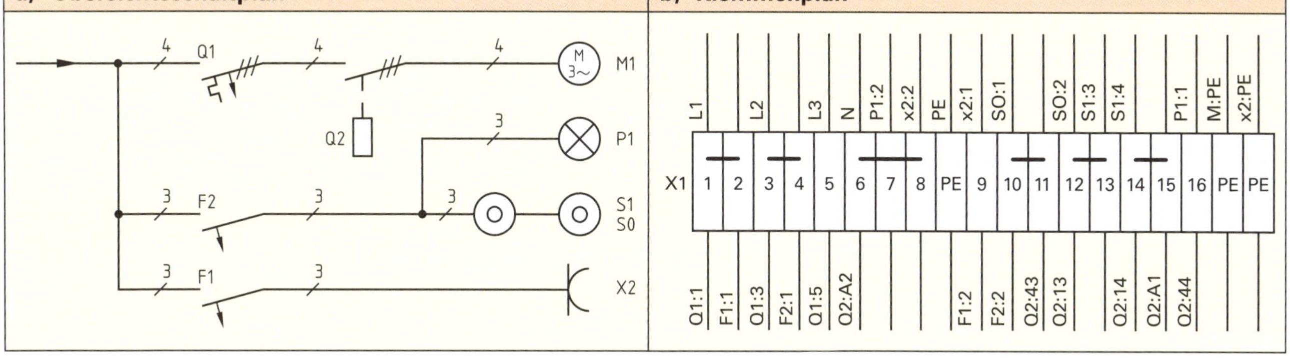

Bild 2: Übersichtsschaltplan und Klemmenplan

Arbeitsauftrag 7: Schaltpläne entwerfen

1. Zeichnen Sie
   a) den Hauptstromkreis und
   b) den Steuerstromkreis für den Anschluss des Drehstrommotors.

a) Hauptstromkreis | **b) Steuerstromkreis**

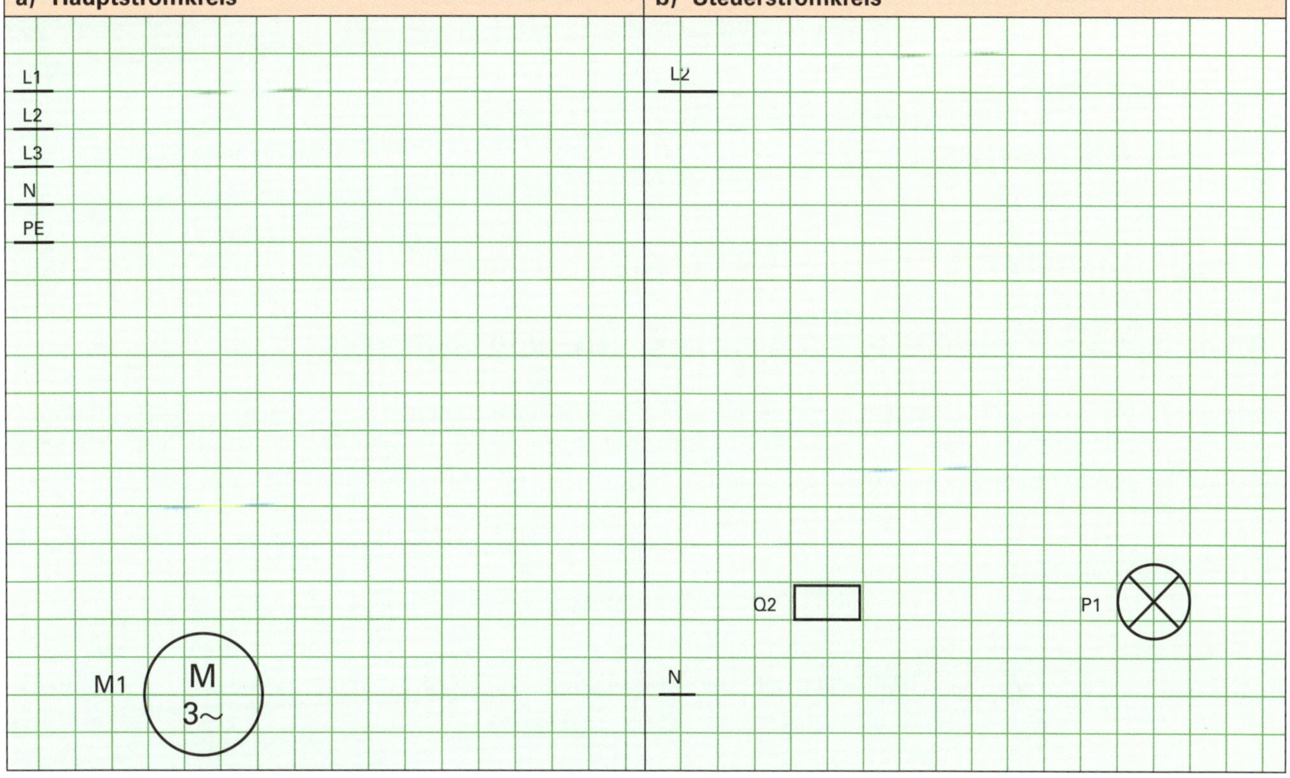

Bild 3: Haupt- und Steuerstromkreis

3. Projektdurchführung

Arbeitsauftrag 8: Anlagenerweiterung installieren

1. Notieren Sie

a) den notwendigen Materialbedarf und

b) das erforderliche Werkzeug für die Anlagenerweiterung.

a) ______

b) ______

2. Benennen Sie die für die Anlagenerweiterung zu beachtenden Vorschriften.

DIN-VDE 0100-410: ______

DIN-VDE 0100-610: ______

UVV: ______

DGUV: ______

3. Legen Sie die erforderlichen Arbeitsschritte in der Reihenfolge der Abarbeitung fest.

______

4. Projektkontrolle

Arbeitsauftrag 9: Installation der Anlagenerweiterung überprüfen

Nachdem Sie die Installation durchgeführt haben, müssen Sie durch entsprechende Kontrollen dafür sorgen, dass sich die Anlage in einem technisch einwandfreien Zustand befindet und der Nutzer ohne Gefahren die Anlage betreiben kann.

1. Unter **a)** welcher Bedingung führen Sie die Sichtprüfung durch und **b)** was überprüfen sie dabei?

a) ______

b) ______

2. Nennen Sie die erforderlichen Prüfungen in dieser Anlagenerweiterung nach Beendigung der Installationsarbeiten.

______

3. Beschreiben Sie, wie Sie den Isolationswiderstand in dieser Anlagenerweiterung bestimmen.

-
-
-

4. Tragen Sie in die **Tabelle 1**

a) die Höhe der zu verwendenden Gleichspannung bei der Widerstandsmessung,

b) die Mindestwerte des Isolationswiderstandes ein und

c) geben Sie praktische Werte des Isolationswiderstandes ein.

Tabelle 1: Erforderliche Gleichspannung und Mindestisolationswiderstände	
a) Messgleichspannung	
b) Isolationswiderstand zwischen	
L1, L2, L3 und PE	N und PE
c) Praxiswerte	

5. Beschreiben Sie,

a) welche Teile der elektrischen Anlage die Schleifenimpedanz bestimmen und

b) wozu die Messung der Schleifenimpedanz dient.

a)

b)

6. Welche Forderung gilt, damit

a) der Kurzschlussstrom I_k in der erforderlichen Zeit abschaltet, und

b) nach welcher Zeit **(Tabelle 2)** muss diese Abschaltung erfolgen?

a)

b)

Tabelle 2: Maximale Abschaltzeiten im TN-System
(nach DIN VDE 0100, Teil 410)

Stromkreis	Nennwechselspannung U_0	Abschaltzeit
Endstromkreise* mit einem Nennstrom bis einschließlich 32 A	50 V < U_0 ≤ 120 V 120 V < U_0 ≤ 230 V 230 V < U_0 ≤ 400 V U_0 > 120 V	0,8 s 0,4 s 0,2 s 0,1 s
Verteilungsstromkreise	–	5 s

*Endstromkreis, an dem direkt ein Stromverbrauchsmittel oder Steckdosen angeschlossen sind.

7. Bei der Messung der Schleifenimpedanz erhalten Sie im unbelasteten Zustand des Netzes eine Leiter-Erde Spannung U_0 = 231 V und bei Belastung mit einem Laststrom von 7 A eine Spannung U = 225 V. Weisen Sie nach, dass der von Ihnen eingebaute LS-Schalter **(Seite 39)** sicher abschaltet. Lösen Sie dazu die vorgegebenen Arbeitsschritte.

a) Berechnung des Abschaltstromes der Überstrom-Schutzeinrichtung	b) Zulässiger Wert der Schleifenimpedanz für die Messung	c) Berechneter Wert der Schleifenimpedanz mithilfe der Messung
d) Schlussfolgerung		

8. Welche Drehrichtung muss der Motor im Normalfall besitzen?

9. Begründen Sie, warum alle bei der Anlagenüberprüfung festgestellten Werte in einem Prüfprotokoll dokumentiert werden müssen.

Testen Sie Ihre Fachkompetenz

1. Analysieren Sie das Leistungsschild **(Bild 1)** eines Drehstrom-Motors und beantworten Sie dazu folgende Fragen:

1.1 Warum werden für den Motor zwei Spannungen angegeben?

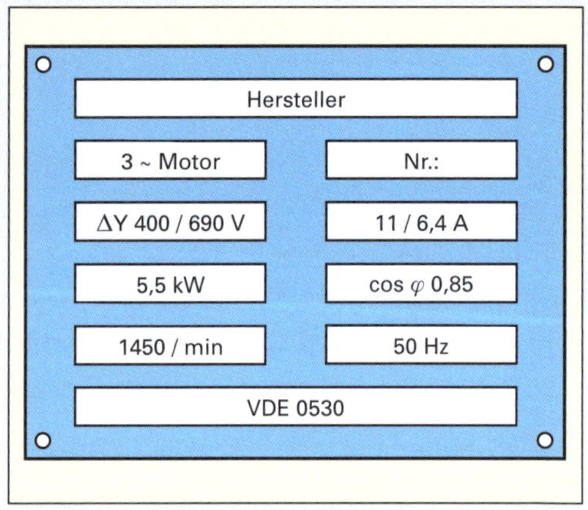

Bild 1: Leistungsschild Drehstrommotor

1.2 Wo tritt die auf dem Leistungsschild angegebene Motorleistung auf?

1.3 **a)** Welche drei Arten von elektrischer Leistung werden unterschieden und

b) wie groß sind diese Leistungen beim Drehstrommotor **(Bild 1)** in Sternschaltung an einem Drehstromnetz 3/N~50 Hz 690/400 V?

a1)	2)	3)
b)		

2. Welche Betriebsmittel dienen zum Schutz gegen Überlastung von Motoren?

3. Auf welchen Wert wird das thermische Überlastrelais zum Schutz des Motors **(Bild 1)** eingestellt, wenn der Motor an einem Drehstromnetz 3/N~50 Hz 690/400 V betrieben wird?

4. **a)** Um welche Art Motorschutz handelt es sich im **Bild 2** und

b) erläutern Sie das Prinzip dieses Motorschutzes.

a)

b)

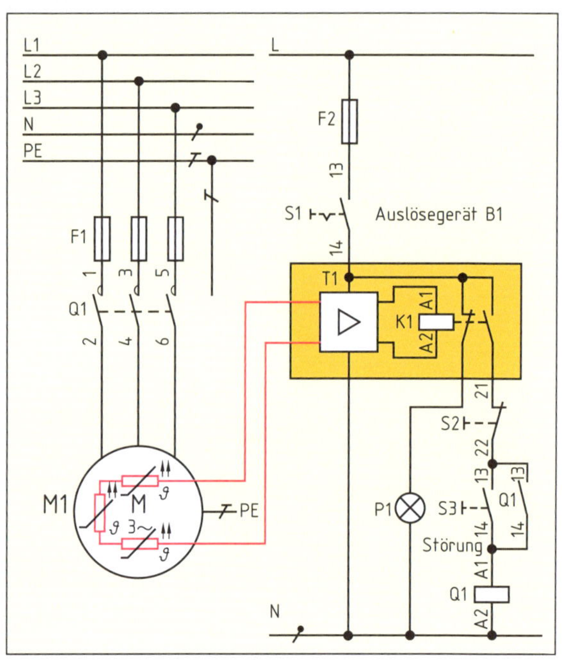

Bild 2: Motorvollschutz

Testen Sie Ihre Fachkompetenz

5. Beantworten Sie die folgenden Fragen mithilfe der Auslösekennlinien von Leitungsschutzschaltern **(Bild 1).**

5.1 In welcher Zeit lösen ein LS-Schalter mit 16 A Bemessungsstrom

a) mit B-Charakteristik und

b) mit C-Charakteristik sicher aus, wenn ein Strom von 48 A fließt?

a) ______________________________

b) ______________________________

5.2 Welches Auslösesystem führt jeweils bei den beiden LS-Schaltern von Aufgabe 5.1 die Abschaltung durch?

____

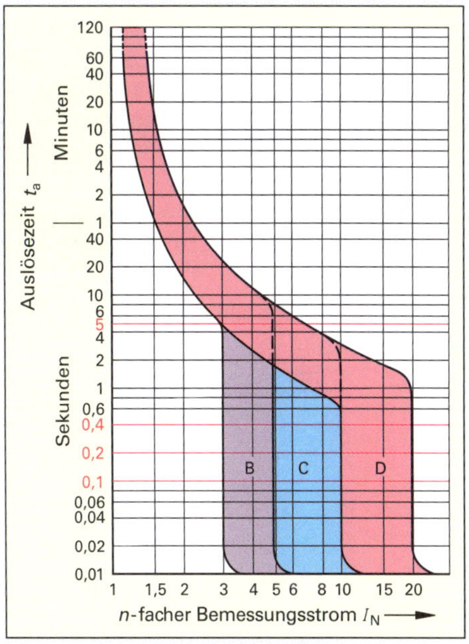

Bild 1: Auslösekennlinien von Leitungsschutzschaltern

5.3 In welcher Zeit lösen ein LS-Schalter mit 25 A Bemessungsstrom

a) mit B-Charakteristik und

b) mit C-Charakteristik sicher aus, wenn ein Strom von 200 A fließt?

a) ______________________________

b) ______________________________

5.4 Bei welchem Kurzschlussstrom lösen die beiden LS-Schalter aus Aufgabe 5.3 innerhalb von 0,4 s sicher aus?

a) ______________________________

b) ______________________________

5.5 Nennen Sie Anwendungsbeispiele für den Einsatz von LS-Schaltern

a) vom Typ B, **b)** vom Typ C und **c)** vom Typ D.

a) ______________________________

b) ______________________________

c) ______________________________

6. Nennen Sie die Vorteile, die LS-Schalter gegenüber Schmelzsicherungen haben.

____

____

____

7. **a)** Was gibt der Ausschaltbereich einer Niederspannungssicherung an und

b) welche beiden Ausschaltbereiche unterscheidet man?

a) ______________________________

b) ______________________________

____

8. Welchen Strombereich schalten Ganzbereichs-Sicherungseinsätze und Teilbereichs-Sicherungseinsätze ab?

____

____

____

9. Nennen Sie Einsatzgebiete für Sicherungen mit folgenden Buchstaben:

G: ______________________________

M: ______________________________

R: ______________________________

Lernsituation: Konferenzraumbeleuchtung anpassen

Das Bildungszentrum der Handwerkskammer möchte die Bedienung der vorhandenen Beleuchtung an die Anforderungen eines modernen Konferenzraumes anpassen. Hierzu gehört auch die Benutzung neuer Medien, z. B. Beamer und Laptop. Ihr Meister erteilt Ihnen den Auftrag, die vorhandene Beleuchtung und deren Schaltung zu analysieren und einen Änderungsvorschlag auszuarbeiten. Während des Ortstermins erfahren Sie, dass die Änderung der Beleuchtung möglichst ohne zusätzlichen Installationsaufwand erfolgen soll, um aufwendige Renovierungsarbeiten zu vermeiden.

Arbeitsauftrag 1: Vorhandene Installation ermitteln

1. Beschreiben Sie die vorhandene Leuchtenschaltung **(Bild 1 und Bild 2)**.

Bild 1: Konferenzraum Eingang 1

Bild 2: Konferenzraum Eingang 2

Um Ihnen die Arbeit zu erleichtern, erhalten Sie einen Plan, der den Grundriss des Konferenzraumes zeigt. Leider ist die Beleuchtungsinstallation nicht eingezeichnet. An der Fensterseite und an der Wandseite sind jeweils drei Leuchten angeordnet.

2. Ergänzen Sie den Grundriss **(Bild 3)** um die vorhandene Beleuchtung mit den dazugehörigen Schaltzeichen der Betriebsmittel. Tragen Sie auch die Leiterzahlen ein.

   Betrachten Sie nun den Installationsschaltplan **(Bild 3)**.

3. Ist die vorhandene Ausleuchtung für einen Konferenzraum geeignet? Begründen Sie Ihre Antwort.

📖 Fachkunde Elektrotechnik, Installationsschaltungen

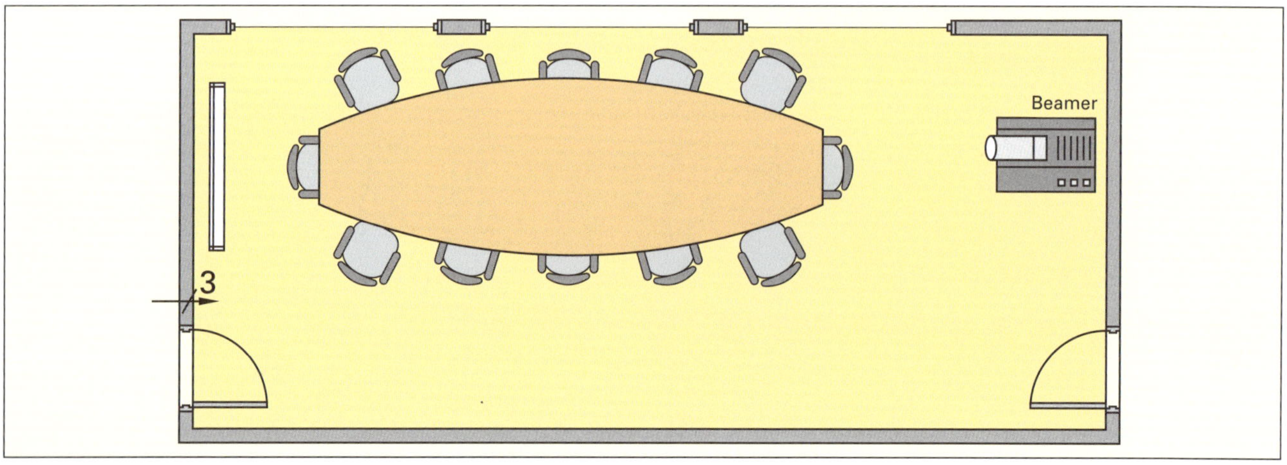

Bild 3: Grundriss Konferenzraum

4. Nach ausführlicher Betrachtung des Konferenzraumes soll die Beleuchtung angepasst werden. Ihr Meister bittet Sie, sich Gedanken über eine Änderung zu machen.
Welche Änderung schlagen Sie für den Konferenzraum vor?

Arbeitsauftrag 2: Betriebsmittel auswählen

Sie haben von Ihrem Ausbilder den Auftrag bekommen, Leuchten und einen Dimmer für die Konferenzraumbeleuchtung auszuwählen. Die Leuchten, die verwendet werden sollen, sind für Leuchtmittel bis maximal 100 W geeignet. In Ihrem Lager sind verschiedene Dimmer vorhanden **(Tabelle)**.

Tabelle: Verschiedene Dimmer mit Wechselschaltern, technische Daten					
 Dimmer 1		 Dimmer 2		 Dimmer 3	
Typ	Universaldimmer mit Memoryfunktion	Typ	Universaldimmer	Typ	Dimmer für Trafos und Glühlampen
Ausführung	Phasenanschnitt Phasenabschnitt	Ausführung	Phasenanschnitt	Ausführung	Phasenanschnitt
Einstellbereich	10 % bis 100 % der Leistung einstellbar	Einstellbereich	5 % bis 100 % der Leistung einstellbar	Einstellbereich	10 % bis 100 % der Leistung einstellbar
Leistung	60 W–600 W	Leistung	25 W–420 W	Leistung	40 W–400 W

Sie haben Ihrem Ausbilder vorgeschlagen, die zwei Lichtbänder gegen Leuchten mit Reflektorstrahlern als Leuchtmittel zu wechseln. Um eine gleichmäßige Ausleuchtung des Konferenzraums zu erhalten, werden die sechs Leuchtstofflampen durch sechs Strahlerleisten ersetzt. Diese werden mit jeweils vier Leuchtmitteln ausgestattet. Die Leistung der Leuchtmittel beträgt je 100 Watt.

1. Wie groß ist die Leistung, mit der der Dimmer belastet wird?

2. a) Welchen Dimmer können Sie einsetzen?
b) Begründen Sie Ihre Antwort.

a)

b)

3. Welche Möglichkeiten bieten sich, um trotzdem einen Dimmer aus der **Tabelle** zu verwenden?

4. a) Welche Leistung muss ein gleichwertiges Energiesparleuchtmittel **(Seite 48)** besitzen?
b) Wie groß ist die Gesamtleistung?

a)

b)

5. Welcher Dimmer der **Tabelle** ist für die zukünftige Beleuchtung des Konferenzraumes geeignet? Begründen Sie Ihre Antwort.

Arbeitsauftrag 3: Arbeitsplanung und Unterlagen erstellen

1. Zeichnen Sie den geänderten Installationsschaltplan mit den neuen Betriebsmitteln in den Grundriss des Konferenzraumes **(Bild)** ein.

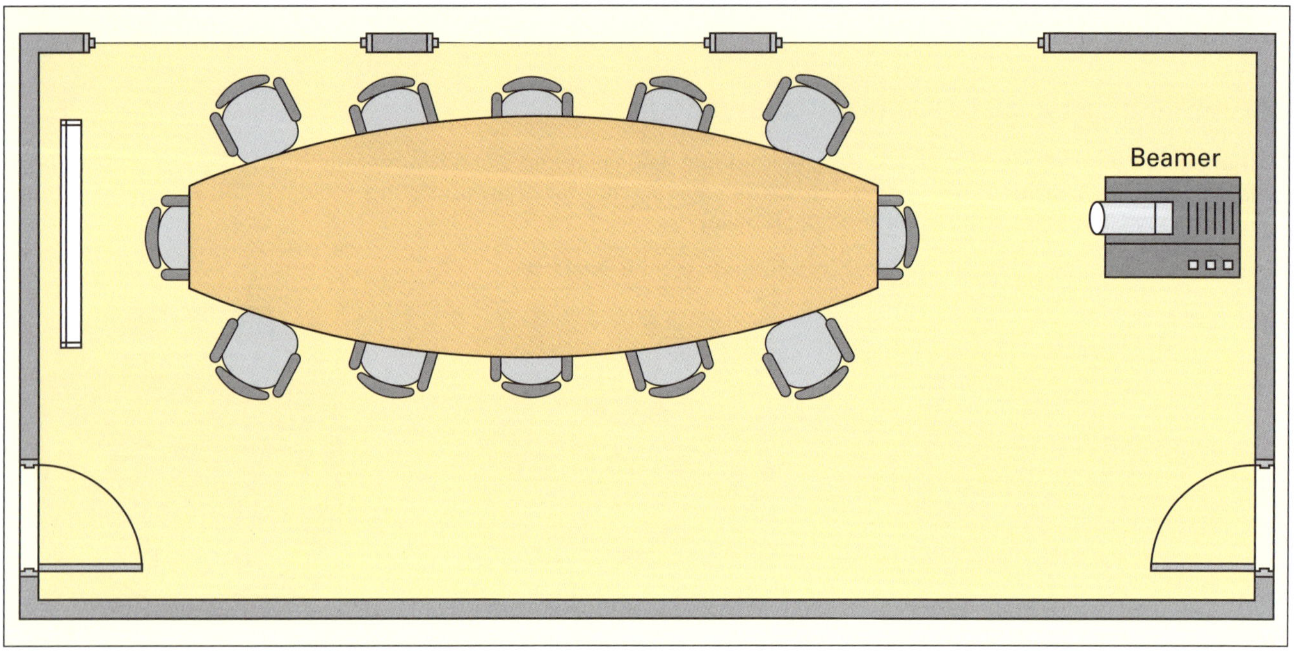

Bild: Grundriss Konferenzraum

Nachdem der Betrieb die Zusage des Bildungszentrums für den Änderungsvorschlag erhalten hat, werden Sie von Ihrem Meister beauftragt, die erforderlichen Betriebsmittel und die benötigten Werkzeuge bereitzulegen. Doseneinsätze für die Betriebsmittel mit einer Tiefe von 68 mm sind bereits eingebaut.

2. Erstellen Sie eine Liste mit den benötigten Betriebsmitteln.

3. Erstellen Sie eine Liste mit dem voraussichtlich benötigten Werkzeug.

Bemessungswerte Energiesparlampe (ESL)	Glühlampe (AGL)
5 W	25 W
7 W	40 W
11 W	60 W
15 W	75 W
20 W	100 W
23 W	120 W

Technische Daten unter:
- www.megaman.de
- www.ledvance.de
- www.philips.de
- Tabellenbuch Elektrotechnik
- Fachkunde Elektrotechnik, gebäudetechnische Anlagen, Lichttechnik

Arbeitsauftrag 4: Arbeitsreihenfolge festlegen

Damit die Änderung der Beleuchtungsinstallation zügig und ohne Störungen des Betriebsablaufes ausgeführt werden kann, wird eine Aufstellung der durchzuführenden Arbeiten angefertigt.

1. Erstellen Sie die Arbeitsreihenfolge in einer Liste.

Arbeitsauftrag 5: Kosten der Installationsänderung ermitteln

Nach Durchführung der Arbeiten ist es erforderlich, den Material- und Arbeitseinsatz zu ermitteln, damit von einem Mitarbeiter des Bildungszentrums die Durchführung und das verwendete Material gegengezeichnet werden kann. Die benötigte Arbeitszeit wird mit drei Stunden kalkuliert. Eine Arbeitseinheit AE beträgt 6 Minuten (eine Stunde hat 10 AE).

1. Vervollständigen Sie den Material- und Arbeitsnachweis zur Rechnungserstellung.

Material- und Arbeitsnachweis Bildungszentrum				
Pos.	**Stk./m**	**Bezeichnung**	**Einzelpreis**	**Gesamtpreis**
1		Dimmer	102,78 €	
2		Lichtleiste Strahler vierfach	122,36 €	
3		Leuchtmittel 20 W dimmbar	22,25 €	
4				
5				
6				
7				
Materialkosten				
Zuschlag für Kleinmaterial 5 %				
Gesamte Materialkosten				
Pos.	**AE**			
1		Arbeitseinheit Geselle	4,20 €	
2		Arbeitseinheit Auszubildender	1,70 €	
3				
Gesamte Lohnkosten				
Summe				
Mehrwertsteuer 19 %				
Gesamtbetrag				

Testen Sie Ihre Fachkompetenz

1. Warum ist eine Verwendung von Energiesparleuchtmitteln und LED-Leuchtmitteln zukunftsorientiert?

2. Tragen Sie die Bestandteile eines Dimmers **(Bild 1)** in die **Tabelle 1** ein. Nennen Sie kurz deren Funktion.

Tabelle 1: Bestandteile eines Dimmers

Bauteil	Bezeichnung	Funktion
F 1		
R 1		
R 2		
R 4		
R 5		
Q 1		
C 1; C 2		
C 3		

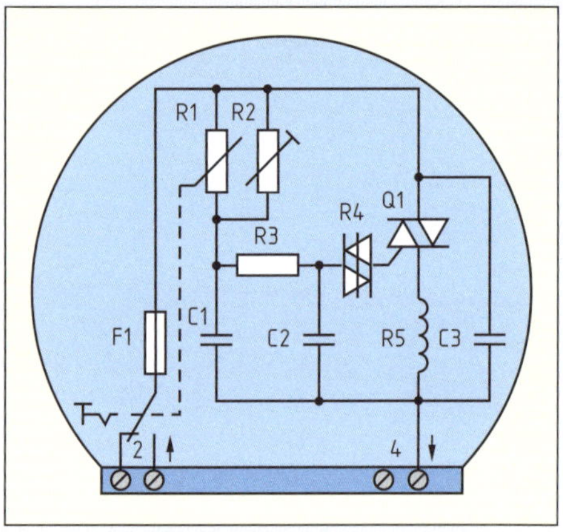

Bild 1: Dimmeraufbau

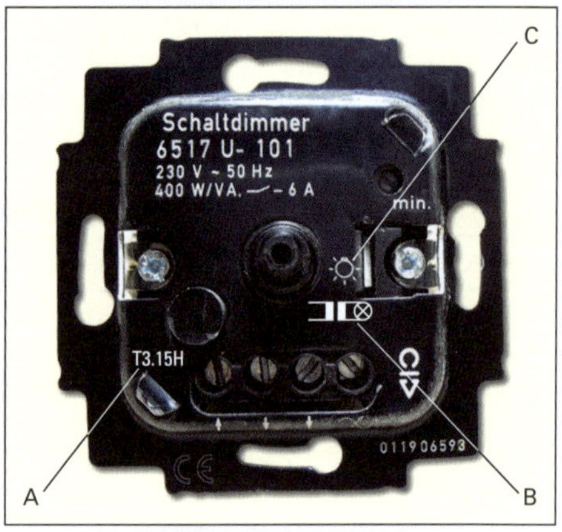

Bild 2: Dimmer

Fachkunde Elektrotechnik, Dimmer

3. Welche Bedeutung haben die Symbole bei A, B und C auf dem Dimmer **(Bild 2)**?

A:

B:

C:

4. Die Symbole **(Tabelle 2)** werden für die einzelnen Dimmer verwendet. Vervollständigen Sie die **Tabelle 2.**

Tabelle 2: Symbole von Dimmern und Lasttypen

◢ R	
◢ R,L	
◢ R,C	
◢ R,L,C	
◢ (M)	

5. Welche zwei schaltungstechnischen Möglichkeiten gibt es, die Dimmfunktion auszuführen, ohne dass im Dimmer eine entsprechende Verlustleistung beim Dimmen entsteht?

Lernsituation: Transistor als elektronisches Bauteil kennenlernen

Sie haben von Ihrem Ausbilder die Aufgabe erhalten, die Werkstatt sowie den Arbeitsplatz, der für die Reparatur verschiedener Geräte erforderlich ist, zu ordnen. Hierbei haben Sie ein Gefäß mit elektronischen Bauteilen gefunden, von denen Ihnen viele bekannt sind; andere Bauteile kennen Sie nicht. Nachdem Sie den Reparaturplatz aufgeräumt haben, nehmen Sie die Ihnen unbekannten Bauteile und fragen Ihren Ausbilder, um welche Bauteile es sich handelt. Sie erhalten die Auskunft, dass Sie Transistoren **(Bild)** in unterschiedlichen Gehäuseformen gefunden haben.

Arbeitsauftrag 1: Anwendungen von Transistoren nennen

1. Nennen Sie vier Anwendungsbeispiele von Transistoren.

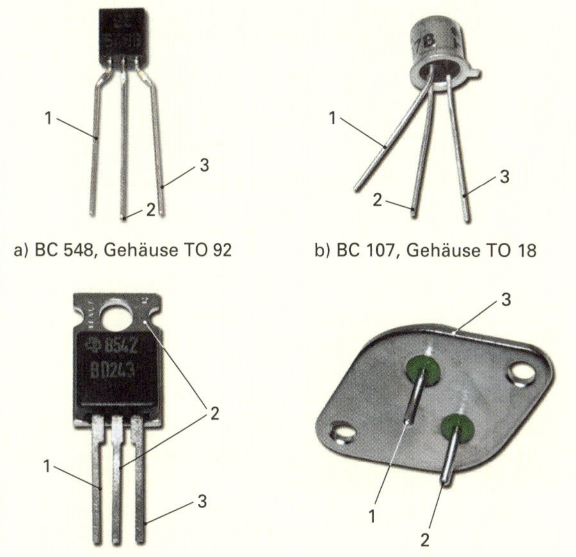

a) BC 548, Gehäuse TO 92
b) BC 107, Gehäuse TO 18
c) BD 243, Gehäuse TO 220
d) 2N3055, Gehäuse TO 3

Bild: Transistoren und deren Gehäuse

Fachkunde Elektrotechnik, Kapitel: Transistoren

Technische Daten und Bauteilinformationen:
www.alldatasheet.com

Arbeitsauftrag 2: Arten und Typen von Transistoren und deren Anschlüsse nennen

1. Welche Arten von Transistoren gibt es?

2. Nennen Sie beide Typen von bipolaren Transistoren.

3. Tragen Sie die Transistoranschlüsse nach **Bild a)** bis **d)** und deren Abkürzung in die **Tabelle 1** ein.

Tabelle 1: Anschlüsse von Transistoren und deren Abkürzung	
Transistor BC 548	**Transistor BD 243**
Anschluss 1:	Anschluss 1:
Anschluss 2:	Anschluss 2:
Anschluss 3:	Anschluss 3:
Transistor BC 107	**Transistor 2N3055**
Anschluss 1:	Anschluss 1:
Anschluss 2:	Anschluss 2:
Anschluss 3:	Anschluss 3:

4. Nennen Sie den Typ und die Anschlüsse der Schaltzeichensymbole für einen NPN- und PNP-Transistor in der **Tabelle 2.**

<table>
<tr><th colspan="3">Tabelle 2: Schaltzeichen bipolarer Transistoren</th></tr>
<tr><td>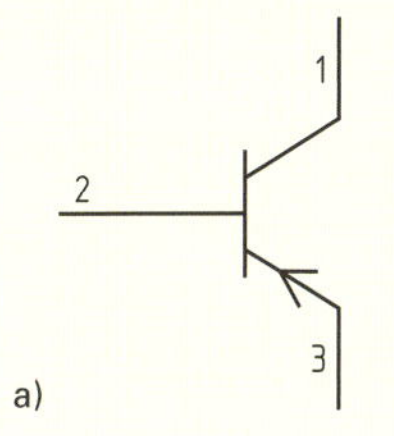a)</td><td>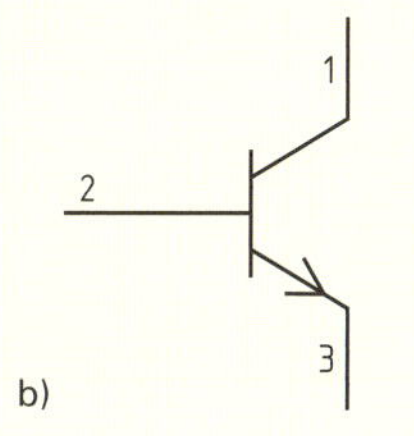b)</td><td>Typ:
a) b)
Anschlüsse:
1:
2:
3</td></tr>
</table>

Arbeitsauftrag 3: Bipolaren Transistor als Schalter kennenlernen

Bipolare Transistoren werden z.B. als elektronische Schalter eingesetzt. Sie erhalten von Ihrem Ausbilder eine Schaltung **(Bild 1)**, die einen Transistor als Schalter zeigt.

1. Vervollständigen Sie die **Tabelle 1**, indem Sie die Bedeutung der Spannungen und Ströme **(Bild 1)** eintragen.

Tabelle 1: Spannungen und Ströme

U_1	Eingangsspannung
U_{BE}	
U_{CE}	
I_B	
I_C	

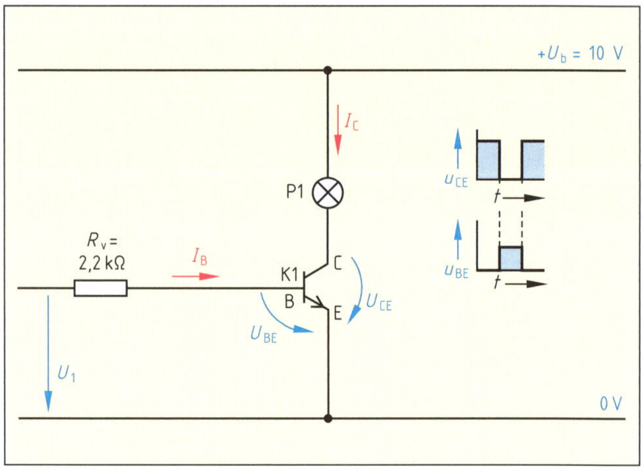

Bild 1: Transistor als Schalter

2. Der Spannungsverlauf U_{CE} des Transistors K1 als Schalter **(Bild 1)** zeigt **Bild 2**. Ordnen Sie die Begriffe *„Transistor sperrt"* und *„Transistor leitet"* den Feldern in **Bild 2** zu.

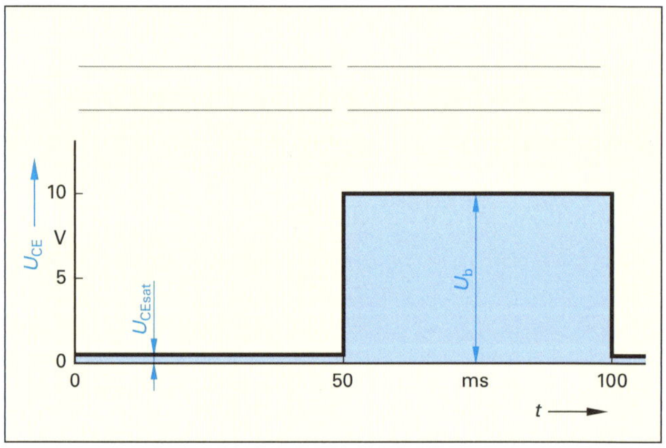

Bild 2: Spannungsverlauf U_{CE}

3. Ergänzen Sie die Angaben **(Tabelle 2)** für die Spannung U_{CE}, den Strom I_B, den Strom I_C und den Widerstand R_{CE}.

Tabelle 2: Transistorangaben

Transistor leitet		Transistor sperrt	
U_{CE}		U_{CE}	U_b
I_B		I_B	
I_C	groß	I_C	≈
R_{CE}	≈	R_{CE}	≈

4. Damit Transistoren sicher und schnell ihren leitenden Schaltzustand erreichen, werden sie absichtlich übersteuert. Wovon ist die Schaltzeit des Transistors abhängig?

5. Die Ströme I_B und I_C sind wichtige Transistorströme.
   a) Wie wird das Verhältnis I_C zu I_B bezeichnet?
   b) Geben Sie deren Zusammenhang mithilfe einer Formel an.
   c) Wie kann der Strom I_B berechnet werden, um ein sicheres Übersteuern des Transistors zu gewährleisten? Geben Sie dazu eine Formel an.

a)

b)

c)

6. Ein Transistor BC 107 soll als Schalter eingesetzt werden. Der Kollektorstrom I_C beträgt 100 mA.
   Berechnen Sie den Basisstrom I_{Bmin} und dann den Basisstrom I_B unter Berücksichtigung des Übersteuerungsfaktors $ü$ = 2. Entnehmen Sie dem Datenblatt **Seite 231** das minimale Gleichstromverhältnis.

Ihr Ausbilder zeigt Ihnen eine Schaltung, in der ein bipolarer Transistor BC 107 eine Signalleuchte 10 V / 1 W schalten soll **(Bild 1, Seite 52)**. Nach der Inbetriebnahme stellen Sie fest, dass die Signalleuchte im eingeschalteten Zustand sehr schwach leuchtet. Um die Ursache zu finden, messen Sie den Basisstrom von I_B = 0,3 mA und den Kollektorstrom von I_C = 80 mA.

7. Warum leuchtet die Signalleuchte nicht hell genug?

8. Berechnen Sie den Kollektorstrom I_C, der eigentlich fließen müsste, damit die Signalleuchte hell leuchtet. Der Strom I_C entspricht dem Bemessungsstrom I_{P1} durch die Signalleuchte P1.

9. Welche Möglichkeit gibt es, damit

a) die Signalleuchte P1 heller leuchtet und

b) wie können Sie das erreichen?

a)

b)

10. Anstelle der Signalleuchte P1 wurde eine Leuchtdiode (LED) eingesetzt. Nach dem Einschalten wurde diese zerstört. Welche Möglichkeiten gibt es, eine Zerstörung der Leuchtdiode zu verhindern?

Ihr Ausbilder zeigt Ihnen einen Bewegungsmelder **(Bild 1)** als eine typische Anwendung bipolarer Transistoren als Schalter. **Bild 2** zeigt einen Auszug der Innenschaltung.

Nach Ihrem bisherigen Kenntnisstand wissen Sie, dass bei einem Transistor ein Basisstrom I_B fließen muss, um diesen einschalten (Transistor leitet) zu können.

Bild 1: Bewegungsmelder

11. Welches Bauteil wird durch den Transistor K1 **(Bild 2)** eingeschaltet?

12. Um welche Art der Belastung handelt es sich für den Transistor?

13. Warum muss die Schaltung mit der Diode R1 **(Bild 2)** betrieben werden?

14. Wie wird die Diode R1 **(Bild 2)** allgemein bezeichnet?

15. Welche Auswirkung hat ein Defekt der Diode R1 **(Bild 2)**?

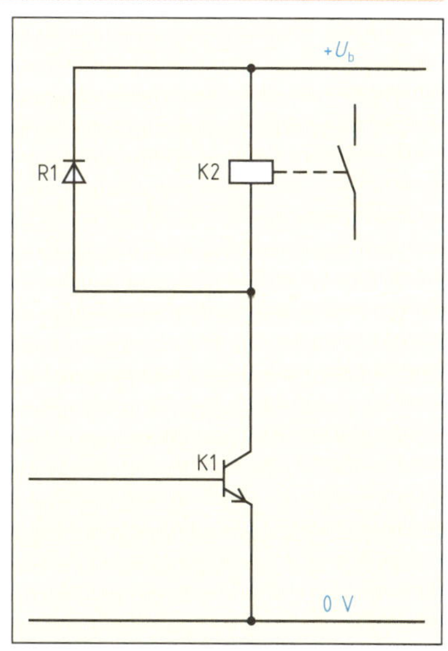

Bild 2: Auszug Innenschaltung

Arbeitsauftrag 4: Mit Transistorkennlinien arbeiten

Um in einem Kennlinienfeld **(Bild 2)** eines Transistors die erforderlichen Werte und Daten ablesen zu können, ist es notwendig, die Bedeutung verschiedener Fachbegriffe zu kennen.

1. Erklären Sie die Fachbegriffe

a) Arbeitspunkt,

b) Arbeitspunkteinstellung und

c) Verlustleistung P_{tot}.

a) ______________________________

____

____

b) ______________________________

____

____

____

c) ______________________________

____

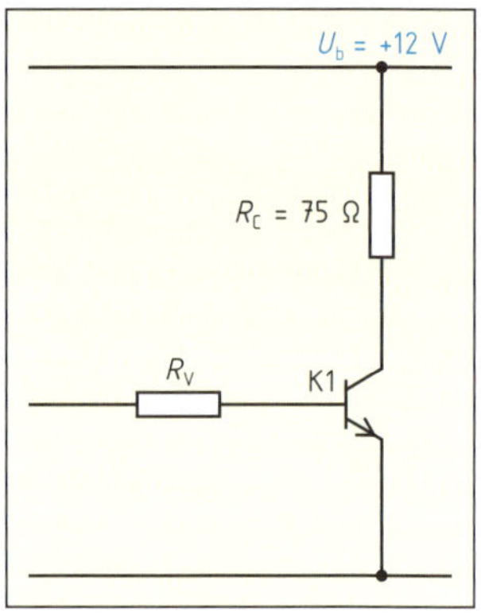

Bild 1: Transistor als Schalter

Einen Transistor als Schalter zeigt **Bild 1,** das dazugehörige Kennlinienfeld **Bild 2.** Die Arbeitsgerade des Lastwiderstandes R_C ist bereits eingetragen. Bei der Spannung U_{CEsat} = 0,3 V leitet der Transistor, der Kollektorstrom beträgt I_C = 158 mA. Sperrt der Transistor, ist I_{Csat} = 2 mA.

Transistor leitet:
- $U_{CE} = U_{CEsat}$
- $P_V = U_{CEsat} \cdot I_C$

Transistor sperrt:
- $I_C = I_{Csat}$
- $P_V = U_{CE} \cdot I_{Csat}$

2. Kennzeichnen Sie durch Punkte die Werte auf der Arbeitsgerade für I_C im Schaltzustand

a) Transistor leitet und

b) Transistor sperrt im Kennlinienfeld **(Bild 2)**.

3. Lesen Sie die Werte für U_{CE}

a) Transistor leitet und

b) Transistor sperrt ab.

a) ______________ b) ______________

4. Berechnen Sie die Verlustleistung P_V für den Schaltzustand

a) Transistor leitet und

b) Transistor sperrt.

a)

b)

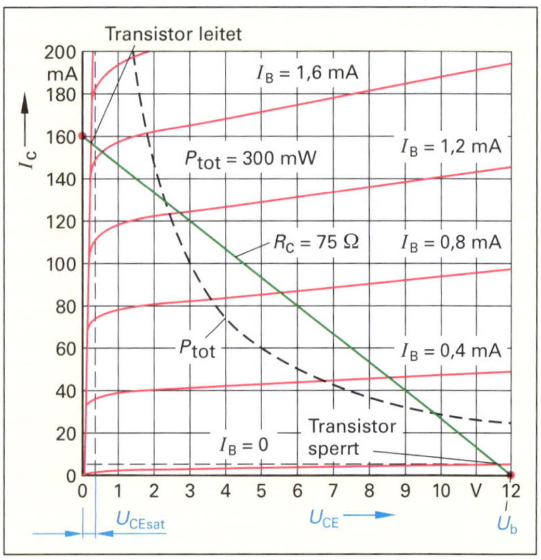

Bild 2: Kennlinienfeld Transistor als Schalter

5. Kann der Transistor mit den errechneten Werten eingesetzt werden? Begründen Sie Ihre Antwort.

____

____

6. Berechnen Sie die Verlustleistung P_V mit einer Spannung U_{CE} = 6 V und einem Strom I_C = 80 mA.

7. Welche Auswirkung hätte die Einstellung des Arbeitspunktes mit den Werten der Aufgabe 6 für den Transistor?

____

Testen Sie Ihre Fachkompetenz

1. Zwei bipolare Transistoren sind als zweistufiger Transistorschalter **(Bild 1)** angeschlossen. Erklären Sie die Funktion der Schaltung.

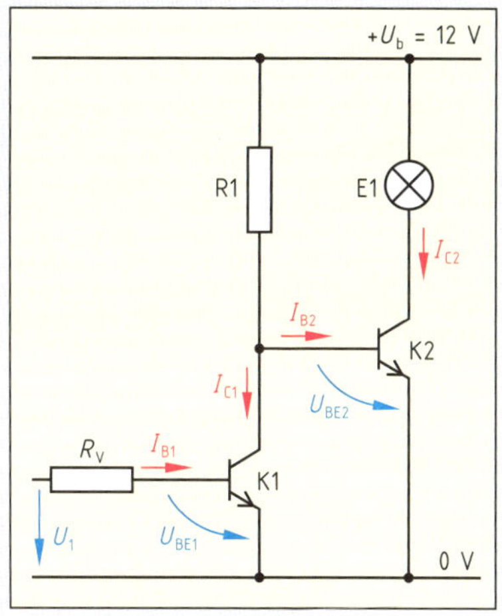

Bild 1: Zweistufiger Transistorschalter

2. Ein Transistor ist als Schalter nach **Bild 2** angeschlossen und steuert eine Leuchtdiode. Berechnen Sie

a) den Basisstrom I_B, **b)** den Widerstand R_1 und **c)** den Widerstand R_V.

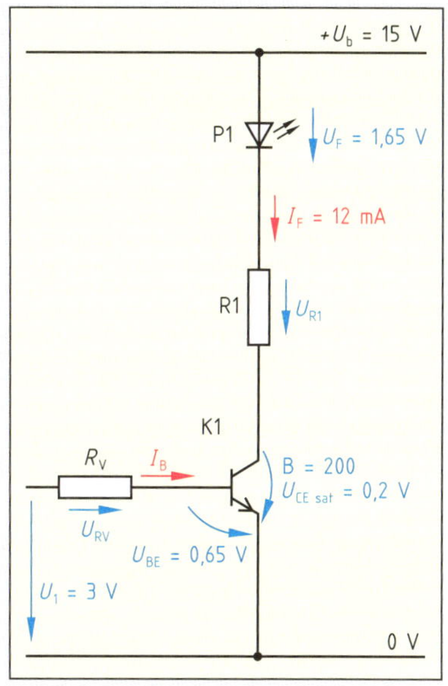

Bild 2: Transistor als Schalter

3. Ein Transistor als Schaltverstärker ist nach **Bild 3** angeschlossen. Zur Einstellung des Arbeitspunktes wird ein Fotowiderstand R4 (LDR) verwendet.

a) Beschreiben Sie die Funktion der Schaltung.

b) Für welche Anwendung kann die Schaltung eingesetzt werden?

a)

b)

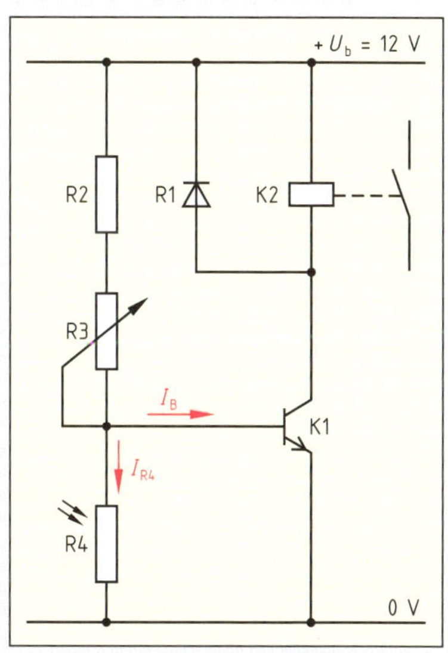

Bild 3: Transistor mit LDR

Lernsituation: Netzgeräte für elektronische Schaltungen untersuchen

Elektronische Schaltungen benötigen zur Stromversorgung ein Netzteil **(Bild 1)**. Ein Netzteil nennt man auch Netzgerät. Dabei muss die Betriebsspannung für die angeschlossene elektronische Schaltung, der Verbraucher oder die Last, nahezu konstant sein. Zum Prüfen und zur Reparatur verschiedener elektronischer Geräte werden Festspannungen, z.B. 5 V oder 12 V, und einstellbare Gleichspannungen, z.B. von 1,5 V bis 30 V, benötigt.

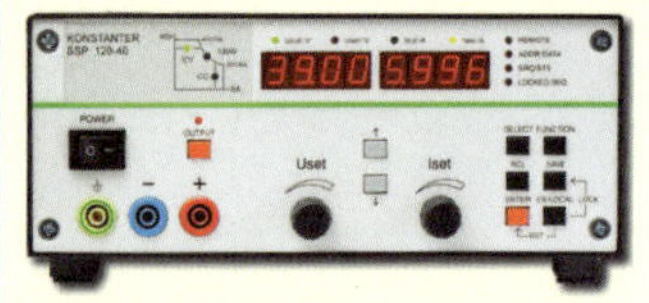

Auszug aus dem Datenblatt:
Laborstromversorgung für den universellen Einsatz in Forschung, Entwicklung, Produktion, Ausbildung und Service.
Das Gerät hält wahlweise die Spannung oder den Strom konstant und kann durch den „Auto-ranging"-Ausgang seine Bemessungsleistung von 120 W, 240 W bzw. 320 W über einen weiten Bereich abgeben. Die manuelle Einstellung von Spannung und Strom erfolgt präzise mit 10-Gang-Potenziometer. Deren Einstellbereiche U_{lim} und I_{lim} können mit einem Schraubendreher begrenzt werden, um versehentliches Einstellen unerwünscht hoher Werte zu verhindern.
Zwei große 3½-stellige LED-Displays zeigen die eingestellte Ausgangsspannung und den eingestellten Ausgangsstrom an.

Bild 1: Netzteil

Arbeitsauftrag 1: Grundlagen von Netzgeräten erarbeiten

1. Nennen Sie Beispiele für Betriebsmittel oder Geräte, die konstante Spannungen benötigen.

2. Erklären Sie den Begriff Spannungskonstanz.

3. Welche Möglichkeiten gibt es, konstante Spannungen zu erhalten?

4. Netzgeräte haben verschiedene Baugruppen und Bauteile. Ergänzen Sie die Fachbegriffe an den Baugruppen und Bauteilen im **Bild 3**.

5. Ein wichtiges Bauteil für Netzteile ist der Transformator **(Bild 2)**. Welche Aufgabe hat ein Transformator?

Bild 2: Transformator

6. Erklären Sie die technischen Angaben (Bemessungswerte) des Transformators **(Bild 2)**.

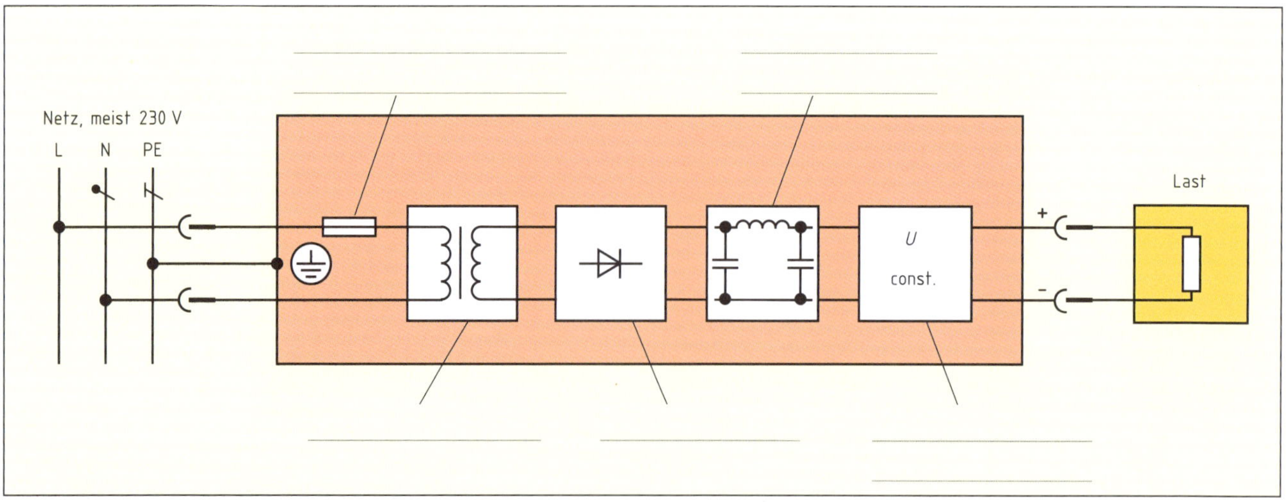

Bild 3: Übersichtsschaltplan eines Netzgerätes

7. Berechnen Sie den Eingangsstrom I_1 des Transformators **(Bild 2, Seite 56)** bei der Ausgangsspannung von 24 V und maximalem Ausgangsstrom.

8. Ein weiteres wichtiges Bauteil bzw. Baugruppe eines Netzteiles ist der Gleichrichter. Welches elektronische Bauteil wird grundsätzlich zum Aufbau eines Gleichrichters benötigt? ____________

9. Verbindet man die elektronischen Bauteile der Aufgabe 8 miteinander, so entstehen Gleichrichterschaltungen, die es für Wechselstrom und Drehstrom gibt. Geben Sie die wichtigsten Gleichrichterschaltungen mit ihren Abkürzungen in der **Tabelle** an.

Tabelle: Gleichrichterschaltungen			
Für Wechselstrom		Für Drehstrom	
Schaltung	Abkürzung	Schaltung	Abkürzung
		–	–

10. Die Zweipuls-Brückenschaltung wird als Gleichrichterschaltung in der Elektrotechnik am meisten eingesetzt. Für Ihre Ausbildung ist die Zweipuls-Brückenschaltung deshalb besonders wichtig.

a) Ergänzen Sie die Schaltung im **Bild a)** so, dass eine Zweipuls-Brückenschaltung entsteht.

b) Berechnen Sie den Scheitelwert der Spannung U_1.

c) Zeichnen Sie in **Bild a)** mit einem roten Farbstift den Stromverlauf bei der positiven Wechselspannungs-Halbwelle von u_1 ein. Der Stromverlauf bei der negativen Wechselspannungs-Halbwelle ist bereits blau eingezeichnet.

Beachten Sie:

- Die Wechselspannung hat eine Frequenz von 50 Hz. Damit ändert sich die Polarität (Plus und Minus) der Wechselspannung im 50-Hz-Rhythmus.
- Der Strom fließt bei der positiven und negativen Wechselstrom-Halbwelle jeweils von Plus nach Minus.
- Eine Diode ist dann leitend, wenn die Anode gegenüber der Katode positiv ist.

d) Zeichnen Sie im **Bild b)** die Spannung u_1 und dann die Spannung u_d ein. (Benutzen Sie für die Halbwellen die gleichen Farben wie in der Aufgabe 10 c).

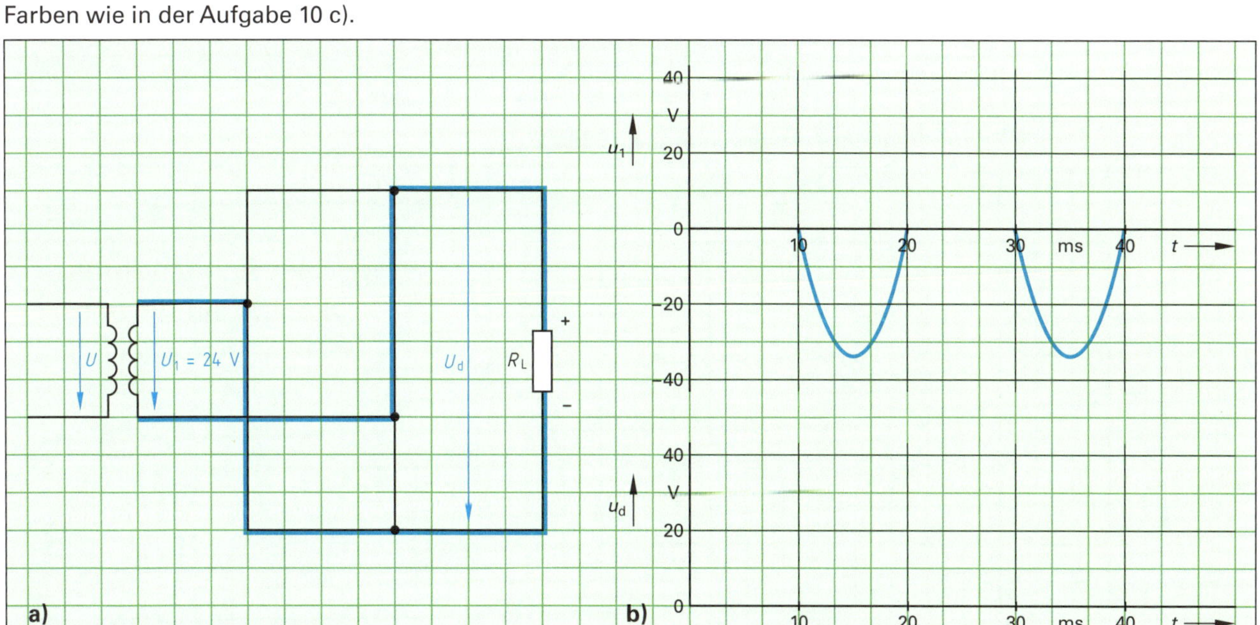

Bild: Zweipuls-Brückenschaltung

b)

11. Zweipuls-Brückengleichrichter werden als fertige Module **(Bild 1)** angeboten. Erklären Sie die Bezeichnungen:

B40: ______________________________

____

C1500/1000: ______________________________

____

Bild 1: Zweipuls-Brückengleichrichter

12. Nachdem Sie den Aufbau einer Zweipuls-Brückenschaltung kennen, muss noch eine weitere Verbesserung der Gleichrichterschaltung erfolgen. Welchen Nachteil hat die Gleichspannung u_d im **Bild b, Seite 57?**

____

13. Geben Sie je ein Beispiel an, bei welchen Anwendungen man pulsierende Gleichspannungen

a) verwenden und **b)** nicht verwenden darf.

a) ______________________________ b) ______________________________

14. Wird die Gleichspannung **(Bild 2b, Seite 57)** mit einem einfachen Drehspulmessgerät gemessen, so wird der arithmetische Mittelwert U_d angezeigt. Im Leerlauf, ohne Last, spricht man von der ideellen Leerlauf-Gleichspannung U_{di}. Berechnen Sie die Spannung U_{di} mithilfe der Formel $U_{di} = 0{,}9 \cdot U_1$.

15. Pulsförmige Gleichspannungen müssen, z.B. für Türsprechanlagen, geglättet werden. Welches Bauteil ist dazu notwendig und warum?

____

____

____

____

16. Ergänzen Sie die Schaltung **(Bild 2a)** mit einem Glättungskondensator C_G. Zeichnen Sie im **Bild 2b** den zeitlichen Spannungsverlauf von u_d in Abhängigkeit vom Lastwiderstand ein. Kennzeichnen Sie eine Brummspannung $\hat{u}_{p}$ durch Pfeile.

17. Welche Größen beeinflussen die Höhe der Brummspannung? Die Höhe der Brummspannung ist abhängig von der

____

____

____

18. Bestimmen Sie die Brummfrequenz *f* der Schaltung nach **Bild 2b.** ______________________________

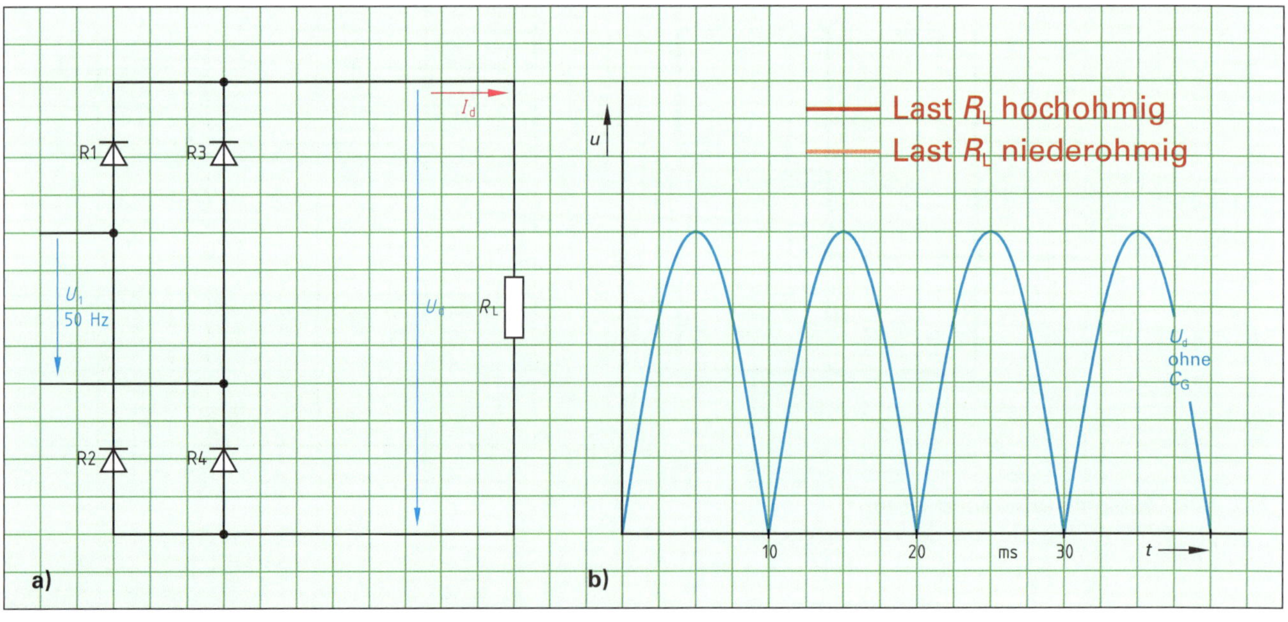

Bild 2: Zweipuls-Brückenschaltung mit Glättungskondensator

19. Die Größe des Glättungskondensators C_G kann man berechnen. Berechnen Sie mithilfe der angegebenen Formel und mithilfe des **Bildes 2, Seite 58,** die Größe des Glättungskondensators C_G für den Gleichstrom I_d = 0,5 A. Die Brummspannung $\hat{u}_p$ darf 1 V nicht überschreiten.

20. Geben Sie an, welche Kondensatorbauart aufgrund des Ergebnisses der Aufgabe 19 für Glättungskondensatoren meist verwendet werden muss.

21. Kann man die Kapazität des Glättungskondensators sehr groß wählen, um eine möglichst geringe Brummspannung zu erhalten? Begründen Sie Ihre Antwort.

22. Wie kann man trotzdem die Brummspannung verringern?

23. Informieren Sie sich z.B. im Fachbuch Fachkunde Elektrotechnik über Möglichkeiten der Siebung und ergänzen Sie im **Bild 1** das RC-Siebglied und im **Bild 2** das LC-Siebglied.

24. Warum verwendet man die LC-Siebkette für große Ströme im Gegensatz zur RC-Siebkette?

Fachkunde Elektrotechnik, Kapitel: Glätten pulsierender Gleichspannungen

Formel zur Berechnung des Glättungskondensators

$$C_G = \frac{0{,}75 \cdot I_d}{f_p \cdot \hat{u}_p}$$

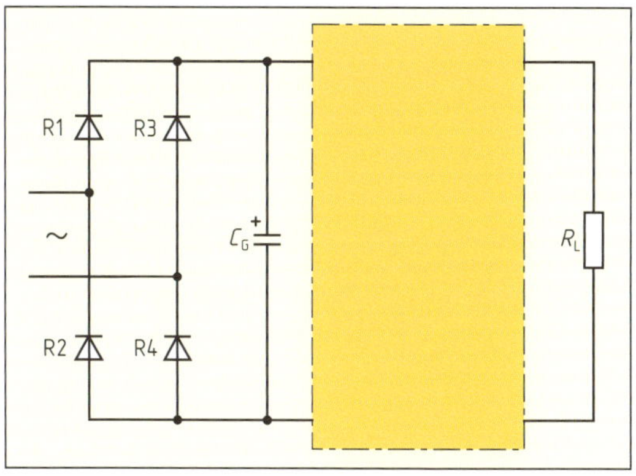

Bild 1: RC-Siebglied

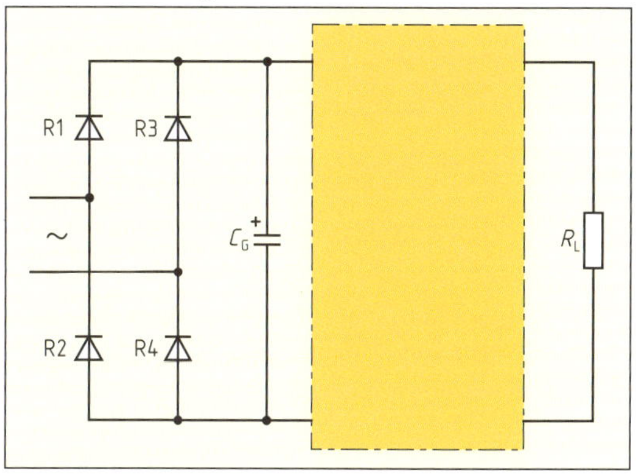

Bild 2: LC-Siebglied

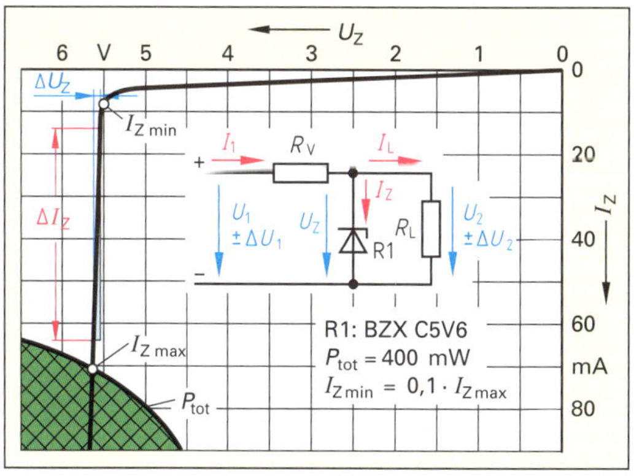

Bild 3: Z-Diode (Kennlinie und Schaltung)

Arbeitsauftrag 2: Stabilisierungsschaltungen für Gleichspannungen kennenlernen

1. Welche Aufgaben hat eine Stabilisierungsschaltung?

2. Eine einfache Schaltung zur Spannungsstabilisierung kann mithilfe einer Z-Diode **(Bild 3)** aufgebaut werden. Welche Aussagen können Sie über das Betreiben und über die Daten der Z-Diode nach **Bild 3** angeben?

3. Vergleichen Sie alle Ströme im **Bild 3.** Welchen Nachteil hat die Schaltung mit der Z-Diode bezüglich des Laststromes I_L?

4. Max, ein Auszubildender, möchte seinen CD-Player an einem Netzteil mithilfe einer Z-Diode versuchsweise betreiben. Dazu benutzt er die Schaltung nach **Bild 2, Seite 58** mit $U_1 = 12\,V$ und die Daten von **Bild 3, Seite 59.** Welchen Wert darf der Vorwiderstand R_v nicht unterschreiten? Hinweis: Den Spannungsabfall an den Gleichrichterdioden kann man vernachlässigen.

5. Nachdem nun bekannt ist, dass Z-Dioden nur für kleine Verbraucherströme geeignet sind, ist es notwendig, andere Lösungen zu erarbeiten. Um Verbraucher mit stabiler Spannung und höheren Strömen zu versorgen, findet man in Beschreibungen und Datenblättern die Fachbegriffe

a) integrierte Festspannungsregler und **b)** Längsregler.

c) Weiterhin wird beschrieben, dass ein Positiv-Regler in der Plus-Leitung liegt. Erklären Sie die Fachbegriffe.

a) Integrierte Festspannungsregler:

b) Längsregler:

c) Positiv-Regler:

6. Um sich auf Ihre Abschlussprüfung vorzubereiten, möchten Sie Schaltungen mit TTL-ICs (TTL, Abk. für: Transistor-Transistor-Logik; IC, Abk. für Integrated Circuit = integrierte Schaltung) aufbauen und testen. Nachdem Sie jetzt etwas über Festspannungsregler wissen, planen Sie ein Netzteil zum Anschluss von Schaltungen mit TTL-ICs. In einem Herstellerkatalog finden Sie dazu ein Datenblatt **(Bild)**.

Gehäuse

TO-220

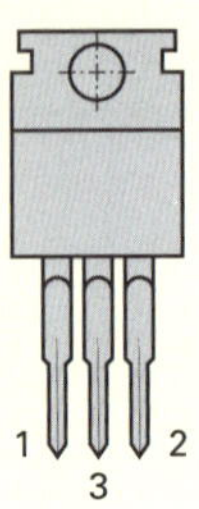

Schaltung

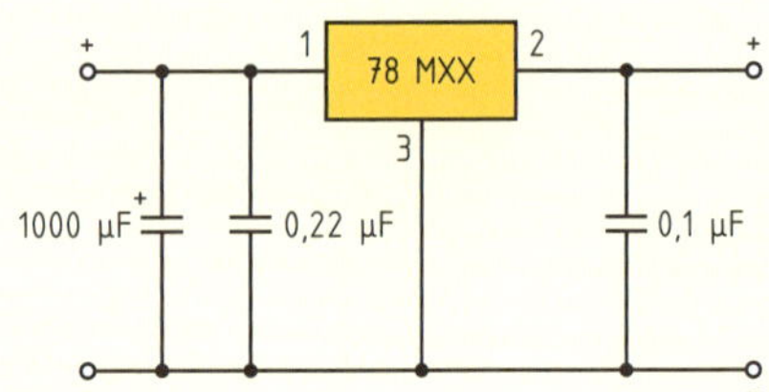

1: Eingang
2: Ausgang
3: Masse

Daten

Typ	Eingangsspannung min. max.	Ausgangs-spannung	Ausgangs-strom
78 M05	7,5 ... 35 V	5 V	0,5 A
78 M06	8,5 ... 35 V	6 V	0,5 A
78 M08	10,5 ... 35 V	8 V	0,5 A
78 M12	14,5 ... 35 V	12 V	0,5 A
78 M15	17,5 ... 35 V	15 V	0,5 A
78 M20	22,5 ... 40 V	20 V	0,5 A
78 M24	26,5 ... 40 V	24 V	0,5 A

- Die Spannungsregler haben eine interne Strombegrenzung.
- Die Höhe des Ausgangsstromes ist abhängig von der im Regler entstehenden Verlustleistung und der möglichen Wärmeableitung.
- Zur Sicherheit sollten die Spannungsregler mit einem Kühlkörper betrieben werden.

Bild: Datenblatt integrierter Spannungsregler 78 MXX (Auszug)

a) Handelt es sich um einen Positiv- oder Negativ-Regler?

b) Welcher Spannungsregler ist auszuwählen? Begründen Sie.

c) Wie groß darf die Eingangsspannung maximal sein?

d) Welchen maximalen Strom kann der Verbraucher bei ausreichender Kühlung erhalten?

e) Am Ausgang des Spannungsreglers entsteht ein Kurzschluss. Welche Folgen hat der Kurzschluss?

a) b)

c) d)

e)

7. Zeichnen Sie den Stromlaufplan **(Bild 1)** des Netzteils mit Zweipuls-Brückenschaltung, Glättungskondensator und Festspannungsregler für 5 V Ausgangsspannung mithilfe des Datenblattes **(Bild, Seite 60)**. Bezeichnen Sie die Bauelemente.

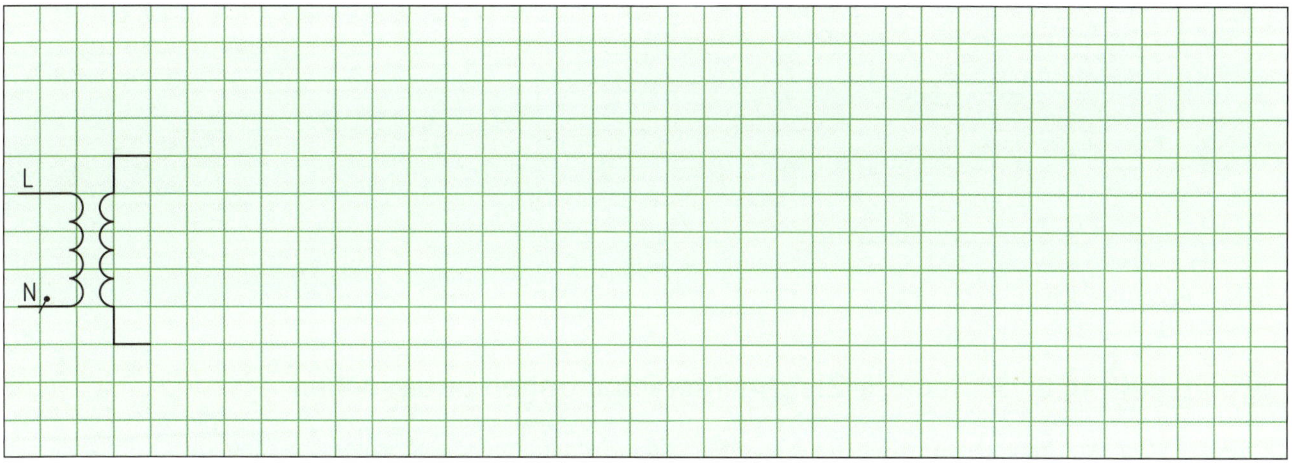

Bild 1: Netzteil mit Festspannungsregler für 5 V Ausgangsspannung

8. Zum Aufbau des Netzteiles verwenden Sie den Transformator nach **Bild 2, Seite 56**. Dazu benutzen Sie die Anschlüsse 5–6 des Transformators.

a) Berechnen Sie die Verlustleistung, die im Spannungsregler beim maximalen Ausgangsstrom entsteht.

b) Welche Schlussfolgerung ergibt sich aufgrund der entstehenden Verlustleistung?
Hinweis: Den Spannungsabfall an den Gleichrichterdioden kann man vernachlässigen.

a)

b) Schlussfolgerung:

9. Nachdem Sie das Netzteil aufgebaut haben, findet man in einem weiteren Datenblatt den Spannungsregler 79 M05. Erklären Sie die Bezeichnung des Reglers?

10. Manche elektronische Schaltungen benötigen eine stabilisierte Gleichspannung von 12 V. Wie kann man diese Ausgangsspannung mit einem integrierten Festspannungsregler erhalten?

11. Welche weitere Ausgangsspannungen sind bei integrierten Spannungsreglern noch möglich?

12. Nennen Sie Beispiele für Spannungsregler mit höheren Ausgangsströmen.

13. Da in der Elektrotechnik unterschiedliche Ausgangsspannungen benötigt werden, wäre es von Vorteil, ein Netzteil mit variabler Ausgangsspannung zu erhalten. Nennen Sie Lösungen.

14. Nach Durchsicht Ihrer Unterlagen finden Sie im Fachbuch Fachkunde Elektrotechnik die Schaltung mit den Angaben nach **Bild 2**. Welche Bauelemente bestimmen die Höhe der Ausgangsspannung U_2?

15. Welches Widerstandsverhalten muss der Widerstand R2 haben, damit man die Ausgangsspannung stufenlos einstellen kann?

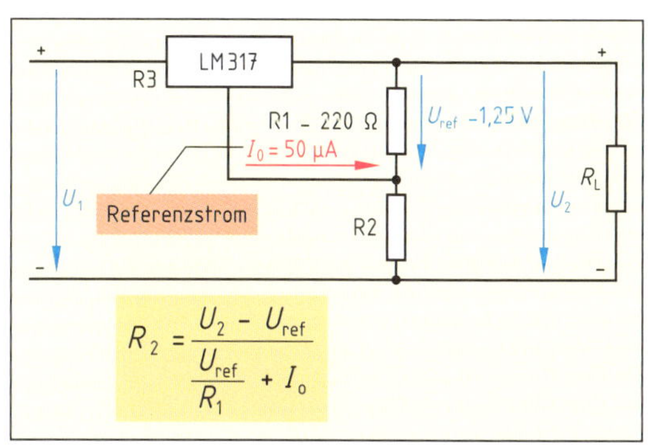

Bild 2: Spannungsregler mit einstellbarer Ausgangsspannung

16. Berechnen Sie den Einstellbereich des Widerstandes R2 für eine Ausgangsspannung U_2 von 2 V bis 24 V **(Bild 2, Seite 61)**.

2 V:

24 V:

Der Einstellbereich für R_2 beträgt: ______

Arbeitsauftrag 3: Gesteuerte Gleichrichterschaltungen untersuchen

1. Erklären Sie den Unterschied zwischen gesteuerten und ungesteuerten Gleichrichterschaltungen.

______

______

______

2. Nennen Sie Anwendungen für gesteuerte Gleichrichterschaltungen.

______

______

3. Welche elektronischen Halbleiterbauelemente werden für gesteuerte Gleichrichterschaltungen verwendet?

______

4. Zeichnen Sie das Schaltzeichen eines Thyristors **(Bild 1)** und geben Sie die Anschlussbezeichnungen an.

5. Ein Thyristor wird an

a) Gleichspannung und

b) Wechselspannung zusammen mit einem Verbraucher, z.B. Leuchte, angeschlossen. Erklären Sie das Verhalten des Thyristors.

a) ______

b) ______

Bild 1: Schaltzeichen und Anschlüsse eines Thyristors

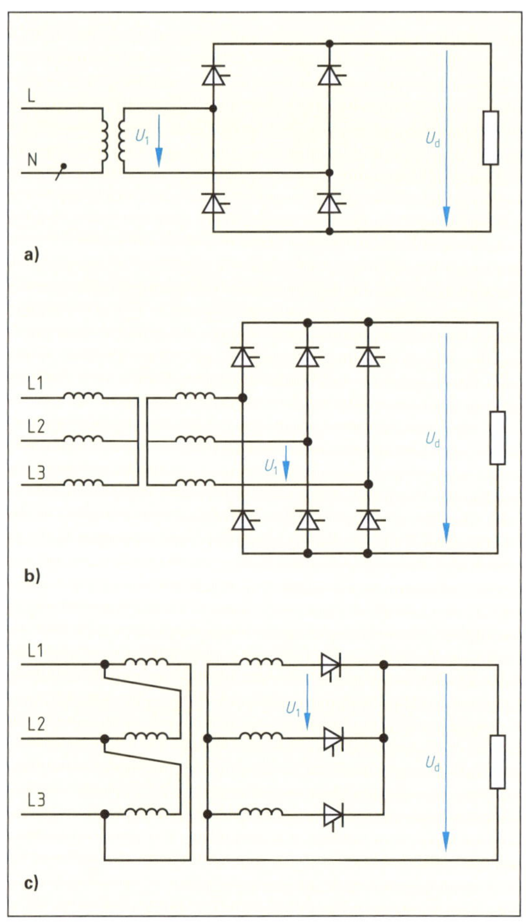

Bild 2: Gesteuerte Gleichrichterschaltungen

6. In der Elektrotechnik werden unterschiedlich gesteuerte Gleichrichterschaltungen verwendet. Um welche Gleichrichterschaltungen handelt es sich im **Bild 2, Seite 62.** Geben Sie auch die Abkürzungen an.

a)

b)

c)

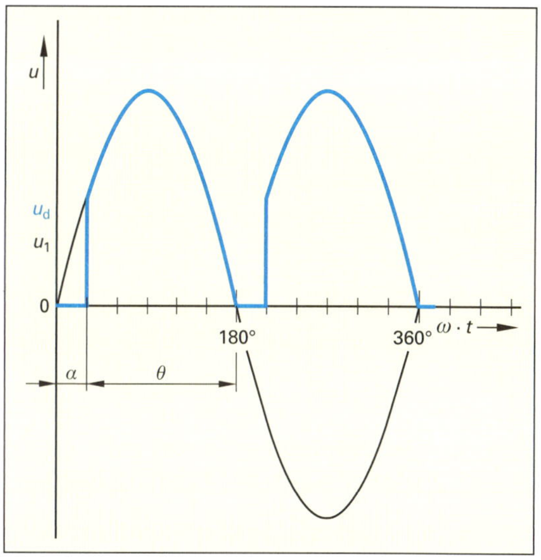

Bild 1: Ausgangsspannung einer gesteuerten Gleichrichterschaltung

7. Mit einem Oszilloskop wurde der Spannungsverlauf einer gesteuerten Gleichrichterschaltung **(Bild 1)** dargestellt.

a) Um welche Gleichrichterschaltung handelt es sich?

b) Wie nennt man die Fachbegriffe des Winkels α und des Winkels Θ mit der Differenz von $180° - \alpha$. Geben Sie die Größe beider Winkel für das **Bild 1** an.

c) Wie ändert sich die Ausgangsspannung U_d an einem Verbraucher, wenn der Winkel α größer bzw. kleiner wird?

a)

b) α: Θ:

c) Winkel α wird größer:

Winkel α wird kleiner:

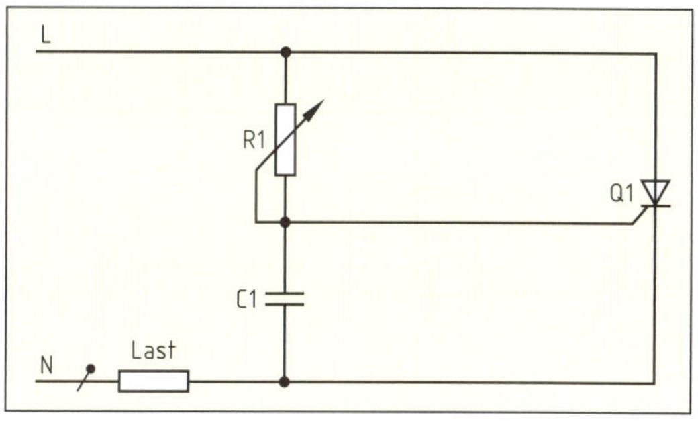

Bild 2: Thyristorschaltung (Prinzip)

8. Nachdem Sie den Aufbau von gesteuerten Gleichrichterschaltungen kennen, ist noch zu klären, wie der Zündwinkel α geändert werden kann. Zur Erklärung dient die Thyristorschaltung nach **Bild 2.**

a) Bei welcher Wechselspannungshalbwelle kann die Last nur Spannung erhalten?

b) Welche Spannungsart erhält die Last?

c) Wie verhält sich der Kondensator C1?

d) Welche Größe wird durch den Widerstand R1 beeinflusst?

e) Wie hoch muss die Zündspannung am Gate des Thyristors sein, damit er zündet?

a)

b)

c)

d)

e)

9. Versuchen Sie nun mithilfe der Lösung von Aufgabe 8 die Funktion der Thyristorschaltung **(Bild 2)** zu erklären.

10. Welchen Einfluss hat der Widerstand R1, z.B. bei kleinem Wert, auf den Zündwinkel und damit auf die Höhe der Verbraucherspannung?

Testen Sie Ihre Fachkompetenz

1. Gleichrichterschaltungen werden zusätzlich mit einem U oder C, z.B. B2U bzw. B2C, gekennzeichnet. Erklären Sie die Bedeutung der Buchstaben U und C.

U: ____

____

C: ____

____

2. In einer Beschreibung findet man die Gleichrichterschaltung E1U. Ergänzen Sie die Schaltung **Bild 1.**

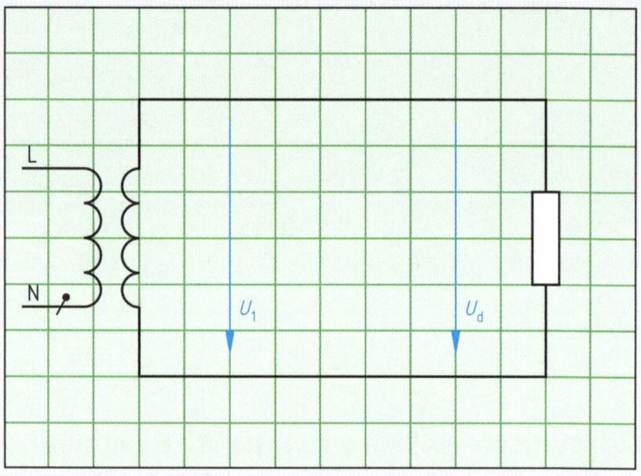

Bild 1: Gleichrichterschaltung E1U

3. In Prüfungen des Berufsfeldes Elektrotechnik muss häufig die Zweipuls-Brückenschaltung gezeichnet werden. Für die Darstellung gibt es verschiedene Möglichkeiten. Vervollständigen Sie die Gleichrichterschaltungen im **Bild 2.**

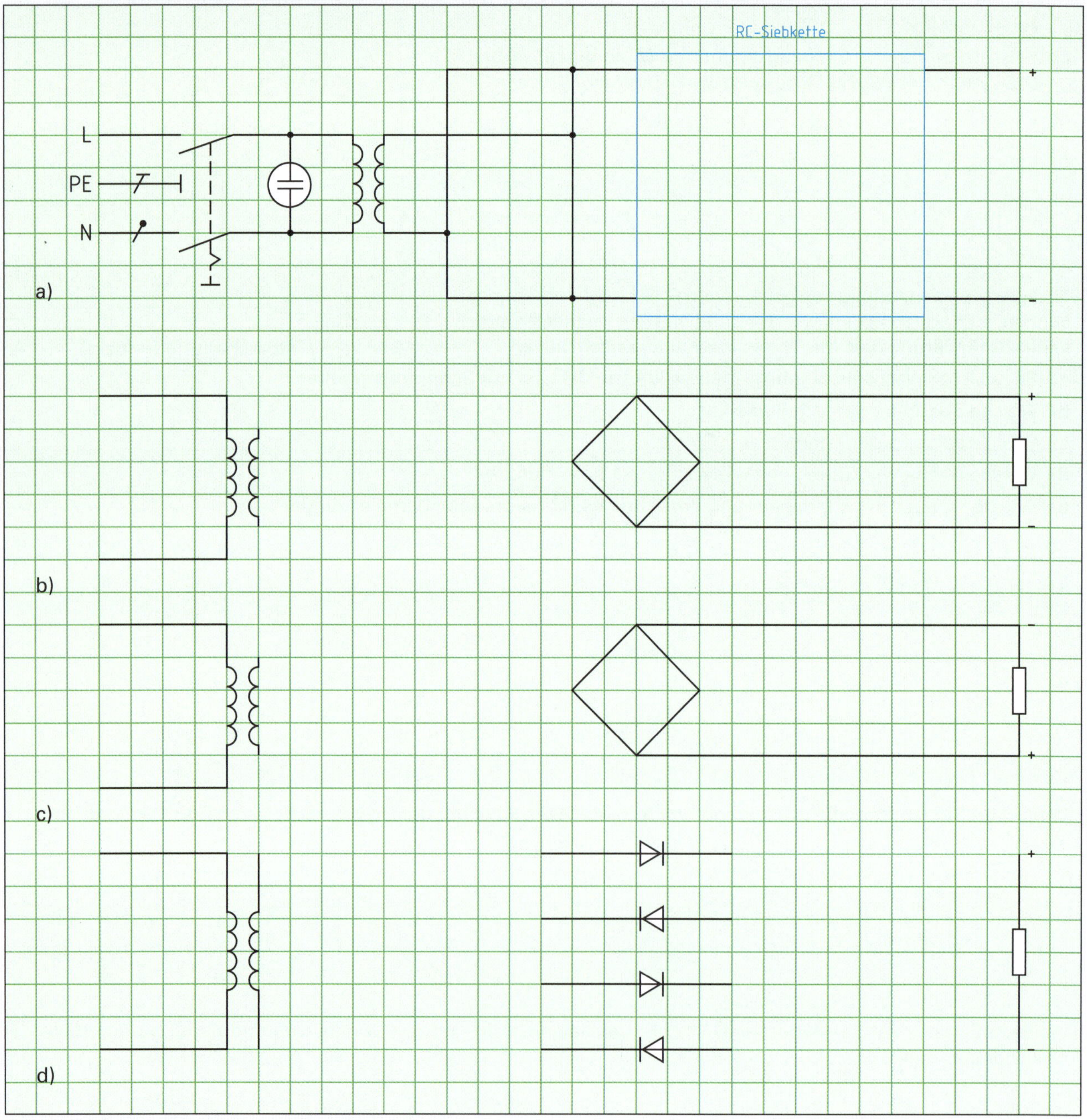

Bild 2: Zweipuls-Brückenschaltungen

Testen Sie Ihre Fachkompetenz

4. Der Innenwiderstand R_i in einem Netzteil beträgt 1 Ω. Bewerten Sie diese Aussage. Um welchen Betrag ändert sich die Ausgangsspannung bei einem Laststrom von 1A?

5. Welchen Wert sollte der Innenwiderstand eines stabilisierten Netzteiles haben? Vergleichen Sie dazu das Ergebnis der Aufgabe 4.

6. Die Z-Diode ZPD12 hat eine maximale Verlustleistung von $P_{tot} = 0{,}5\,\text{W}$. Berechnen Sie I_{zmax} und I_{zmin}.

7. In einer elektronischen Schaltung wurden mit einem Oszilloskop die Spannungskurven **(Bild 1)** aufgenommen.

a) Um welche Gleichrichterschaltung handelt es sich im **Bild 1a?**

b) Welche elektronischen Halbleiterbauelemente wurden wahrscheinlich im **Bild 1a** und **Bild 1b** verwendet?

c) Bestimmen Sie im **Bild 1a** den Zündwinkel α und Stromflusswinkel Θ.

d) Wie nennt man allgemein den zeitlichen Verlauf dieser Spannungen?

a)

b)

c)

d)

8. Nennen Sie den Verwendungszweck für die Spannung des **Bildes 1b.**

9. In einem Netzteil **(Bild 2)** soll die Ausgangsspannung durch eine Leuchtdiode angezeigt werden. Die Lichtstärke der Leuchtdiode soll 2 mcd betragen.

a) Bestimmen Sie den Widerstand R_1 nach der Reihe E12.

b) Welche Normleistung P_{1Norm} sollte der Widerstand R_1 haben?

a)

b)

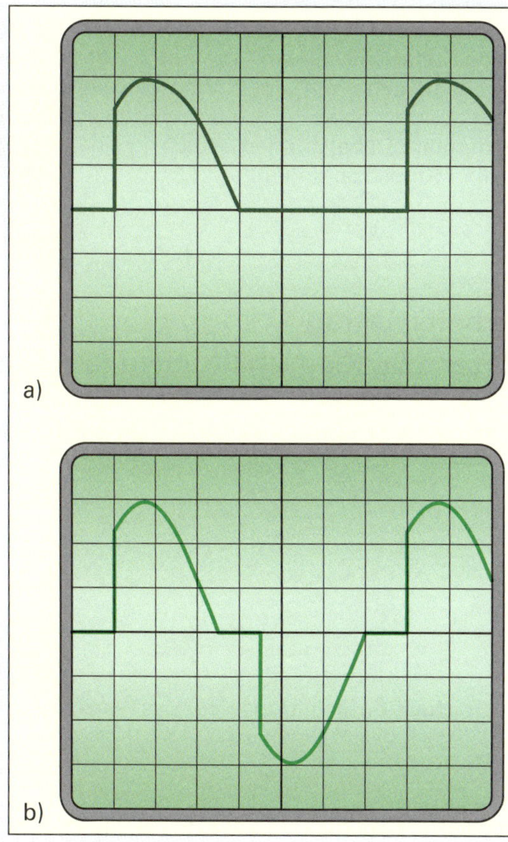

Bild 1: Spannungskurven

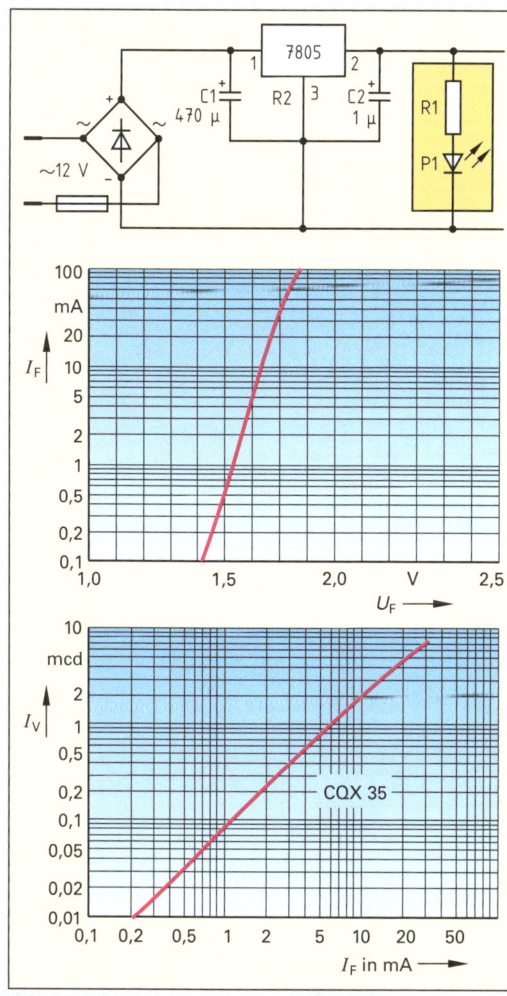

Bild 2: Auszug aus einem Netzteil

Lernsituation: Warnblinklicht für eine Baustelle entwerfen

Bei der Fahrt von seiner Arbeitsstelle nach Hause fährt der Auszubildende Stefan mit seinem Auto durch eine Straßenbaustelle. Die Engstelle wird dabei mit einem Warnblinklicht gekennzeichnet. Daheim angekommen überlegt Stefan, wie dieses Warnblinklicht technisch funktioniert. Dabei erinnert er sich an ein Gespräch mit seinem Meister über Kippschaltungen.

Lernhilfen

- Buch „Fachkunde Elektrotechnik", Kapitel: Kippschaltungen
- Datenblatt, Seite 232
- Internetadressen: www.datasheetcatalog.net/de
- Buch „Rechenbuch Elektrotechnik", Kapitel: Kippschaltungen

Arbeitsauftrag 1: Arten von Kippschaltungen festlegen

1. Welche Arten von Kippschaltungen unterscheidet man?

2. Welche Kippschaltung ist für das Warnblinklicht notwendig?

3. Was versteht man unter einer astabilen Kippschaltung **(Bild 1)**?

4. Erklären Sie die Abkürzung IC.

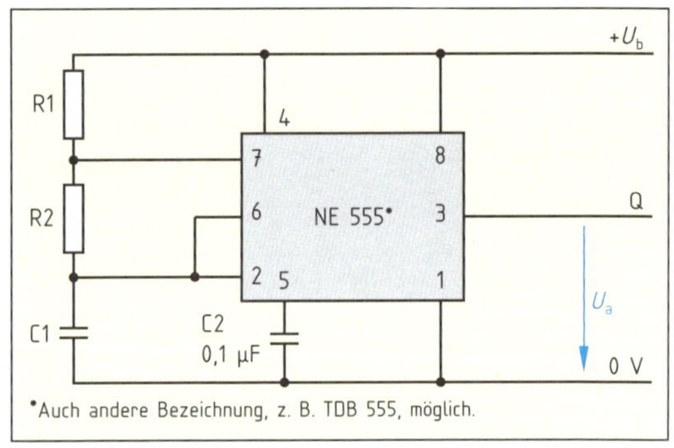

Bild 1: Schaltung der astabilen Kippstufe mit dem NE 555

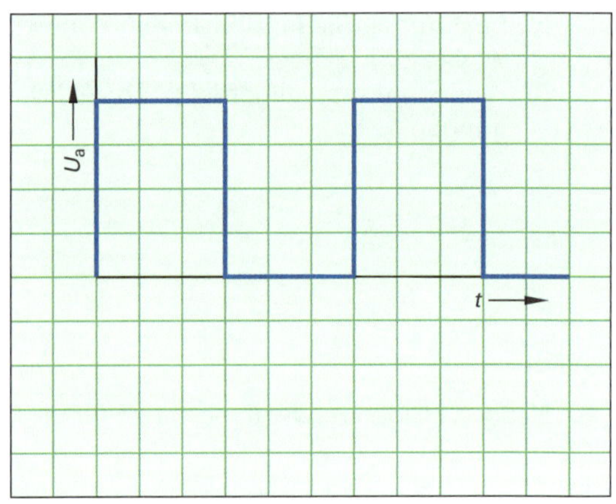

Bild 2: Rechteckimpulse

5. Mit welchen elektronischen Bauelementen kann man astabile Kippschaltungen grundsätzlich aufbauen?

6. Welche elektronischen Bauelemente bestimmen das Zeitverhalten und damit die Frequenz der astabilen Kippschaltung?

7. Welche Form hat die Ausgangsspannung einer astabilen Kippschaltung?

8. Beim zeitlichen Verlauf der Ausgangsspannung unterscheidet man die Kennwerte: Impulsdauer t_i, Pausendauer t_p und Periodendauer T. Kennzeichnen Sie im **Bild 2** mithilfe von Hilfslinien und Pfeilen diese Kennwerte.

9. Stefan muss sich erst mit Rechteckimpulsen vertraut machen und rechnet folgende Aufgaben:
Bei einer Rechteckspannung ist $t_i = t_p = 2$ ms. Berechnen Sie

a) die Periodendauer *T* und

b) die Frequenz *f*.

a)

b)

10. Das Warnblinklicht an der Baustelle soll mit einer Frequenz von $f = 1{,}4$ Hz bei einer Impulsdauer von $t_i = 400$ ms blinken. Berechnen Sie die Impulspause t_p.

Arbeitsauftrag 2: Astabile Kippschaltung mit dem IC NE 555 dimensionieren

1. Für eine astabile Kippschaltung kann man den integrierten Schaltkreis NE 555 (TDB 555) verwenden. Dazu gibt der Hersteller die Schaltung sowie Kenn- und Grenzwerte an **(Datenblatt, Seite 232)**. Vor dem Aufbau muss Stefan wichtige Kenn- und Grenzwerte klären. Entnehmen Sie die Kenn- und Grenzwerte dem Datenblatt und ergänzen Sie die **Tabelle**.

Tabelle: Kenn- und Grenzwerte des ICs NE 555	
Kennwerte	Grenzwert
Betriebsspannungsbereich: ______	maximale Betriebsspannung: ______
typische Stromaufnahme: ______	–
Frequenzbereich: ______	–

2. Das Warnblinklicht wird an einen üblichen Kfz-Akkumulator angeschlossen.

a) Mit welchem Spannungswert wird dann das Warnblinklicht betrieben?

b) Der Kfz-Akkumulator hat eine Kapazität von 35 Ah. Nach welcher Zeit ist der Akkumulator entladen, wenn das Warnblinklicht etwa 110 mA Betriebsstrom benötigt?

a) b)

Damit Sie die weiteren Fragen zum Transistor beantworten können, sollten Sie die Seiten 51 bis 55 im Buch bearbeitet haben.

3. Um die Ausgangsstufe der integrierten Schaltung NE 555 nur gering zu belasten, soll zusätzlich ein verstärkendes Bauelement am Ausgang Q **(Bild 1, Seite 66)** angeschlossen werden. Welches elektronische Bauelement empfehlen Sie und in welcher Betriebsart wird dieses Bauelement betrieben?

______

4. **a)** Erklären Sie, warum man einen Transistor verwendet und

b) welche Transistorströme für die Funktion wichtig sind.

a) ______

b) ______

______

5. Stefan überlegt jetzt, aus welchen wesentlichen Bauteilen die Schaltung für das Warnblinklicht besteht. Ergänzen Sie dazu die Schaltzeichen im **Bild**.

Bild: Wesentliche Bauteile des Warnblinklichtes

6. Da die Bauteile des Warnblinklichtes jetzt bekannt sind, kann die Schaltung **(Bild)** vervollständigt werden. An welchem Transistoranschluss muss die Leuchte angeschlossen werden?

7. Welches Bauelement ist noch notwendig, um den Arbeitspunkt des Transistors einzustellen?

8. Ergänzen Sie nun die Schaltung im **Bild.**

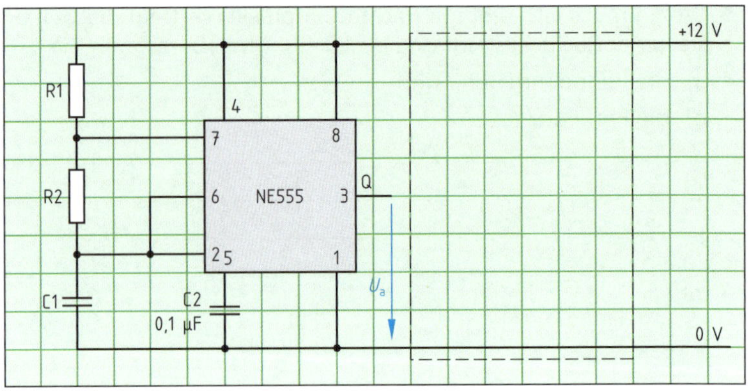

Bild: Astabile Kippstufe mit dem IC NE555 und Verstärkerstufe

9. Stefan verwendet den Transistor BC107 des Datenblattes **Seite 231**.

a) Welcher maximale Kollektorstrom ist zulässig?

b) Welche Bemessungswerte kann die Leuchte dann haben?

a) b)

10. Von seinem Meister hat Stefan für C1 und R2 die Werte 10 µF und 47 kΩ erhalten. Berechnen Sie mithilfe des Datenblattes **Seite 232** und den Angaben der Aufgabe 10, **Seite 67**, den Widerstand R1.

11. Stefan überlegt nun, wie er den Basisvorwiderstand R3 berechnen kann. Welche Größen sind notwendig, um diesen Widerstand zu bestimmen?

12. Entnehmen Sie den Datenblättern **Seite 231** die Werte für I_C und B_{min}.

13. Stefan weiß, dass zum sicheren Schalten ein Übersteuerungsfaktor *ü* notwendig ist. Er verwendet *ü* = 2.

a) Berechnen Sie den Basisstrom I_B.

b) Versuchen Sie mithilfe des Datenblattes **Seite 231** die Spannung U_{BE} zu ermitteln.

14. Da die Spannung U_a = 12 V beträgt, kann man den Basisvorwiderstand R3 berechnen. Ermitteln Sie den Normwert von R3 nach der Reihe E12.

15. Bauen Sie die Schaltung nach Möglichkeit auf. Prüfen Sie die Funktion und die von Ihnen ermittelten elektrischen Werte.

Testen Sie Ihre Fachkompetenz

1. Zwei Kondensatoren sind
a) in Reihe und
b) parallel geschaltet.

Wie verhält sich die Gesamtkapazität?

a) ______________________

b) ______________________

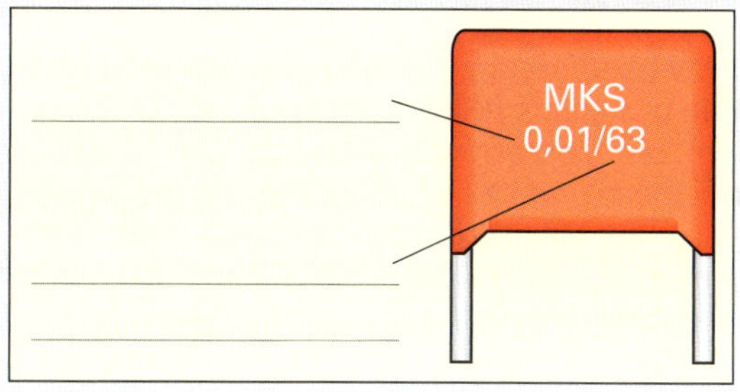

Bild 1: Kondensator

2. **Bild 1** zeigt einen Kondensator. Erklären Sie im **Bild 1** die Werte 0,01 und 63. Welche Bedeutung haben die Buchstaben MKS?

MK: ______________________

S: ______________________

3. Bei einem Rechteckgenerator kann man die Frequenz von 0,8 Hz bis 50 MHz einstellen. Berechnen Sie die Periodendauer beider Frequenzen.

4. In einer elektronischen Schaltung wird eine monostabile Kippschaltung benötigt.
a) Was versteht man unter einer monostabilen Kippstufe?
b) Welche Änderung ist bei der Steuerung einer monostabilen Kippstufe im Vergleich zur astabilen Kippschaltung notwendig?

a) ______________________

b) ______________________

5. Beim Anlegen der Betriebsspannung an eine astabile Kippschaltung wird der Kondensator C1 (**Bild 2**) aufgeladen. Überschreitet die Spannung U_C den Wert der Schwellspannung, erfolgt eine sprunghafte Änderung der Ausgangsspannung U_a.
a) Berechnen Sie die Spannung U_C, nachdem der Kondensator 1 ms aufgeladen wurde.
Hinweis: Benutzen Sie die Formel zum Ladevorgang eines Kondensators.
b) Bestimmen Sie die Höhe der Schwellspannung U_S mithilfe des Datenblattes **(Seite 232)**. Vergleichen Sie den Wert der Schwellspannung mit dem Ergebnis der Teilaufgabe a).

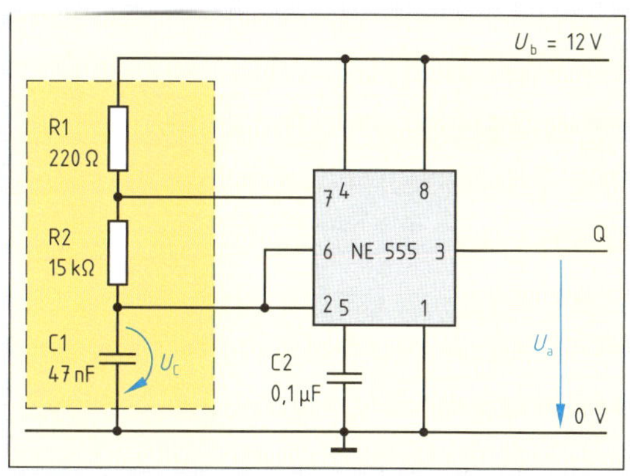

Bild 2: Astabile Kippschaltung

a)

b)

Lernsituation: Projektierung eines Installationsbus-Systems (KNX) für den Verkaufsraum einer Bäckerei

Der Verkaufsraum der Bäckerei Maier **(Bild 1)** muss wegen eines Brandschadens **(Bild 2)** renoviert und gleichzeitig modernisiert werden. Die Bäckermeisterin, Frau Maier, wünscht, dass der Laden freundlich und hell gestaltet wird. Außerdem denkt die Betriebsinhaberin über eine Vergrößerung des Verkaufsraumes nach, die aber erst zu einem späteren Zeitpunkt erfolgen soll. Im Rahmen der notwendigen Umbaumaßnahmen und Renovierungen soll auch die Elektroinstallation auf den neuesten Stand gebracht werden.

Ihr Betrieb hat den Auftrag bekommen, die Elektroinstallation des Verkaufsraumes der Bäckerei mit einem Installationsbus-System zu verwirklichen.

Bild 1: Bäckerei Maier

Das Kundengespräch und die Besichtigung des Verkaufsraumes als wichtige Voraussetzung zur Auftragsanalyse und Arbeitsplanung hat folgendes Ergebnis gebracht:

- Der Verkaufsraum und die Theke werden mit zwei Leuchtengruppen E1 und E2 beleuchtet.
- Die Regale für die Backwaren werden mit dem Lichtband E3 beleuchtet.
- Alle Tastsensoren zum Schalten der Leuchten werden neben einer Tür installiert, die sich hinter der Verkaufstheke befindet und den Zutritt des Verkaufsraumes von der Backstube aus ermöglicht.
- Der Kunde wünscht, dass die Leuchtenbänder E1, E2 und E3 einzeln geschaltet werden können. Die Leuchtenbänder E1 und E2 sollen aber auch gemeinsam einzuschalten oder auszuschalten sein. Außerdem sollen alle drei Leuchten mit einem getrennten Tastsensor zentral ausgeschaltet werden können.
- Zusätzlich wünscht der Kunde, dass die Regalbeleuchtung E3 auch von der Backstube geschaltet werden kann.
- Das Schaufenster soll mit einer Jalousie beschattet werden.

Bild 2: Brandschaden im Verkaufsraum

Arbeitsauftrag 1: Installationsschaltungen analysieren

1. Nennen Sie den Einbauort der Tastsensoren und die Fachbegriffe der zu installierenden Schaltungen. Ergänzen Sie die folgende **Tabelle.**

Tabelle: Installationsschaltungen

Leuchte/Aktor	Einbauort des Tastensensors	Installationsschaltung
E1	Verkaufsraum	Ausschaltung
E2		
E3		
E1 und E2		
E1 und E2 und E3		
Jalousiemotor		

Arbeitsauftrag 2: Stromlaufplan vervollständigen

Vervollständigen Sie den Stromlaufplan **(Bild, Seite 71)** einschließlich der KNX-Symbole. Tragen Sie in den Stromlaufplan oberhalb der Symbole der Busteilnehmer, soweit erforderlich, die von Ihnen vergebenen physikalischen Adressen ein. Geben Sie an den Symbolen die gewählten Gruppenadressen an, sodass die gewünschte Funktion gewährleistet ist.

Arbeitsauftrag 2: Stromlaufplan vervollständigen

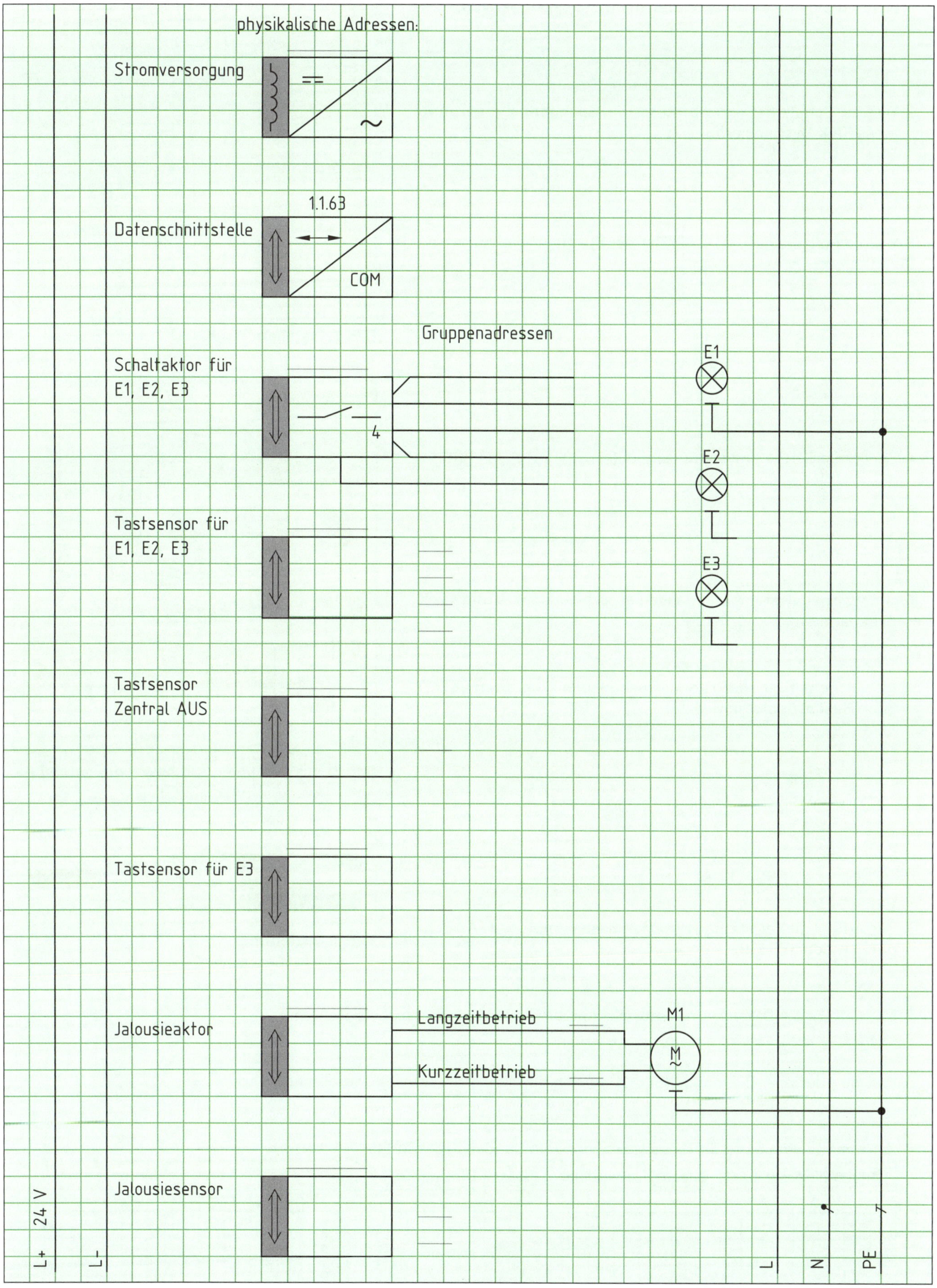

Bild: Stromlaufplan des KNX-Installationsbus-Systems der Bäckerei

Testen Sie Ihre Fachkompetenz

1. Nennen Sie drei Systemkomponenten des KNX-Systems.

2. Welche Schutzmaßnahme muss die Spannungsversorgung eines KNX-Systems erfüllen?

3. Welche Aufgabe hat die Drossel bei der Spannungsversorgung?

4. Benennen Sie die Anwendungsmodule a), b) und c) von **Bild 1.**

5. Um welches Systemgerät handelt es sich bei dem in **Bild 1** mit d) benannten Teil des Symbols?

6. In welchem Betriebszustand leuchtet die Programmier-LED beim Busankoppler in **Bild 2**?

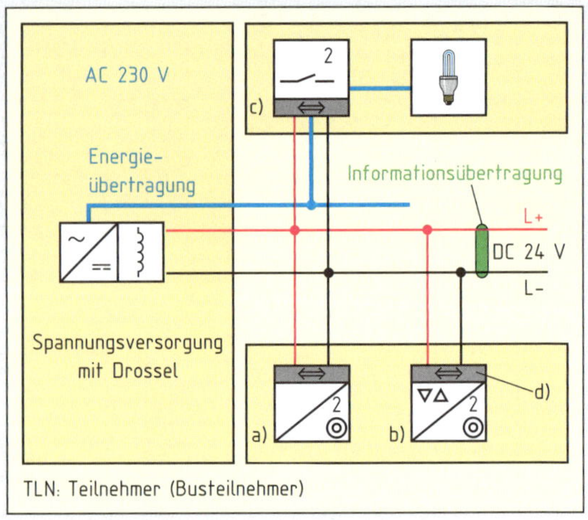

Bild 1: Installation mit KNX

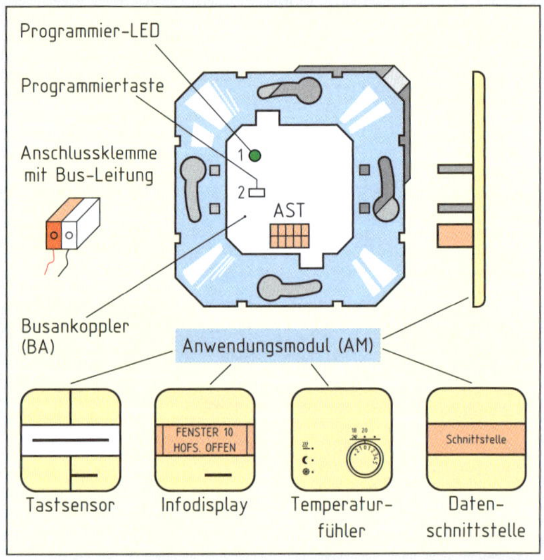

Bild 2: Busankoppler und Anwendungsmodule

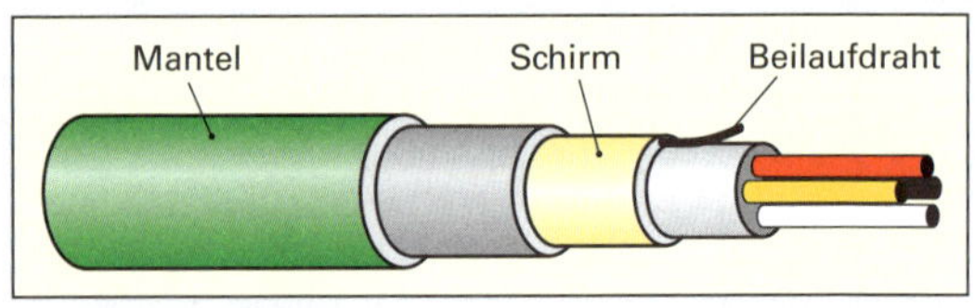

Bild 3: Busleitung

7. Wie erfolgt die Verbindung zwischen Busankoppler und Anwendungsmodul **(Bild 2)**?

8. Nennen Sie die Bezeichnung einer geeigneten Busleitung für das KNX-System.

9. Welche Adern der Busleitung **(Bild 3)** werden für die Informationsübertragung genutzt?

10. Zeichnen Sie die Symbole (Schaltzeichen) der folgenden KNX-Geräte:

4-fach Binärsensor	2-fach Dimmsensor	2-fach Dimmaktor	2-fach Jalousieaktor	Linienkoppler

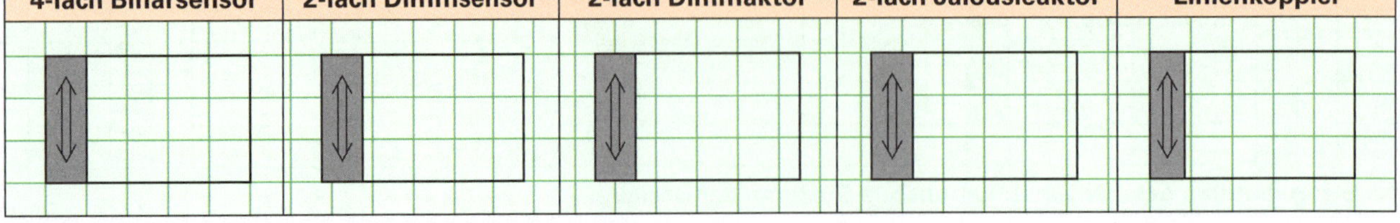

Lernsituation: Betriebseinrichtungen einer Tiefgarage mit einer SPS steuern

Die Tiefgarage einer Wohnanlage für 20 Fahrzeuge soll eine Belüftungsanlage mit Lüfterüberwachung und ein elektrisch betriebenes Garagentor mit Ampelanlage bekommen. Die Steuerung der Belüftungsanlage und des Garagentores soll mit einer speicherprogrammierbaren Steuerung, z.B. Simatic S7[1], ausgeführt werden. Sie erhalten den Auftrag, die Programme für die Steuerungen zu erstellen.

> Die SPS Simatic S7 hat gegenüber einer Kleinsteuerung, z.B. LOGO![1], den Vorteil, dass sie bei modularem Aufbau nahezu beliebig um Ein- und Ausgänge erweitert werden kann. Außerdem stehen bei der SPS mehr Funktionen zur Verfügung.

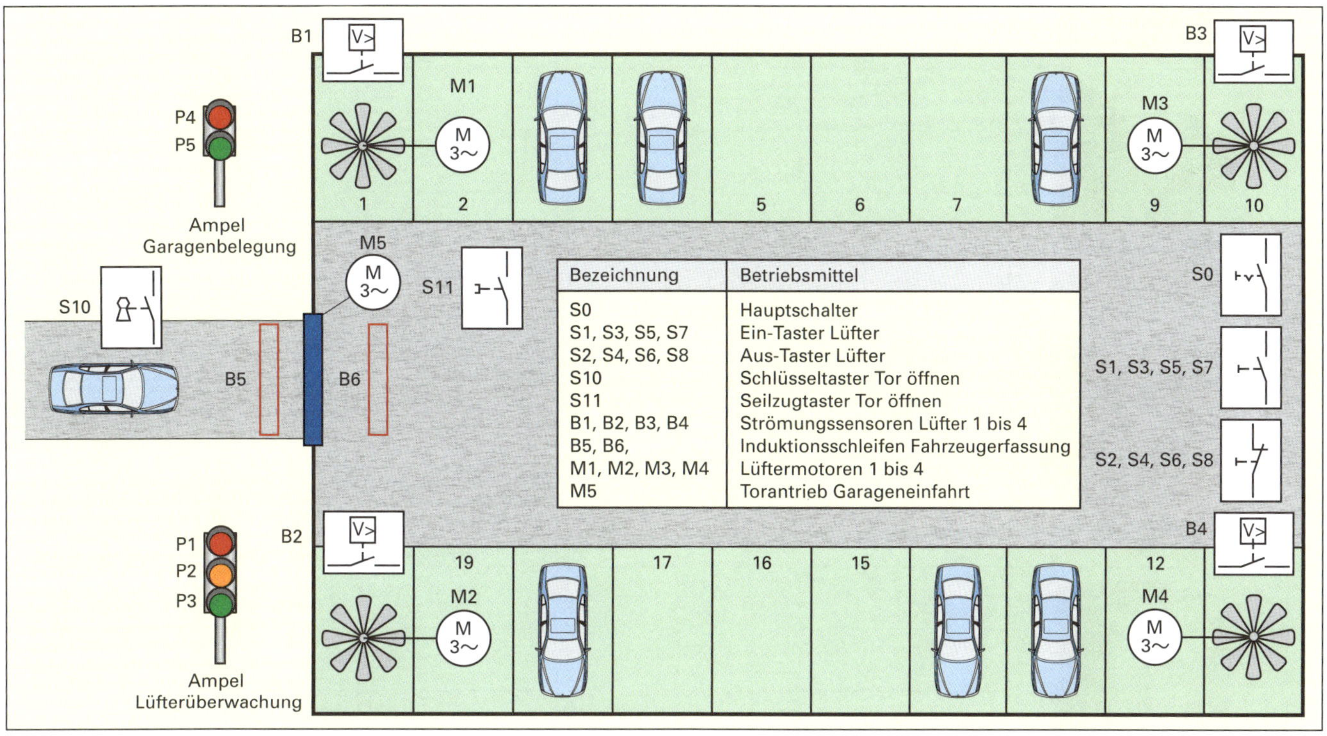

Bild 1: Tiefgarage mit Betriebseinrichtungen

Arbeitsauftrag 1: Belüftungsanlage mit Lüfterüberwachung programmieren

Funktion der Belüftungsanlage

- Die Belüftungsanlage besteht aus vier mit Drehstrom betriebenen Lüftermotoren M1 bis M4 **(Bild 2)**. Die Rotoren sind über Riemen mit dem Motor gekoppelt.
- Ist der Hauptschalter S0 betätigt, können die Motoren jeweils mit einem Ein-Taster S1, S3, S5 und S7 eingeschaltet und mit je einem Aus-Taster S2, S4, S6 und S8 ausgeschaltet werden.
- Alle vier Lüftermotoren werden mit den Leistungsschützen Q1 bis Q4 eingeschaltet und sind durch thermische Überlastrelais F1 bis F4 gegen thermische Überlastung geschützt.
- Die Lüfter werden mit je einem Strömungssensor B1 bis B4 überwacht, der den erzeugten Luftstrom erkennt.
- Der Lüfterbetrieb soll über eine Ampel Rot (P1), Gelb (P2) und Grün (P3) angezeigt werden:

  Sind mindestens drei der Lüfter in Betrieb, soll das Signal Grün aufleuchten.

  Sind zwei Lüfter in Betrieb, soll das Signal Gelb aufleuchten.

  Sind weniger als zwei Lüfter in Betrieb, soll das Signal Rot aufleuchten.

Bild 2: Lüftermotor

> **www.wittfan.de**
> **www.koboldmessring.com**

1 geschütztes Warenzeichen der Firma Siemens

1. Vervollständigen Sie die **Tabelle** der elektrischen Betriebsmittel; Hinweise zu den Schaltzeichen finden Sie z.B. im Tabellenbuch. Die Adressen in der SPS sind hersteller- und systemabhängig.

Tabelle: Betriebsmittel der Lüftersteuerung Tiefgarage

Betriebsmittel	Betriebsmittel-kennzeichnung	Schaltzeichen im Stromlaufplan	Adresse in der SPS, z.B.	Kommentar
	S0	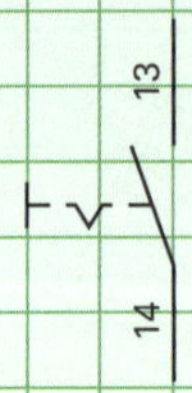	E8.0	Hauptschalter
	S1		E4.0	Taster Lüfter 1 EIN
	S3			
	S5			
	S7			
	S2		E4.1	Taster Lüfter 1 AUS
	S4			
	S6			
	S8			
	F1		E5.0	Überlastrelais Lüfter 1
	F2			
	F3			
	F4			
	B1		E5.4	Strömungssensor Lüfter 1
	B2			
	B3			
	B4			
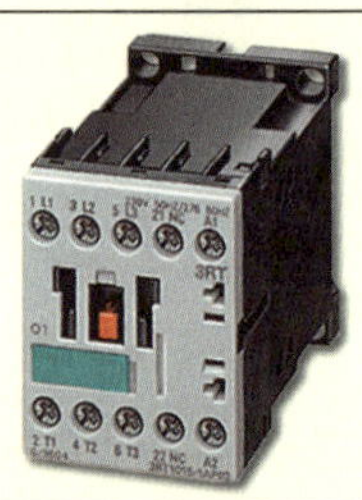	Q1		A12.0	Schaltschütz Lüfter 1
	Q2			
	Q3			
	Q4			
	P1		A12.4	Anzeige Rot
	P2			
	P3			

2. Beschalten Sie die Ein- und Ausgänge der SPS **(Bild 1)** nach der **Tabelle** von **Seite 74** entsprechend dem Beispiel **(Bild 2)**.

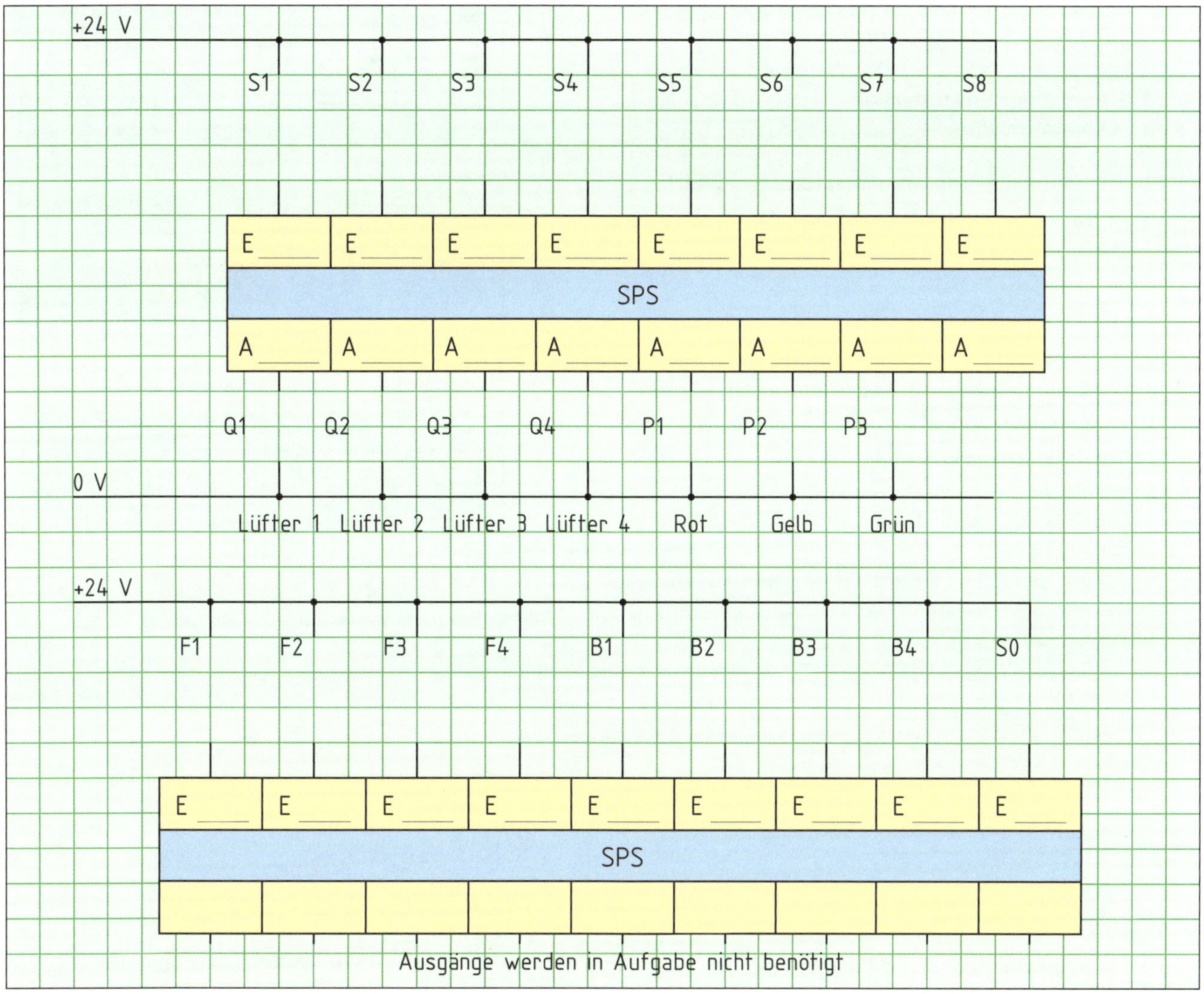

Bild 1: Beschaltung der SPS-Eingabe- und Ausgabebaugruppen für die Lüftersteuerung

Fachkunde Elektrotechnik, Kapitel 15: Grundverknüpfungen

- Alle Sensoren sind an den Eingängen der SPS anzuschließen.
- Alle Aktoren sind an den Ausgängen der SPS anzuschließen.
- Bei der Festlegung der Funktion an den Eingängen ist die DIN EN 60204-1 (VDE 0113-1) zu beachten:
  - Einschalten mit einem Schließer, also 1-Signal,
  - Ausschalten mit einem Öffner, also 0-Signal.

Ausbildungsunterlagen für S7:
http://w3.siemens.com/mcms/sce/de/fortbildungen/ausbildungsunterlagen/classic-module/Seiten/default.aspx?tabcardname=grundlagen%20 programmierung

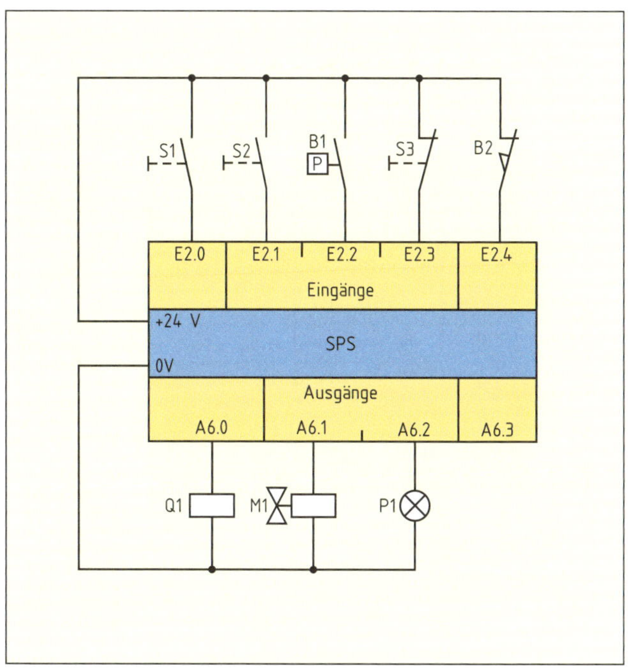

Bild 2: Beispiel für die Beschaltung einer SPS

Entwickeln Sie das Programm für das Einschalten der Lüfter.

3. Überlegen Sie sich zuerst, in welcher Programmiersprache **(Bild 1)** Sie Ihr Programm erstellen wollen.

> 📖 Fachkunde Elektrotechnik,
> Kapitel 15: Programmiersprachen

Benennen Sie die Programmiersprachen in **Bild 1**.

4. Welche weiteren Programmiersprachen kennen Sie noch?

Die vier Lüftermotoren sollen mit je einem Taster ein- bzw. mit einem Taster ausgeschaltet werden können.

5. Sie können diese Aufgabe entweder mit einer
   a) Selbsthalteschaltung oder
   b) mit einer SR-Speicherfunktion lösen. Zeichnen Sie in **Bild 2** beide Möglichkeiten in der Darstellungsart Funktionsplan.
6. Vervollständigen Sie in **Bild 3** das Programm für die vier Lüfter mit SR-Speicher in der Programmiersprache Funktionsplan.

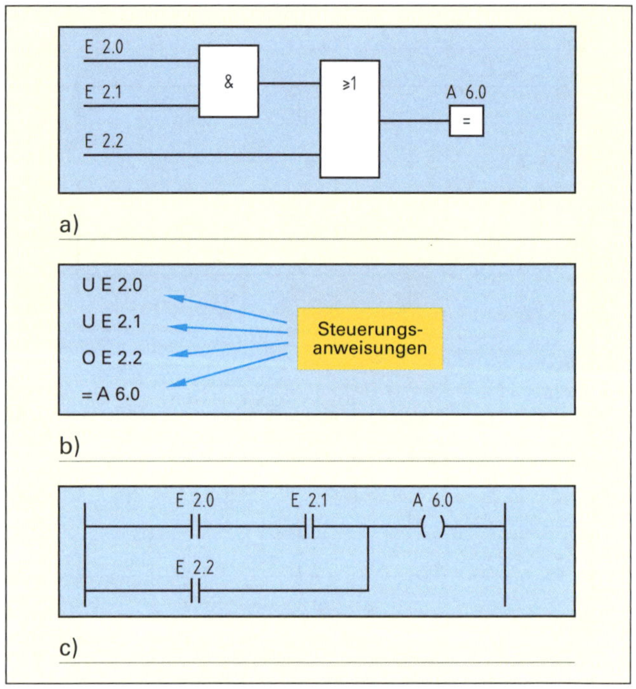

Bild 1: Programmiersprachen (Beispiele)

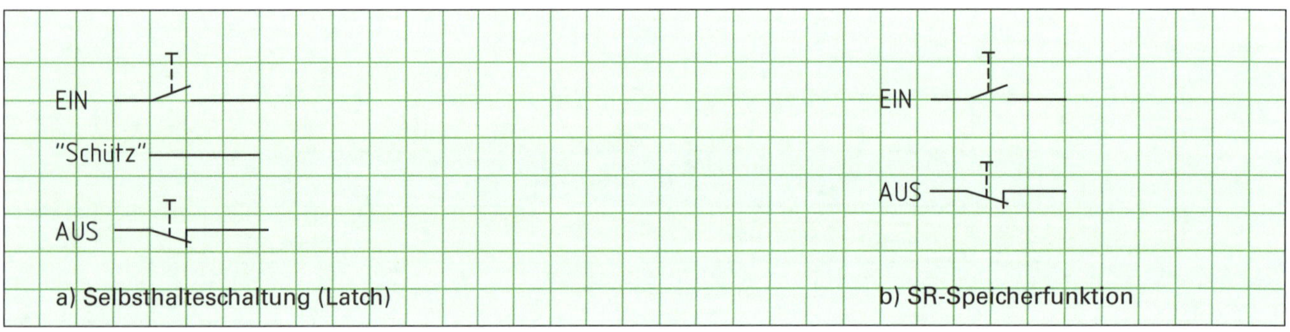

Bild 2: Speicherfunktionen

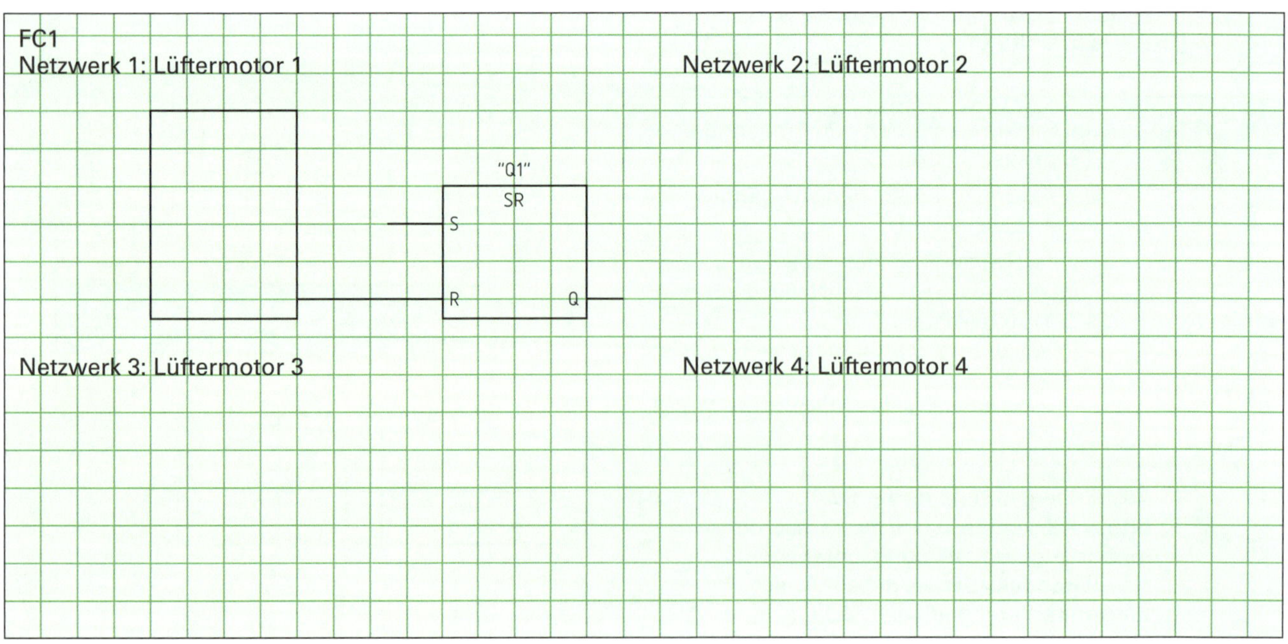

Bild 3: Funktionsplan für die Lüfterantriebe

7. Entwickeln Sie das Programm für die Überwachung der Lüftermotore. Vervollständigen Sie dazu die Wertetabelle der Lüfterüberwachung. Stellen Sie die Ergebnisse für Rot, Gelb und Grün entsprechend farblich dar.

Wertetabelle der Lüftersteuerung Tiefgarage						
B 4	B3	B2	B1	Rot P1	Gelb P2	Grün P3
0	0	0	0	1		
			1	1		
			0	1		
			1			
			0	1		
			1			
			0			
			1			
			0	1		
			1			
			0			
			1			
			0			
			1			
			0			
			1			

8. Erstellen Sie die Funktionsgleichungen für die Anzeigen Rot, Gelb und Grün in der disjunktiven Normalform.

Rot P1 =

Gelb P2 =

Grün P3 =

9. Analysieren Sie die Wertetabelle für die Anzeige Gelb. Die Funktionsgleichung für Gelb kann vereinfacht werden, wenn Sie die Ausgänge für Rot und Grün berücksichtigen. Schreiben Sie eine neue Funktionsgleichung für die Anzeige Gelb.

Gelb P2 =

10. Vervollständigen Sie im **Bild** den Funktionsplan (FUP) für die Lüfterüberwachung entsprechend den Funktionsgleichungen der Aufgabe 8 und mit der Vereinfachung nach Aufgabe 9.

In der Praxis werden häufig anstelle der absoluten Operanden wie E5.4 oder A12.4 Symbole wie B1 oder P1 verwendet. Dies hat den Vorteil, dass bereits im Programmausdruck erkennbar ist, dass es sich bei den Operanden z.B. um einen Strömungssensor bzw. um eine Signalleuchte handelt. Sinnvoll ist es, die Betriebsmittelbezeichnung, z.B. P1, gleichzeitig als Symbol zu nehmen.

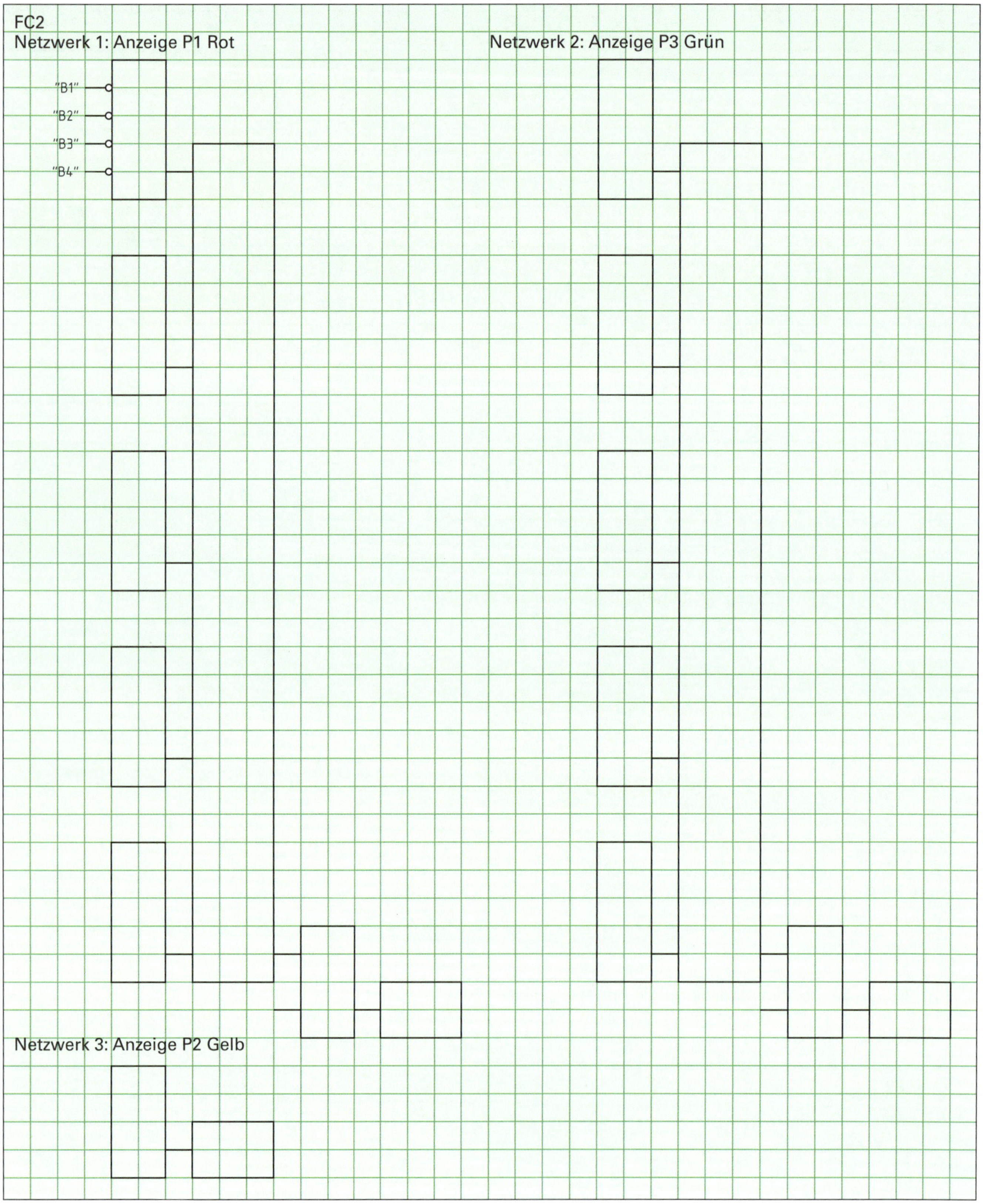

Bild: Funktionsplan für die Lüfterüberwachung

Arbeitsauftrag 2: Torsteuerung der Einfahrt programmieren

Funktion der Torsteuerung (Bild 1)

- Ist der Hauptschalter S0 eingeschaltet und wird der Schlüsseltaster S10 vor dem Garagentor oder der Seilzugtaster S11 in der Garage betätigt, öffnet das Tor.
- Der Endschalter B8 „Tor geöffnet“ schaltet den Antriebsmotor bei Erreichen der oberen Endlage ab.
- Nach Ablauf einer Zeit von 10 s fährt das Tor wieder automatisch zu, bis der Endschalter B7 „Tor geschlossen“ den Antriebsmotor in der unteren Endlage abschaltet.
- Der Antriebsmotor wird durch das Überlastrelais F5 vor Überlastung geschützt.
- Fährt das Tor beim Schließen auf ein Hindernis, schaltet die Sicherheitsdruckleiste B9 an der Unterseite des Tores sofort auf „Tor Öffnen“ um.
- Ein Drehmomentwächter B10 überwacht, ob der Antriebsmotor beim Öffnen oder Schließen mehr Kraft als üblich benötigt.

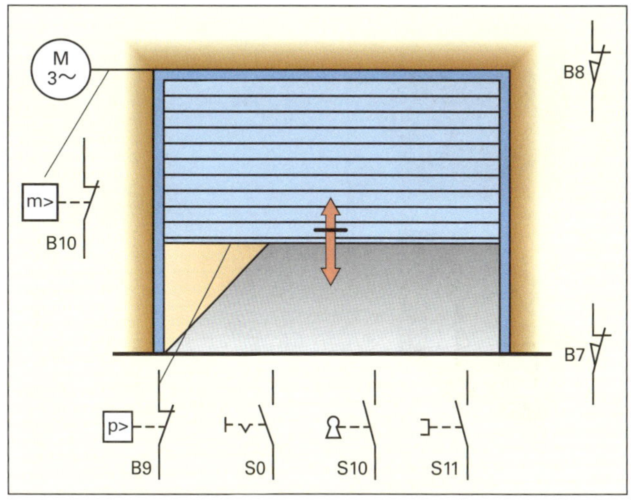

Bild 1: Technologieschema der Torsteuerung

Fachkunde Elektrotechnik, Kapitel 15: Öffner und Schließer

1. Vervollständigen Sie die **Tabelle Seite 80** der Betriebsmittel. Hinweise zu den Schaltzeichen finden Sie z.B. im Tabellenbuch. Die Adressen in der SPS sind hersteller- und systemabhängig.
2. Beschalten Sie die Ein- und Ausgänge der SPS **(Bild 2)** entsprechend der **Tabelle Seite 80.**

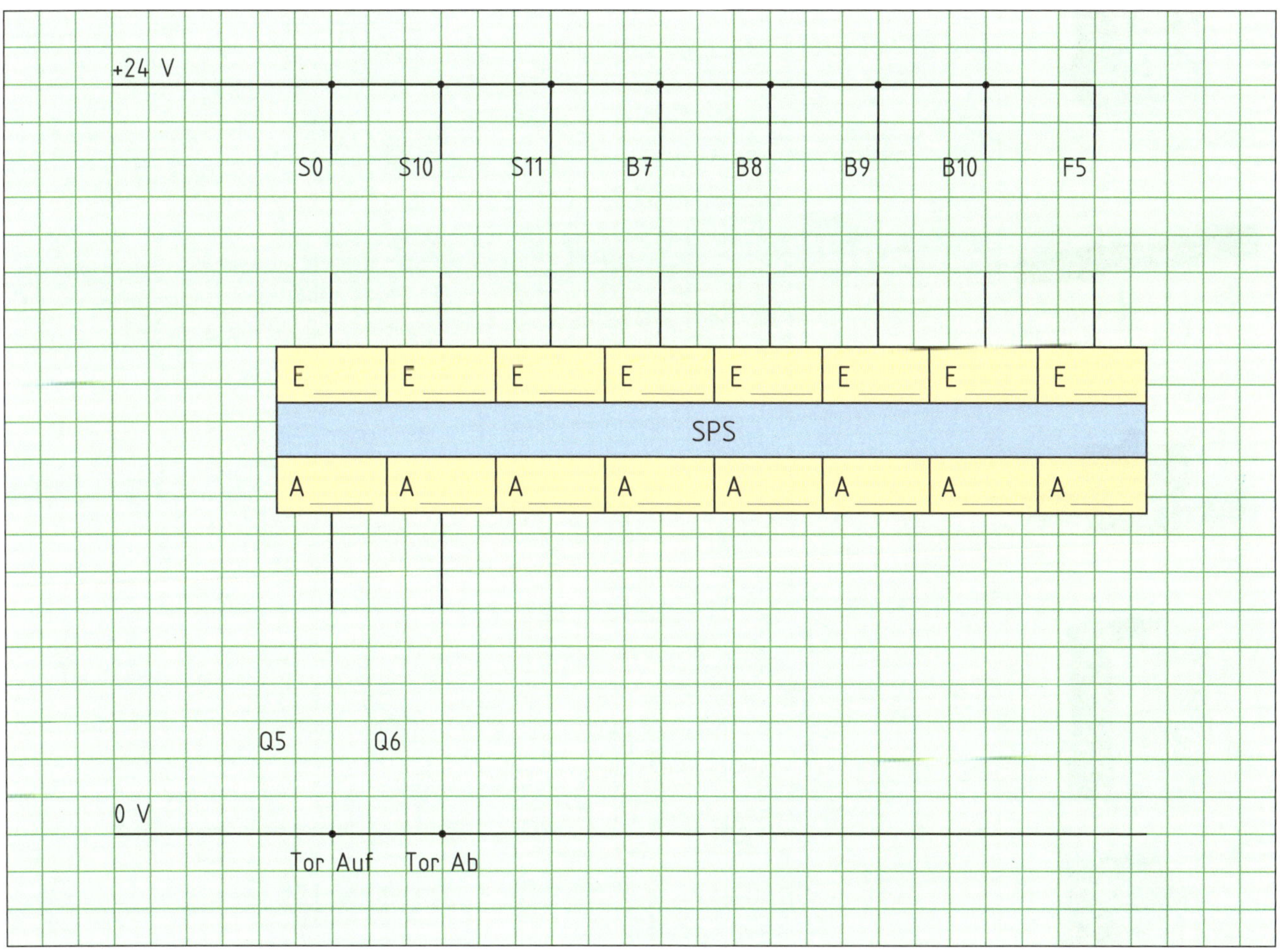

Bild 2: Beschaltung der SPS-Eingabe- und Ausgabebaugruppen für die Torsteuerung

Tabelle: Betriebsmittel der Lüftersteuerung Tiefgarage

Betriebsmittel	Betriebsmittel-kennzeichnung	Schaltzeichen im Stromlaufplan	Adresse in der SPS, z.B.	Kommentar
	S0	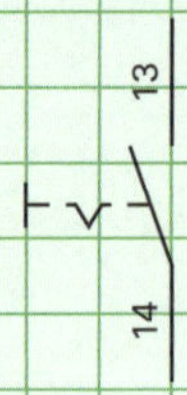	E8.0	Hauptschalter
	S10			
	S11			
	B7			
	B8			
	B9			
	B10			
	F5			
	Q5			
	Q6			

3. a) Welche Zeitfunktion wird benötigt, wenn das Tor automatisch nach 10 s wieder geschlossen werden soll?
b) Zeichnen Sie das Symbol im Funktionsplan **(Bild 1)** und
c) vervollständigen Sie das Impuls-Zeit-Diagramm **(Bild 2)**.

a) Zeitfunktion: ______________________

b) Symbol:

Bild 1: Symbol Timer im FUP

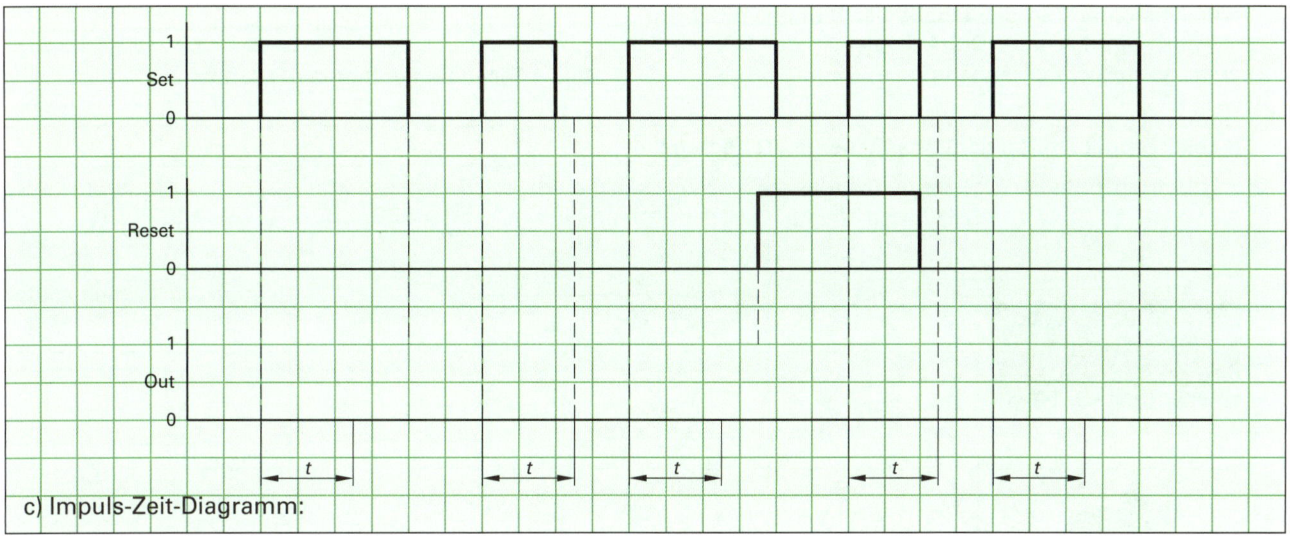

Bild 2: Impuls-Zeit-Diagramm

📖 Fachkunde Elektrotechnik, Kapitel 15: Zeitfunktionen

4. Vervollständigen Sie in **Bild 3** das Programm für die Torsteuerung mit SR-Speicher in der Programmiersprache Funktionsplan.

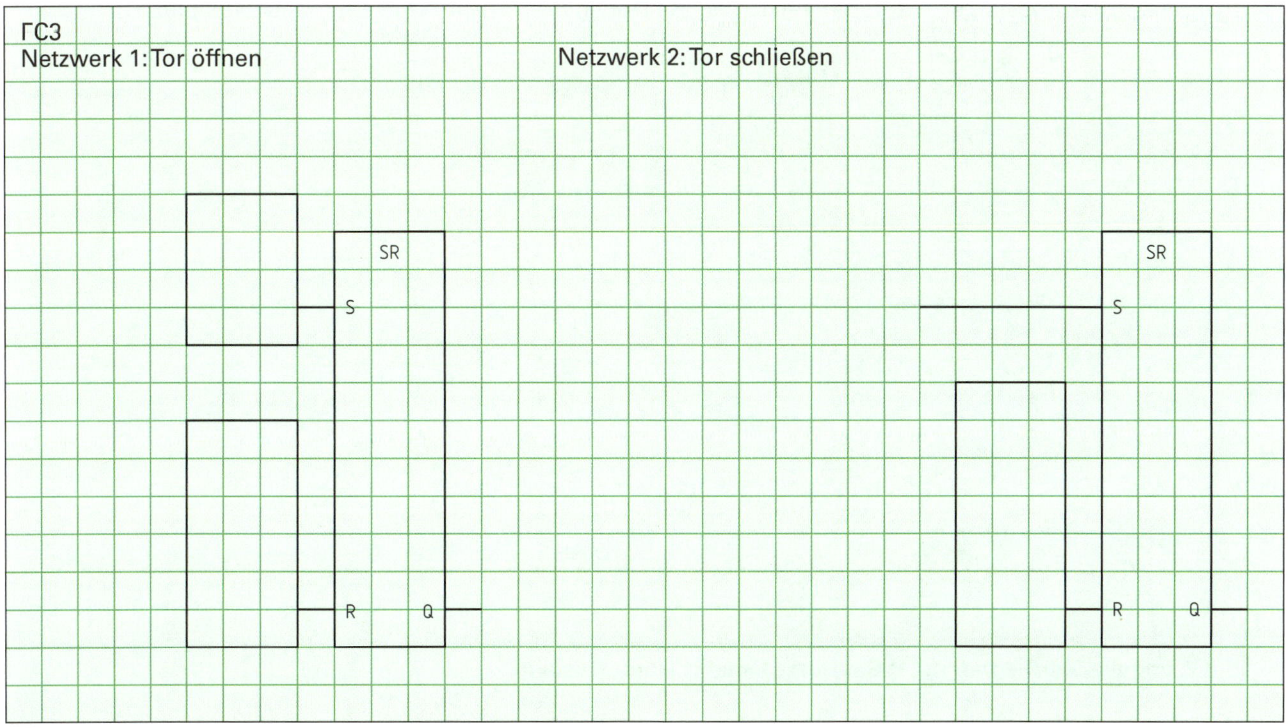

Bild 3: Funktionsplan für die Torsteuerung mit SR-Speicher

Arbeitsauftrag 3: Ampel für die Garagenbelegung programmieren

Funktion der Ampel und der Fahrzeugzählung (Bild 1)

- Die in die Tiefgarage einfahrenden und ausfahrenden Fahrzeuge sollen mit einem Zähler gezählt werden.
- Sind die 20 Plätze in derTiefgarage belegt, soll die Ampel an der Einfahrt Rot anzeigen.
- Sind noch Plätze in der Tiefgarage frei, soll die Ampel Grün anzeigen.
- Die beiden Induktionsschleifen B5 und B6 erkennen, ob ein Fahrzeug in die Tiefgarage einfährt oder ob es die Tiefgarage verlässt.

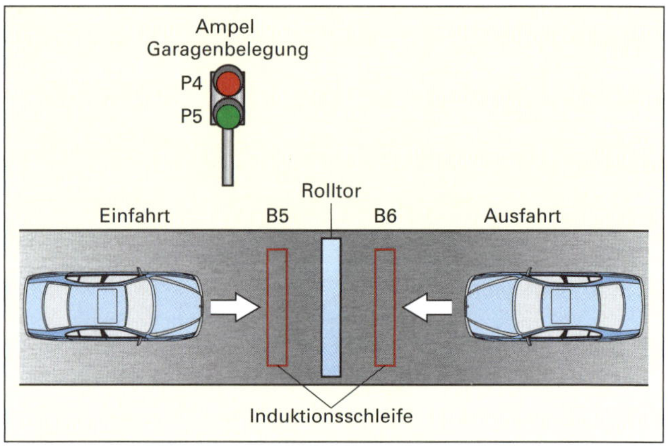

Bild 1: Technologieschema der Ampel

1. Vervollständigen Sie die **Tabelle** der Betriebsmittel für die Fahrzeugerfassung. Die Adressen in der SPS sind hersteller- und systemabhängig.

Tabelle: Betriebsmittel der Lüftersteuerung Tiefgarage

Betriebsmittel	Betriebsmittel-kennzeichnung	Schaltzeichen im Stromlaufplan	Adresse in der SPS, z.B.	Kommentar
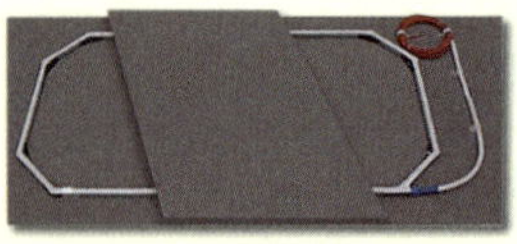	B5			Induktionsschleife außen
	B6			
	P4			
	P5			

2. Ergänzen Sie das Impuls-Zeit-Diagramm **(Bild 2)** für die beiden SR-Speicher „Einfahrt" und „Ausfahrt".

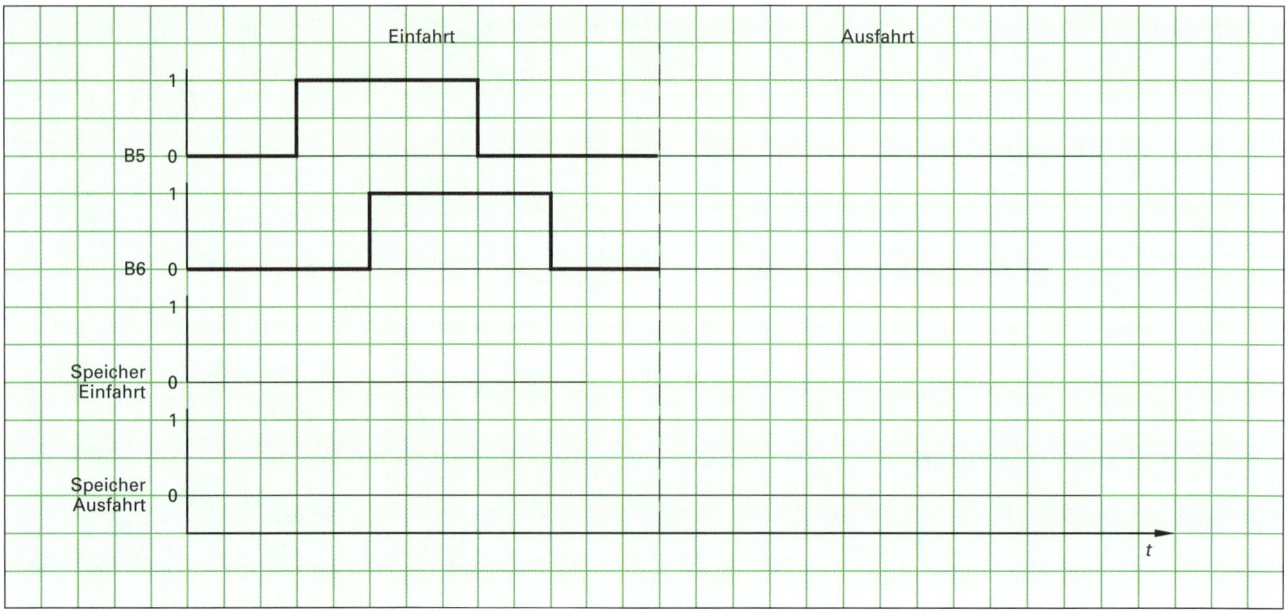

Bild 2: Impuls-Zeit-Diagramm SR-Speicher „Einfahrt" und „Ausfahrt"

3. Das Programm der Ampel Garagenbelegung und der Fahrzeugzählung soll mit einem bibliotheksfähigen Baustein, z.B. FB1, programmiert werden. Der Baustein soll wie in **Bild 1** gezeigt aussehen.

Bibliotheksfähige Bausteine sind Bausteine, die wie eine Art Blackbox **(Bild 1)** funktionieren und somit mehrfach in einem Programm verwendet werden können. Daher dürfen in diesen Bausteinen keine absolut adressierten Eingänge, Ausgänge, Merker, Zeiten oder Zähler verwendet werden. Stattdessen werden in der sogenannten Variablendeklarationstabelle Variablen definiert. Diese Variablen gibt es vom Typ IN, OUT, IN-OUT, STAT und TEMP. Alle Variablen, die auf der linken Seite der Blackbox stehen, sind IN- oder IN-OUT-Variablen. Alle Variablen, die auf der rechten Seite der Blackbox stehen, sind OUT-Variablen. Als Speicher Einfahrt und Ausfahrt werden statische Variablen verwendet. Statische Daten sind Lokaldaten eines Funktionsbausteins, die im Instanz-Datenbaustein gespeichert werden und deshalb bis zur nächsten Bearbeitung des Funktionsbausteins erhalten bleiben.

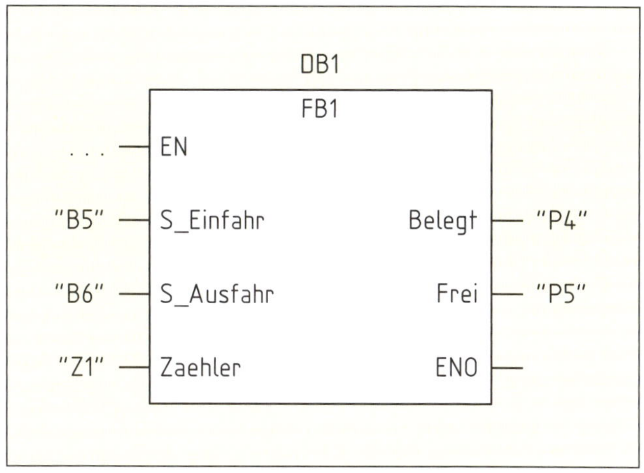

Bild 1: Funktionsbaustein als bibliotheksfähiger Baustein

Fachkunde Elektrotechnik, Kapitel 15: Bibliotheksfähige Bausteine

4. Für die Fahrzeugzählung und Steuerung der Ampel werden außer den Speichern für Einfahrt und Ausfahrt noch weitere Funktionen benötigt. Zeichnen Sie die Funktionen in der Programmiersprache FUP in **Bild 2** ein.

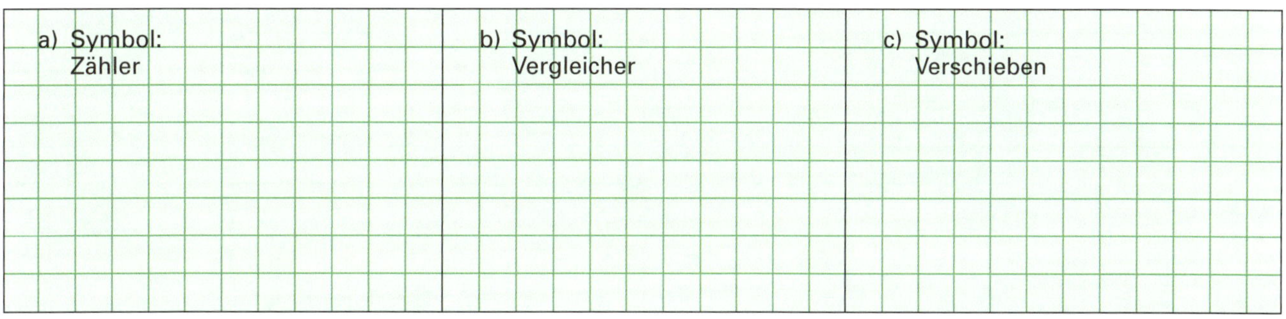

Bild 2: Zusätzlich benötigte Funktionen

5. Vervollständigen Sie die **Tabelle** Variablendeklaration für den Funktionsbaustein FB1

Tabelle: Variablendeklaration

Name	Datentyp	Anfangswert	Kommentar
IN			
S_Einfahr	Bool	False	Induktionsschleife Einfahrt
		False	
	Counter		
OUT			
		False	
		False	
STAT			
		False	
		False	
Zaehl_I	Int		Zählerstand Format Integer
Zaehl_W	Word	W#16#0	Zählerstand Format Word
Vorg_ST_I	Int		Anzahl Stellplätze Format Integer

Da die Funktion Vergleicher nur das Format INTEGER (INT= Ganze Zahl) miteinander vergleichen kann, muss der Zählwert von Format WORD (Dualzahl) in Format INTEGER (Ganze Zahl) gewandelt werden. Die Funktion MOVE kann diese Aufgabe lösen. Die Anzahl der Stellplätze wird mit einem Zahlenwert, z.B. 20, vorgegeben. Auch dieser Wert muss mit MOVE in das Format INTEGER gewandelt werden.

6. Vervollständigen Sie im **Bild** das Programm für die Ampelsteuerung und die Fahrzeugzählung.

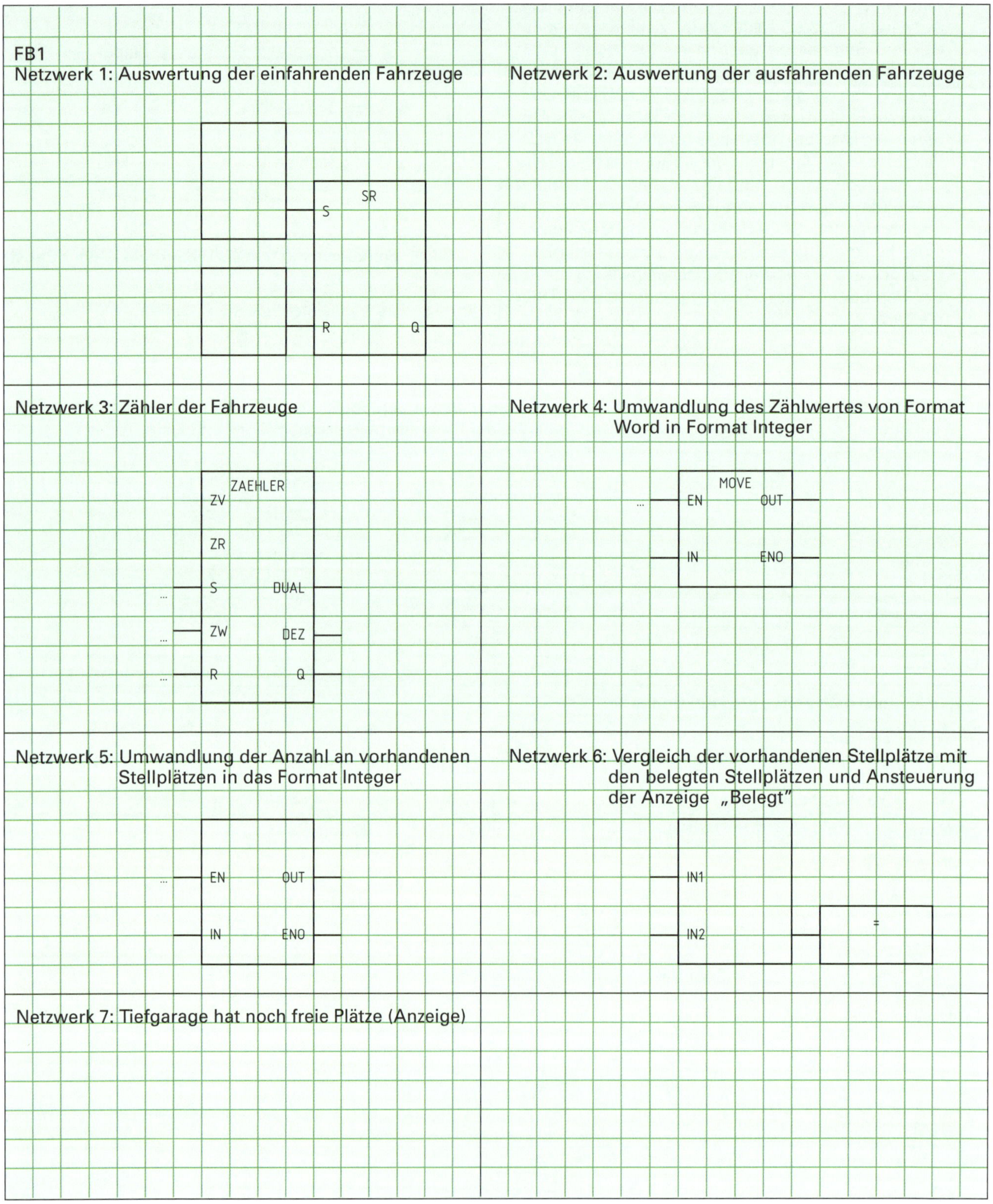

Bild: Funktionsplan für die Ampelsteuerung und die Fahrzeugzählung

http://w3.siemens.com/mcms/sce/de/fortbildungen/ausbildungsunterlagen/classic-module/Seiten/default.aspx?tabcardname=grundlagen%20programmierung

Arbeitsauftrag 4: Programm für die Ampel Garagenbelegung erweitern

Die Ampelsteuerung und die Fahrzeugzählung soll um eine manuelle Sollwertvorgabe mithilfe eines Zweitast-Codierschalters BCD erweitert werden.

- Die Zahl der maximal möglichen Stellplätze soll nicht fest im Programm vorgegeben, sondern über einen 2-stelligen Zweitast-Codierschalter BCD **(Bild 1)** einstellbar sein.
- Für den Codierschalter benötigten Sie ein weiteres Eingangsbyte.
- Der Codierschalter benötigt eine weitere IN-Variable in der Variablendeklaration des FB.
- Da der Codierschalter das Format BYTE ausgibt, muss in der Variablendeklaration eine weitere statische Variable deklariert werden. Im Programm wird das BYTE mit einer MOVE-Funktion zum WORD verschoben.

www.hartmann-codier.de

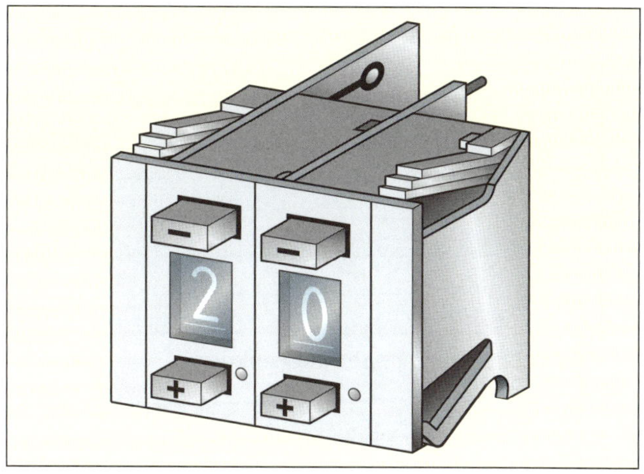

Bild1: Zweitast-Codierschalter BCD

Fachkunde Elektrotechnik, Kapitel 15: Zähler, Vergleicher

1. Vervollständigen Sie den Belegungsplan des Eingangsbyte **(Bild 2)**.

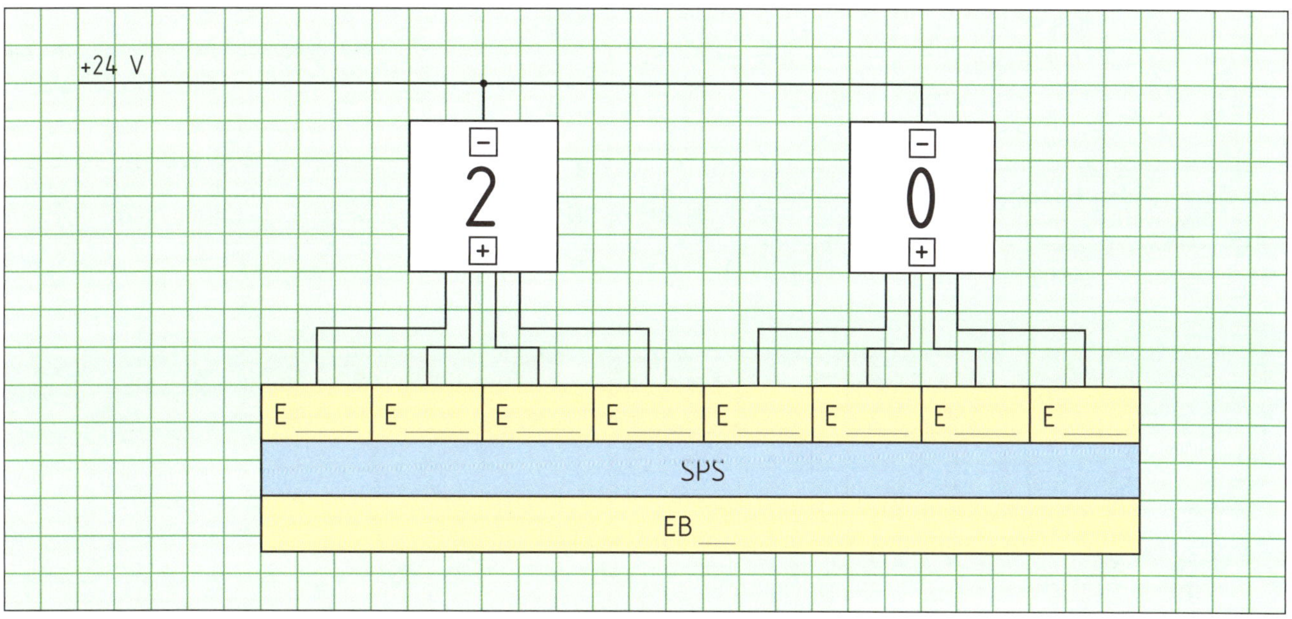

Bild 2: Belegungsplan der Eingabebaugruppe Zweitast-Codierschalter BCD

2. Erweitern Sie die **Tabelle** Variablendeklaration.

Tabelle: Variablendeklaration			
Name	Datentyp	Anfangswert	Kommentar
IN			
Ziffernst		B#16#0	
STAT			
Vorg_ST_W		W#16#0	

3. Der Zweitast-Codierschalter BCD gibt den eingestellten Zahlenwert im Format BCD aus. Der Vergleicher kann jedoch nur das Format INTEGER vergleichen.

a) Welche Funktion wird zur Erweiterung des Programms noch benötigt?

b) Zeichnen Sie das Symbol im Funktionsplan **(Bild 1)**.

a) Funktion:	b) Symbol:

Bild 1: Zusätzlich benötigte Funktion

4. Erweitern Sie das Programm für die erweiterte Ampelsteuerung und die Fahrzeugzählung im FB1 **(Bild 2)** um die gewünschten Funktionen.

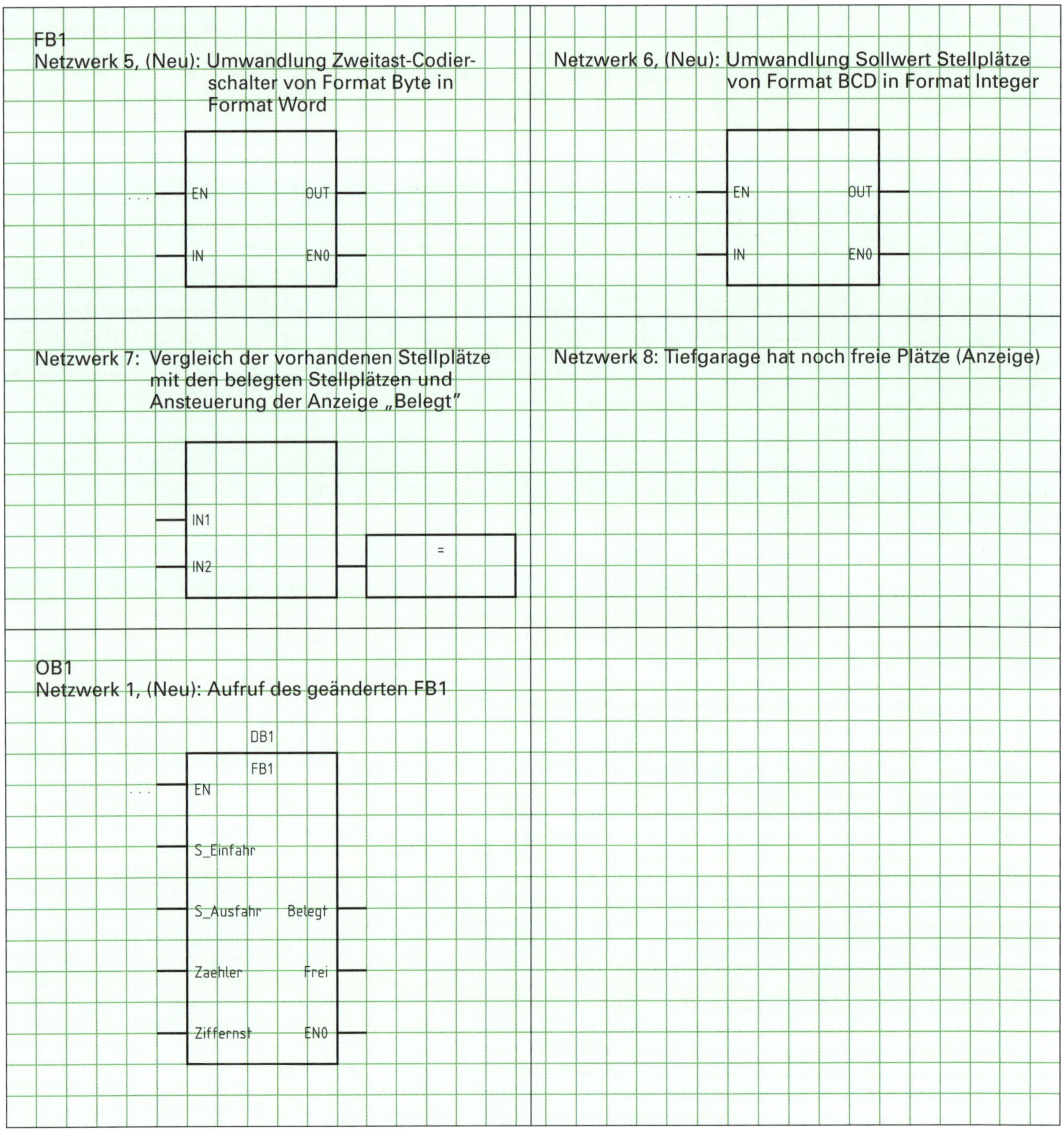

Bild 2: Funktionsplan für die erweiterte Ampelsteuerung und die Fahrzeugzählung

Testen Sie Ihre Fachkompetenz

1. Beschriften Sie in **Bild 1** die Komponenten eines Automatisierungssystems (AS).

Bild 1: Automatisierungssystem

2. Erklären Sie den Begriff: Zyklische Programmbearbeitung.

3. Im Arbeitsauftrag 1 bei der Belüftungsanlage verwenden Sie zur Überwachung der Lüfter Strömungssensoren (siehe Datenblatt, **Seite 236** Strömungssensor und **Bild 2**). Beschreiben Sie die Funktion des Sensors.

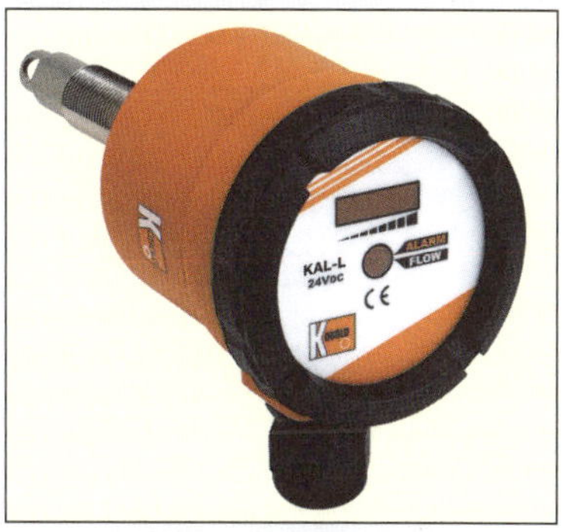

Bild 2: Elektronischer Strömungssensor

4. Auf **Seite 77** haben Sie bei der Aufgabe 7 die Funktionsgleichungen für die Ampelanlage erstellt. Vereinfachen Sie die Funktionsgleichungen für Rot P1 und Grün P3.

Rot:

Grün:

Testen Sie Ihre Fachkompetenz

5. Weshalb ist der Antriebsmotor der Torsteuerung in Arbeitsauftrag 2 mit dem Drehmomentwächter S15 ausgestattet?

6. Auf **Seite 81** wurde eine Zeitfunktion programmiert. Welche Zeitfunktionen stehen bei STEP 7 zur Verfügung?

7. Der Zeitwert einer Zeitfunktion kann entweder mit einer Konstanten, z.B.: S5T#10s, oder mit einem Zeitwort vorgegeben werden. Geben Sie im **Bild** die Signalzustände an, wenn eine Zeit von 1 min 45 s eingestellt werden soll.

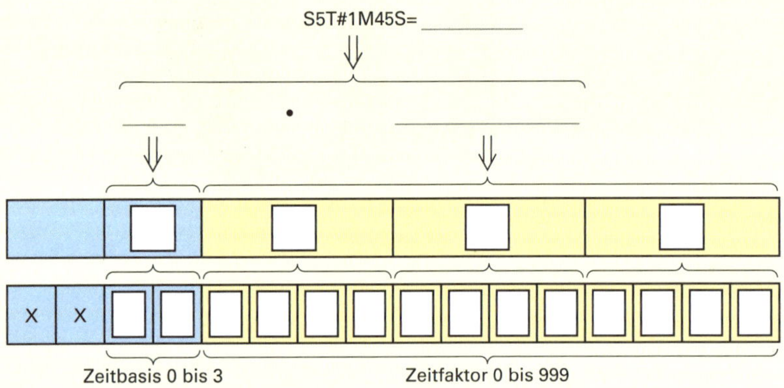

Zeitbasis	Zeitwert
0	0,01 s
1	0,1 s
2	1 s
3	10 s

Bild: Zeitfunktion im BCD-Format

8. Auf **Seite 84** programmierten Sie einen Zähler. Wozu dienen die Ausgänge DUAL, DEZ und Q des Zählers?

9. Auf **Seite 84** mussten Sie einen Vergleicher programmieren.
   a) Welche Vergleicher können mit STEP 7 programmiert werden? Vervollständigen Sie dazu die **Tabelle 1**.
   b) Welche Datentypen kennen Sie? Vervollständigen Sie dazu die **Tabelle 2**.

a) Tabelle 1: Vergleicher

Relationszeichen	Eingang	Q = 1 wenn:	Eingang
	IN1		IN2
	IN1		IN2
	IN1		IN2
	IN1		IN2
	IN1		IN2
	IN1		IN2

b) Tabelle 2: Wichtige Datentypen

Datentyp	Größe in Bits	Formatoptionen	Beispiel
BOOL		BOOL-Text	True/False
			B#16#10
			2#0000_0000_1001_0011 W#16#0093 C#147
			–32768 bis 32767

Lernsituation: Hebebühne mit einer SPS steuern

Arbeitsauftrag: Sie erhalten den Auftrag, das SPS-Programm für eine Hebebühne **(Bild 1)** zu entwerfen.

Funktionsbeschreibung der Hebebühne:

- Wird der Motor M1 im Rechtslauf betrieben, fährt die Bühne von einer Gewindespindel angetrieben nach oben, im Linkslauf nach unten.
- Wird derTaster S1 „Auf" betätigt, zieht das Schütz Q2 an und die Hebebühne fährt im Dauerbetrieb nach oben.
- Mit dem Taster S3 „Ab" kann über das Schütz Q3 die Bühne im Tippbetrieb wieder nach unten gefahren werden.
- Die Umschaltung von Rechtslauf auf Linkslauf erfolgt direkt, die Schütze sind gegeneinander verriegelt.
- Mit dem S2 „NOT-HALT" kann die Bewegung der Bühne jederzeit gestoppt werden.
- Die Endtaster B1 „Bühne oben" und B2 „Bühne unten" schalten den Antrieb in den Endlagen ab.
- Die Absicherung des Hauptstromkreises und des Motors übernimmt der Motorschutzschalter Q1. Löst Q1 aus, soll der Motor abgeschaltet werden.

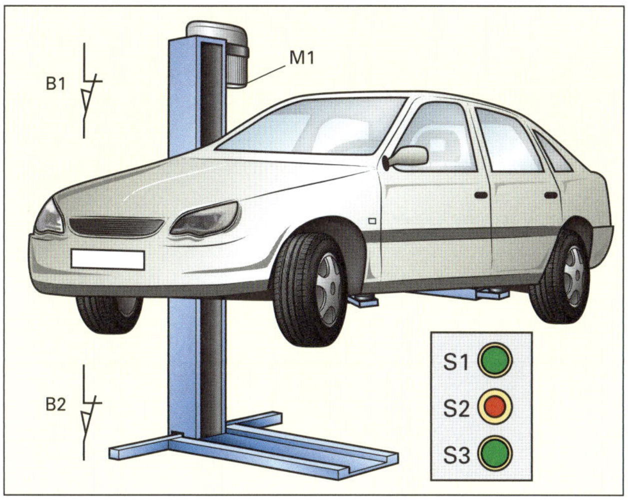

Bild 1: Hebebühne mit Drehstromantrieb

1. Vervollständigen Sie die Zuordnungstabelle.
2. Beschalten Sie die Eingabe- und Ausgabebaugruppen in **Bild 2.**
3. Entwerfen Sie das Programm für die Hebebühne in **Bild 3.**

Zuordnungstabelle: Hebebühne

Operand, z.B.	Symbol	Kommentar
E0.0	S1	Taster Auf

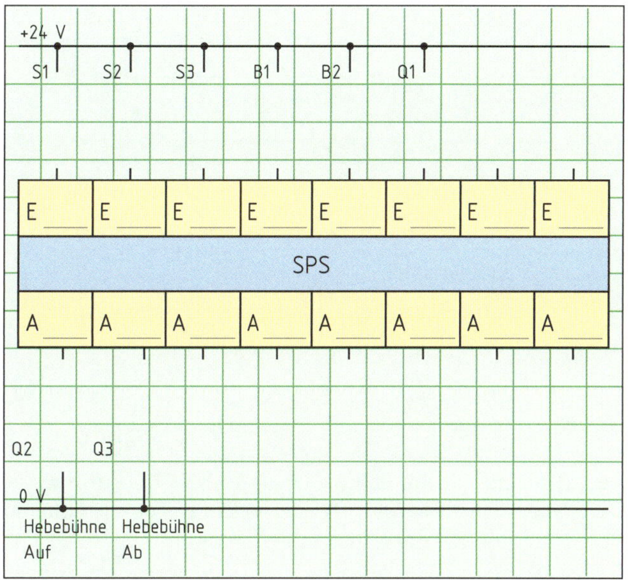

Bild 2: Beschaltung der Eingabe- und Ausgabebaugruppen

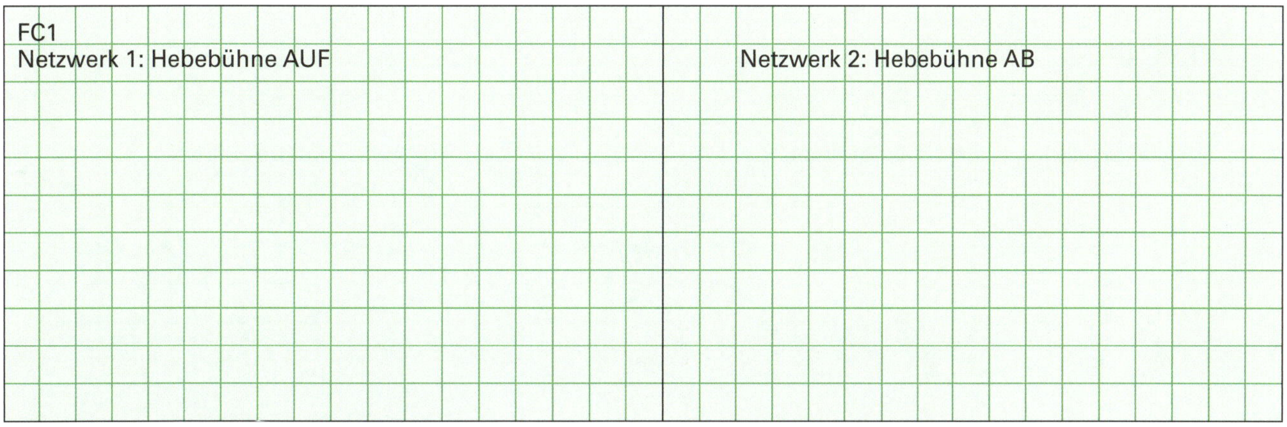

Bild 3: Funktionsplan für die Hebebühne

Testen Sie Ihre Fachkompetenz

1. Weshalb wird der Taster NOT-HALT als Öffner-Kontakt mit Entriegelung ausgeführt?

2. Weshalb wird am Rücksetzeingang des SR-Speichers für Rechtslauf der Ausgang für Linkslauf als Reset programmiert?

3. Weshalb wird vor der Spule Q2 „Hebebühne Auf" ein Öffnerkontakt von Q3 „Hebebühne Ab" eingebaut?

4. Bei Überlastung des Motors M1 schaltet der Motorschutzschalter Q1 **(Bild)** den Motor vom Netz.

a) Weshalb wird ein Meldekontakt vom Q1 an einen Eingang der SPS geführt?

b) Welches Schaltelement, Öffner oder Schließer müssen Sie verwenden?

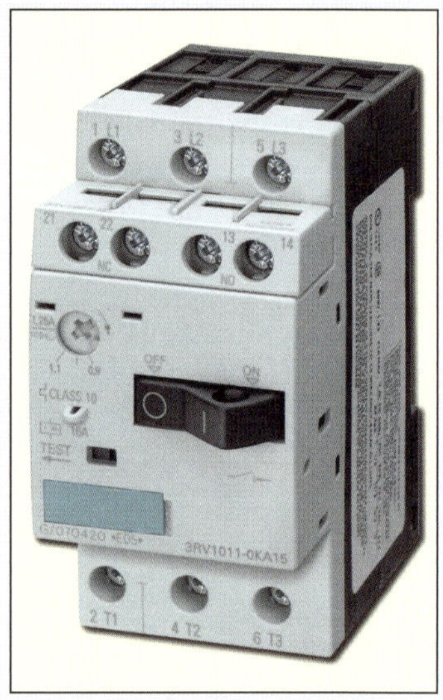

Bild: Motorschutzschalter

5. Die Hebebühne soll im Dauerbetrieb bis zur Endstellung nach oben fahren. Das bedeutet, der Befehl „Auf" muss gespeichert werden. Zeichnen Sie die vier Möglichkeiten der Speicherung in der Darstellungsart FUP. Welche Speicher sind für diese Aufgabe geeignet?

Lernsituation: Ölbrenner mit einer SPS steuern

Arbeitsauftrag: Sie erhalten den Auftrag das SPS-Programm für eine Brennersteuerung **(Bild 1)** zu entwerfen. Das Programm soll mit einem bibliotheksfähigen Funktionsbaustein (FB1) realisiert werden.

Funktionsbeschreibung der Brennersteuerung

Die Brennersteuerung wird nach dem Zeitablaufdiagramm **(Bild Seite 92)** gesteuert.

- Ist der Hauptschalter Q1 eingeschaltet, und gibt der Thermostat B2 bei Temperaturunterschreitung Signal 1, und liegt keine Störung P1 vor, schaltet die Anlage auf „Heizbetrieb".
- Heizung einschalten bedeutet: Der Lüfter M1 wird über das Schaltschütz Q2 sofort eingeschaltet. Nach einer Verzögerung von 2 s wird der Zündtrafo T1 über das Schaltschütz Q3 eingeschaltet. Nach einer Verzögerung von 4 s wird das Ölventil M2 eingeschaltet. Der Brenner muss jetzt feuern.
- Mit der Fotozelle B1 wird überwacht, ob die Zündung erfolgreich war. Liefert die Fotozelle ein 1-Signal, wird der Zündtrafo T1 sofort abgeschaltet, die Heizung ist jetzt im Normalbetrieb.
- Gibt der Thermostat B2 bei Temperaturüberschreitung Signal 0, geht die Anlage auf „Heizbetrieb" ausschalten. Das Ölventil M2 wird sofort abgeschaltet, der Lüfter Q2 läuft noch 6 s nach und wird dann ebenfalls abgeschaltet. Die Heizung ist jetzt aus, die Fotozelle liefert ein 0-Signal.
- Störfall: Meldet die Fotozelle B1, dass der Brenner aus ist (Signal = 0), wird der Zündtrafo T1 sofort wieder eingeschaltet. Meldet die Fotozelle nicht innerhalb von 10 s nach Einschalten des Zündtrafos, dass die Zündung erfolgt ist, wird eine Störung P1 angezeigt. Die Heizung und der Lüfter schalten sofort ab. Die Störung kann mit dem Quittiertaster S1 rückgesetzt werden.
- Der Hauptschalter Q1 schaltet die Anlage sofort ab.

1. Vervollständigen Sie die Zuordnungstabelle.
2. Beschalten Sie die Eingabe- und Ausgabebaugruppen der Brennersteuerung in **Bild 2**.

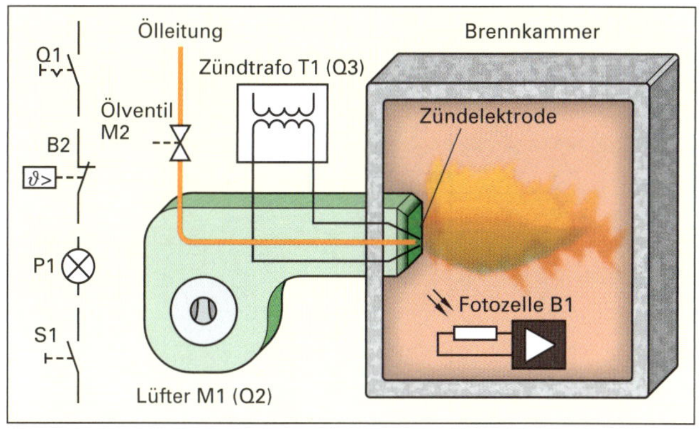

Bild 1: Brennersteuerung

Zuordnungstabelle: Brennersteuerung		
Operand, z.B.	Symbol	Kommentar
E0.0	Q1	Heizungs-Hauptschalter
T1	T_LÜ	Nachlauf Lüfter $t_n = 6$ s
T2	T_ZTR	Einschaltverzögerung Zündtrafo $t_v = 2$ s
	T_ÖLV	
	T_UEBW	

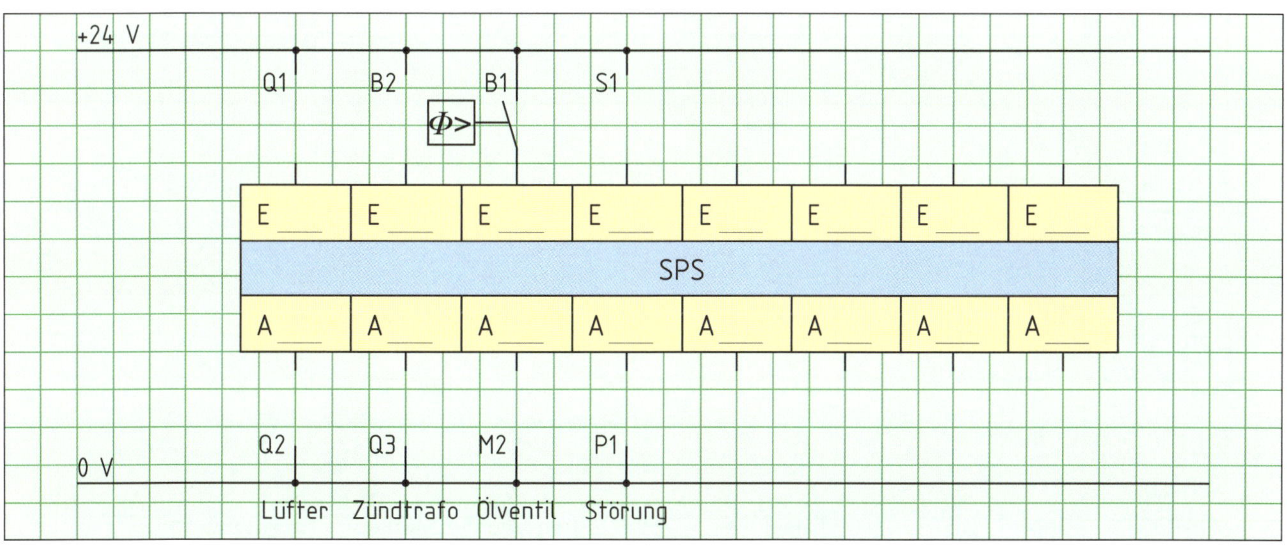

Bild 2: Beschaltung der Eingabe- und Ausgabebaugruppen der Brennersteuerung

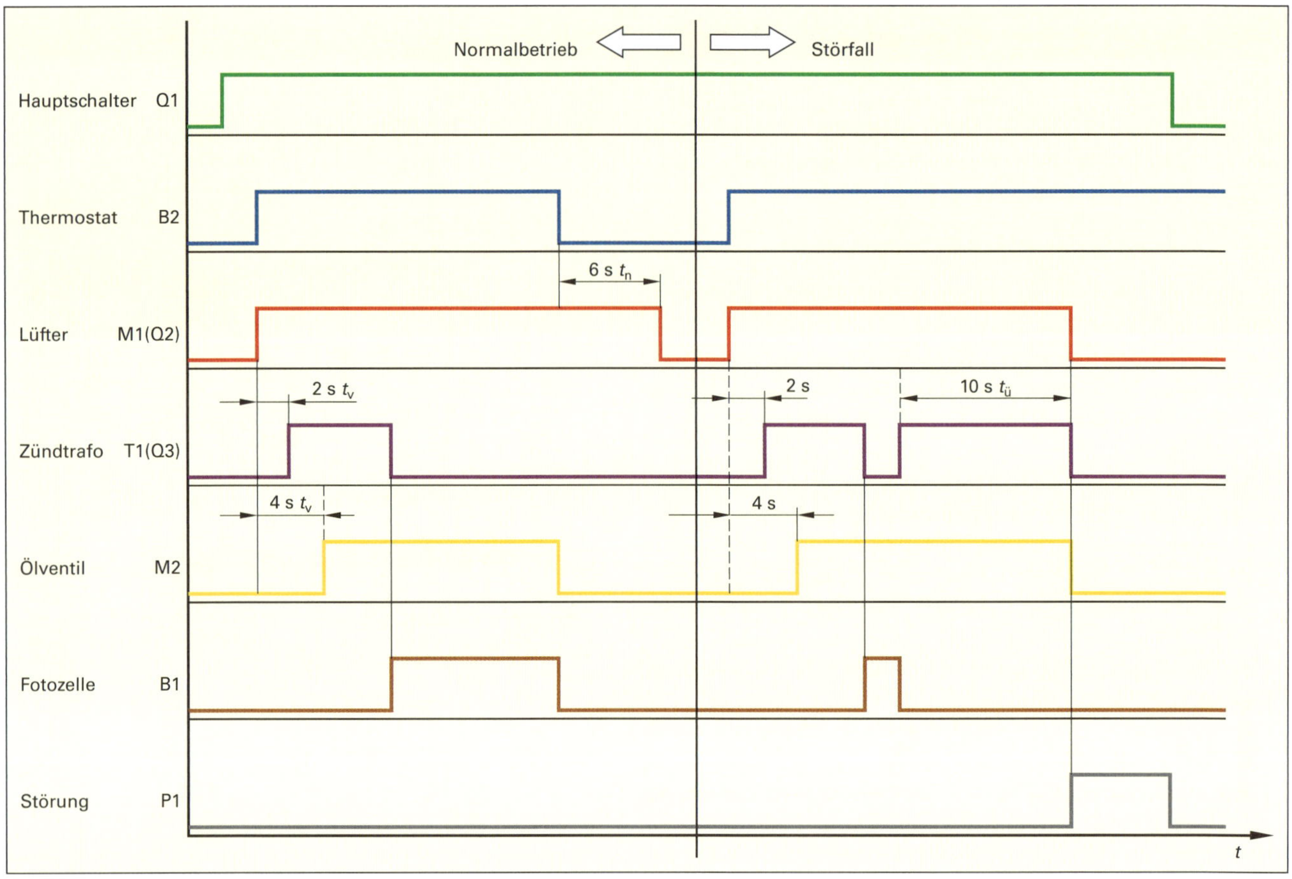

Bild: Impuls-Zeit-Diagramm der Brennersteuerung

3. Vervollständigen Sie die Tabelle der Variablendeklaration.

Tabelle: Variablendeklaration

Name	Datentyp	Anfangswert	Kommentar
IN			
HS	Bool	False	Heizungs-Hauptschalter
TH			
FZ			
QUIT			
T_LUEFTER	Timer		Timer Nachlauf Lüfter
S5T_LUE	S5Time	S5T#0MS	Ausschaltverzögerung Lüfter t_n = 6 s
T_ZTRAFO			
S5T_ZTRF			
T_OELV			
S5T_OELV			
T_ZUEBW			
S5T_UEBW			
OUT			
LUE	Bool	False	Schaltschütz Lüftermotor
OELV			
ZTR			
STOE			
IN_OUT			
M_STOE	Bool	False	Remanenter Merker für Störmeldung
STAT			
HZ_EIN	Bool	False	Hilfsvariable Heizung einschalten

> Störmeldungen dürfen, solange die Störung noch vorhanden ist, nicht durch Quittieren rückgesetzt werden. Deshalb ist für die Störmeldung ein vorrangig setzendes Speicherglied (RS) zu verwenden. Außerdem darf die Störung durch Ausschalten des Automatisierungsgerätes nicht automatisch rückgesetzt werden. Deshalb ist der Speicher mit einem remanenten Merker zu programmieren.

4. Vervollständigen Sie im **Bild** das Programm für die Brennersteuerung.

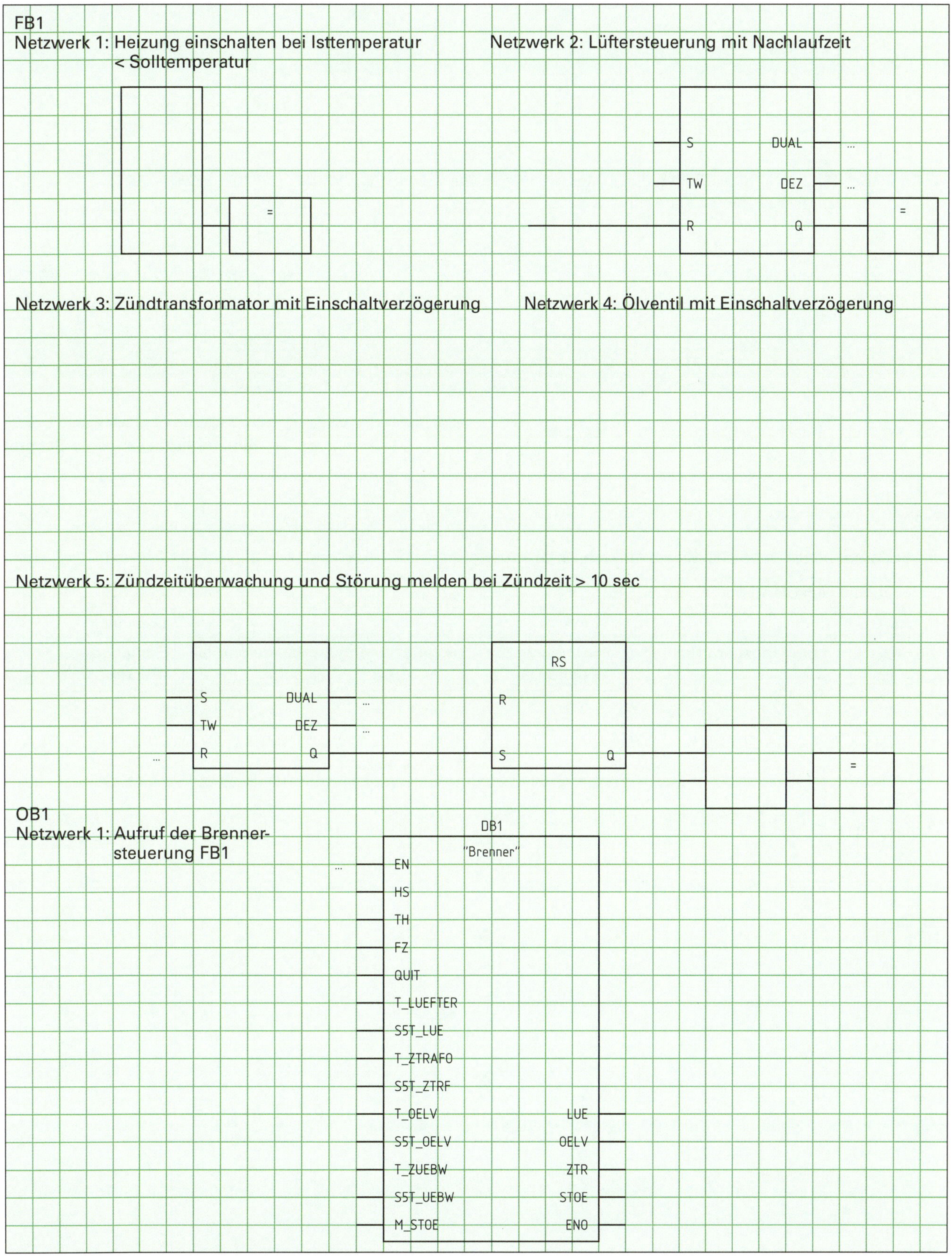

Bild: Funktionsplan für die Brennersteuerung

Testen Sie Ihre Fachkompetenz

1. Erklären Sie die Besonderheit von bibliotheksfähigen Bausteinen.

2. Erklären Sie mithilfe des **Bildes** den Unterschied zwischen einer Symboltabelle und einer Variablendeklaration.

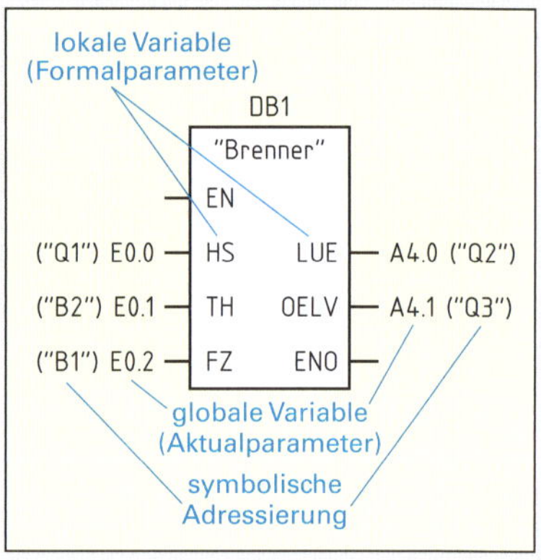

Bild: Bibliotheksfähiger Baustein

3. Erklären Sie die in der **Tabelle** genannten Variablentypen.

Tabelle: Variablentypen

Typ	Art	Funktion	Beispiel
IN	Eingangsparameter	Daten werden zur Verarbeitung an Baustein übergeben.	Eingänge, Merker
OUT			
IN_OUT			
STAT			
TEMP			

4. Woran erkennt man im Programm, ob es sich um eine

a) lokale Variable oder um ein

b) Symbol handelt?

Lernsituation: Eine Bauschutt-Recycling-Anlage soll auf Automatik-Betrieb umgestellt werden

Eine Bauschutt-Recycling-Anlage soll mit einer Kleinsteuerung auf Automatik-Betrieb umgestellt werden. Das Technologieschema **(Bild 1)** der Anlage liegt vor. Im bereits erstellten Pflichtenheft finden Sie weitere Forderungen für die Realisierung der Anlage.

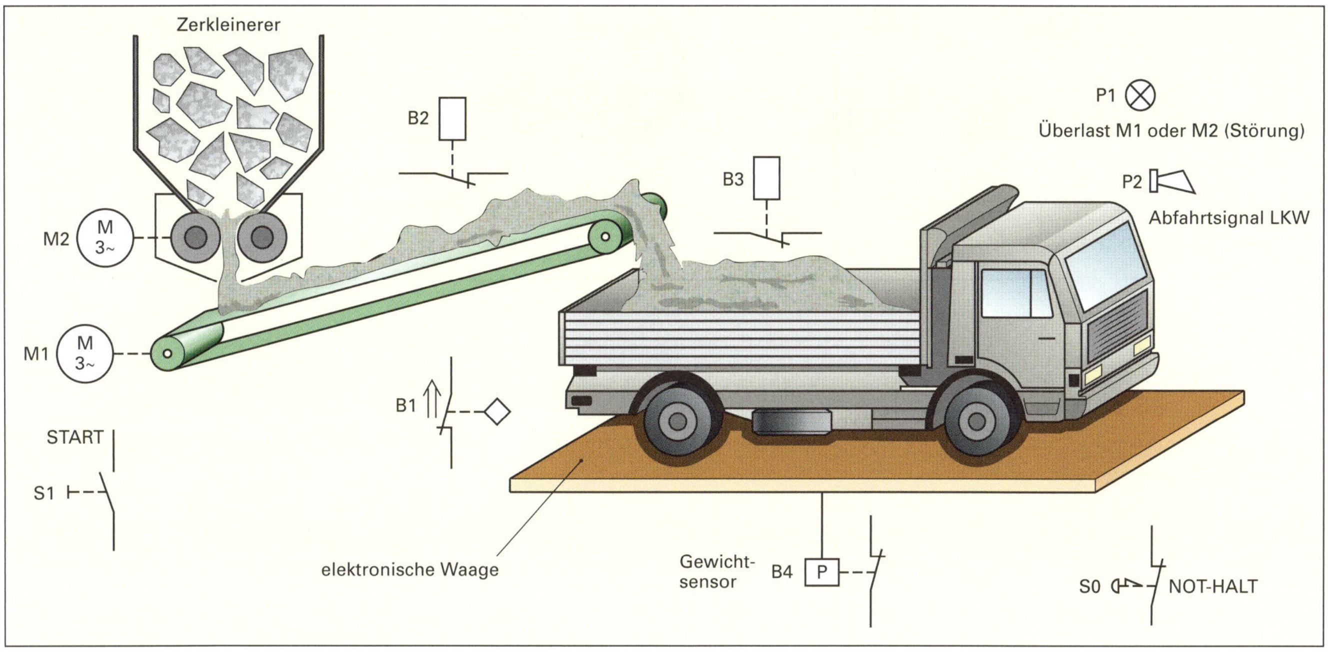

Bild 1: Technologieschema einer Bauschutt-Recycling-Anlage

Wesentliche Inhalte im Pflichtenheft:

- Der Sensor B1 erkennt den Lkw in Ladeposition.
- Danach kann mit dem Taster Start S1 der Motor M1 des Förderbandes zum Laden des Bauschuttes eingeschaltet werden. 10 Sekunden nach Start des Förderbandes wird der Zerkleinerer zugeschaltet.
- Der Sensor B4 schaltet bei leerem Lkw den Motor M2 des Zerkleinerers ein und schaltet diesen nach dem Erreichen der eingestellten Zuladung wieder aus.
- Der Sensor B3 überwacht die Füllhöhe des Wagens. Bei Erreichen des maximalen Füllstandes soll der Zerkleinerer unabhängig vom Füllgewicht des Wagens sofort abschalten (Überlaufsicherung). Das Förderband soll jedoch noch 10 Sekunden nachlaufen, um das Band zu räumen.
- Der Sensor B2 überwacht, ob Fördergut auf dem Transportband ist und schaltet den Bandmotor M1 nach dem Leerräumen aus.
- Die Meldeleuchte P1 zeigt die Störung (Überlast der Motoren M1 oder M2) der Anlage an.
- Die Hupe P2 gibt dem Fahrer drei Sekunden nach Beendigung des Ladevorganges das Abfahrtssignal.

Ein erneuter Ladevorgang kann erst wieder erfolgen, wenn ein neuer Wagen in Ladeposition steht und der Taster S1 betätigt wird.

Arbeitsauftrag 1: Sensoren und Aktoren auswählen

1. Welche Sensoren können in der Anlage eingesetzt werden? Erklären Sie deren physikalische Wirkungsweise.

📖 Fachkunde Elektrotechnik, Kapitel: Messen nichtelektrischer Größen mit Sensoren

B1: ____________________

____

B2, B3: ____________________

B4: ____________________

____

____

2. Sind die Sensoren B1 bis B4 **(Bild)** für die Anschaltung an die Kleinsteuerung geeignet? Die ausgewählte Kleinsteuerung hat nur binäre Eingänge.

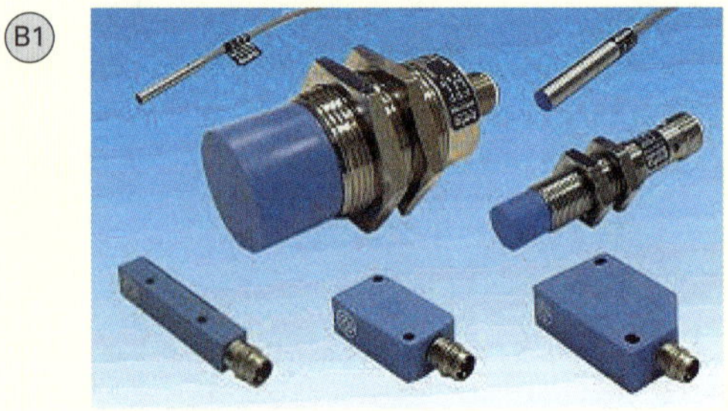

Induktive Näherungssensoren

Ultraschallsensor

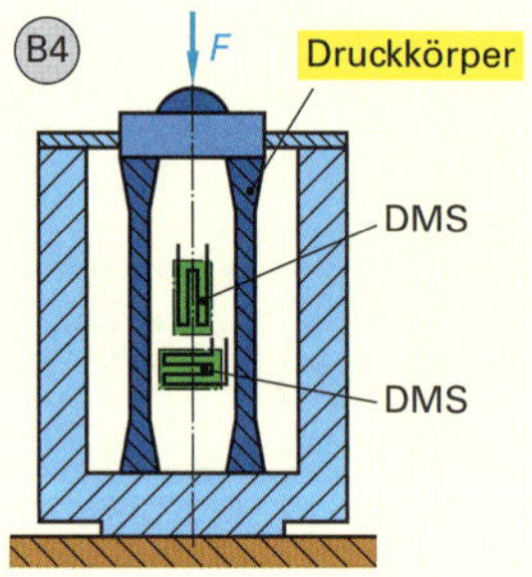

Kraftaufnahme

Bild: Beispiele für Sensoren

3. Wodurch kann bei der Verarbeitung der Signale der binären Sensoren durch die Kleinsteuerung die Drahtbruchsicherheit gewährleistet werden?

4. Ergänzen Sie in **Tabelle 1** die Funktionsaufgabe der Sensoren unter Beachtung der Drahtbruchsicherheit.

Tabelle 1: Funktionsaufgabe der Sensoren

Sensor	Signal	Funktionsaufgabe
Näherungssensor B1	1	Freigabe: Anlage EIN
	0	
Überwachung des Fördergutes auf Band B2	1	
	0	
Überlaufsicherung B3	1	
	0	
Waage B4	1	
	0	

5. Ergänzen Sie die Funktionsbeschreibung der einzelnen Bedien- und Anzeigeelemente in **Tabelle 2.**

Tabelle 2: Bedien- und Anzeigeelemente

Taster/Meldeleuchte	Beschreibung
S0	
S1	
P1	
P2	

6. Ergänzen Sie in der **Tabelle** die Betriebsmittelkennzeichnung der Aktoren und Sensoren.

Tabelle: Zuordnung der Aktoren/Sensoren zu den Kleinsteuerung-Anschlüssen

Betriebsmittelkennzeichnung	Sensoren/Aktoren	Eingang und Ausgang der Kleinsteuerung
	NOT-HALT	I1
	Taster START	I2
	Ladepositionssensor	I3
	Bandüberwachungssensor	I4
	Füllhöhensensor	I5
	Elektronische Waage	I6
	Förderbandmotor	Q1
	Zerkleinerermotor	Q2
	Störungsleuchtmelder	Q4
	Abfahrtssignal	Q3

7. Worauf muss bei den ausgewählten Sensoren geachtet werden, wenn eine Kleinsteuerung für 230 V verwendet wird?

8. Ergänzen Sie im Anschlussplan **(Bild)** die Betriebsmittel entsprechend der Zuordnung in der **Tabelle**.

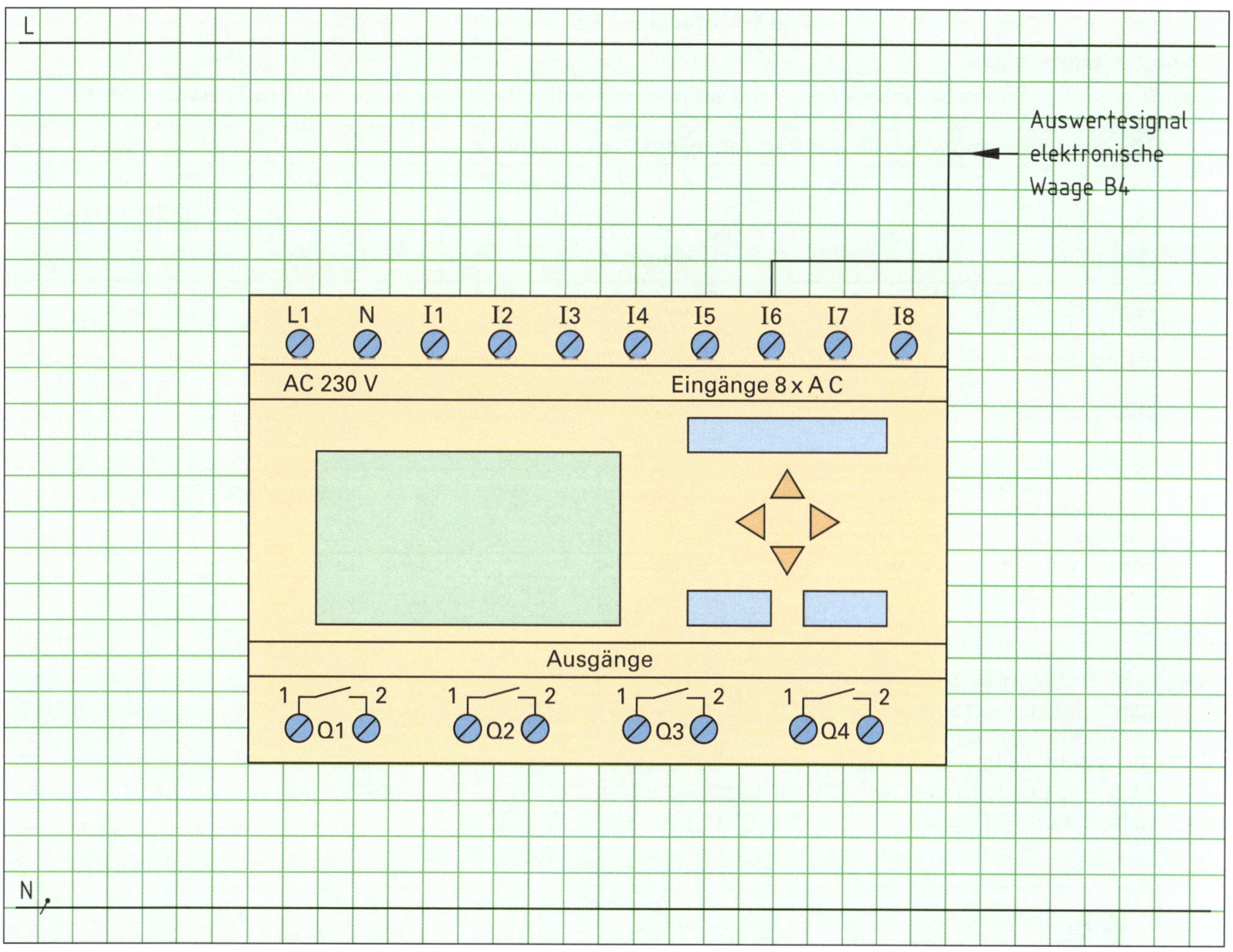

Bild: Anschlussplan

Arbeitsauftrag 2: Steuerung programmieren

Um die Steuerung übersichtlich zu programmieren, arbeiten Sie die Forderungen aus dem Pflichtenheft in Teilschritten ab. Programmieren Sie die Teilaufgaben (Entwicklungsschritte) und testen Sie die Teilfunktion aus.
Den im jeweiligen Entwicklungsschritt entstehenden Funktionsplan können Sie dann als **Bild** dokumentieren.

Allgemeine Hinweise zur Programmentwicklung

- Prüfen Sie in jedem Teilschritt die Richtigkeit der jeweils neu ergänzten Funktionserweiterung durch Simulation.
- Speichern Sie jeden Entwicklungsschritt getrennt ab.

1. **Entwicklungsschritt 1**

   Erstellen Sie in **Bild 1** den Funktionsplan mithilfe eines Selbsthalterelais für die Bedingung: Induktiver Näherungsschalter B1 und Starttaster S1 starten das Förderband über Q1.

> Beachten Sie die notwendige Speicherfunktion.
> In der SPS kennt man nur zwei Speicherfunktionen:
> - vorrangig setzend
> - vorrangig rücksetzend

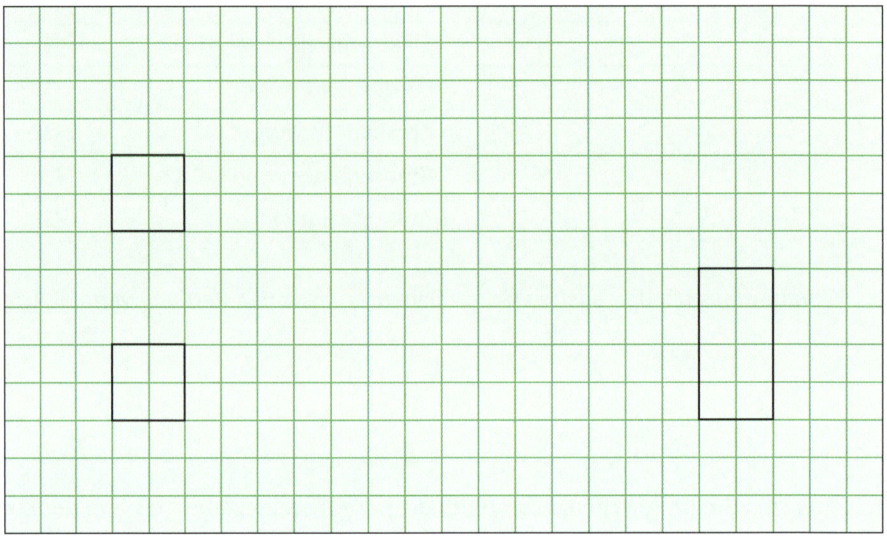

Bild 1: Ansteuerung Förderband

2. **Entwicklungsschritt 2**

   a) Stellen Sie mithilfe der **Tabelle** fest, unter welchen Füllbedingungen das Förderband rückzusetzen ist.

Tabelle: Füllbedingungen für das Rücksetzen des Förderbandes

Bandüberwachung	Ausgangssignal B2	Füllgewicht erreicht	Ausgangssignal B4	Rücksetzen Förderband
Band leer		Wagen leer		
Band voll		Wagen leer		
Band leer		Wagen voll		
Band voll		Wagen voll		

   b) Werten Sie das Ergebnis für das Rücksetzen des Förderbandes aus. Welcher logischen Grundfunktion entspricht dies?

   c) Erstellen Sie in **Bild 2** den dazu gehörenden Funktionsplan, der zusätzlich zur Ansteuerung des Förderbandes auch die Rücksetzbedingung des Förderbandes berücksichtigt.

> Beachten Sie beim Programmieren die Signalzustände der Sensoren (**Tabelle**).

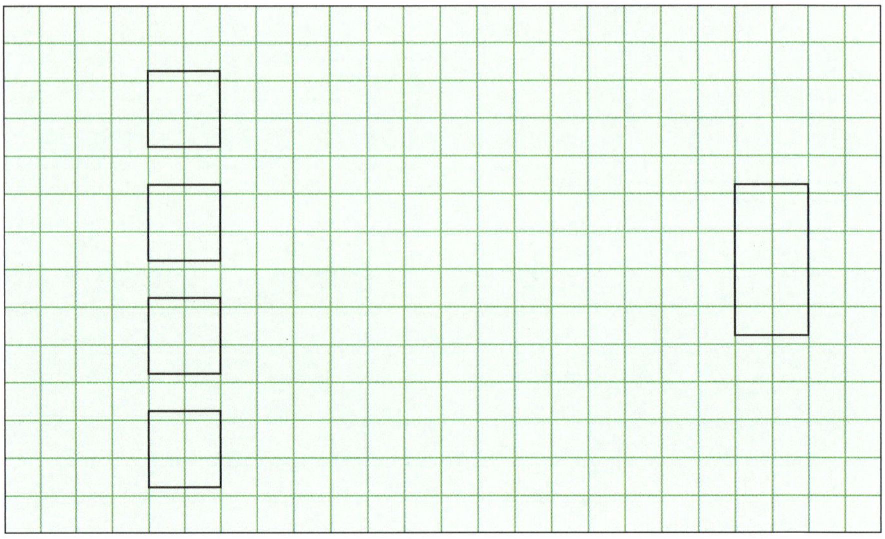

Bild 2: Ansteuerung Förderband mit Reset

3. Entwicklungsschritt 3

Erweitern Sie in **Bild 1** den Funktionsplan aus Aufgabe 2 um den verzögerten Start des Zerkleinerers über Q2.

Einschaltverzögerung Darstellung in LOGO!

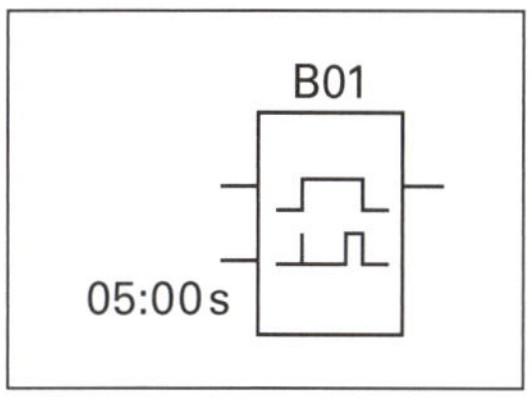

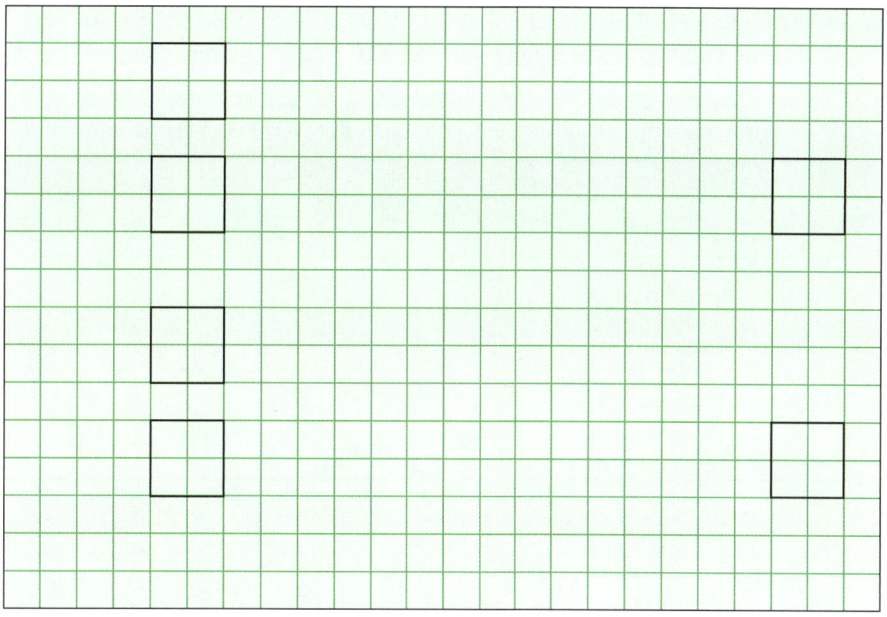

Bild 1: Verzögertes Einschalten des Zerkleinerers

4. Entwicklungsschritt 4

a) Unter welchen Bedingungen muss der Zerkleinerer gestoppt werden?

b) Welche Signale liefern die beiden Sensoren B3 und B4 bei der Stoppbedingung für den Zerkleinerer?

c) Ergänzen Sie in **Bild 2** den Funktionsplan mit der Rücksetzmöglichkeit für den Zerkleinerer.

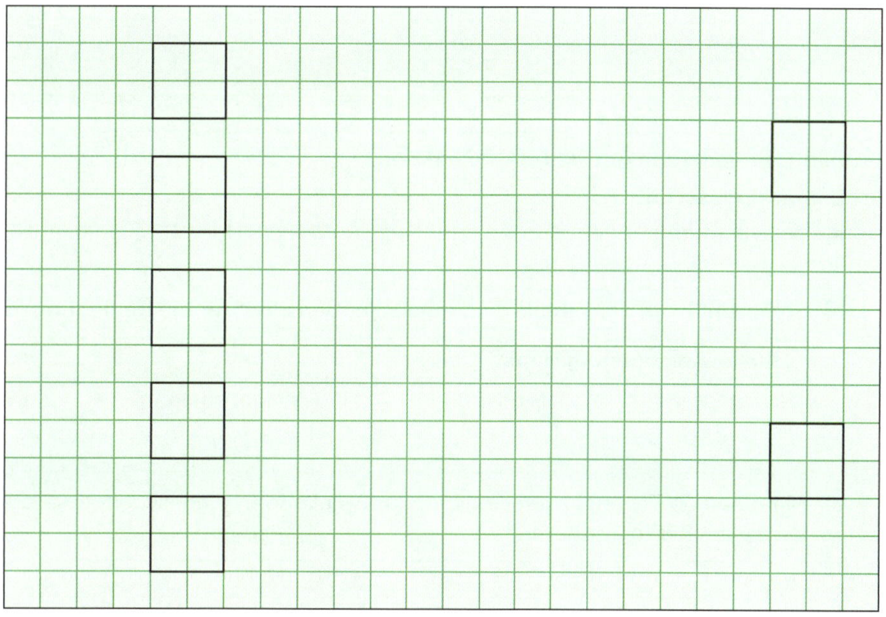

Bild 2: Stoppen des Zerkleinerers bei Füllbedingungen

5. Entwicklungsschritt 5

a) Wie ist die Schaltung aus **Bild 2** zu erweitern, damit bei maximalem Füllstand der Zerkleinerer und das Förderband folgerichtig ausgeschaltet werden (Überlaufsicherung)?

b) Ergänzen Sie in **Bild 3** die Schaltung mit der Überlaufsicherung.

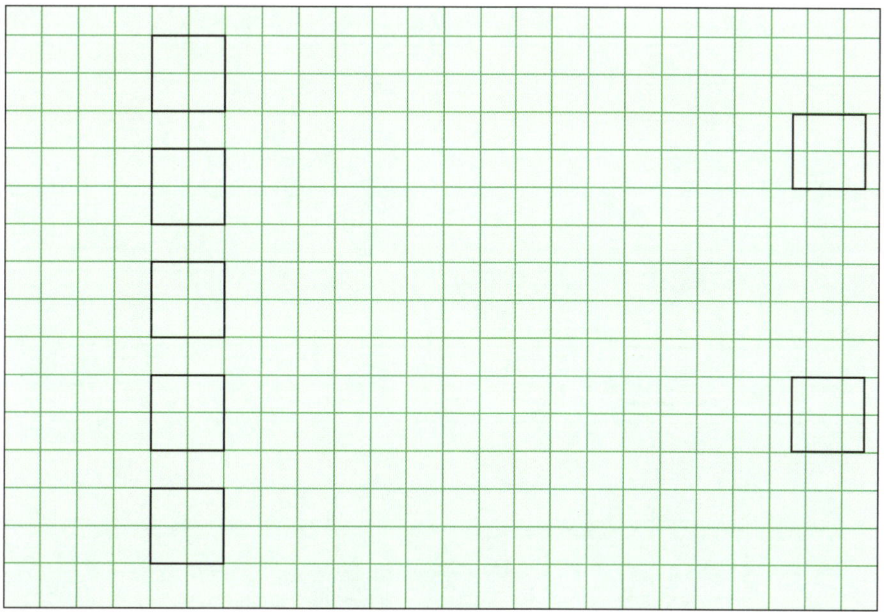

Bild 3: Berücksichtigung der Überlaufsicherung

6. Entwicklungsschritt 6

a) Welche Folgen hat die Betätigung des NOT-HALT-Schalters?

b) Ergänzen Sie die Schaltung einschließlich der NOT-HALT-Funktion in **Bild 1.**

Bild 1: Erweiterung um NOT-HALT-Funktion

7. Entwicklungsschritt 7

a) Welche Bedingungen müssen erfüllt sein, damit die Hupe P2 Signal gibt?

b) Ergänzen Sie in der **Tabelle** die Signale der Sensoren für die Bedingung, dass die Hupe ertönt.

Tabelle: Ansteuerung Hupe				
Bandzustand	Signal B2	Wagenzustand	Sensor B4	Ansteuerung Hupe
leer		voll		1

c) Mit einem Wischrelais soll die Hupe für 3 Sekunden eingeschaltet werden. Zeichnen Sie den vollständigen Funktionsplan in **Bild 2.**

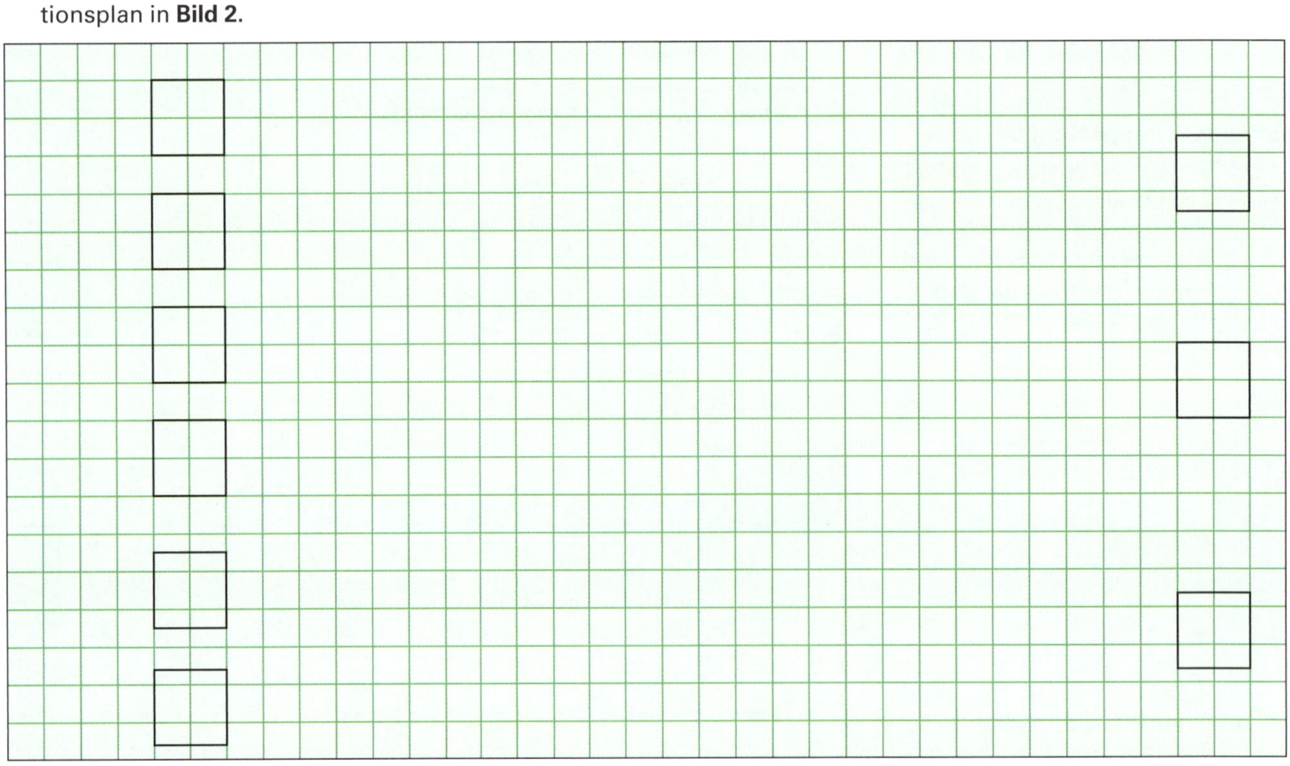

Bild 2: Erweiterung mit Wischrelais für Hupe

Arbeitsauftrag 3: Fehlersuche und defekte Baugruppen austauschen

1. Das Förderband steht infolge eines Motorschadens von Motor M1 still. Wird durch die vorhandene Steuerung auch der Zerkleinerer gestoppt? Begründen Sie Ihre Entscheidung.

2. Werden Förderband und Zerkleinerer gestoppt, wenn der Lkw während des Aufladevorgangs davonfährt? Begründen Sie Ihre Entscheidung.

3. Die installierte Hupe ist ausgefallen. Im Herstellerkatalog haben Sie einige Hupen **(Bild)** zur Auswahl.

a) Sind die Hupen für die Benutzung im Freien geeignet? Begründen Sie Ihre Antwort.

b) Für welche Spannungsart und Spannungshöhe muss die auszuwählende Hupe geeignet sein?

c) Welche Aussage machen die Angaben 83 dB bzw. 92 dB im Datenblatt der Hupe? Geben Sie zum Vergleich die entsprechenden Werte einer Ihnen schon bekannten Schallquelle an.

d) Geben Sie die Bestellnummer der von Ihnen ausgewählten Hupe an.

e) Wie muss die Hupe an der Anlage ausgerichtet werden?

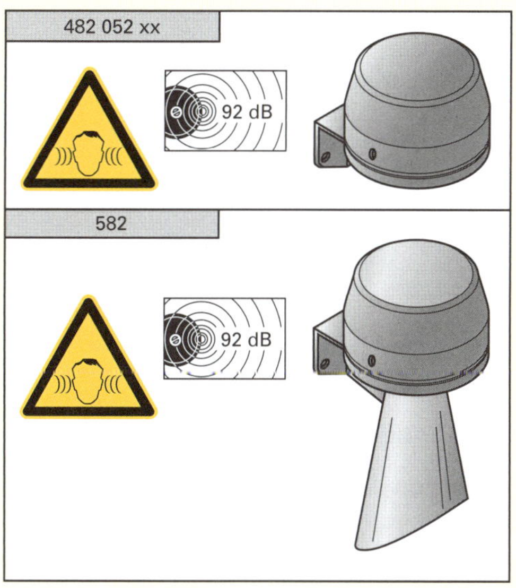

Übersicht Hupen	
Bestellnummer	**Technische Daten**
582 052 54	92 dB,12 V=, 150 mA
582 052 55	92 dB, 24 V=, 70 mA
582 052 65	92 dB, 24 V~, 190 mA
582 052 66	92 dB, 42 V~, 75 mA
582 052 67	92 dB, 115 V~, 15 mA
582 052 68	92 dB, 230 V~, 15 mA
482 052 54	92 dB, 12 V=, 150 mA
482 052 55	92 dB, 24 V=, 70 mA
482 052 65	92 dB, 24 V~, 190 mA
482 052 66	92 dB, 42 V~, 75 mA
482 052 67	92 dB, 115 V~, 15 mA
482 052 68	92 dB, 230 V~, 15 mA
482 347 13	83 dB, 6 V~, 80 mA
482 347 14	83 dB, 12 V~, 130 mA

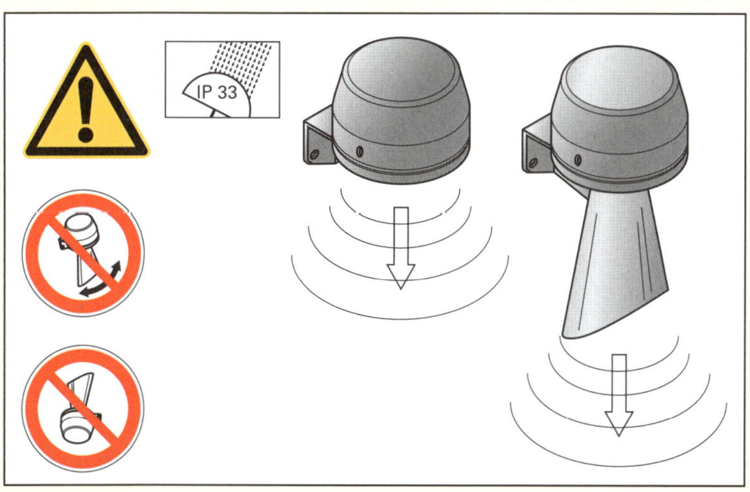

Signalhupe WM Dauerton	
Bestellnummer:	582.052.68
Anschluss:	Schraubklemme mit Drahtschutz max. 1,5 mm² eindrähtig max. 2,5 mm² eindrähtig
Befestigung:	Winkelmontage
Kabeleinführung:	Durchgangsloch, Kabeldurchmesser max. 9 mm
Maß in mm:	ø70 x 170
Schutzart:	IP 33
Spannung:	230 V
Spannungsart:	AC
Stromaufnahme:	15 mA
Temperaturbereich:	–20 °C ... +60 °C
Tonart:	Dauerton
Gehäusewerkstoff:	ABS

Bild: Herstellerunterlagen zu Hupen

Testen Sie Ihre Fachkompetenz

Der Bauhofleiter wünscht die Scharfschaltung der Alarmanlage auf dem Bauhof auf 20 Uhr vorzuverlegen sowie die Hofbeleuchtung E2 durch einen Strahler mit 2000 W zu ersetzen. Folgende Unterlagen zur Anlage finden Sie beim Kunden vor **(Bild)**. Machen Sie sich zuerst mit der Anlage vertraut.

Anschlussplan

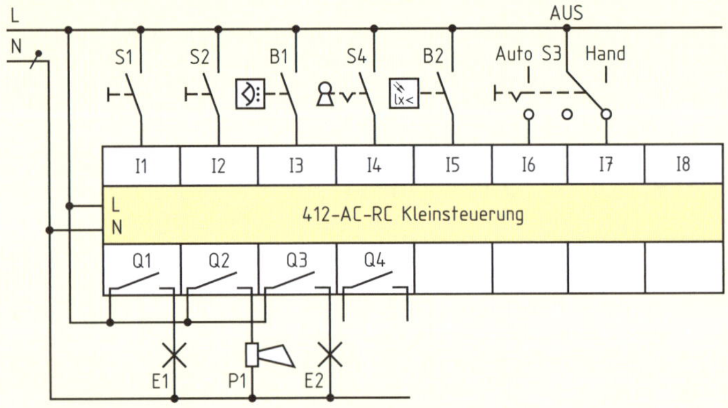

Technische Daten der Kleinsteuerung

	412-AC-R	412-AC-RC	412-DC-R
Eingänge	8 (230 V AC)	8 (230 V AC)	8 (24 V DC)
2 Eingänge als Analogeingänge nutzbar			0-10 V
Vorsorgungsspannung	115/230 V AC	115/230 V AC	24 V DC
Ausgänge	4 Relais	4 Relais	4 Relais
Echtzeituhr		Ja	
Verlustleistung	typ. 3 W	typ. 3 W	typ. 2 W
Dauerstrom		8 A bei ohmscher Last 3A bei induktiver Last	

Programm der Alarm -und Beleuchtungsanlage

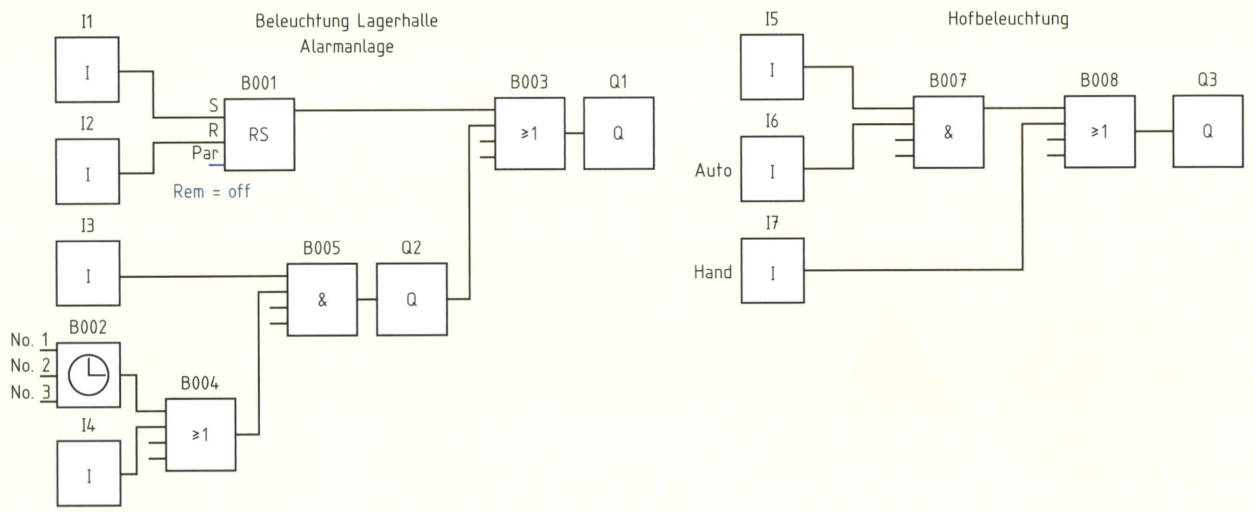

Bild: Informationen zur Beleuchtungsanlage

1. Benennen Sie die die Baugruppen B1 und B2.

B1: ____________________ B2: ____________________

2. Unter welcher Bedingung gibt die Hupe P1 Alarmsignal?

3. Unter welchen Bedingungen leuchtet die Hofbeleuchtung E2?

4. Unter welchen Bedingungen leuchtet die Hallenbeleuchtung E1?

5. Ist ein Austausch des Halogenstrahlers mit der verwendeten Kleinsteuerung möglich? Begründen Sie Ihren Lösungsvorschlag.

Lernsituation: Eignung eines Antriebsmotors feststellen

Auf Baustellen werden häufig Schrägaufzüge **(Bild 1)** eingesetzt. Sie dienen z.B. beim Eindecken von Dächern zum Transportieren der Dachziegel (Dachdeckeraufzug).

Nachdem Ihr Ausbildungsbetrieb den Auftrag zur Reparatur des Schrägaufzugs der Firma Dachdicht erhalten hat, bekommen Sie von Ihrem Meister den Auftrag, den defekten Motor des Aufzugs zu untersuchen und bei Bedarf einen geeigneten Ersatzmotor zum Austausch zu bestellen.

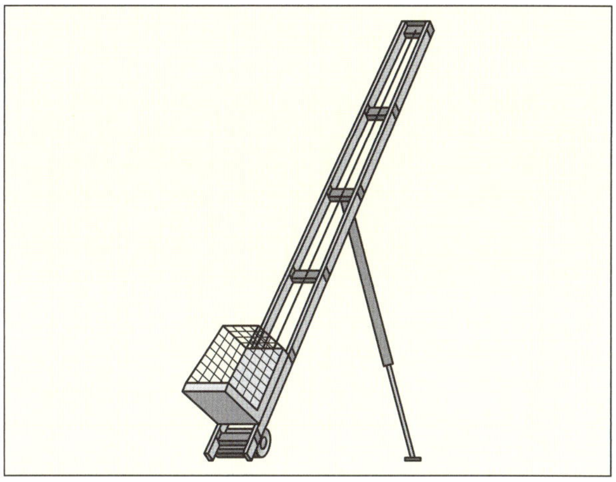

Bild 1: Schrägaufzug

Auftragsanalyse

Zu Beginn Ihrer Arbeit besichtigen Sie den Schrägaufzug und informieren sich über seine Funktion: Ein Förderschlitten wird über eine Seilwinde, Getriebe und Elektromotor angetrieben. Der Schlitten bewegt sich auf Schienen, die je nach Förderhöhe in ihrer Schrägstellung verstellbar sind. Die Steuerung wird über Taster betrieben und ermöglicht die Funktionen „Halt", „Heben" und „Senken". Zur Steuerung gehören auch zwei Motorschutzschalter. Weiterhin stellen Sie fest:

- Die Stromversorgung erfolgt über eine CEE-Kragensteckvorrichtung.
- Die Aufwärtsbewegung erfolgt mit einer niedrigeren Geschwindigkeit als die Abwärtsbewegung.
- Auf- und Abwärtsbewegung werden in der jeweiligen Endstellung durch Endschalter gestoppt.
- Der Motor ist waagerecht am Getriebekasten angeflanscht.
- Die Bemessungswerte des Motors können seinem Leistungsschild **(Bild 2)** entnommen werden.

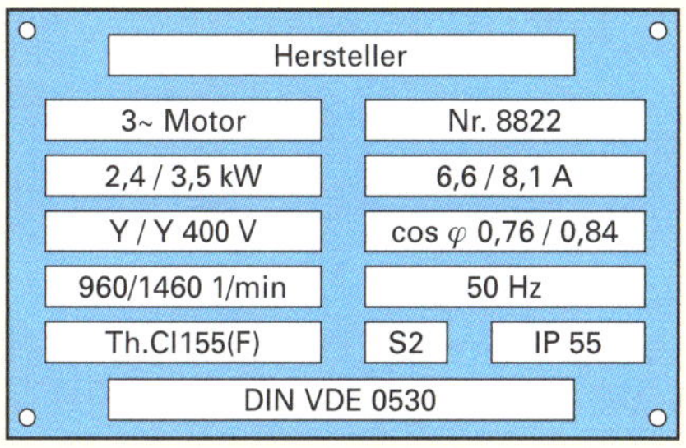

Bild 2: Leistungsschild des Motors

Nachdem durch Besichtigen keine mechanischen Mängel erkennbar sind, wollen Sie sich vergewissern, ob tatsächlich der Antriebsmotor des Schrägaufzugs defekt ist. Beim Einschaltversuch „Heben" löst ein Motorschutzschalter sofort aus. Nach dem Abklemmen des Motors am Klemmbrett können Sie durch Messen feststellen, dass alle Steuerfunktionen fehlerfrei arbeiten.

Arbeitsauftrag 1: Fehlerursache erkunden

Bereits beim Öffnen des Motorklemmbretts stellen Sie fest, dass der Motor mit einer dicken Schicht von Bauschmutz überdeckt ist. Nach einer Grobreinigung bauen Sie den Motor aus, um in der Werkstatt die Angaben auf dem Klemmbrett auszuwerten und die Fehlerursache zu erkunden.

Nach DIN 1304 wird die Drehzahl mit Umdrehungsfrequenz bezeichnet.

1. Welche Angaben bezüglich

a) der Wicklung und

b) der Umdrehungsfrequenz sind dem Leistungsschild entnehmbar?

2. Warum sind zwei Umdrehungsfrequenzen auf dem Leistungsschild angegeben?

3. Ordnen Sie beide Umdrehungsfrequenzen der jeweiligen Funktion zu.

Drehfrequenz für „Heben": ______ für „Senken": ______

4. Welche Motorart wird für den Schrägaufzug eingesetzt?

5. Begründen Sie, weshalb die beiden Wicklungen unterschiedliche Umdrehungsfrequenzen liefern.

6. Im **Bild 1** sind die Wicklungsanschlüsse am Motorklemmbrett des polumschaltbaren Motors dargestellt. Ordnen Sie hohe und niedere Umdrehungsfrequenz (Drehzahl) dem jeweiligen Anschluss zu.

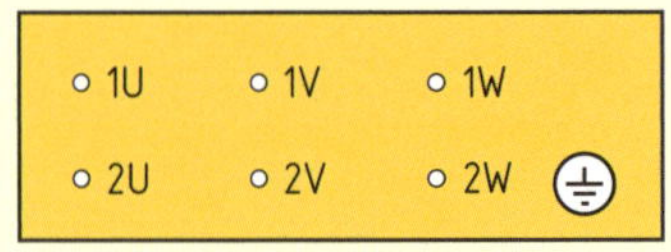

Bild 1: Motorklemmbrett

7. Erklären Sie, warum der Motor über zwei Motorschutzschalter angeschlossen wird.

Da Sie wissen möchten, warum bei Ihrem Einschaltversuch ein Motorschutzschalter ausgelöst hat, bitten Sie den Gesellen, mit Ihnen den Isolationswiderstand zu messen.

8. Welche Bedingung muss der Widerstandsmesser erfüllen, um den Isolationswiderstand zu messen?

9. Zur Messung des Isolationswiderstandes **(Bild 2)** legen Sie zuerst die Messspitze 1 des Isolationsmessgerätes an das Motorgehäuse (PE-Anschluss). Beschreiben Sie, welche Messpunkte Sie nun mit der Messspitze 2 abstasten.

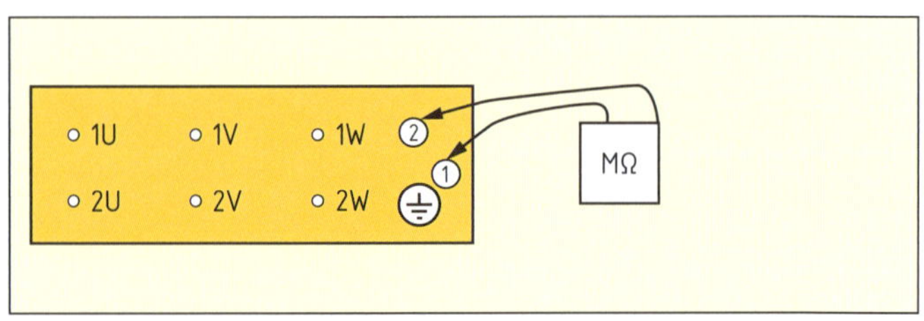

Bild 2: Isolationswiderstandsmessung am Klemmbrett

10. **Bild 3** zeigt die Messwerte der Isolationswiderstandsmessung. Nennen Sie

a) den Fehlerfall und

b) die defekte Motorwicklung.

a)

b)

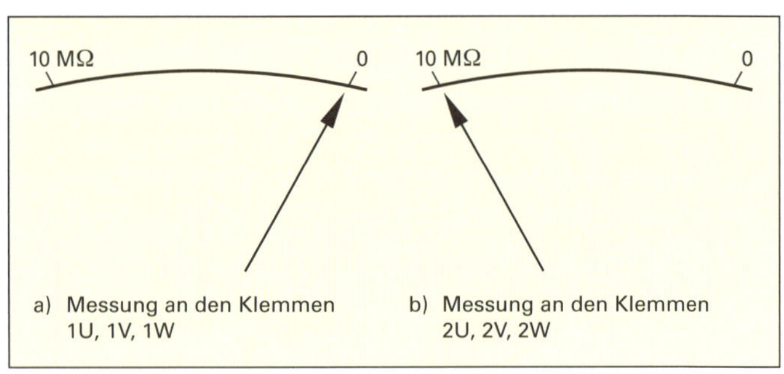

Bild 3: Isolationswiderstandsmessung

11. Erklären Sie, warum es Ihrer Meinung nach trotz vorhandener Motorschutzschalter zu diesem Wicklungsschaden kommen konnte.

Arbeitsauftrag 2: Angaben auf dem Leistungsschild auswerten

Zur Bestimmung eines geeigneten Tauschmotors geben die Angaben auf dem Leistungsschild des defekten Motors wertvolle Hinweise, da der Tauschmotor in der Regel gleiche Bauform mit möglichst gleichen Betriebseigenschaften haben soll.

1. Leiten Sie aus den Angaben zur Umdrehungsfrequenz auf dem Leistungsschild die synchronen Drehfrequenzen n_s der beiden Wicklungen ab.

2. Bestimmen Sie mithilfe der synchronen Umdrehungszahlen die Polpaarzahl p_1 und p_2 von beiden Wicklungen.

a) Wicklung mit niederer Umdrehungsfrequenz	b) Wicklung mit höherer Umdrehungsfrequenz

3. Bestimmen Sie für beide Wicklungen den Schlupf s_1 und s_2 bei Nennbetrieb.

a) Wicklung mit niederer Umdrehungsfrequenz	b) Wicklung mit höherer Umdrehungsfrequenz

4. Polumschaltbare Motoren für zwei Umdrehungszahlen werden preiswerter mit unterteilter Wicklung in Dahlanderschaltung hergestellt. Warum kann in diesem Fall kein Motor mit Dahlanderschaltung verwendet werden?

5. Womit wird auf dem Leistungsschild **(Bild 2, Seite 103)**

a) die Betriebsart gekennzeichnet und **b)** welche Bedeutung hat dieses Kurzzeichen?

a)

b)

6. **a)** Warum ist die Angabe S2 von Aufgabe 5a) unvollständig?

b) Geben Sie ein Beispiel für die vollständige Bezeichnung an.

a)

b)

7. **a)** Erläutern Sie die auf dem Leistungsschild **(Bild 2, Seite 103)** gekennzeichnete Schutzart und

b) schätzen Sie danach ein, ob der Motor für den Antrieb des Schrägaufzuges verwendet werden darf.

a) IP:

1. Ziffer:

2. Ziffer:

b)

8. Der Antrieb der Seilwinde erfordert im Hubbetrieb ein Motordrehmoment von 20 Nm und für den Rücklauf ein Drehmoment von 12 Nm. Überprüfen Sie durch Rechnung die Bemessungsdrehmomente für den sicheren Einsatz des Motors.

Hubbetrieb niedrige Umdrehungsfrequenz:

Rücklauf hohe Umdrehungsfrequenz:

9. Fassen Sie Ihre Erkenntnisse über das Betriebsverhalten polumschaltbarer Motoren mit getrennten Wicklungen zusammen.

a) Wie verhalten sich Umdrehungsfrequenz und Leistung zueinander?

b) Wie verhält sich das Drehmoment beim Umschalten von der höheren in die niedere Umdrehungsfrequenz?

a)

b)

Arbeitsauftrag 3: Betriebssicherheit nach Motoraustausch erhöhen

Der gegebene Motorschaden ist nach Ihrer Feststellung durch thermische Überlastung verursacht worden, die vom Motorschutzschalter nicht erfasst wurde. Sie wollen dem Kunden einen umfassenderen Motorschutz anbieten.

1. Welcher Motorschutz schützt Motoren auch vor überhöhter Temperatur, die nicht durch Überlast auftritt? Notieren Sie den Namen unter dem **Bild.**

2. Welche Art von Thermistoren wird beim Motorschutz **(Bild)** verwendet?

3. Wo werden die drei Temperaturfühler in den Motor eingebaut?

4. Untersuchen Sie mithilfe des **Bildes,** wie sich eine unzulässige Erwärmung des Motors auf die Motorsteuerung auswirkt.

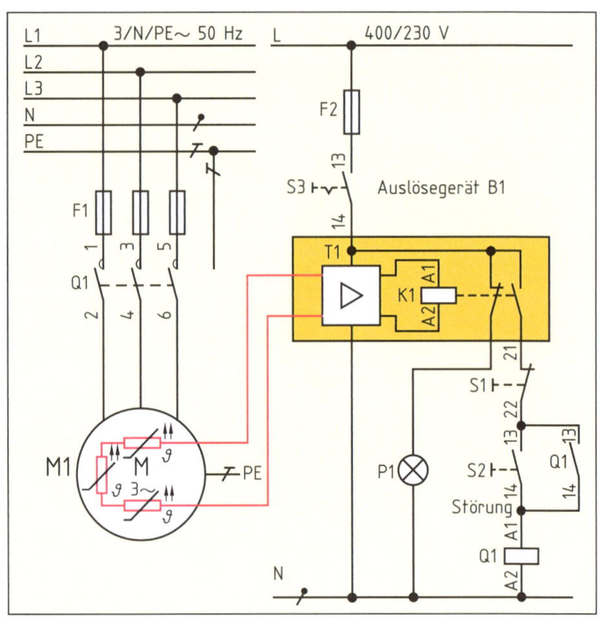

Bild:

5. Wodurch wird die Ansprechtemperatur, die zur Auslösung des Motorschutzes führt, festgelegt?

6. Warum eignet sich der Motorschutz mit Kaltleitern besonders bei polumschaltbaren Motoren?

Testen Sie Ihre Fachkompetenz

Beantworten Sie die folgenden Fragen, indem Sie die beiden Leistungsschilder **(Bild 1 und Bild 2)** auswerten.

1. Durch welche Arten von Wicklungen wird das Ändern der Polpaarzahlen erreicht? Ergänzen Sie die Bildunterschriften **(Bild 1 und Bild 2)** durch die jeweilige Maßnahme.
2. Ergänzen Sie in den **Bildern 3 und 4** die erforderlichen Anschlüsse für die niedere Umdrehungsfrequenz.
3. Ergänzen Sie in den **Bildern 5 und 6** die erforderlichen Anschlüsse für die höhere Umdrehungsfrequenz.
4. Erläutern Sie folgende Kennzeichnungen.

   Δ/YY 400 V: ______________________

   Y/Y 400 V: ______________________

   Th.Cl.130: ______________________

5. Welchen Polpaarzahlen und synchronen Umdrehungsfrequenzen entsprechen die Motordrehfrequenzen:

Drehfrequenz des Motors in 1/min	Polpaarzahl	Synchrone Drehzahl in 1/min
1450		
2920		
960		
1460		

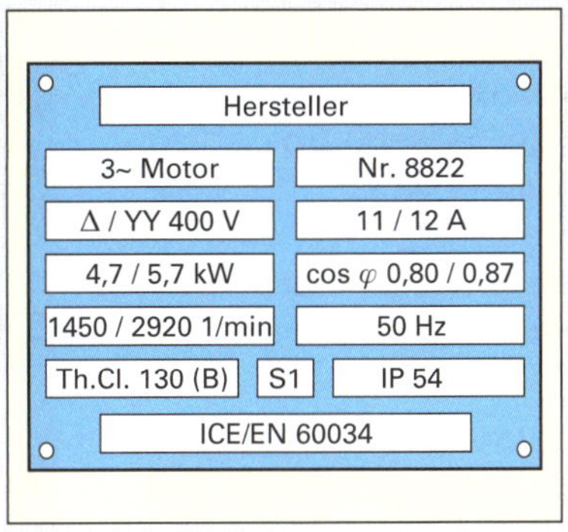

Bild 1: Polumschaltbarer Motor mit ______________________

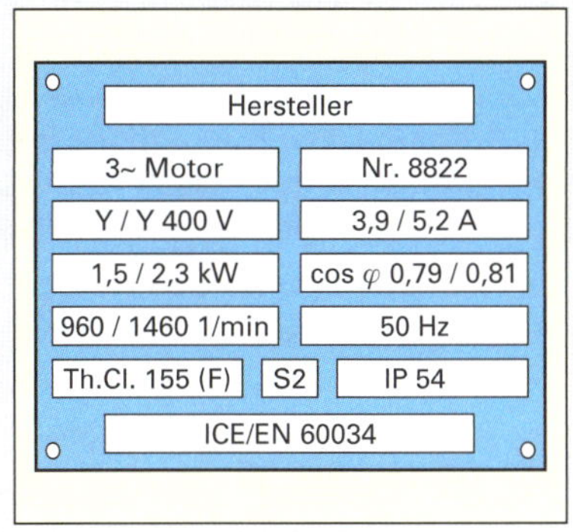

Bild 2: Polumschaltbarer Motor mit ______________________

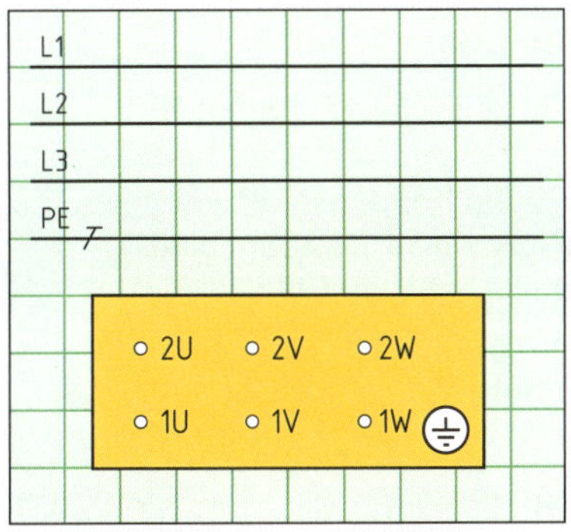

Bild 3: Niedrige Umdrehungsfrequenz

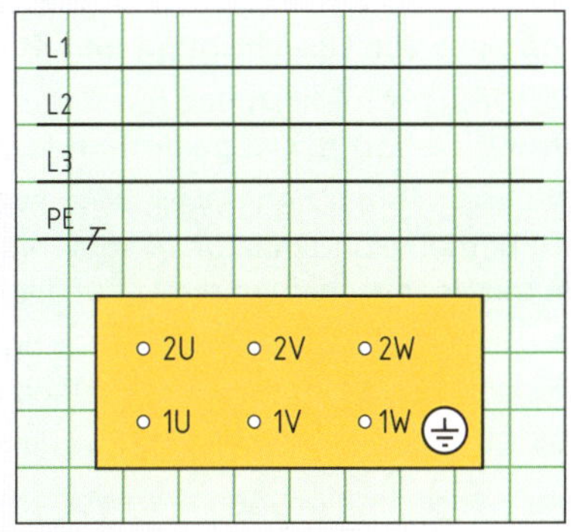

Bild 4: Niedrige Umdrehungfrequenz

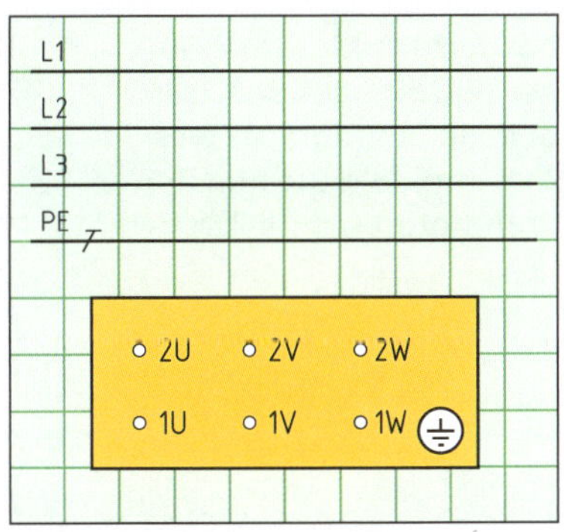

Bild 5: Höhere Umdrehungfrequenz

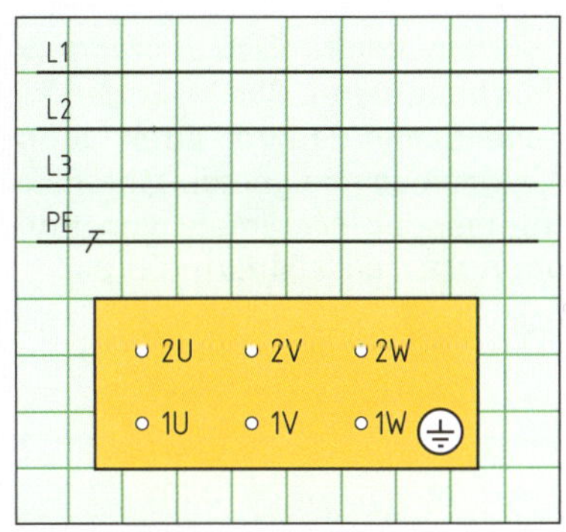

Bild 6: Höhere Umdrehungfrequenz

6. Bei welcher Schaltung erreichen **a)** der polumschaltbare Motor mit Dahlanderwicklung und **b)** der polumschaltbare Motor mit getrennten Wicklungen ihre größte Leistung?

   ____

7. Bei welcher Schaltung erreichen **a)** der polumschaltbare Motor mit Dahlanderwicklung und **b)** der polumschaltbare Motor mit getrennten Wicklungen ihr größtes Drehmoment?

   ____

8. Welche Nachteile haben polumschaltbare Motoren mit getrennten Wicklungen gegenüber Dahlandermotoren?

   ____

Lernsituation: Antriebsmotor einer Kreissäge austauschen

In einer Zimmerei wurden die elektrische Anlage und die ortsfesten Betriebsmittel einer Wiederholungsprüfung nach DGUV (Deutsche Gesetzliche Unfallversicherung, elektrische Anlagen und Betriebsmittel) unterzogen. Aufgrund des Prüfergebnisses erfolgte eine teilweise Erneuerung der Elektroinstallation. Noch vorhandene Wechselstrom-Anschlussleitungen wurden hierbei durch Drehstromanschlüsse ersetzt.

Ihr Betrieb erhält daher den Auftrag, den Wechselstrommotor einer älteren Kreissäge **(Bild 1)** durch einen Drehstrommotor zu ersetzen.

Bild 1: Kreissäge

Auftragsanalyse

Besichtigung und Kundengespräch sind Voraussetzung zur Auftragsanalyse und Arbeitsplanung. Hierbei werden z.B. technischen Vorgaben und Kundenwünsche, der voraussichtliche Material- und Arbeitsaufwand sowie der Zeitpunkt der Auftragsausführung geklärt.

Ergebnisse von Besichtigung und Kundengespräch:

- Ein Drehstromanschluss mit der Leitung NYM-J 5×2,5 mm² Cu ist am Aufstellort der Säge vorhanden.
- Der noch vorhandene Wechselstrommotor ist ein Kondensatormotor mit Betriebskondensator, ausgeführt in Flachbauweise. Das Sägeblatt ist mit Spannscheiben direkt auf der Motorwelle befestigt **(Bild 2)**.
- Der neue Drehstrommotor soll möglichst die gleichen Bemessungswerte und Einbaumaße wie der Wechselstrommotor aufweisen.
- Die Motorsteuerung ist zu erneuern.
- Der Kunde legt großen Wert auf Arbeitssicherheit.

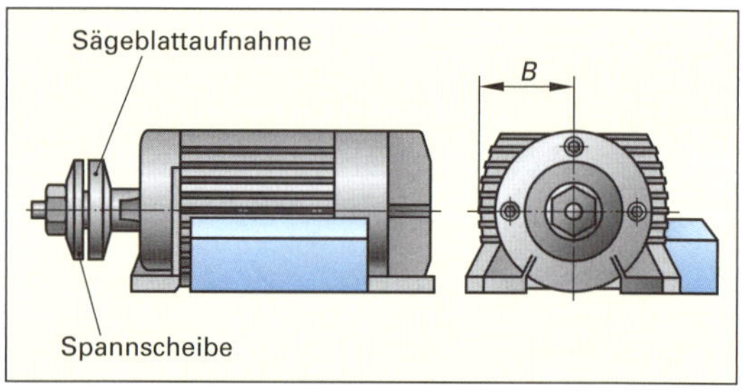

Bild 2: Kreissägemotor in Flachbauweise

Arbeitsauftrag 1: Merkmale der Kreissägenmotoren ermitteln

Der vorhandene Kreissägenmotor hat ein abgeflachtes Motorgehäuse (Flachbaumotor, **Bild 2**). Er benötigt eine geringe Einbauhöhe. Das Sägeblatt kann dadurch direkt auf der Motorwelle aufgebracht werden. Um einen geeigneten Motor auszuwählen, ermitteln Sie nun die nachfolgenden Merkmale von Kondensatorenmotoren und Drehstrom-Kurzschlussläufermotoren.

Fachkunde Elektrotechnik,
Kapitel: Motoren und Generatoren

1. Wie ist ein Kondensatormotor **(Bild 3 und Bild 4)** aufgebaut?

Bild 3: Kondensatormotor

2. a) Wie ist der Betriebskondensator C_B **(Bild 4)** bei Kondensatormotoren geschaltet und

b) welche Funktion hat der Betriebskondensator?

a)

b)

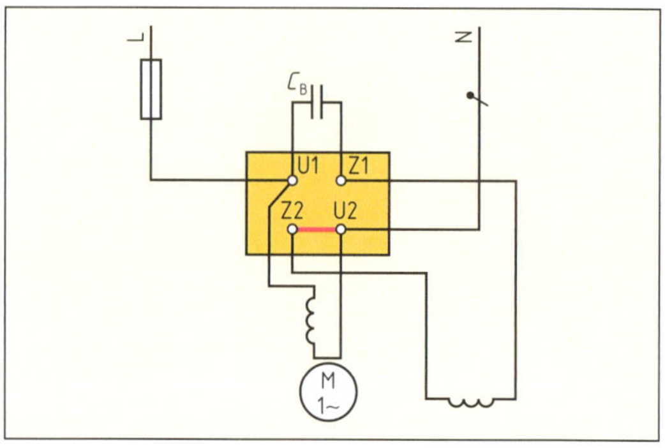

Bild 4: Schaltung des Kondensatormotors (Rechtslauf)

3. Welche Aussagen über Anzugsmoment und Hochlauf lassen sich bei Motoren mit Betriebskondensator machen?

4. Welche Vorteile bietet ein Drehstrom-Kurzschlussläufermotor gegenüber dem Kondensatormotor?

Arbeitsauftrag 2: Motorschutz und Arbeitssicherheit gewährleisten

Neben dem Motorschutz benötigen stationäre Kreissägen auch einen Wiederanlaufschutz. Machen Sie sich mit den Eigenschaften von Motorschutzschaltern vertraut und untersuchen Sie die Eignung von Unterspannungsauslösern und Schützsteuerungen als Wiederanlaufschutz.

1. Wie funktioniert ein Motorschutzschalter **(Bild)**, der den Motor gegen Überlast und Kurzschluss schützt?

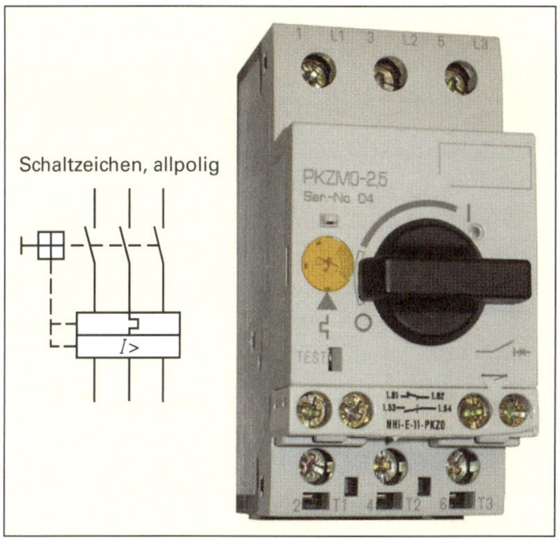

Bild: Motorschutzschalter mit Schaltzeichen

2. Warum haben Motorschutzschalter eine sogenannte Freiauslösung?

3. Erklären Sie dem Kunden die Aufgabe und die Funktion des Unterspannungsauslösers.

4. Warum kann die Verwendung eines Motorschutzschalters ohne Unterspannungsauslöser bei Sägen eine Unfallgefahr darstellen?

5. Besteht auch ein Schutz gegen selbstständigen Wiederanlauf bei Spannungsrückkehr, wenn der Motor mittels Selbsthalte-Schützschaltung **(Bild 1)** geschaltet wird? Begründen Sie Ihre Antwort.

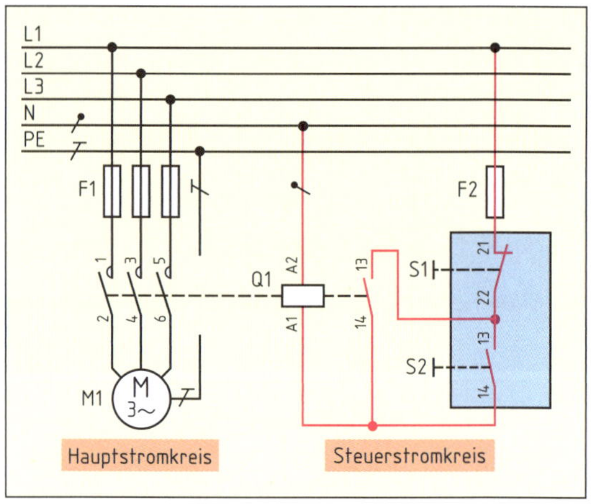

Bild 1: Selbsthalte-Schützschaltung

Auftragsplanung

Der Planung werden nachfolgende Vorgaben zugrunde gelegt:

- Der vorhandene Kondensatormotor wird durch einen Drehstrom-Kurzschlussläufermotor ersetzt.
- Beim Motortausch ist auf gleiche Bauform und Achshöhe zu achten.
- Die Schnittgeschwindigkeit der Säge soll sich nicht wesentlich ändern.
- Die Motorsteuerung ist zu erneuern.

Sicherheitshinweise

Änderungen an Be- und Verarbeitungsmaschinen dürfen die Sicherheit nicht beeinträchtigen!

Beachten Sie:

- EN 60204-1: Elektrische Ausrüstung von Maschinen.
- EN 1870: Produktnormen Kreissägen.
- Vom Hersteller vorgeschriebene Betriebs-, Wartungs- und Instandsetzungsbedingungen.
- Unfallverhütungsvorschriften und
- Arbeitssicherheitshinweise, z.B. des Herstellers.

Arbeitsauftrag 3: Einen neuen Motor auswählen

Für die Auswahl des neuen Drehstrommotors sind die folgenden Merkmale des noch vorhandenen Antriebs zu beachten:

- Kennwerte des Motorleistungsschildes **(Bild 2)**,
- Flachbaumotor, in Bauform IM B3 auf Motorgrundplatte unter dem Sägetisch montiert, gemessene Achshöhe 66 mm.
- Für die Säge geeignet sind Motoren im Leistungsbereich P_{2N} = 2 kW bis 3 kW.

Motoren für Kreissägen werden als Flachbaumotoren hergestellt, um die Achshöhe zu verringern. Bei Baugröße 80 auf z.B. 66 mm

1. a) Wählen Sie aus dem **Datenblatt, Seite 230** den geeigneten Drehstrommotor aus und

b) begründen Sie Ihre Auswahl.

a) Typ:

Bauform:

b)

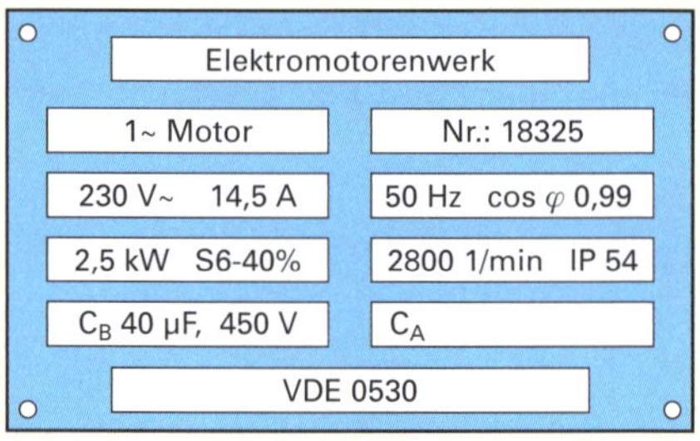

Bild 2: Leistungsschild des Kondensatormotors

2. a) Welche Merkmale hat die Betriebsart S6-40 % und

b) sind diese Merkmale beim Sägen zutreffend?

a)

b)

3. Berechnen Sie

a) das Bemessungsmoment und

b) das Kippmoment des ausgewählten Motors **(Datenblatt, Seite 230)**.

a)

b)

Leistung und Drehmoment

$$P_{abWelle} = P_{2N} = M_N \cdot 2 \cdot \pi \cdot n_N$$

P_{2N} Bemessungsleistung in W
M_N Bemessungsmoment in Nm
n_N Bemessungsdrehzahl in 1/s

$$P_{2kW} = \frac{M_N \cdot n_N}{9549}$$

P_{2kW} Bemessungsleistung in kW
mit $[n_N]$ = 1/min und $[M_N]$ = Nm

4. a) Bestimmen Sie den Motoranzugsstrom.

b) Ist nach den gültigen TAB eine Anzugsstrombegrenzung erforderlich?

a)

b)

Auf Anfrage teilt der Motorenhersteller mit, dass der Sägenmotor auch als Bremsmotor mit Federdruckbremse und elektromagnetischer Lüftung **(Bild 1)** lieferbar ist.

5. Informieren Sie sich, z.B. in Herstellerunterlagen, über Arten, Aufbau und Funktion von Bremsmotoren.

6. a) Was sind Bremsmotoren?

b) Begründen Sie, warum man Bremsmotoren zum Antrieb von Sägen verwendet?

a)

b)

Arbeitsauftrag 4: Geeigneten Motorschutzschalter auswählen

1. Ermitteln Sie den Bemessungsstrom und den Einstellbereich eines geeigneten Motorschutzschalters **(Datenblatt Seite 230)**.

2. Auf welche Stromstärke ist der Überlastauslöser des Motorschutzschalters einzustellen?

3. a) Stellen Sie fest, ob Vorsicherungen erforderlich sind **(Datenblatt, Seite 230)**.

b) Falls Vorsicherungen erforderlich sind, wählen Sie die notwendigen Sicherungseinsätze aus.

a)

b)

4. Durch Überlastung fließt ein Motorstrom von 19 A.

a) Ermitteln Sie mithilfe der Auslösekennlinie **(Bild 2)** des Motorschutzschalters für diesen Überlaststrom die Auslösezeit und zeichnen Sie die Lösung in die Kennlinie **(Bild 2)** rot ein.

b) Welcher Auslöser bewirkt die Abschaltung des Motorschutzschalters?

a)

b)

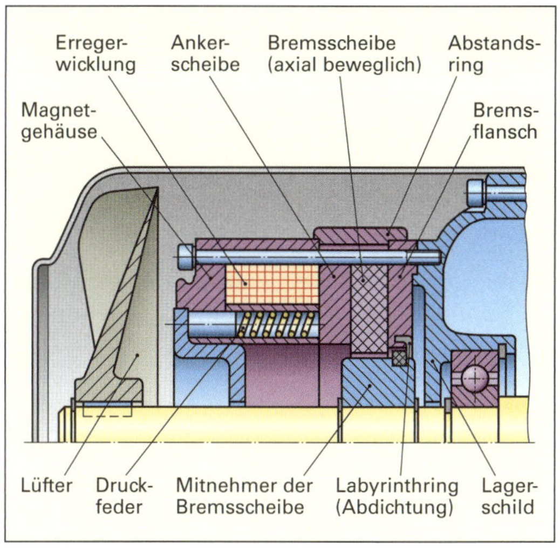

Bild 1: Bremsmotor mit elektromagnetischer Lüftung

Elektromagnetische Lüftung

Bei Bremsen mit elektromagnetischer Lüftung wird bei anliegender Motorspannung durch die Erregerwicklung die Ankerscheibe angezogen und die Bremse gelüftet (gelöst).

Bei Spannungsausfall wird die Ankerscheibe durch Druckfedern gegen die Bremsscheibe gedrückt und der Motor stillgesetzt.

Bremsmotoren: www.vem-group.com/produkte-dienstleistungen/niederspannung/bremsmotoren/produktinfo.html

Motorschutzschalter: www.eaton.de/EatonDE/ProdukteundLoesungen/Electrical/ProdukteDienstleistungen/AutomatisierenSteuern/MotorenschaltenSchuetzenAntreiben/Motorschutzschalter/index.htm

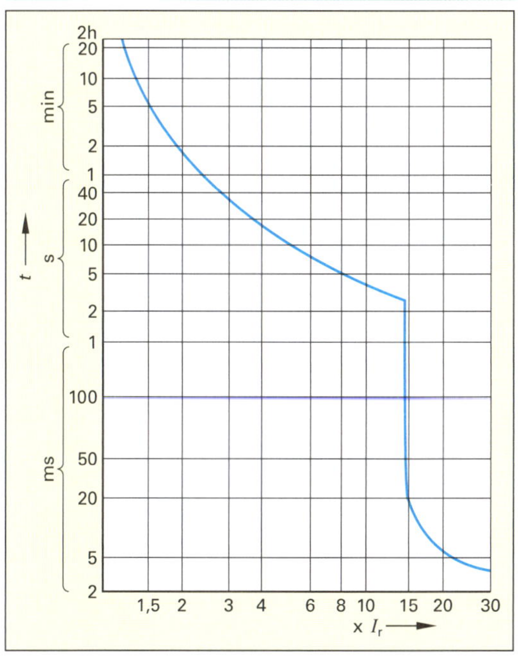

Bild 2: Auslösekennlinie des Motorschutzschalters

Arbeitsauftrag 5: Motorsteuerung planen

Obwohl eine Direkteinschaltung des ausgewählten Drehstrommotors zulässig wäre, soll eine Stern-Dreieck-Anlaufschaltung ausgewählt werden, damit keine störenden Spannungsschwankungen beim Einschalten der Kreissäge innerhalb des Betriebes auftreten.

1. Ihr Betrieb entscheidet sich für eine automatische Stern-Dreieck-Schützschaltung zum Anlassen des Drehstrommotors. Nennen Sie die Vorteile der vorgesehenen Schützsteuerung gegenüber einem Stern-Dreieck-Nockenschalter.

Es werden nachfolgende Festlegungen getroffen:

- Die Säge wird über einen Hauptschalter angeschlossen.
- Ein NOT-HALT-Taster wird im Steuerstromkreis eingebaut.
- Verwendet wird eine Stern-Dreieck-Schützschaltung mit automatischer Umschaltung mittels ansprechverzögerten Zeitrelais.
- Die Schaltung soll ein ruckartiges Anlaufen vermeiden und dient als Wiederanlaufschutz.
- Der Kreissägenmotor wird mit einer elektromagnetischen Bremse ausgestattet. Die Bremse ist herstellerseitig am Motorklemmbrett angeschlossen.

Zu klären sind noch folgende Fragen:

2. Ist ein Steuertransformator **(Bild)** erforderlich? Begründen Sie.

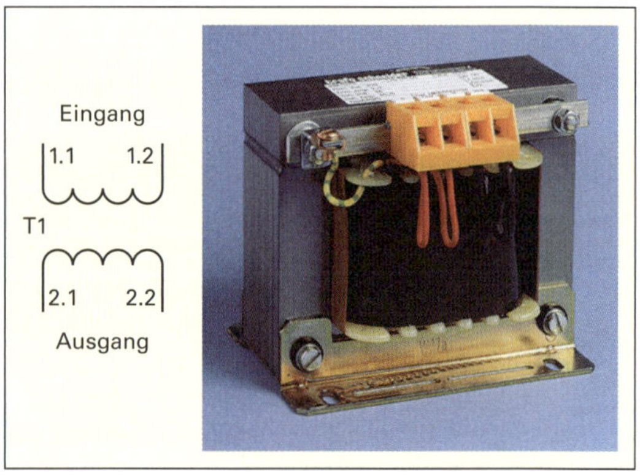

Bild: Steuertransformator mit Schaltzeichen

Fachkunde Elektrotechnik,
Kapitel: Schütze, Steuerstromkreise

3. Für die erforderlichen Leistungsschütze der Stern-Dreieck-Schaltung ist die Gebrauchskategorie zu bestimmen **(Datenblatt, Seite 230)**.

a) Welche Gebrauchskategorie wählen Sie? **b)** Welche Bedeutung haben Angaben dieser Gebrauchskategorie?

a)

b)

4. Als NOT-HALT-Einrichtung verwenden Sie einen Taster im Steuerstromkreis. Zur guten Erreichbarkeit wird er an der Bedienstelle der Säge angebracht. Welche Anforderungen muss dieser NOT-HALT-Taster nach DIN VDE 0113, Teil 1 erfüllen bezüglich

a) Aussehen, **b)** Kontaktart und **c)** Betätigung?

a)

b)

c)

Entsprechend den getroffenen Festlegungen und Erkenntnissen wurde für den Anschluss und die Steuerung des Kreissägemotors ein Übersichtsschaltplan **(Bild 1)** entwickelt. Dieser bildet die Grundlage, um die Stromlaufpläne für den Haupt- und Steuerstromkreis zu zeichnen.

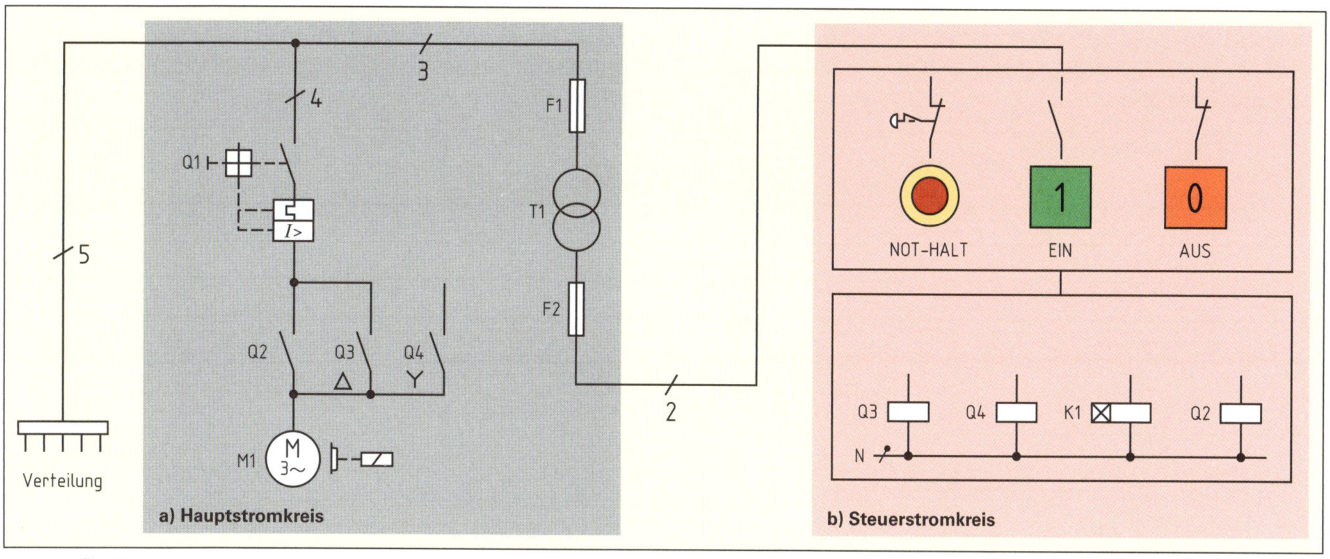

Bild 1: Übersichtsschaltplan für Anschluss und Steuerung der Kreissäge

5. Vervollständigen Sie den Stromlaufplan für den Hauptstromkreis entsprechend **Bild 1a** des Übersichtsschaltplanes. Verwenden Sie dazu **Arbeitsblatt 1, Seite 114**.

📖 Fachkunde Elektrotechnik
Kapitel: Elektromagnetische Schalter

6. Ergänzen Sie den Stromlaufplan für den Steuerstromkreis, entsprechend **Bild 1b** des Übersichtsschaltplanes. Benennen Sie die Schütze und das Relais nach ihrer Aufgabe. Verwenden Sie dazu **Arbeitsblatt 2, Seite 115.**

7. Machen Sie sich mit der Funktion der Steuerung vertraut. Erstellen Sie dazu eine Funktionsbeschreibung der Steuerung auf **Arbeitsblatt 2, Seite 115.**

Arbeitsauftrag 6: Projektkontrolle durchführen

Nach erfolgter Planung und der Beschaffung von Motor und notwendigem Zubehör wurde der Kundenauftrag ausgeführt. Sie überprüfen die ausgeführten Arbeiten.

1. Der Drehstromanschluss erfolgt durch eine bereits verlegte Mantelleitung NYM-J 5 × 2,5 mm², verlegt im Elektroinstallationskanal. Überprüfen Sie die Strombelastbarkeit mithilfe des Datenblattes **Seite 226**.

2. Sie überprüfen den fachgerechten Anschluss des Steuertransformators. Worauf ist besonders zu achten?

3. Erklären Sie die an der Kreissäge angebrachten Sicherheitszeichen **(Bild 2)**.

a)

b)

c)

4. Die Funktionsprüfung ergibt, dass die Drehrichtung des Sägeblattes zu ändern ist. Welche Maßnahme treffen Sie?

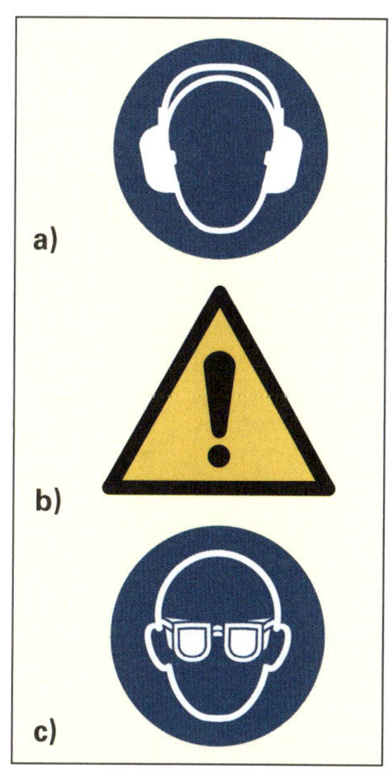

Bild 2: Sicherheitszeichen

Arbeitsblatt 1: Schaltung des Hauptstromkreises

zu **Aufgabe 5, Seite 113:** Der Stromlaufplan **(Bild)** des Hauptstromkreises **(siehe Seite 113, Bild 1a)** ist zu ergänzen. Motor M1 ist über einen eigensicheren Motorschutzschalter Q1 mit Überlast- und Kurzschlussschutz und eine Stern-Dreieck-Schützschaltung anzuschließen. Die Gleichstromerregerwicklung der elektromagnetischen Bremse wird über den Gleichrichter T2 am Motor angeschlossen. Der Steuertransformator T1 mit dem Übersetzungsverhältnis 400 V/230 V ist fachgerecht anzuschließen.

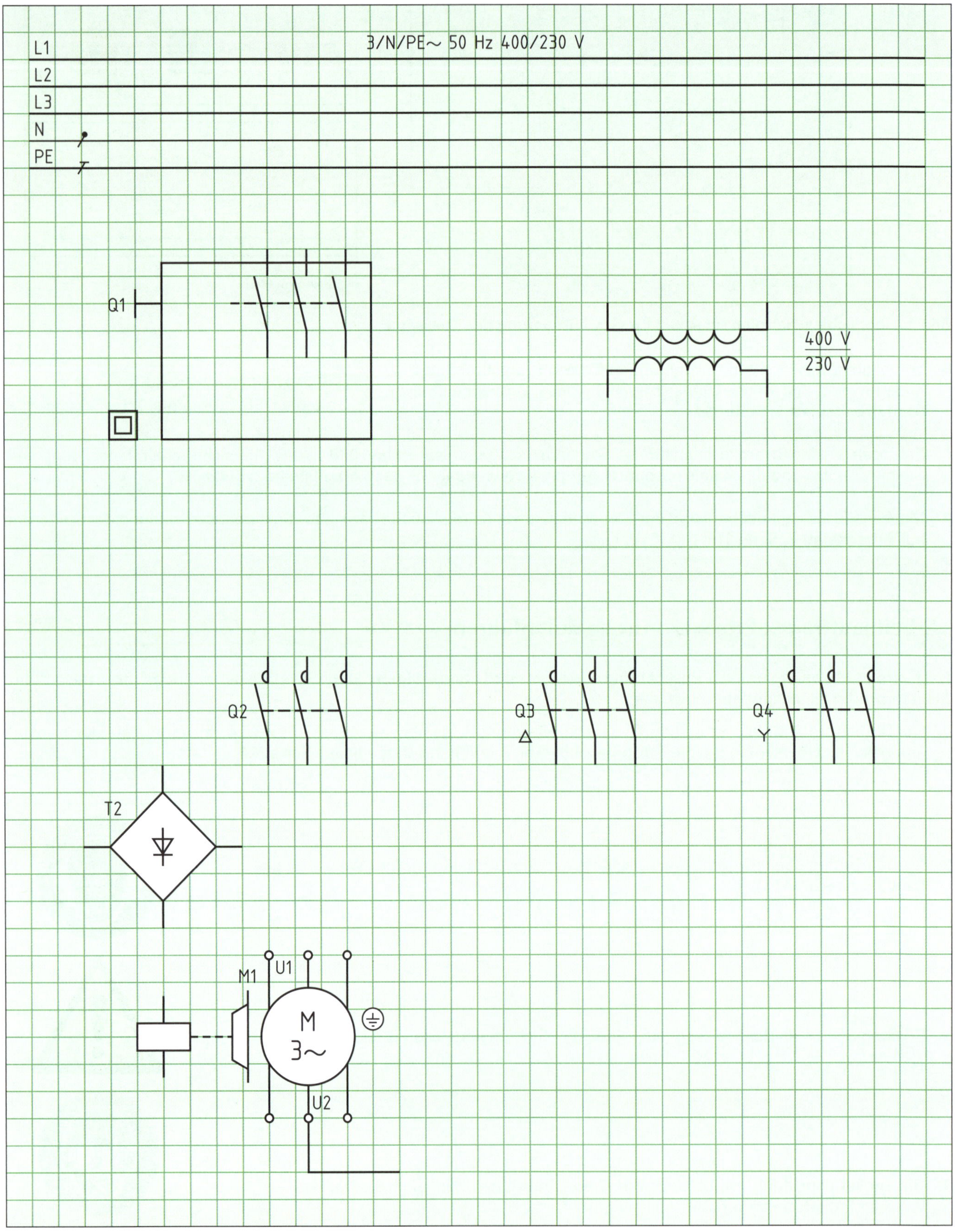

Bild: Stromlaufplan des Hauptstromkreises

Arbeitsblatt 2: Schaltung des Steuerstromkreises

Für den Stromlaufplan **(Bild)** der Steuerung **(entsprechend Übersichtsschaltplan, Seite 113, Bild 1b)** sind die fehlenden Betriebsmittelkennzeichnungen der Schütze und Schaltgeräte zu ergänzen. Die Schütze und das Relais sind nach ihrer Aufgabe zu benennen.

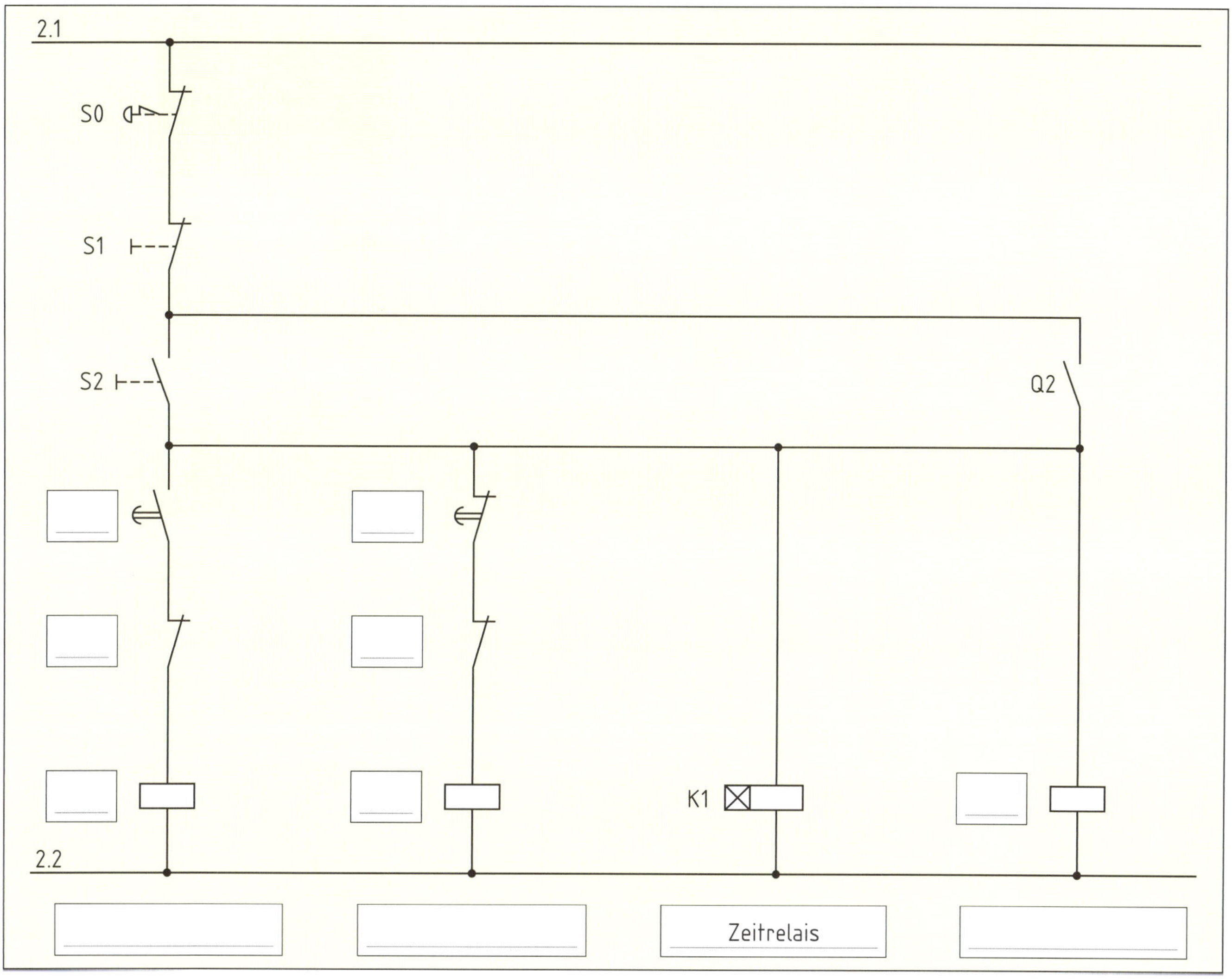

Bild: Stromlaufplan der Steuerung

Funktionsbeschreibung der Steuerung.

Testen Sie Ihre Fachkompetenz

1. Ein Kondensatormotor mit Betriebskondensator **(Bild 1)** wird fehlerhaft repariert.
Welche Auswirkungen sind jeweils zu erwarten?

a) Der Kondensator C_B wird nicht angeschlossen.
b) Der Kondensator C_B wird am Klemmbrett überbrückt.
c) Der Kondensator C_B hat eine 3- bis 4-fach zu große Kapazität.

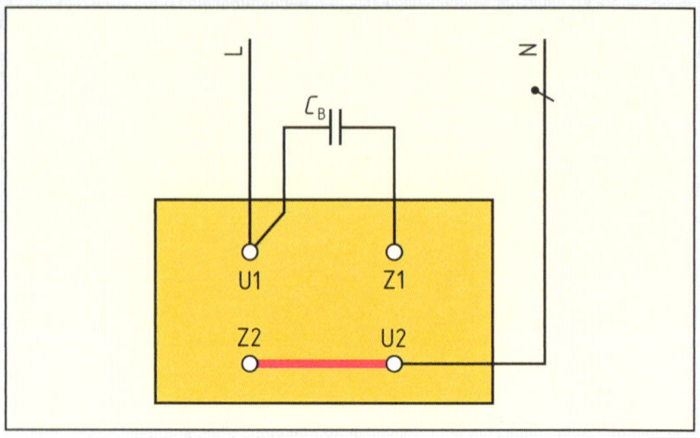

Bild 1: Schaltplan des Kondensatormotors mit Betriebskondensator

2. a) Welchen Vorteil bieten Normmotoren, wenn ein Motorentausch erforderlich ist?
b) Erklären Sie die Angaben IM B3 und 90L für einen Motor.
c) Für einen Antrieb ist ein Normmotor 5,5 kW mit der Bemessungsdrehzahl 2880 1/min oder 720 1/min geeignet. Begründen Sie ihre Auswahl.

a)

b)

c)

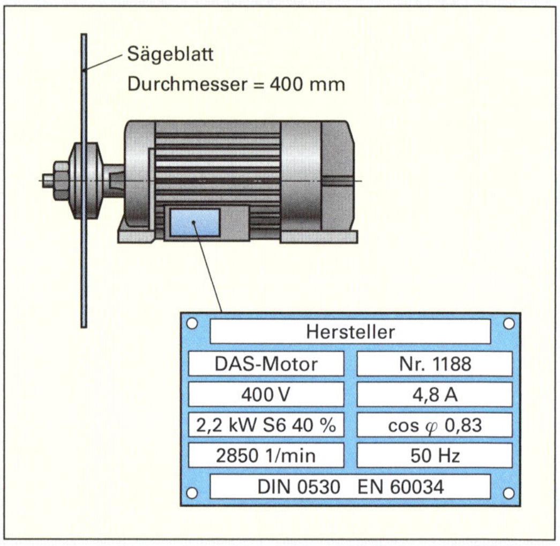

Bild 2: Drehstrommotor für eine Kreissäge

3. Zum Antrieb einer Kreissäge wird ein Drehstrom-Kurzschlussläufermotor mit den Angaben aus **Bild 2** verwendet. Bestimmen Sie

a) den Schlupf bei Bemessungsbetrieb, **b)** den Wirkungsgrad und **c)** die Schnittgeschwindigkeit.

4. Die Bemessungsspannungen von Drehstrommotoren werden auf Leistungsschildern unterschiedlich angegeben. Ermitteln Sie in der **Tabelle** jeweils die Strangspannungen für die einzelnen Motorspulen und nennen Sie den Klemmbrettanschluss (Stern oder Dreieck, bzw. entfällt) der Motoren für den Betrieb am Netz 3/N/PE -50 Hz 400/230 V bei den folgenden Leistungsschildangaben.

Tabelle: Bemessungsspannungen von Drehstrommotoren

Leistungsschildangabe	Y 400 V	Δ 230 V	230/400 V	Δ 400 V	400/690 V
Strangspannung					
Klemmbrettanschluss					

Testen Sie Ihre Fachkompetenz

5. Viele Bearbeitungsmaschinen, z.B. Sägen, belasten den Antriebsmotor kurzzeitig bis in den Bereich des Kippmomentes. Bestimmen Sie für den Sägenmotor **(Leistungsschild Bild 2, Seite 116)** mit den gegebenen Kennlinien **(Bild)** bei Betrieb mit 1,5-fachem Bemessungsmoment

a) die Motordrehzahl, **b)** die Stromaufnahme und

c) die aufgenommene Leistung.

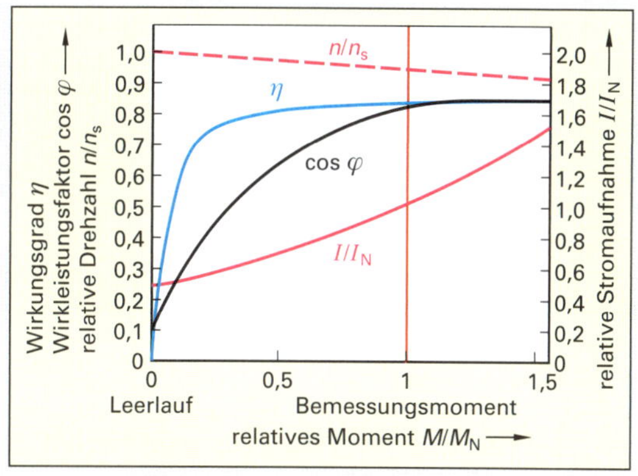

Bild: Kennlinien für Kurzschlussläufermotoren von etwa 2 kW bis 5 kW

a)

b)

c)

6. Ein über einen Motorschutzschalter angeschlossener Motor für Betriebsart S3 wird mit der auf dem Leistungsschild angegebenen Bemessungsleistung in Betriebsart S1 betrieben. Beschreiben Sie die möglichen Folgen.

7. Der Motor aus Aufgabe 6 ist mit Temperaturfühlern (PTC-Widerstände) in den Wicklungen ausgestattet. Welcher Vorteil ergibt sich?

8. Ein Förderantrieb soll durch einen 5,5-kW-Drehstrom-Asynchronmotor mit veränderbarer Drehzahl angetrieben werden. Vorgesehen ist die Verwendung eines Frequenzumrichters.

a) Worauf ist bei der Verlegung der Steuer- und Motoranschlussleitungen zu achten?

b) Wie beurteilen Sie die Verwendung eines Stern-Dreieckschalters zur Anzugsstrombegrenzung?

a)

b)

9. In einem Motordatenblatt finden Sie nachfolgende Fachbegriffe in englischer Sprache. Nennen Sie die zutreffenden deutschen Bezeichnungen.

active power	apparent power	electric motor	torque	continuous Operation
Slip	squirrel-carge motor	winding	star-delta-starting	rated power

Lernsituation: Hubantrieb mit Drehstrom-Asynchronmotor und Frequenzumrichter ausrüsten

Die verpackten Produkte eines Fertigungsbetriebes werden vor dem Versand auf Paletten über eine Fördereinrichtung mit Hubanlage einem Zwischenlager zugeführt **(Bild).** Der Antrieb der Hubanlage besteht aus einem polumschaltbaren Drehstrom-Asynchronmotor mit Schützsteuerung. Das alte Antriebssystem soll durch einen Motor mit Frequenzumrichter ersetzt werden. Dies hat den Vorteil, dass sich verschiedene Hubgeschwindigkeiten programmieren lassen und der Hubmotor sanft über eine Rampe beschleunigt oder abgebremst werden kann.

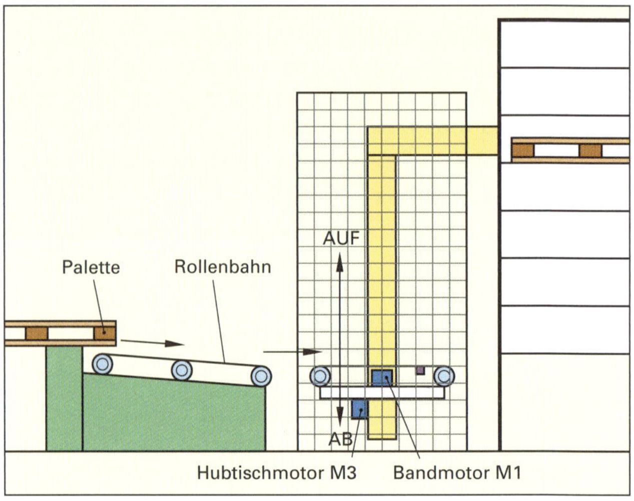

Bild: Technologieschema einer Fördereinrichtung

Arbeitsauftrag 1: Motor auswählen

Um einen neuen, geeigneten Motor auswählen zu können, gibt der Betreiber der Förderanlage die technischen Daten der Hubanlage an **(Tabelle).**

Tabelle: Technische Daten der Förderanlage	
Bewegte Masse ohne Last:	180 kg
Masse der Last (Tragfähigkeit):	320 kg
Hubgeschwindigkeit:	0,2 m/s
Gesamtwirkungsgrad:	0,84
Einschaltdauer:	40%
Spieldauer des Motors:	10 min

Mechanische Leistung

$$P = \frac{F_G \cdot v}{\eta}; \quad F_G = m \cdot g$$

P Leistung
F_G Gewichtskraft eines Körpers (Gewicht)
v Geschwindigkeit
η Wirkungsgrad
m Masse
g Erdbeschleunigung (9,81 m/s²)

Lernhilfen
- Rechenbuch Elektrotechnik
- Tabellenbuch Elektrotechnik
- Fachkunde Elektrotechnik
  - Kapitel: Motoren und Generatoren
  - Praxistipp: Auswahl eines Elektromotors
  - Praxistipp: Frequenzumrichter, Installation und Inbetriebnahme
  - Infoteil: Betriebsdaten von Drehstrom-Käfigläufermotoren

1. Berechnen Sie die mindestens benötigte mechanische Leistung des Motors. Geben Sie die Leistung in der Einheit kW an.

2. Wählen Sie aus dem **Datenblatt** für Betriebsdaten von Drehstrom-Käfigläufermotoren, **Seite 229,** einen geeigneten Drehstrom-Normmotor 400 V, 50 Hz unter wirtschaftlichen Gesichtspunkten aus. Die Polpaarzahl des Motors soll $p = 2$ sein. Geben Sie die technischen Betriebsdaten und die Betriebsart des ausgewählten Drehstrommotors an.

Bemessungsleistung: ______ Baugröße: ______

Bemessungsdrehzahl: ______ Wirkungsgrad: ______

Bemessungsstrom: ______ Wirkfaktor: ______

Bemessungsmoment: ______ Betriebsart: ______

3. Der Motorhersteller empfiehlt eine Isolierstoffklasse F. Dieses ist eine frühere Bezeichnung für die thermische Klassifikation von Isolierstoffmaterialien. Welcher thermischen Klasse entspricht die frühere Bezeichnung und welche Bedeutung hat die neue Angabe nach DIN EN 60085?

Thermische Klasse: ______

Bedeutung: ______

4. Erklären Sie die von Ihnen gewählte Betriebsart.

Arbeitsauftrag 2: Frequenzumrichter analysieren

Der für die Hubanlage ausgewählte Motor soll mit einem Frequenzumrichter betrieben werden.

1. Welche Aufgabe haben Frequenzumrichter?

2. Nennen Sie drei Vorteile, die Antriebe mit Frequenzumrichter bieten.

3. Benennen Sie die drei Baugruppen A, B und C eines Frequenzumrichters **(Bild 1)**.

   A:

   B:

   C:

4. Welche Aufgabe hat der Bremswiderstand im Gleichspannungs-Zwischenkreis **(Bild 1)**?

5. Erklären Sie das Prinzip der Drehfelderzeugung mit dem Wechselrichter **(Bild 2)**.

6. Wie kann man erreichen, dass der Motorstrom möglichst sinusförmig verläuft **(Bild 3)**?

Homepages einiger Frequenzumrichter-Hersteller

www.abb.de
www.danfoss.de
www.lenze.de
www.sew-eurodrive.de
www.siemens.de
www.keb.de

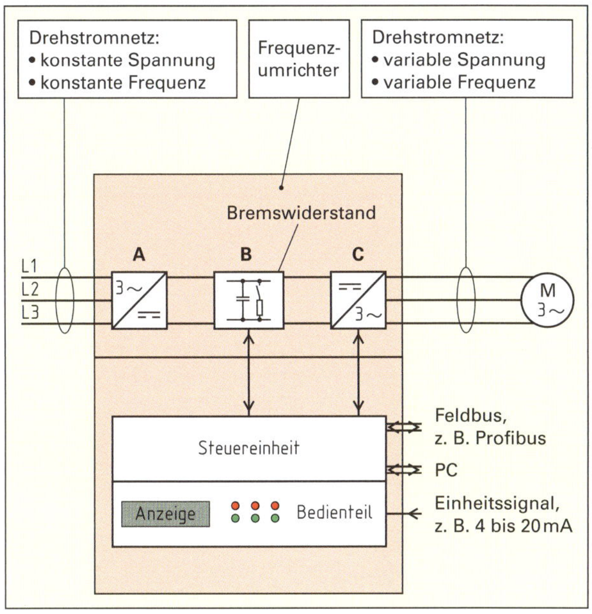

Bild 1: Aufbau eines Frequenzumrichters

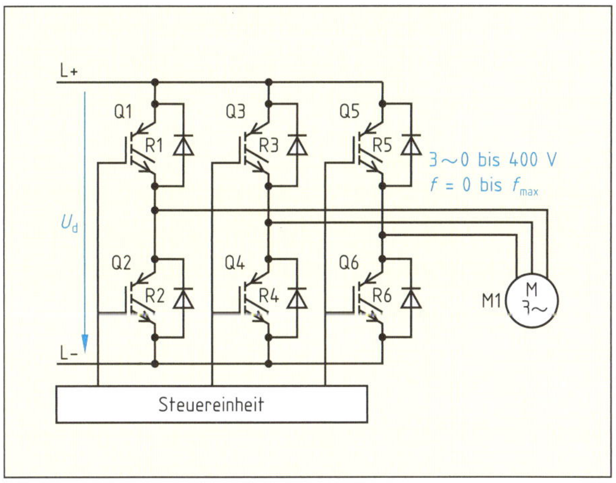

Bild 2: Wechselrichter mit IGBTs

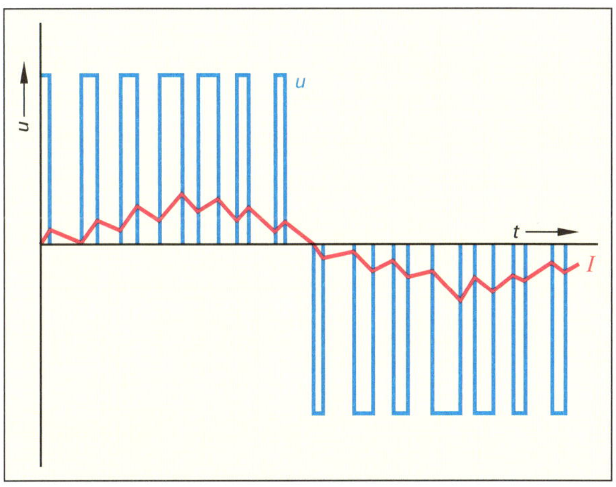

Bild 3: Ausgangsspannung und Ausgangsstrom beim Frequenzumrichter

Arbeitsauftrag 3: Frequenzumrichter auswählen

Für den gemäß Arbeitsauftrag 1 berechneten und ausgewählten Drehstrommotor soll ein passender Frequenzumrichter festgelegt werden.

1. Wählen Sie aus dem **Datenblatt Seite 237** einen geeigneten Frequenzumrichter aus der Produktfamilie Micromaster 440 **(Bild 1)** aus und geben Sie die technischen Daten an.

   Gewählter Typ: ______________________

   Bemessungsleistung: ______________________

   Ausgangsleistung: ______________________

   Eingangsstrom: ______________________

   Ausgangsstrom: ______________________

2. Begründen Sie, warum Sie einen Frequenzumrichter mit 3-phasigem Anschluss gewählt haben.

📖 Fachkunde Elektrotechnik, Betriebsanleitung eines Frequenzumrichters, Micromaster 440, Technische Daten auf DVD

Bild 1: Frequenzumrichter Beispiel einer Produktfamilie

Arbeitsauftrag 4: Frequenzumrichter an den Motor anpassen

Vor der Inbetriebnahme des Frequenzumrichters mit angeschlossenem Motor müssen die Daten vom Leistungsschild des Motors in den Frequenzumrichter einprogrammiert werden. Die Eingabe kann mit einem auf den Frequenzumrichter aufgesteckten Bediengerät **(Bild 2)** oder mit einem PC über die Datenschnittstelle erfolgen.

1. Warum müssen vor der Inbetriebnahme die Daten des Motors in den Frequenzumrichter eingegeben werden?

2. Der gewählte Frequenzumrichter ermöglicht eine Schnellinbetriebnahme. Welche Daten lassen sich mit der Schnellinbetriebnahme eingeben?

3. Der Frequenzumrichter bietet sehr viele Einstellmöglichkeiten. Wo findet man eine ausführliche Beschreibung aller Parameter?

📖 Fachkunde Elektrotechnik, Betriebsanleitung eines Frequenzumrichters, Micromaster 440, Schnellinbetriebnahme

www.siemens.de
Suche: Micromaster 440, Support > Handbücher/Betriebsanleitungen

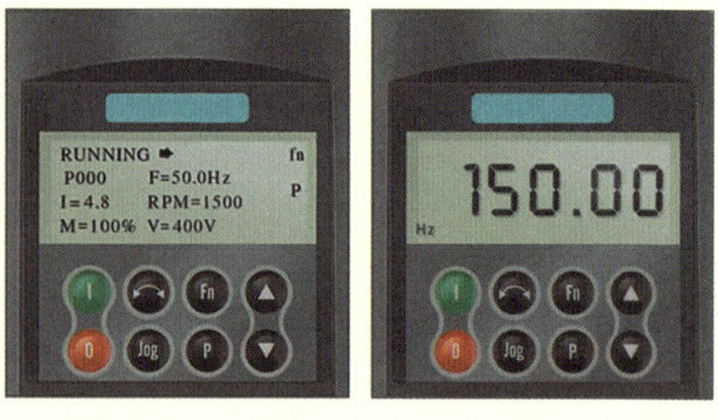

Taste	Funktion
I (RUN)	Motor EIN
0 (STOPP)	Motor AUS
P	Einstellen von Parametern
▲, ▼	Wert erhöhen oder vermindern

Bild 2: Bediengerät eines Frequenzumrichters

Arbeitsauftrag 5: Frequenzumrichter parametrieren

Der nach Arbeitsauftrag 1 ausgewählte Motor soll die Hubanlage antreiben. Dabei wirkt dem Drehmoment des Motors das Widerstandsmoment der Last (Lastmoment) entgegen. Um einen sicheren und wirtschaftlich optimalen Betrieb des Motors mit dem Frequenzumrichter zu garantieren, muss das Lastmoment der Hubanlage in Abhängigkeit von der Umdrehungsfrequenz bekannt sein.

1. Welcher Verlauf des Widerstandsmomentes a, b oder c in **Bild 1** trifft für die Hubanlage zu?

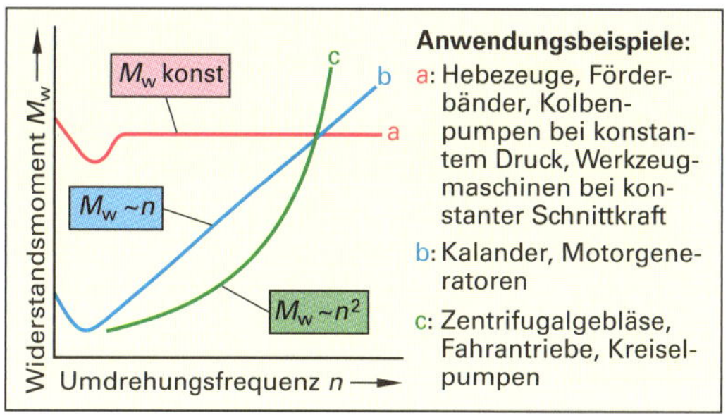

Bild 1: Widerstandsmoment M_w in Abhängigkeit von der Umdrehungsfrequenz n

2. Wie muss die U/f-Kennlinie **(Bild 2)** eingestellt werden?

3. Mit welchem Parameter **(Bild 2)** lässt sich die gewählte Kennlinie einstellen?

Parameter:

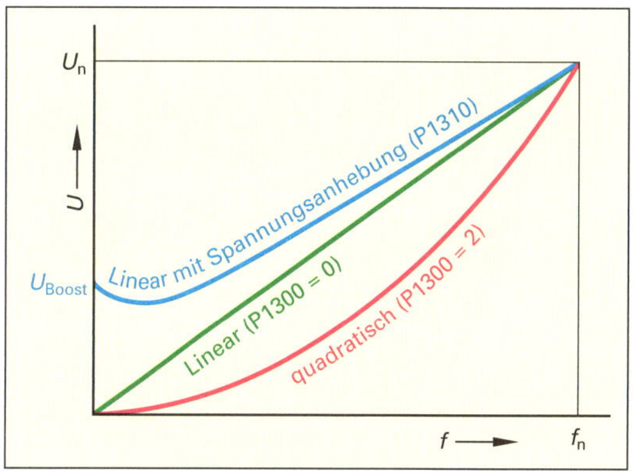

Bild 2: *U/f*-Kennlinie mit Spannungsanhebung, Auszug aus Parameterliste

4. Warum wird bei niedrigen Frequenzen die Spannung angehoben?

5. Wie nennt man die Spannungsanhebung?

6. Ermitteln Sie mithilfe der Betriebsanleitung, wie die Höhe der Spannungsanhebung angegeben wird.

DVD Fachkunde Elektrotechnik: Frequenzumrichter Betriebsanleitung

7. Die Hubanlage soll ruckfrei anfahren und abbremsen. Dafür muss am Frequenzumrichter für das Anfahren eine „Hochlauframpe" und für das Abbremsen eine „Rücklauframpe" programmiert werden. Ermitteln Sie anhand der Parameterliste des Frequenzumrichter-Herstellers, **Datenblatt Seite 237**, welche Parameter dafür eingestellt werden müssen.

8. Der Hubkorb soll mit zwei unterschiedlichen Geschwindigkeiten hochgefahren (Motor-Rechtslauf) und heruntergefahren (Motor-Linkslauf) werden. Die gewünschten Umdrehungsfrequenzen des Motors von $f = 50$ Hz und $f = 20$ Hz sollen über Schalter, die mit der Klemmleiste des Frequenzumrichters verbunden sind, vorgewählt werden. (Auswahl der Bezugsquelle: P0700 = 2). Ergänzen Sie mithilfe der Parameterliste des Herstellers, **Datenblatt Seite 237**, die **Tabelle**.

Tabelle: Parametrierung eines Frequenzumrichters für eine Hubanlage

Parameter	Parameter Nr.	Wert	Bemerkungen
Funktion Digitaleingang 1 (DIN 1)	P0701	1	1 = EIN/AUS
Funktion Digitaleingang 2 (DIN 2)			
Funktion Digitaleingang 3 (DIN 3)	P0703	15	Festsollwert, DIN 3 wählt Festfrequenz Nr. 3
Funktion Digitaleingang 4 (DIN 4)			
Auswahl Frequenzsollwertquelle			
Festfrequenz 3	P1003	50	Frequenz in Hz, wenn Digitaleingang 3 = „1"
Festfrequenz 4			

Testen Sie Ihre Fachkompetenz

1. Ein Frequenzumrichter mit 3-phasigem Anschluss ist auf den Typenpunkt von 50 Hz mit einer linearen *U/f*-Kennlinie **(Seite 121, Bild 2)** eingestellt. Bestimmen Sie die Spannungen am Motor für 20 Hz, 50 Hz und 75 Hz.

20 Hz: ______

50 Hz: ______ 75 Hz: ______

2. Bei einer Belastungsänderung sinkt die Umdrehungsfrequenz des Motors von f_1 auf f_2 **(Bild 1)**. Welche Auswirkung hat die am Frequenzumrichter parametrierbare Schlupfkompensation auf das Drehzahlverhalten des Motors?

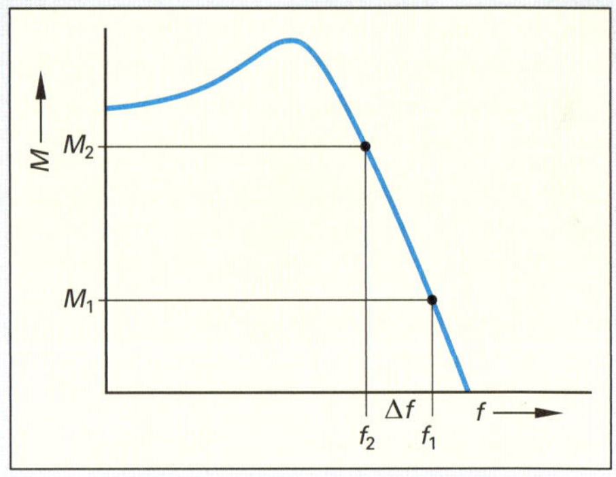

Bild 1: Drehmomentkennlinie eines Drehstrom-Asynchronmotors bei Belastungsänderung von M_1 auf M_2

3. Eine Fördereinrichtung wird von einem Motor mit dem Leistungsschild nach **Bild 2** angetrieben. Der Motor wird von einem Frequenzumrichter gespeist. Berechnen Sie die Drehzahl des Motors bei *f*= 20 Hz, wenn der Motor gleich bleibend mit seinem Bemessungsmoment belastet wird.

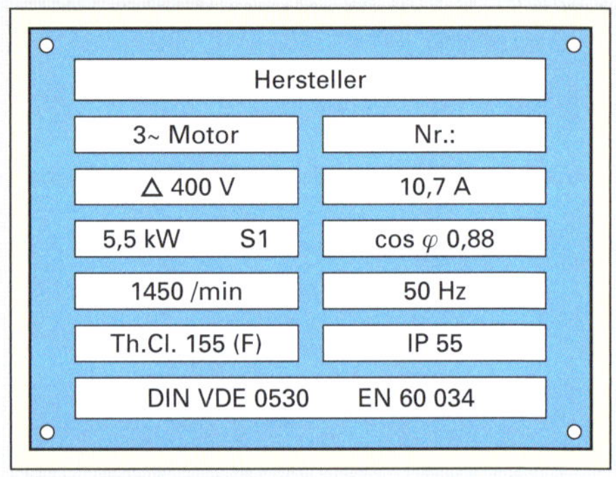

Bild 2: Leistungsschild eines Drehstrommotors

4. Ein mit einem Frequenzumrichter betriebener Drehstrommotor mit einer Drehmomentkennlinie nach **Bild 3** treibt ein Förderband mit dem Bemessungsmoment von 0,55 Nm an. Begründen Sie, bis zu welcher Frequenz der Antrieb die Last fördern kann.

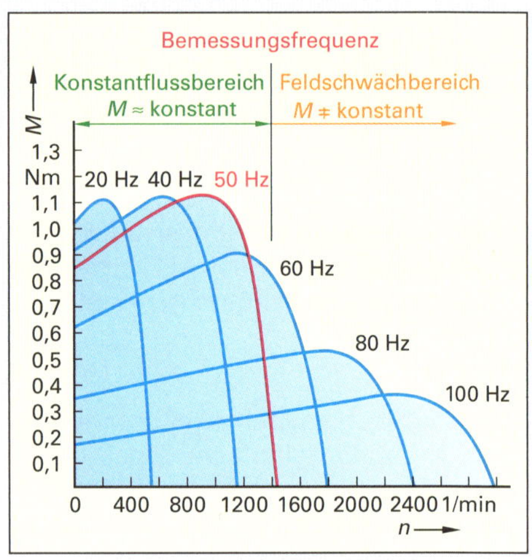

Bild 3: Drehmomentkennlinien

5. In der Betriebsanleitung für einen Frequenzumrichter gibt der Hersteller Warnungen und Vorsichtshinweise an **(Bild 4)**. Begründen Sie die Warnung des Herstellers.

Die Netzklemmen, Gleichspannungs- und Motorklemmen führen auch bei nicht arbeitendem Umrichter gefährliche Spannungen. Das Gerät muss sich erst entladen, nachdem Sie es abgeschaltet haben. Warten Sie ca. 5 Minuten, bevor Sie mit Installationsarbeiten beginnen.

Quelle: Betriebsanleitung MICRO-MASTER 440

Bild 4: Auszug aus der Betriebsanleitung eines Frequenzumrichters

6. Nennen Sie einen Nachteil, der durch den Einsatz von Frequenzumrichtern entsteht.

Lernsituation: Hausrufanlage ändern

Eine Bewohnerin und Miteigentümerin eines Hauses mit vier Eigentumswohnungen, die auch die Aufgabe der Hausverwalterin ausübt, möchte den Komfort ihrer Wohnung erhöhen und die bestehende Hausrufanlage um die Funktion einer Haussprechanlage erweitern. Zu diesem Zweck hat die Kundin eine alte Skizze aus ihren Unterlagen **(Bild 1)** mitgebracht, leider ist diese unvollständig. Sie werden von Ihrem Ausbilder gebeten, sich vor Ort über die installierte Hausrufanlage zu informieren.

Arbeitsauftrag 1: Vorhandene Hausrufanlage analysieren

Folgende Betriebsmittel **(Tabelle)** haben Sie bei der Kundin ermittelt:

Tabelle: Betriebsmittel der Hausrufanlage	
Klingeltransformator	T1, 230V/8V
Ruftaster	S1
Türöffnertaster	S2
Wecker	P1
Türöffner	M1

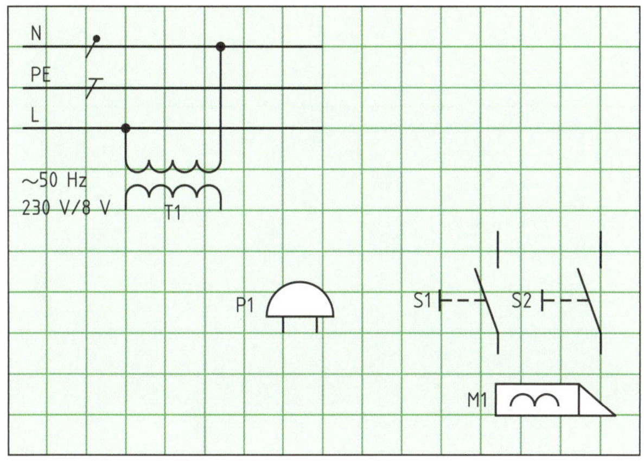

Bild 1: Hausrufanlage

1. Ergänzen Sie die Zeichnung der Hausrufanlage **(Bild 1)** um die fehlenden Verbindungen.
2. Beschreiben Sie die Funktion der Hausrufanlage **(Bild 1)**.

Arbeitsauftrag 2: Änderungsvorschlag erarbeiten

1. Welche Änderungen der Hausrufanlage **(Bild 1)** sind erforderlich, um zusätzlich die Funktion einer Haussprechanlage zu erhalten **(Bild 2)**?

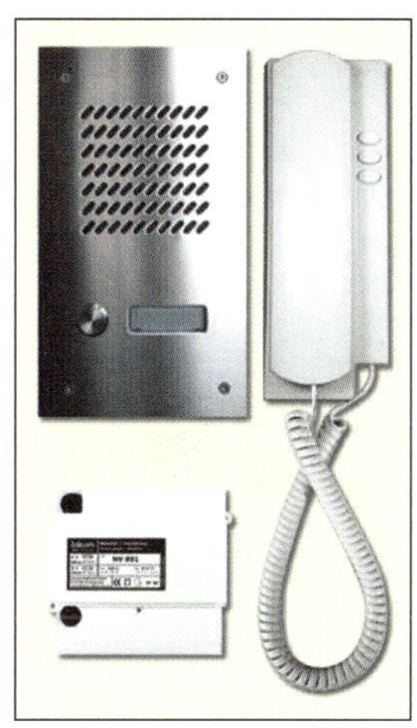
Bild 2: Haussprechanlage

2. Warum kann der vorhandene Klingeltransformator **(Tabelle)** für die geänderte Anlage nicht verwendet werden **(Datenblatt Seite 233)**?

Nachdem Ihr Ausbilder mit der Kundin Rücksprache über die erforderlichen Änderungen gehalten hat, erfahren Sie, dass die anderen Wohnungseigentümer auch ein Interesse an der Umrüstung der jeweiligen Hausrufanlagen in den Wohnungen zeigen. Die vorhandene Installation in den drei weiteren Wohnungen ist mit der Installation in der von Ihnen betrachteten Wohnung identisch.

3. Ergänzen Sie mithilfe des Datenblatts **(Seite 233)** den Installationsschaltplan der geänderten Klingelanlage für eine Sprechanlage mit vier Teilnehmern.

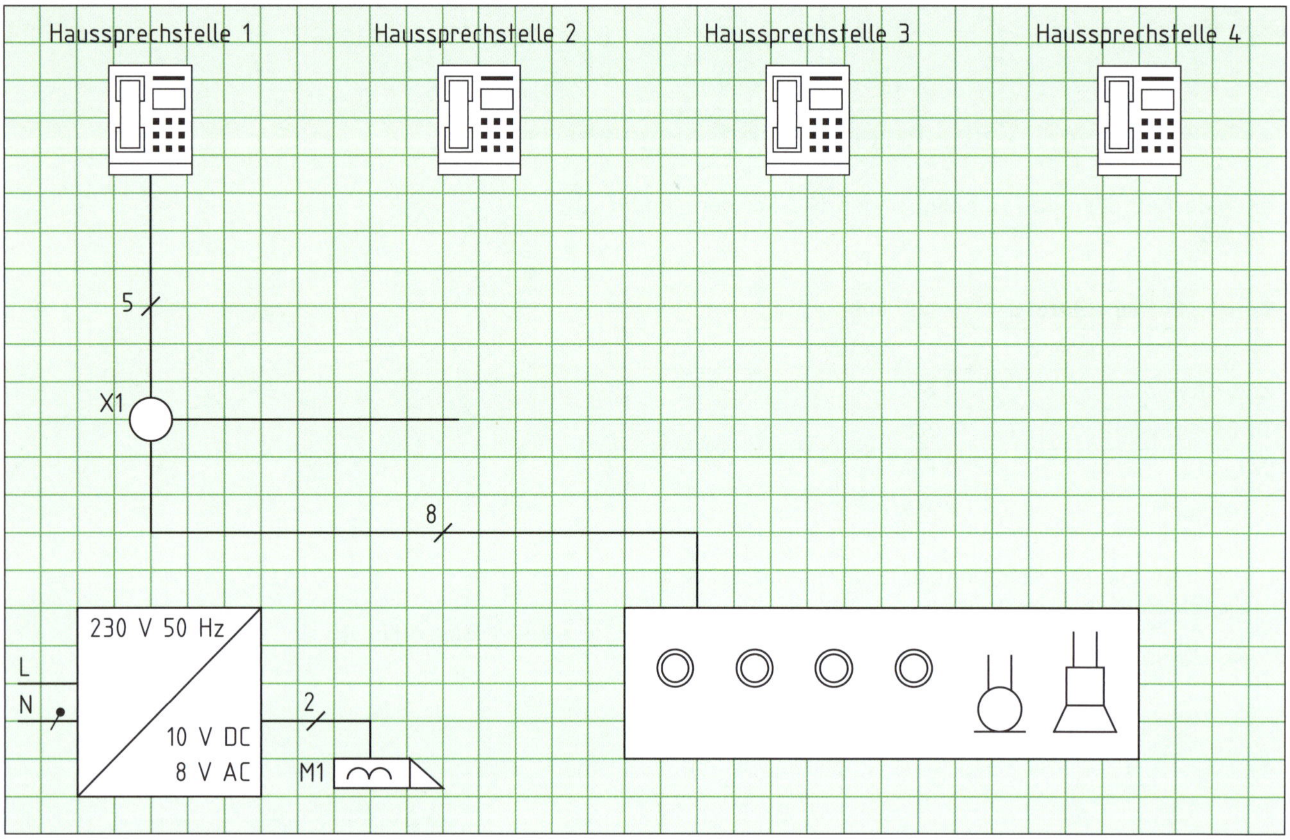

Bild: Haussprechanlage für vier Teilnehmer

4. Erstellen Sie mithilfe des Datenblatts **Seite 233** eine Stückliste für die Sprechanlage und tragen diese in die **Tabelle** ein.

Tabelle: Stückliste Sprechanlage

Position	Bezeichnung	Stückzahl
1		
2		
3		
4		

Arbeitsauftrag 3: Ausbau der Haussprechanlage erarbeiten

Nach der Ausarbeitung und Überprüfung der technischen Möglichkeiten erläutern Sie und Ihr Ausbilder die Erweiterung der Hausrufanlage in einem Gespräch vor Ort. Die Wohnungseigentümergemeinschaft hält Ihren Vorschlag für interessant und möchte sich bei Ihnen weitere Informationen über einen gesteigerten Komfort der Hausrufanlage einholen.

1. Welche weitere Ausbaumöglichkeit gibt es, die bestehende Hausrufanlage **(Bild 1, Seite 123)** zu einer Komfort-Haussprechanlage auszubauen?

2. Informieren Sie sich im Internet über die Funktion einer Video-Sprechanlagenkombination **(Bild 1)**. Beschreiben Sie die Funktionsweise solch einer Anlage.

www.balcom-electronic.de
www.siedle.de
www.conrad.de
www.elv.de

3. Erstellen Sie mithilfe des Datenblattes **(Seite 233)** eine Stückliste für eine Videosprechanlage und vervollständigen Sie die **Tabelle.**

Tabelle: Stückliste Videosprechanlage		
Position:	Bezeichnung	Stückzahl
1		
2		
3		
4		
5	Koaxialleitung RG 59	

4. Die vorhandene Installation beinhaltet eine mehradrige Anschlussleitung J-Y (St) Y 5 × 2 × 0,6. Welcher Mehraufwand gegenüber der Haussprechanlage **(Seite 124, Bild)** ist für die Videosprechanlage erforderlich?

Bild 1: Haustelefon

5. Die Türstation zeigt **Bild 2.** Worauf müssen Sie achten, wenn Sie die Kamera der Türstation ausrichten **(Datenblatt Seite 233)?** Worauf ist beim Leiterquerschnitt zu achten?

6. Warum sollen Koaxialleitungen und Steuerleitungen nicht zu nah an 230-V-Netzleitungen verlegt werden?

Bild 2: Türstation

Testen Sie Ihre Fachkompetenz

1. Die verwendete Leitung einer Sprechanlage hat die Bezeichnung: J-Y (St) Y 10 × 2 × 0,6 mm. Erklären Sie die Bezeichnung der Leitung.

2. In einem Katalog haben Sie das nebenstehende **Bild** gesehen. Um was für eine Sprechanlage handelt es sich?

3. Erklären Sie die Funktion der Haussprechanlage **(Bild)** indem Sie sich bei Ihrem Ausbilder oder im Internet informieren.

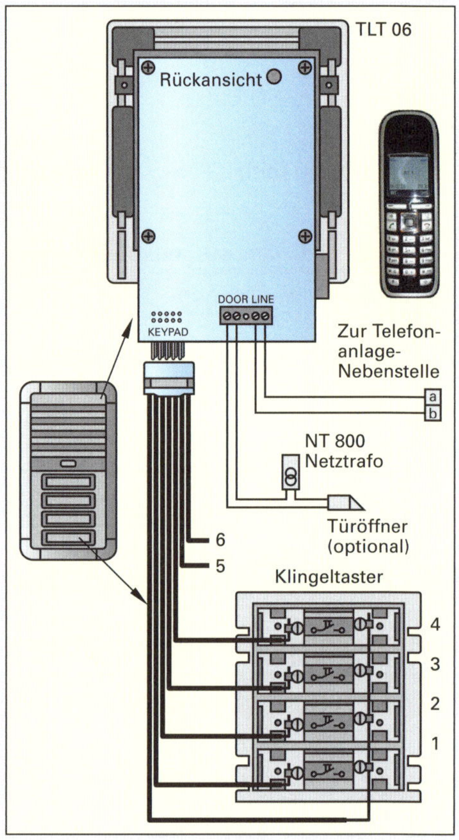

Bild: Haussprechanlage

www.balcorn-electronic.de
www.siedle.de
www.elv.de

4. In welchem Standard werden die Videosignale übertragen?

5. Warum müssen für die Übertragung der Videosignale **(Tabelle, Seite 125)** Koaxialleitungen verwendet werden?

6. In einem Katalog ist die Bezeichnung 2-Draht-Bus-Technik einer Haussprechanlage angegeben. Erklären Sie das Funktionsprinzip.

Lernsituation: Installation einer Antennenanlage

In Berlin ist im Haus Bernsteinstraße 12 **(Bild 1)** der Wohnbereich **(Bild 2)** zu renovieren. Bei der Renovierung soll die Antennenanlage für den DVB-T2-HD- und SAT-Empfang in Absprache zwischen dem Hausbesitzer und einer Elektrofirma neu installiert werden. Für den Auftrag wurde ein Lastenheft vereinbart. Um den Arbeitsauftrag sach- und fachgerecht zu planen sowie durchzuführen, sollten Sie zuerst in Partner- oder Gruppenarbeit folgende Seiten aus dem Bereich der Antennentechnik bearbeiten:

- Bauteile und Schaltzeichen in Antennenanlagen **(Seite 132)**,
- Netzstrukturen von Antennenanlagen **(Seite 133)**,
- Dämpfung von Koaxialkabeln **(Seite 133)**,
- Rechnen mit Pegeln in Antennenanlagen **(Seite 134)**.

Lernhilfen

- Bücher „Fachkunde Elektrotechnik" und „Rechenbuch Elektrotechnik"
- Datenblatt zur Antennentechnik, **Seite 235**
- Internetadressen: www.kathrein.de, www.triax-hirschmann.de, www.schwaiger.de, www.wsi.de
- DIN EN 60728 (DIN VDE 0855)

Auftragsanalyse

Nach Besichtigung des Wohnbereiches mit dem Hausbesitzer und den Vertretern der Elektrofirma wurden alle Ausstattungswünsche in einem **Lastenheft** protokolliert.

Lastenheft

- Aufbau einer Antennenanlage mit je einer UHF- und SAT- Antenne (Parabol-Antenne) nach **Bild 1, Seite 128.**
- UHF-Bereich: Kanal 69 (DVB-T2 HD)
- Ausrichtung der Parabolantenne auf den Satelliten ASTRA.
- Installation der Antennen auf dem Dach des Hauses.
- Die Antennenanlage muss nach DIN VDE geerdet werden.
- Notwendige Verstärker, Verteiler und Bereichsweiche werden im Dachraum zentral zur Hausmitte nebeneinander installiert.
- Installation von 3 Antennensteckdosen in den Ecken des Wohnzimmers. 2 Antennensteckdosen im Esszimmer **(Bild 2)** und 1 Antennensteckdose in der Küche **(Bild 2)** nach Plan.
- Verlegung der Antennenleitungen in Leerrohren der Größe 25.
- Erstellen eines Prüfprotokolls.

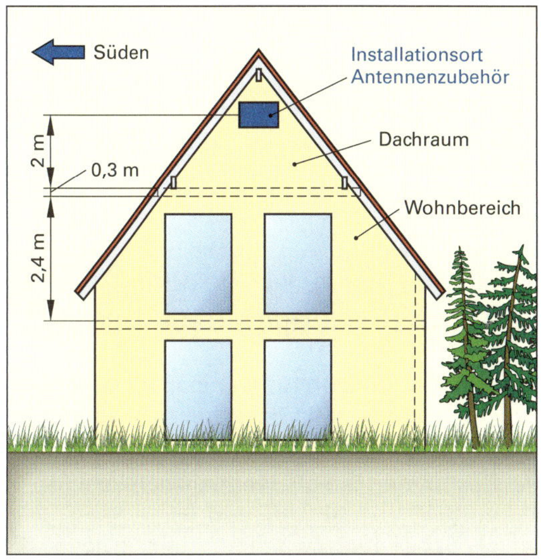

Bild 1: Haus Bernsteinstraße 12

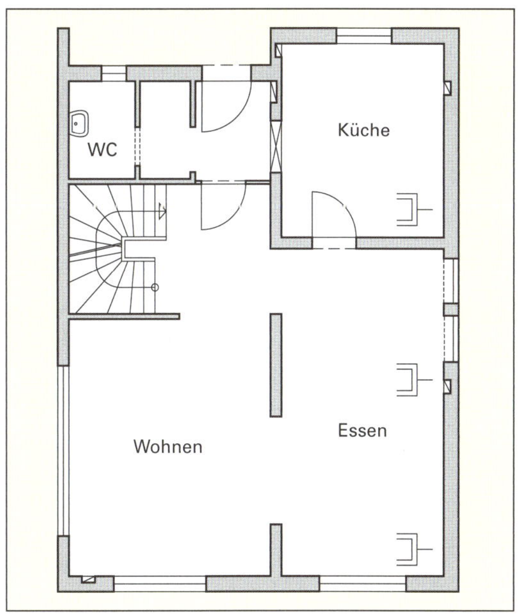

Bild 2: Wohnbereich Haus Bernsteinstraße 12

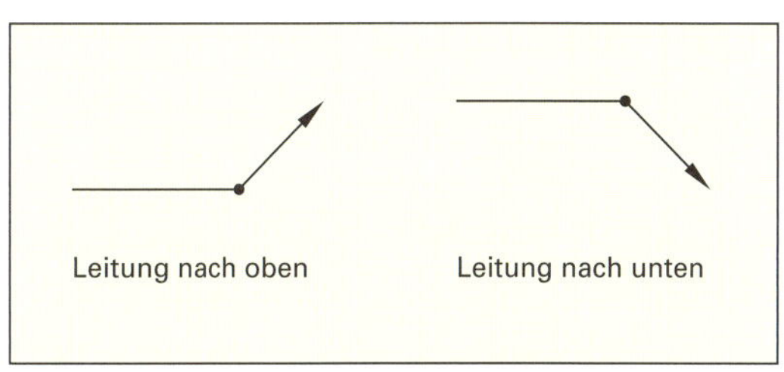

Bild 3: Schaltzeichen Leitungsverlauf

Auftragsplanung

Arbeitsauftrag 1: Antennenmontage und Leitungsnetz planen

1. Legen Sie den Standort der Antennen auf dem Dach fest. Kennzeichnen Sie dazu die Stelle, z.B. durch ein Kreuz im **Bild 1.**
2. Der Empfangsort ist Berlin. Auf welchen **a)** Azimut- und **b)** Elevationswinkel ist die Parabolantenne einzustellen?

   a) ______________ b) ______________

3. Das Antennenstandrohr ist nach Vorschrift zu erden. Welche Erdungsleitungen bzw. Erdungskabel und welche Mindestquerschnitte sind nach DIN EN 60728 (DIN VDE 0855) möglich?

4. Legen Sie die Montageorte der Antennensteckdosen für das Wohnzimmer nach Lastenheft fest. Übertragen Sie alle Antennensteckdosen in das Aufgabenblatt **(Seite 131)** und zeichnen Sie den Leitungsverlauf in Übereinstimmung mit der Platzierung der Antennensteckdosen nach **Bild 2** ein. Verwenden Sie für den Leitungsverlauf „nach oben" bzw. „nach unten" das Schaltzeichen entsprechend **Bild 3.**

5. Ermitteln Sie die notwendigen Leitungslängen in den Abschnitten ① bis ⑥ **(Bild 1)** unter Beachtung der Raummaße **(Seite 131)** und des **Bildes 1, Seite 127.** Runden Sie dabei auf ganze Meter auf. Die Antennensteckdosen werden 30 cm über den Fußboden installiert. Die Antennenleitungen verlaufen 30 cm unter der Zimmerdecke.

① ________ ② ________ ③ ________

④ ________ ⑤ ________ ⑥ ________

6. Bestimmen Sie die Summe der Leitungslängen ab Bereichsweiche bis zur

a) günstigsten Steckdose A und **b)** ungünstigsten Steckdose B.

a) ________ b) ________

7. Wie viel Meter Leerrohr werden im Wohnbereich etwa benötigt?

____

Um sich in dieses Aufgabengebiet besser einzuarbeiten, sollten Sie zuerst die Seiten 132 bis 134 bearbeiten!

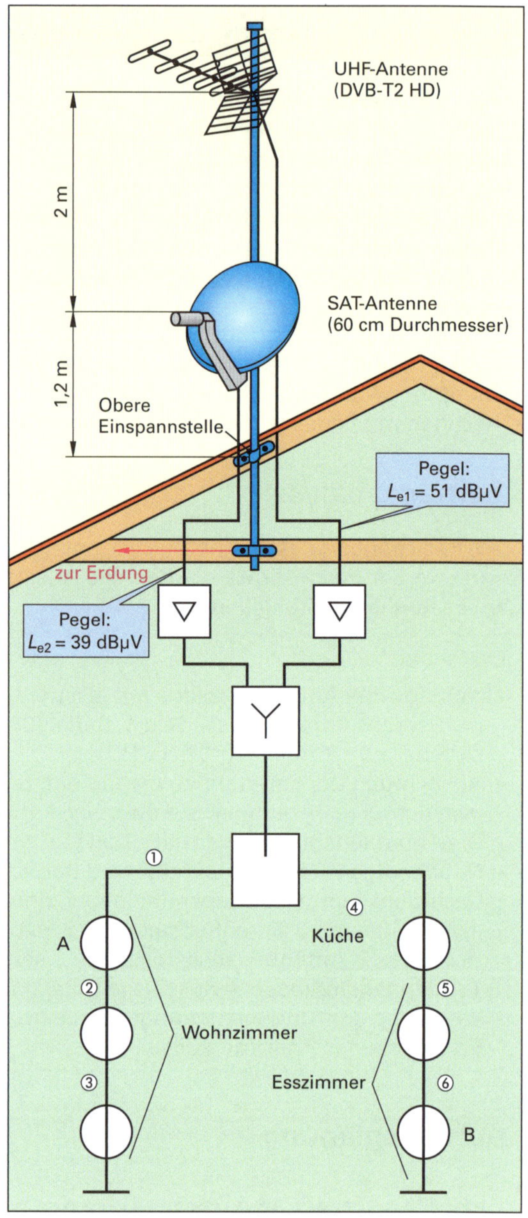

Bild 1: Antennenanlage Bernsteinstraße 12

Arbeitsauftrag 2: Frequenzen, Dämpfungen und Verstärkungen bestimmen

Bei der Planung von Antennenanlagen genügt es sehr häufig Dämpfungen und Verstärkungen bei der niedrigsten und höchsten Empfangsfrequenz zu ermitteln.

1. Bestimmen Sie die Frequenzbereiche für

a) VHF, **b)** UHF und

c) Sat-ZF (Sat-Zwischenfrequenz) sowie die Frequenzen für

d) Kanal 5 und

e) Kanal 69 zum Fernsehempfang (DVB-T2 HD) mithilfe des Datenblattes **Seite 235.**

a) ________

b) ________

c) ________

d) ________

e) ________

2. Ermitteln Sie die Kabeldämpfungen A_K der doppelt geschirmten Koaxialkabel **(Bild 2, Seite 133)** für die Frequenz 862 MHz und 2150 MHz für die

a) günstigste Antennensteckdose A **(Bild 1)** und

b) ungünstigste Antennensteckdose B **(Bild 1)** beginnend ab Verteiler. Benützen Sie zur Berechnung den folgenden grünen karierten Bereich und tragen Sie anschließend die ermittelten Werte in die **Tabelle 1, Seite 129** ein.

Hinweis: Als Hilfestellung können Sie 9 m zur günstigsten und 25 m zur ungünstigsten Steckdose verwenden.

a) 862 MHz:

2150 MHz:

b) 862 MHz:

2150 MHz:

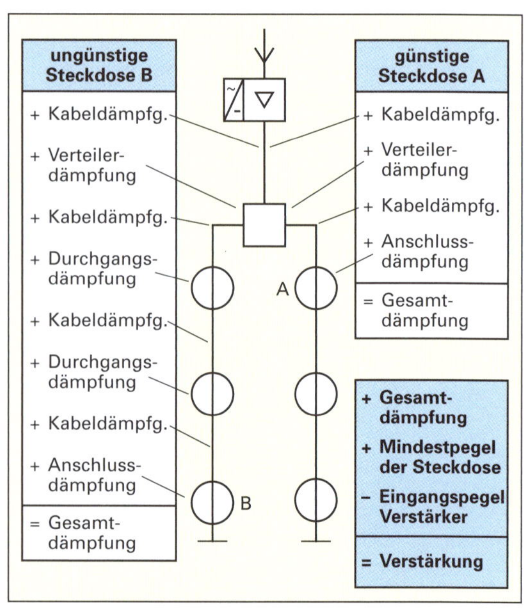

Bild 2: Bestimmung von Dämpfung und Verstärkung

3. Bestimmen Sie die Gesamtdämpfung bis zu der günstigsten Antennensteckdose A und bis zu der ungünstigsten Steckdose B mithilfe **Bild 2, Seite 128** und des Datenblattes **Seite 235** für die beiden Empfangsfrequenzen. Tragen Sie die ermittelten Werte in die **Tabelle 1** ein.

4. Zum Ausgleich der Dämpfungen, z.B. durch das Leitungsnetz, sind Verstärker notwendig. Ermitteln Sie die erforderliche Verstärkung unter Beachtung der Eingangspegel **(Bild 1, Seite 128).** Tragen Sie die ermittelten Werte in die **Tabelle 1** ein.

5. Bestimmen Sie zur Kontrolle der Mindest- und Höchstpegel an der günstigsten Antennensteckdose die Gesamtdämpfung für die beiden Empfangsfrequenzen mithilfe **Bild 2, Seite 128** und des Datenblattes **Seite 235.**

6. Zur Vermeidung von Störungen darf bei der günstigsten Antennensteckdose A **(Bild 1, Seite 128)** ein Höchstpegel nicht überschritten werden. Bestimmen Sie den Höchstpegel an der Antennensteckdose A für die niedrigste und höchste Frequenz. Tragen Sie die ermittelten Werte in die **Tabelle 2** ein.

Tabelle 1: Pegelberechnung

Gesamtdämpfung bis zur ungünstigsten Antennensteckdose B									
	Anschlussdämpfung in dB	Durchgangsdämpfung in dB	Verteilerdämpfung in dB	Kabeldämpfung in dB	Gesamtdämpfung in dB	Mindestpegel an der Steckdose in dBμV	Ausgangspegel Verstärker in dB	Eingangspegel Verstärker in dBμV	Erforderliche Verstärkung in dB
Rechenvorschrift		+	+	+	=	+	=	–	=
Anzahl	1	2	1	–	–	–	–	–	–
862 MHz									
2150 MHz									
Gesamtdämpfung bis zur günstigsten Antennensteckdose A									
Anzahl	1	–	1	–	–	–	–	–	–
862 MHz		–				–	–	–	–
2150 MHz		–				–	–	–	–

Tabelle 2: Kontrolle des Höchstpegels an der Antennensteckdose A

Rechenvorschrift	Frequenz	862 MHz	2150 MHz
	Gewählter Ausgangspegel des Verstärkers		
–	Gesamtdämpfung		
=	Höchstpegel		

In ähnlicher Weise, wie in Tabelle 1, kann man für alle weiteren Empfangsfrequenzen eine Dämpfungs- und Verstärkerberechnung durchführen. Dadurch kann man die Antennenanlage weiter optimieren.

7. a) Welche Mindestverstärkung muss der Antennenverstärker im UHF (DVB-T2 HD)-Bereich bzw. im Sat-Bereich haben?

b) Wird der Höchstpegel (Datenblatt **Seite 235**) an der günstigen Antennensteckdose A **(Bild 1, Seite 128)** im UHF (DVB-T2 HD)-Bereich überschritten?

c) Wird der Mindestpegel im Sat-Bereich an der ungünstigsten Antennensteckdose B unterschritten? Beantworten Sie mithilfe von **Tabelle 1 und 2.**

a) UHF: Sat:

b)

c)

8. Bei der Berechnung einer Antennenanlage stellt man fest, dass der Höchstpegel an der günstigsten Antennensteckdose überschritten wird. Wie löst man dieses Problem?

Auftragsdurchführung

Für die Montage des Antennenstandrohres und bei der Leitungsverlegung sind Vorschriften und Regeln zu beachten.

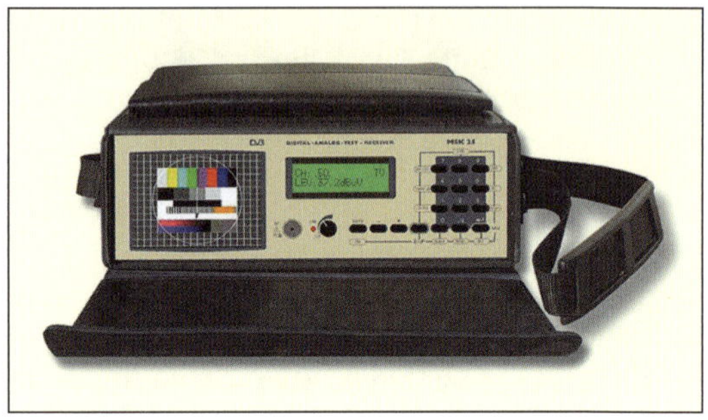

Bild: Messempfänger (Pegelmessgerät)

Arbeitsauftrag 3: Antennen montieren und Leitungen verlegen

1. In welchen Abständen sind Antennen am Antennenmast zu montieren?

2. Welche Abstände von Antennen zu Starkstromfreileitungen sind im Freien bei
   a) bis 1000 V und **b)** größer 1000 V einzuhalten?

   a) b)

3. Wie groß ist die Mindesteinspannlänge des Antennenstandrohres?

4. Nennen Sie zwei Regeln, die beim Verlegen der koaxialen Antennenleitungen zu beachten sind.

5. Welches Bauteil muss in der letzten Antennensteckdose angeschlossen werden? Begründen Sie diese Notwendigkeit.

6. Damit die mechanische Sicherheit gewährleistet ist, muss eine Windlastberechnung erfolgen. Berechnen Sie das Gesamtbiegemoment M_G an der oberen Einspannstelle **(Bild 1, Seite 128)** mithilfe des Datenblattes **Seite 235.** Das Eigenbiegemoment des Antennenstandrohres ist dabei zu vernachlässigen.

7. Beurteilen Sie das Ergebnis der Aufgabe 6.

Auftragskontrolle

Nach der Errichtung müssen Antennenanlagen geprüft werden.

Arbeitsauftrag 4: Prüfen der Antennenanlage

Welche Prüfungen sind notwendig?

zu: Auftragsplanung, Aufgabe 4

Einzeichnen der Antennensteckdosen und des Leitungsverlaufes. Weiterhin sind die Leitungslängen zu entnehmen.

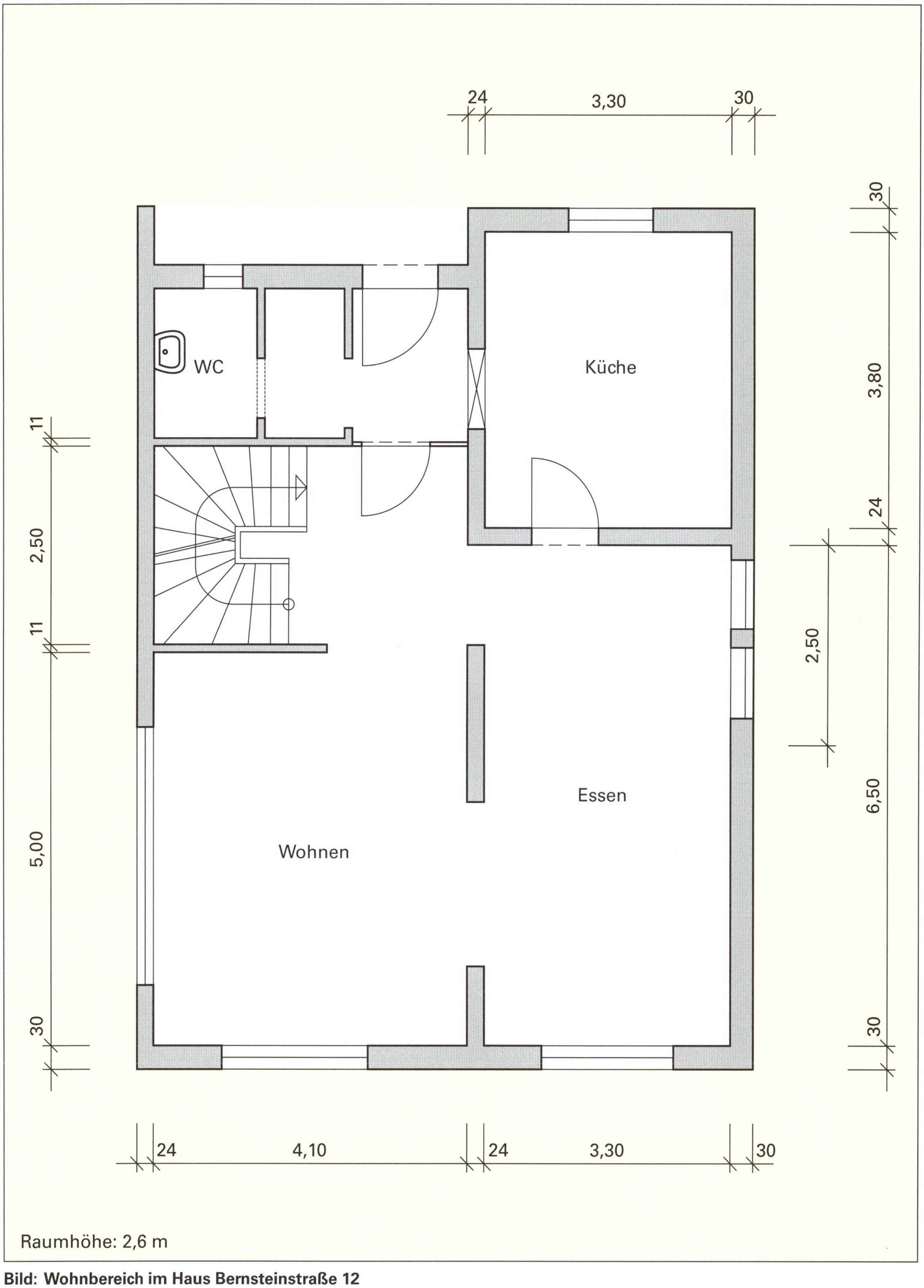

Bild: Wohnbereich im Haus Bernsteinstraße 12

Arbeitsauftrag 5: Wichtige Bauteile in Antennenanlagen kennenlernen

Ergänzen Sie die fehlenden Fachbegriffe, zeichnen Sie das zugehörige Schaltzeichen und geben Sie die Verwendung/Aufgabe in folgender **Tabelle** an.

Betriebsmittel	Fachbegriff	Schaltzeichen	Verwendung/Aufgabe

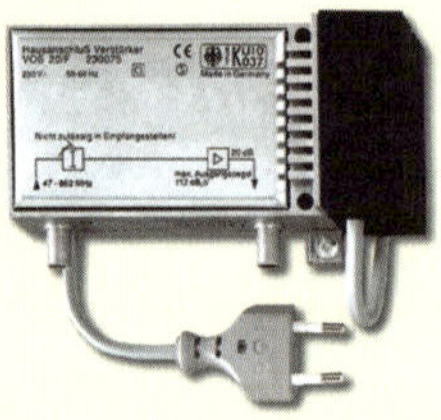			

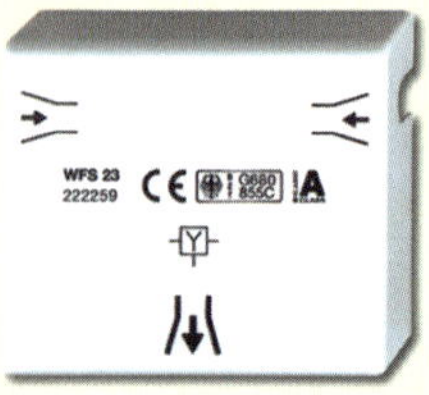			
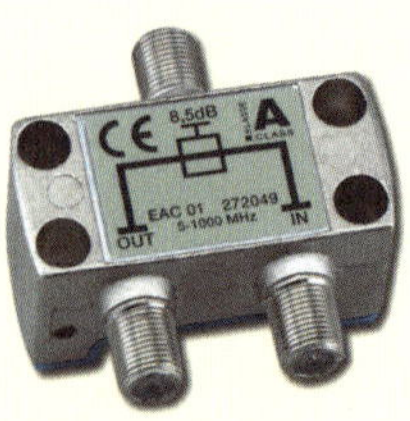			

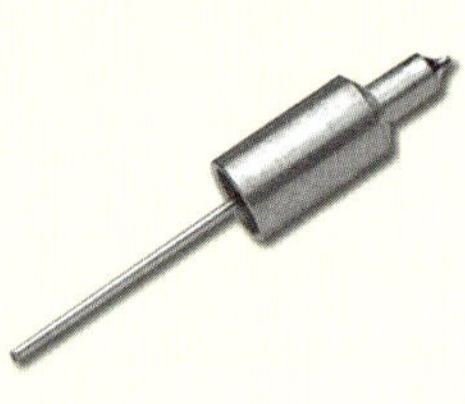			

Arbeitsauftrag 6: Netzstrukturen von Antennenanlagen kennenlernen

Beim Aufbau von Antennenanlagen sind verschiedene Netzstrukturen, z.B. Baumnetze, möglich.

1. Vervollständigen Sie durch Einzeichnen der Leitungen die möglichen Netzstrukturen im **Bild 1**.
2. In einem Mehrfamilienwohnhaus soll das Antennenleitungsnetz erneuert werden. Welche Netzstruktur wäre

   a) von Vorteil, **b)** von Nachteil?

   Begründen Sie Ihre Entscheidung.

   a)

   b)

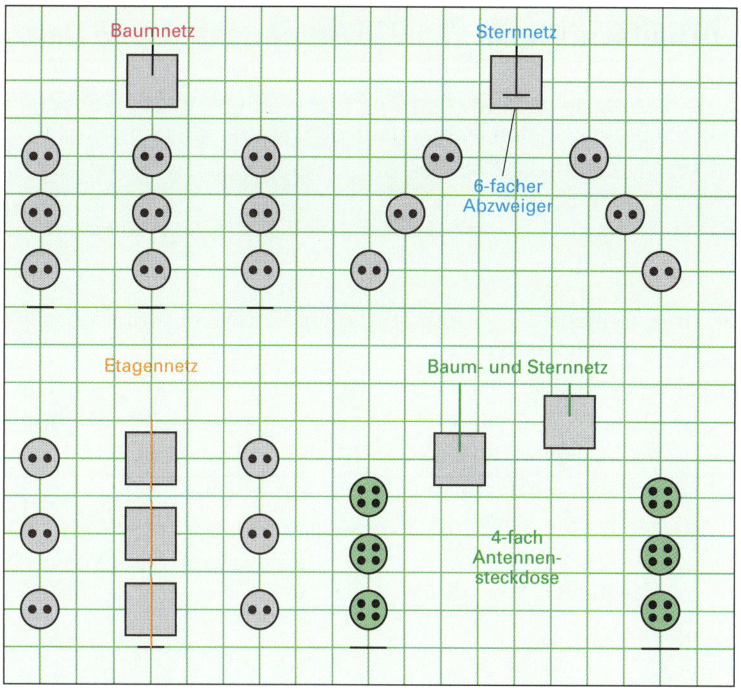

Bild 1: Netzstrukturen von Antennenanlagen

Rechnen mit dB, **Seite 134**

Arbeitsauftrag 7: Dämpfungen von Koaxialkabeln bestimmen

Um die Dämpfung von Koaxialkabeln (Antennenleitungen) möglichst gering zu halten, sind möglichst kurze Wege bis zur Anschlussdose einzuhalten.

3. Erklären Sie den Begriff Dämpfung.

4. An eine Antennenleitung wird ein Eingangssignal angelegt. Wie verhält sich die Höhe des Ausgangssignals zum Eingangssignal?

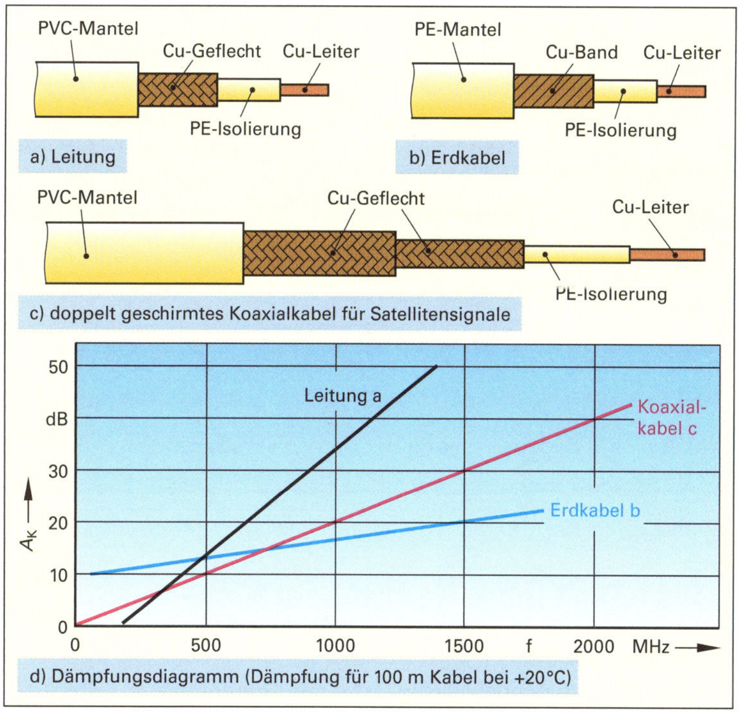

Bild 2: Aufbau und Dämpfung von Koaxialkabeln

5. Bestimmen Sie mithilfe **Bild 2d** die Dämpfung A_K eines doppelt geschirmten Koaxialkabels mit einer Länge von 15 m bei der Frequenz von

   a) 500 MHz und **b)** 2000 MHz.

a)	b)

Arbeitsauftrag 8: Pegel in Antennenanlagen berechnen

„Fachkunde Elektrotechnik“ und „Rechenbuch Elektrotechnik“, Kapitel: Verstärkungsmaß, Dämpfungsmaß und Pegel

Bei Antennenanlagen werden die Pegel in dB und in dBμV angegeben. Deshalb ist es wichtig den Umgang mit den Größen dB und dBμV zu üben.

1. Was bedeutet die Angabe dB?

2. In Antennenanlagen müssen minimale und maximale Antennenpegel eingehalten werden.

a) Was versteht man unter einem Antennenpegel?

b) Geben Sie die Formel für den Spannungspegel L_u in dBμV mit der Bezugsspannung 1 μV für Antennenanlagen (siehe rechts) an.

c) Erklären Sie die Abkürzung lg.

d) Stellen Sie die Formel der Aufgabe 2b nach U (siehe rechts) um.

e) Warum werden in der Antennentechnik Verstärkungen und Dämpfungen in dB oder in dBμV angegeben?

a)

c)

e)

2 b) Formel für L_u:

L_u Spannungspegel in dBμV
U Spannung in μV

2 d) Formel für U:

L_u Spannungspegel in dBμV
U Spannung in μV

Beispiel zur Aufgabe 2d)

$$A_u = 20 \cdot \lg \frac{U_1}{U_2}$$

$$\rightarrow U_1 = U_2 \cdot 10^{\frac{A_u}{20\,dB}}$$

Zehnerlogarithmus
lg am Taschenrechner:
Taste lg oder log

3. Ermitteln Sie die Zehnerlogarithmen der Zahlenwerte **a)** 58, **b)** 0,9 und **c)** 1250.

a) b) c)

4. An verschiedenen Antennensteckdosen wird eine Spannung von **a)** 12 mV und **b)** 14 μV gemessen. Berechnen Sie den jeweiligen Spannungspegel L_u. **c)** Prüfen Sie mithilfe des Datenblattes, **Seite 235,** ob in der Aufgabe a) und b) der Mindestpegel im DVB-C-Bereich erreicht wird?

a)

b)

c)

5. Mit einem Pegelmessgerät wurden an verschiedenen Bauelementen der Antennentechnik folgende Pegel gemessen:
a) 54 dBμV und **b)** 1 dBμV. Berechnen Sie die jeweilige Spannung U in μV.

a)

b)

6. Das **Bild** zeigt einen Auszug aus einer Antennenanlage. Berechnen Sie den Pegel an der letzten Steckdose.

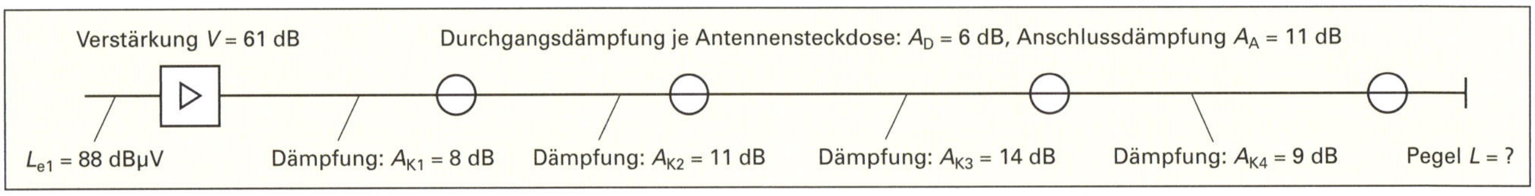

Bild: Auszug aus dem Anlageplan einer Antennenanlage

Testen Sie Ihre Fachkompetenz

1. Benennen Sie die mit Ziffern versehenen Antennenarten mit ihrem Empfangsbereich im **Bild.**

① ______

② ______

③ ______

2. Worauf ist besonders bei der Antennenmontage der Antennen nach **Bild** zu achten?

3. **a)** Erklären Sie die Fachbegriffe Azimutwinkel und Elevationswinkel.
   b) Ermitteln Sie beide Winkel für Ihren Wohnort.

a) ______

b) ______

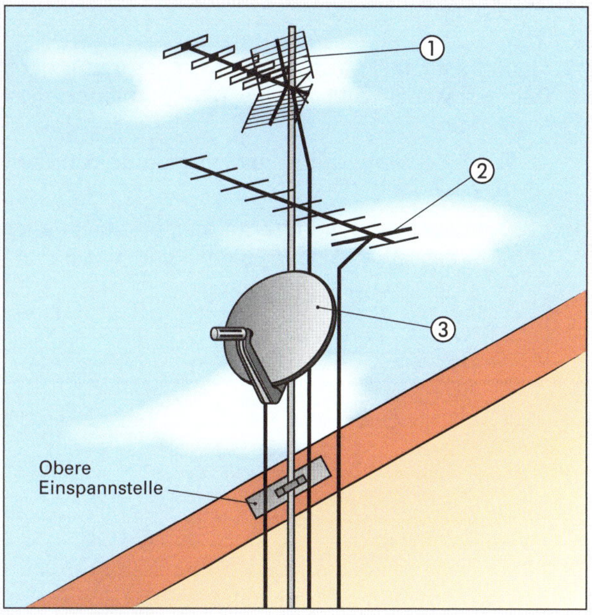

Bild: Antennen

4. Wie groß darf das Biegemoment an der oberen Einspannstelle **(Bild)** maximal sein?

5. Bei einer Antennenanlage wird das zulässige Biegemoment überschritten. Nennen Sie eine Lösungsmöglichkeit zur Senkung des Biegemomentes.

6. Aus welchen Teilen bestehen Mehrelementeantennen?

7. Eine Antennenanlage wird versehentlich nicht geerdet. Welche Folgen können eintreten?

8. In welchen Räumen dürfen Antennenleitungen nicht installiert werden?

9. Welche Fehler liegen vor, wenn beim Prüfen der Antennenleitung **a)** 0 Ω und **b)** ∞ Ω ermittelt werden?

10. Welchen Widerstandswert muss man an der letzten Antennensteckdose messen? Begründen Sie Ihre Antwort.

11. An einer Antennensteckdose wird eine Spannung von 141 μV gemessen. Reicht diese Spannung für den UKW-Stereo-Empfang aus? Hinweise siehe **Datenblatt Seite 235.**

Testen Sie Ihre Fachkompetenz

12. Geben Sie die Fachbegriffe der Zahlen ① bis ⑥ im **Bild 1** an.

13. Ein Koaxialkabel hat einen Durchmesser von $d = 8$ mm. Der Hersteller gibt einen Mindestbiegeradius von $R = 7 \cdot d$ an.

a) Welcher Biegeradius darf nicht unterschritten werden?

b) Durch ein Versehen wurde der Mindestbiegeradius unterschritten. Welche Folgen kann dies haben?

a) ______

b) ______

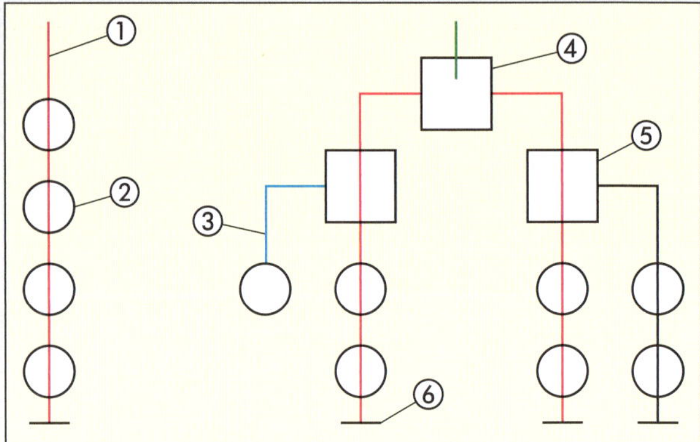

① ______

② ______

③ ______

④ ______

⑤ ______

⑥ ______

Bild 1: Verteilungsnetze in Antennenanlagen

14. Warum sollten Koaxialkabel in Satelliten-Empfangsanlagen doppelt abgeschirmt sein?

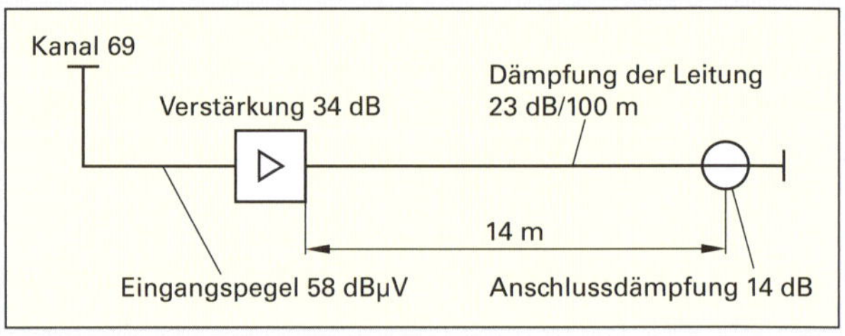

Bild 2: Anschluss einer Antennensteckdose

15. Es soll eine Sat-Anlage für 2 Teilnehmer zukunftssicher aufgebaut werden. Welche Geräteausstattung ist notwendig?

16. Welchen Zweck erfüllen Multischalter in Antennenanlagen?

17. In einem Mehrfamilienwohnhaus sollen 8 Teilnehmer einen Sat-Anschluss erhalten. Zusätzlich soll ein terrestrisches Signal empfangen werden. Welche Empfangselektronik schlagen Sie vor?

18. Überprüfen Sie, ob der Mindestpegel von 60 dbµV an der Antennensteckdose **(Bild 2)** erreicht wird.

19. Welche Wellenlänge hat das Antennensignal im **Bild 2 (Datenblatt Seite 235)**?

Lernsituation: Fernsehanschluss zum Multimediaanschluss erweitern

Vor einiger Zeit haben Sie und Ihr Meister den Kabelanschluss ihres Kunden Herrn Meiering repariert. Inzwischen hat Herr Meiering einen neuen Flachbildfernseher bekommen und möchte sich in Ihrer Firma erkundigen, wie sein vorhandener Kabelanschluss mit möglichst geringem Aufwand so modernisiert werden kann, dass er für derzeitige und zukünftige Multimediaanwendungen nutzbar ist.

Nachfolgend ein Auszug aus dem Kundengespräch:

Kundengespräch

Herr Meiering	*Guten Tag. Können Sie mir weiterhelfen? Ich habe einen Flachbildfernseher gekauft und möchte meinen Kabelanschluss modernisieren. Leider habe ich keine genaueren Informationen, welche Möglichkeiten es gibt.*
Meister	*Guten Tag Herr Meiering. Ich denke schon, dass ich Ihnen weiterhelfen kann. Zuvor müsste ich aber wissen, welchen Anschluss Sie derzeit haben.*
Herr Meiering	*Mein Kabelanschluss ist im Keller und im Wohnzimmer habe ich den neuen Fernseher.*
Meister	*Haben Sie noch weitere Fernseher im Haus oder zumindest die Möglichkeit, weitere Geräte anzuschließen?*
Herr Meiering	*Ich habe keine weiteren Geräte angeschlossen, aber die Möglichkeit, im Gästezimmer und in meinem Arbeitszimmer Geräte aufzustellen.*
Meister	*Da haben Sie ja sicherlich eine Kabelverteilung sowie einen Kabelverstärker. Benutzen Sie denn auch einen Computer in den Räumen?*
Herr Meiering	*Im Arbeitszimmer habe ich einen Computer und im Gästezimmer bisher noch nicht.*
Meister	*Dann sollten Sie sich überlegen, in allen Räumen die Anschüsse auf einen Multimediabetrieb umzustellen, damit Sie zukunftssicher ausgestattet sind **(Bild 1)**.*
Herr Meiering	*Können denn auch Telefonanschlüsse eingebunden werden oder muss eine Leitung extra verlegt werden?*
Meister	*Sicher, die Telefonanschlüsse können auch integriert werden. Am besten ist es, wenn alle Räume mit einem Fernsehanschluss, einem Internetzugang und einem Telefonanschluss ausgerüstet werden **(Bild 2)**.*
Herr Meiering	*Das würde ja bedeuten, dass Sie drei Leitungen in jeden Raum verlegen müssten. Soweit ich weiß, passen so viele Leitungen nicht durch das vorhandene Leerrohr. Das würde meine Frau nicht mitmachen, wenn auf einmal überall Leitungen über die Wände gelegt werden, und ehrlich gesagt, ich mag das auch nicht. Noch schlimmer wäre es, wenn wir nach einer Unterputzverlegung das ganze Haus einer Komplettrenovierung unterziehen müssten.*
Meister	*Halt, halt. So aufwendig ist das nicht. Es gibt ein System, für das Sie nur jeweils eine Zuleitung vom Verteiler im Keller zu dem Raum benötigen, in dem ein Anschluss erfolgen soll. Den Rest erledigt eine Zentrale im Keller und eine multifunktionale Anschlussdose im jeweiligen Raum. Eine Renovierung ist daher nicht erforderlich.*
Herr Meiering	*Muss also keine Leitung verlegt werden?*
Meister	*Doch. Die alte Leitung wird ausgewechselt und gegen eine neue Leitung ersetzt **(Bild 3)**. Diese neue Leitung besteht aus einer Kombination eines Koaxialkabels und eines Netzwerkkabels Cat 5e. Da Sie in Ihrem Haus die alten Leitungen in Leerrohren verlegt haben, müssen wir nicht einmal neue Rohre, Durchbohrungen in Wänden oder Decke zur Freude Ihrer Frau und Ihnen vornehmen.*
Herr Meiering	*Hervorragend. Wenn dann noch der Preis stimmt, werde ich Sie mit der Modernisierung beauftragen.*

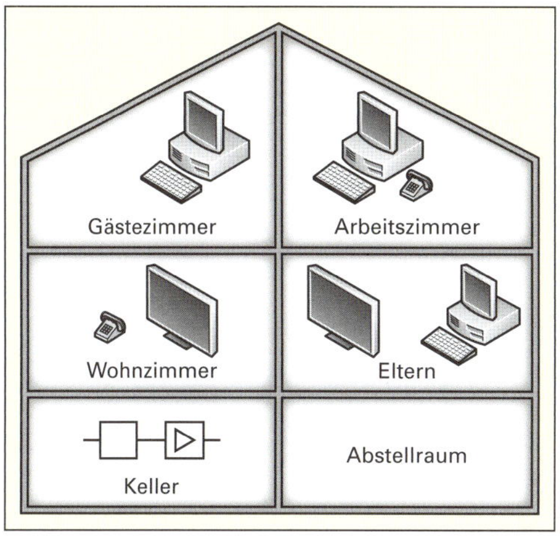

Bild 1: Multimediahaus

Bild 2: Multimedia-Anschlussdose

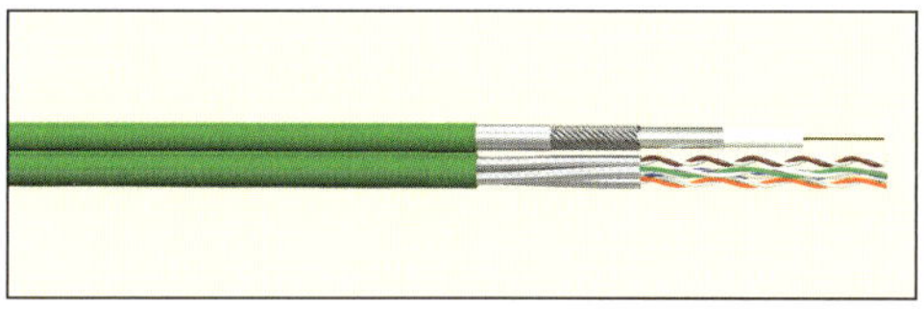
Bild 3: Multimedialeitung HW-KGMH KAT 7

Arbeitsauftrag 1: Das benötigte Material für die Umrüstung ermitteln

In der Zwischenzeit hat Herr Meiering Ihre Firma mit der Durchführung der Arbeiten entsprechend dem Vorgespräch beauftragt, so dass es nun möglich ist, eine genaue Vorbereitung der Anlagenänderung zu planen. Um den Auftrag ausführen zu können, hat Ihnen Ihr Ausbilder den Auftrag erteilt, eine Liste mit dem benötigten Installationsmaterial zu erarbeiten.

1. Ermitteln Sie die benötigten Leitungslängen mithilfe des Hausquerschnitts **(Bild)** und tragen Sie die Leitungslängen in die **Tabelle 1** ein.

Tabelle 1: Leitungslängen	
Verstärker–Verteiler	
Keller–Wohnzimmer	
Keller–Eltern	
Keller–Gästezimmer	
Keller–Arbeitszimmer	
Leitungsreserve	5,00 m
Gesamtlänge	

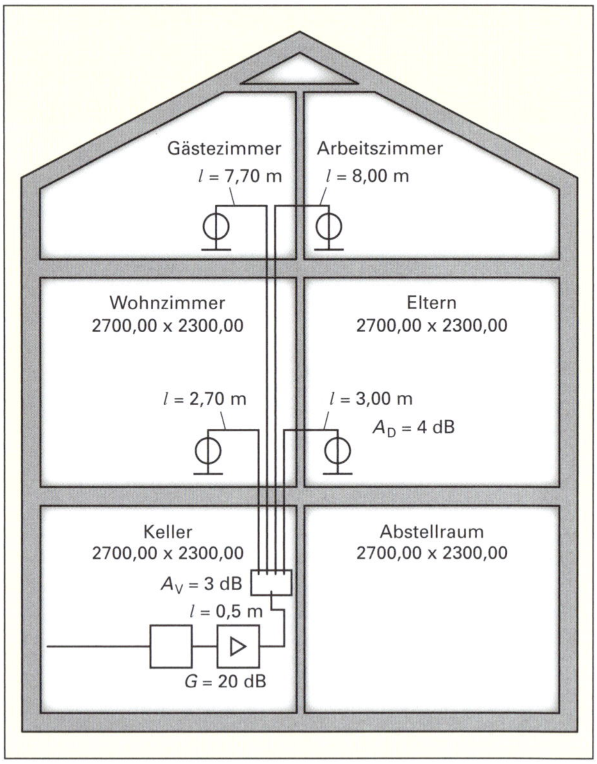

Bild: Querschnitt des Hauses Meiering

www.homeway.de/Infothek

2. Warum sollten Sie eine Leitungsreserve einplanen?

3. Wählen Sie das erforderliche Installationsmaterial aus **(Bild 3, Seite 137, Datenblatt Seite 234)** und tragen Sie es in die **Tabelle 2** ein.

Tabelle 2: Installationsmaterial		
Bezeichnung	Katalognummer	Anzahl
Wandgehäuse		
Verteilerfeld inkl. Koaxmodule		
Doseneinsatz LAN/TAE, geschirmt		
	HW-ET2 SAT/BK/FM Einzel	
Dosenschirmblech		
Systempatchleitung		4

Arbeitsauftrag 2: Vorhandenen Breitbandkabelverstärker überprüfen

Um sicherzustellen, dass der vorhandene BK-Verstärker den Anforderungen entspricht, sind Sie mit Ihrem Ausbilder zum Kunden gefahren und haben eine Pegelmessung an empfangstechnisch wichtigen Stellen durchgeführt **(Tabelle 1)**.

1. Berechnen Sie die Dämpfung der neuen Leitung für die Entfernung vom Keller bis zum Wohnzimmer und dem Arbeitszimmer. Verwenden Sie die Leitungslängen der **Aufgabe 1, Seite 138** und die technischen Daten des Herstellers **(Datenblatt Seite 234)**.

Wohnzimmer, Kanal 2:

$A_K = (5{,}8\ \text{dB}/100\ \text{m}) \cdot 3{,}2\ \text{m}$

$A_K = 0{,}18\ \text{dB}$

Wohnzimmer, S-Kanal 32:

Arbeitszimmer, Kanal 2:

Wohnzimmer, S-Kanal 32:

- In der Antennentechnik werden Verstärkungen G und Dämpfungen A sowie Pegel L in dB (dezibel) oder dBμV angegeben.
  Es handelt sich um ein logarithmisches Maß unter Verwendung des Zehnerlogarithmus.
- $A_{\text{Kspezifisch}}$: Dämpfung der Leitung, Angabe bezieht sich auf 100 m.
  Berechnung der tatsächlichen Dämpfung der Leitungslänge:
- $A_K = \frac{A_{\text{Kspezifisch}}}{100} \cdot \text{tatsächliche Leitungslänge}$
- A_D: Dämpfung der Antennenanschlussdose 4 dB
- A_V: Dämpfung des Verteilers 3 dB
- HÜP: Hausübergabepunkt
- S: Sonderkanal

Tabelle 1: Messdaten der vorhandenen BK-Anlage

Messpunkt	Kanal	Pegel	S-Kanal	Pegel/dB
HÜP	2	66,0 dBμV	32	60,0 dBμV
Wohnzimmer	2	74,6 dBμV	32	68,3 dBμV
Arbeitszimmer	2	72,4 dBμV	32	65,8 dBμV

Tabelle 2: Technische Daten des vorhandenen Verstärkers

Verstärkung G	20 dB	Dämpfung A_V	3 dB/100 m

2. Berechnen Sie die Pegel an den Fernsehempfangsstellen im Wohnzimmer und im Arbeitszimmer für den Kanal 2 und den Sonderkanal 32. Verwenden Sie die Leitungslängen der **Aufgabe 1, Seite 138,** die technischen Daten des vorhandenen Verstärkers **(Tabelle 2)** und die technischen Daten des Herstellers **(Datenblatt Seite 234)**.

Wohnzimmer, Kanal 2:

$L_{ges} = L_{HÜP} + G - Av - A_K - A_D = 66\ \text{dB} + 20\ \text{dB} - 3\ \text{dB} - 4\ \text{dB} - 0{,}18\ \text{dB} = 78{,}82\ \text{dB}$

Wohnzimmer, S-Kanal 32:

Arbeitszimmer, Kanal 2:

Arbeitszimmer, S-Kanal 32:

3. Welche Nutzpegel sind minimal und maximal für Breitbandkommunikationsanlagen im privaten Bereich an der Antennenanschlussdose zulässig?

4. Vergleichen Sie die Messdaten der vorhandenen BK-Anlage **(Tabelle 1)** mit den errechneten Daten. Welche Anlage besitzt
a) die besseren Eigenschaften und **b)** sind die errechneten Werte der neuen Anlage für den Fernsehempfang zulässig?

a)

b)

5. Welche technischen Maßnahmen müssen Sie ergreifen, wenn die Nutzpegel
a) zu niedrig und **b)** zu hoch sind?

a)

b)

Testen Sie Ihre Fachkompetenz

1. Erklären Sie die Folgen, wenn der Mindestpegel und der Höchstpegel nicht eingehalten werden.

2. Worauf müssen Sie bei der Verlegung von Netzwerk- und Antennenleitungen besonders achten?

3. Welche Auswirkungen hat eine unsachgemäß verlegte Leitung?

4. Welche maximale Länge ist für das Datenkabel bei der Multimediaverkabelung zulässig?

5. Warum dürfen Datenleitungen nicht einfach neben Niederspannungsleitungen verlegt werden?

6. Erklären Sie die Abkürzungen folgender Begriffe und deren Bedeutung. Tragen Sie die Antworten in die **Tabelle** ein.

Tabelle: Abkürzungen, Begriffe und deren Bedeutung	
 Splitter	
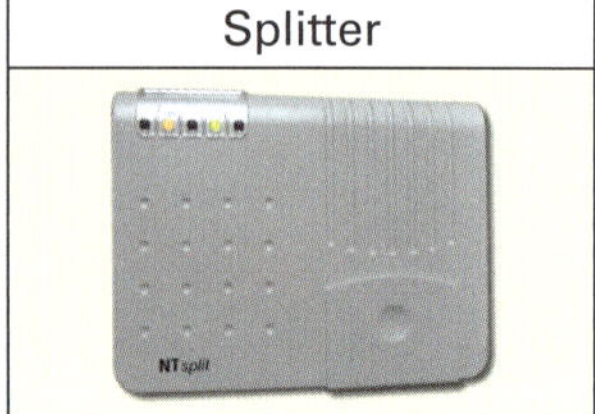 NTBA	
Router	
ADSL	
LAN	
TAE	
BK	

Lernsituation: Innenraum-Beleuchtungsanlage einer Schule beurteilen und planen

Für eine berufliche Schule, die 1979 erbaut wurde, ist die Erneuerung der Beleuchtungsanlage geplant.

Die Schule verfügt über 40 Klassenzimmer, 15 PC-Räume, 13 Laborräume und 2 Werkstätten. **Bild 1** zeigt verschiedene Raumarten der Schule.

Bild 1: Raumarten der Schule

Auftragsanalyse

Herr Cloos, Lehrer einer Klasse von Elektronikern des 3. Ausbildungsjahres der Fachrichtung Energie- und Gebäudetechnik, nimmt den anstehenden Umbau der Schule zum Anlass, sich mit Beleuchtungsanlagen zu befassen.

Die Schüler erhalten den Auftrag, sich gruppenweise über die bestehende Beleuchtungsanlage der Schule zu informieren, diese zu beurteilen und Überlegungen für eine Neuplanung anzustellen.

Arbeitsauftrag 1: Bestand der bestehenden Beleuchtungsanlage aufnehmen

Jede Gruppe erhält ein Formular zur Analyse der Beleuchtungsanlage **(Seite 238)**, die Pläne der verschiedenen Raumarten, ein Beleuchtungsstärke-Messgerät **(Bild 2)** und ein Informationsblatt **(Seite 149)** mit Informationen zur DIN EN 12464-1: Beleuchtung von Arbeitsstätten in Innenräumen. Außerdem erhält eine Gruppe eine Digitalkamera, um die verwendeten Leuchten aufzunehmen. Die Schüler machen sich gruppenweise an ihre Aufgabe.

Messrate:
2 Messungen/Sekunde

Lichtsensor:
Silizium-Fotodiode

Messgrößen:
Beleuchtungsstärke E_v
Leuchtdichte L_v (Zubehör)

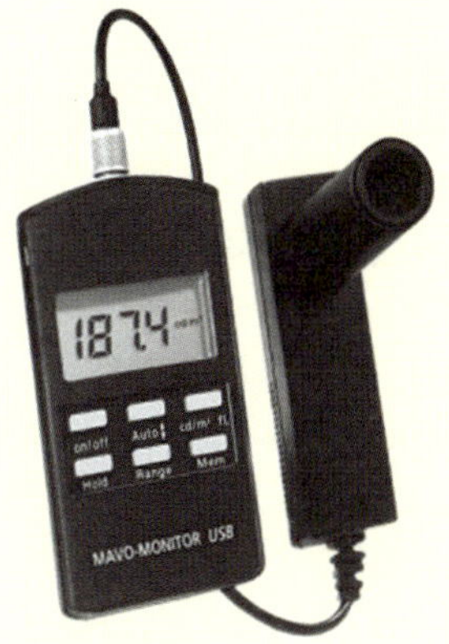

Bild 2: Beleuchtungsstärke-Messgerät

1. Unterwegs begegnet eine Gruppe, die gerade im Flur Messwerte zur Beleuchtungsstärke aufnimmt, dem Schulleiter. Dieser stellt folgende Fragen:

a) Welchen Arbeitsauftrag haben Sie erhalten?

b) Welche Normwerte gelten im Flur?

Formulieren Sie dazu die Antworten. Nehmen Sie dazu das Formular zur Analyse der Beleuchtungsanlage **(Seite 238)** zur Hilfe.

a) ______________________________

b) ______________________________

2. Im Schülerarbeitsraum trifft eine Schülergruppe der Klasse auf Schüler aus dem Vollzeitbereich und aus dem ersten Ausbildungsjahr. Neugierig wollen diese Schüler wissen, welche Auswirkung eine unzureichende Beleuchtung für Schüler und Lehrer hätte. Beschreiben Sie die Auswirkungen.

Arbeitsauftrag 2: Bestehende Anlage analysieren

Zum nächsten Unterricht erscheinen die Schüler mit den ausgefüllten Formularen **(Seite 145).** Erstaunt berichten sie, dass in der Schule keinerlei elektronische Vorschaltgeräte Anwendung finden. Außerdem stellten Sie fest, dass sowohl Leuchtstofflampen mit der Aufschrift L58 W/31-830 als auch Leuchtstofflampen mit der Aufschrift TL–D 58 W/827 eingesetzt sind.

1. Erklären Sie in **Tabelle 3** diese Aufschriften mithilfe der **Tabellen 1 und 2**.

Tabelle 1: Lichtfarben von Lampen

Lichtfarbe (dt.)	Lichtfarbe (engl.)	übliche Abk.	internationale Kennzeichg.	Farbtemperatur
interna[1]	extra warm-white	ww	27	2700 K
warmweiß	warm-white	ww	30[2]	3000 K
neutralweiß	cool-white	nw	40[3]	4000 K
tageslicht**weiß**	daylight	tw	65	6500 K

[1] für Kombination mit Glühlampen

[2] OSRAM verwendet 32 oder 31 (je nach Farbwiedergabestufe 1A oder 1B)

[3] OSRAM verwendet 22 oder 21 (je nach Farbwiedergabestufe 1A oder 1B)

Tabelle 2: Farbwiedergabeeigenschaften

Farbwiedergabe	Farbwiedergabeindex R_a	Farbwiedergabestufe
sehr gut	90–100 80–89	1A 1B
gut	70–79 60–69	2A 2B
weniger gut	kleiner 60	3

Die erste Ziffer des Farbwiedergabeindex ist auch als erste Ziffer in der dreistelligen Lampenkennzahl enthalten.

Die internationale Kennzeichnung der Lichtfarben entspricht den ersten beiden Ziffern der Farbtemperatur. Je höher dieser Wert, desto mehr entspricht die Lichtfarbe der Wirkung von Tageslicht. Diese Ziffern kommen als 2. und 3. Ziffer in der dreistelligen Lampenkennzahl vor.

Tabelle 3: Bezeichnung von Leuchtstofflampen

Abkürzungen		Erklärung
L	TL–D	
58 W	58 W	
31	–	
830	–	
–	827	

2. Sind für Klassenzimmer empfohlene Lichtfarben verwendet worden?

☐ ja ☐ nein

3. Welche Bezeichnung hat eine röhrenförmige Leuchtstofflampe mit 36 W und der Farbwiedergabestufe 1A und der Lichtfarbe Neutralweiß?

Bei der Auswahl von Lampen ist auf die geeignete Farbwiedergabe und Lichtfarbe zu achten. Zum Beispiel sollen in einer Schule Lampen mit den Lichtfarben 27, 30 oder 40 und der Farbwiedergabestufe 1B verwendet werden.

4. Edgar erzählt vor der Klasse, dass er gerade mit seinem Chef in einem Kino Leuchtstofflampen ausgewechselt hat. Sein Chef erklärte, dass im Kino T8-827 Dreibandenleuchtstofflampen mit hoher Lichtausbeute **(Bild 1)** eingesetzt werden sollen. Herr Cloos bittet Edgar, der Klasse

a) die Bedeutung der genannten Bezeichnung,

b) die Besonderheiten der Dreibandenleuchtstofflampen zu erklären sowie

c) die Lichtausbeute zu berechnen.

a) ______

______

______

b) ______

______

______

______

c) ______

______

Leuchtstofflampen

- **Lampendurchmesser**
  Der Durchmesser *d* der Leuchtstofflampe wird in 1/8 Zoll angegeben.
  Beispiel:
  T5 (T16) entspricht 5/8 Zoll
  ⇒ d = 16 mm
  T8 (T26) entspricht 8/8 Zoll
  ⇒ d = 26 mm
  T2 entspricht 7 mm
- **Lichtfarbe**
  Dividiert man die Farbtemperatur der Leuchtstofflampe durch hundert, ergibt das nach DIN 5035 die Lichtfarbe.
  Beispiel:
  Farbtemperatur 3000 K/100
  ⇒ Lichtfarbe 30

5. Frank will

a) die Funktionsweise und

b) die Vorzüge eines elektronischen Vorschaltgerätes (EVG) gegenüber einem verlustarmen Vorschaltgerät wissen. Erläutern Sie die Besonderheiten.

📖 Fachkunde Elektrotechnik, Kapitel: Leuchtstofflampen

a) ______

______

______

b) ______

______

______

______

______

______

Technik – Lichttechnische Daten

Farbtemperatur	2700 K
Farbwiedergabestufe	1B
Farbwiedergabeindex Ra	80-90
Lichtfarbe	827
Lichtstrom	5400 lm

Technik – Elektrische Angaben

Bemessungsleistung-Verpackung	58 W

Technik – Geometriedaten

Rohrdurchmesser	26 mm

Bild 1: Datenblattauszug Leuchtstofflampe

6. Florian stellt auch eine Frage an die Klasse. Er kommt mit den Begriffen der Beleuchtungstechnik noch immer nicht klar. Er will wissen, worin der Unterschied zwischen dem Lichtstrom, der Beleuchtungsstärke und der Leuchtdichte besteht **(Bild 2)**. Welche Antworten geben Sie Florian?

Lichtstrom: ______

______

Beleuchtungsstärke: ______

______

______

______

Leuchtdichte: ______

______

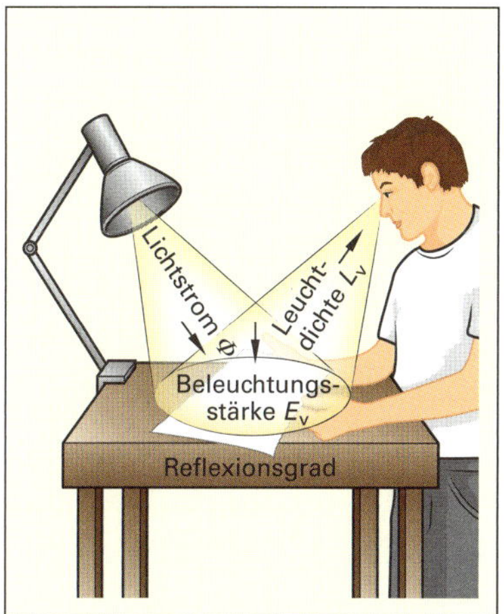

Bild 2: Lichttechnische Grundgrößen

Nachdem jetzt einige grundlegenden Fragen geklärt wurden, stellt Herr Cloos Fragen zur Beleuchtungsanlage der Schule.

7. a) Welche Anordnung der Leuchtbänder wird häufig gewählt?

b) Warum ist diese Anordnung sinnvoll?

a) ______________________________

____

b) ______________________________

8. Welcher Leuchtentyp **(Bild)** findet in den Räumen Verwendung?

____

____

9. Erläutern Sie die unterschiedliche Blendrate UGR **(Seite 149)** der Leuchte **(Bild)**.

____

____

10. Welcher Wartungswert der Beleuchtungsstärke **(Seite 149)** darf bei Klassenräumen nicht unterschritten werden?

____

____

____

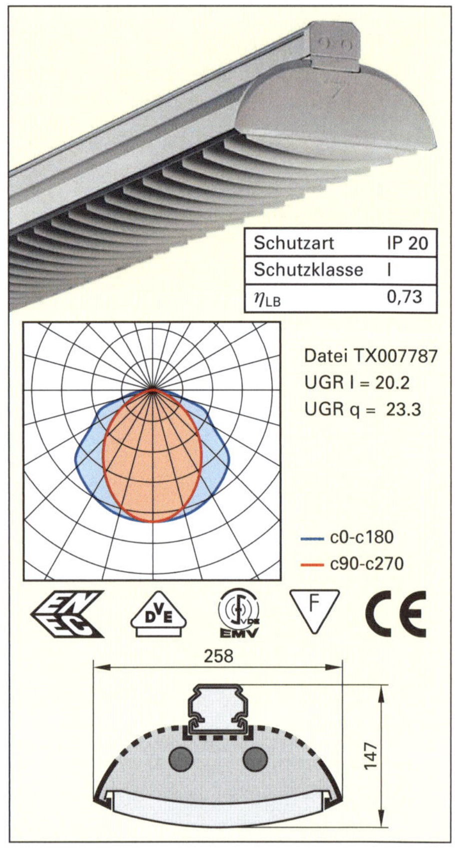

Bild: Daten von Lamellenrasterleuchten

11. Eine Schülergruppe präsentiert die ermittelten Werte eines Klassenraumes **(Seite 145)**.

a) Ergänzen Sie im Vorgabeblatt **(Seite 145)** die fehlenden Werte mithilfe der Informationen **Seite 149**.

b) Erfüllt dieser Raum die Vorgaben? ☐ ja ☐ nein

Arbeitsauftrag 3: Betriebskosten der bestehenden Beleuchtungsanlage ermitteln

Bei den Schülern ergibt sich eine rege Diskussion darüber, welche Kosten eingespart werden könnten, wenn die Beleuchtungsanlage mit elektronischen Vorschaltgeräten ausgestattet wäre.

Herr Cloos beschreibt den Sachverhalt und stellt anschließend Fragen: „Stellt euch vor, in allen Räume der Schule mit durchschnittlich 16 Lamellenrasterleuchten **(Bild)** pro Raum werden die verlustarmen Vorschaltgeräte durch elektronische Vorschaltgeräte ersetzt. Die Räume werden im Schnitt an 200 Tagen im Jahr benutzt und die Beleuchtung ist täglich 6 Stunden in Betrieb. Der Arbeitspreis beträgt 0,20 €/kWh. Für ein verlustarmes Vorschaltgerät können 11 W/Lampe und für ein EVG 3 W/Lampe angenommen werden."

a) Welche Energiekosten kann die Schule pro Jahr sparen?

b) Welche Energiekosten entstehen jedes Jahr pro Schüler ohne den vorgesehenen Umbau? Die Schule wird von 1600 Schülern besucht.

a) Berechnung der jährlichen eingesparten Energiekosten für 70 Räume der Schule:
40 Klassenzimmer + 15 PC-Räume + 13 Laborräume + 2 Werkstätten

b) Berechnung der jährlichen Beleuchtungskosten je Schüler:

Es entstehen jährlich Energiekosten in Höhe von 23,18 € pro Schüler.

Tabelle: Analyse einer Beleuchtungsanlage nach DIN EN 12464

Ort: *Werner-Siemens-Schule*	Raum: 156
Raumart	☐ Labor ☒ PC-Raum ☐ Klassenzimmer ☐ Werkstatt ☐ ....
Abmessungen des Raumes in m (Länge × Breite × Höhe)	*8,5 × 7,5 × 3*
Anzahl der Arbeitsplätze 12	☒ mit Bildschirm ☐ ohne Bildschirm
Alter der Beleuchtungsanlage	*30 Jahre*
Lampentyp und Leistung	*T8, L 58W/840*
Lampenzahl pro Leuchte	*2*
Leuchtentyp	☐ Deckeneinbau ☒ Deckenaufbau ☐ Pendelleuchte
Abdeckung	☐ ohne Abdeckung ☐ Kunststoffwanne ☒ weißes Raster ☐ Spiegelraster ☐ mattierte Raster
Lichtstärkeverteilungskurven	☐ direkt strahlend ☒ vorwiegend direkt strahlend ☐ direkt/indirekt strahlend ☐ indirekt strahlend
Anzahl der Leuchten	13
Wartungswert der Beleuchtungsstärke E_m	E_m =
Zulässiger Minimalwert der Beleuchtungsstärke im Bereich der Sehaufgabe $E_1 > 0{,}7 \cdot E_m$	E_1 =
Zulässiger Minimalwert der Beleuchtungsstärke im Umgebungsbereich $E_2 > 0{,}5 \cdot E_m$	E_2 =
Messhöhe in m *0,85*	☒ Bildschirm (Tastatur) ☐ Werkbank ☐ Verkehrsweg ☐ ....

Grundrissskizze mit Messpunkten

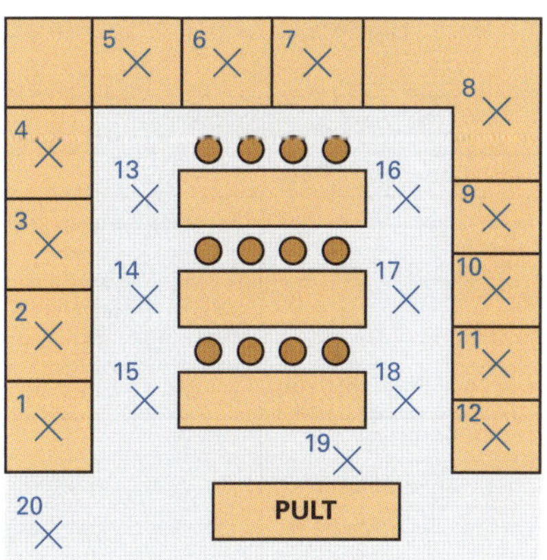

Messpunkt Nr.	E in lux
1	*602*
2	*588*
3	*590*
4	*589*
5	*511*
6	*502*
7	*500*
8	*540*
9	*536*
10	*532*
11	*528*
12	*522*
13	*490*
14	*486*
15	*483*
16	*470*
17	*468*
18	*465*
19	*540*
20	*380*

gemessene mittlere Beleuchtungsstärke im Bereich der Sehaufgabe n-Werte $E_{mi} = (E_{MP1} + E_{MP2} + \dots + E_{MPn})/n$	E_{mi} =
$E_{mi} > E_m$	☐ ja ☐ nein
minimaler Wert der Beleuchtungsstärke im Bereich der Sehaufgabe	E_{MPmin1} =
$E_{MPmin1} > E_1$	☐ ja ☐ nein
minimaler Wert der Beleuchtungsstärke im Umgebungsbereich	E_{MPmin2} =
$E_{MPmin2} > E_2$	☐ ja ☐ nein
kleinster gemessener Wert der Beleuchtungsstärke im Raum	E_{MPmin3} =
Wird ein Arbeitsplatz ständig besetzt, darf die minimale Beleuchtungsstärke von 200 lx nirgendwo im Raum unterschritten werden	erfüllt ☐ ja ☐ nein
Beurteilung der Reflexionsgrade	
Material und Farbe der Wände	*grau/Beton*
Material und Farbe des Bodens	*grau*
Material und Farbe der Decke	*Putz/hell*
Allgemeine Beurteilung	
Ist die Lichteinfallrichtung an den Arbeitsplätzen korrekt?	☐ ja ☒ nein
Entstehen Lichtreflexe an den Bildschirmen?	☒ ja ☐ nein
Entstehen Lichtreflexe an den Arbeitsflächen?	☐ ja ☒ nein
Gibt es Direktblendung durch Leuchten an den Arbeitsplätzen?	☐ ja ☒ nein
Gibt es Direktblendung durch Fensterflächen an den Arbeitsplätzen?	☒ ja ☐ nein
Entsteht eine harte Schattenbildung?	☐ ja ☒ nein
Beklagen sich die Benutzer über die Qualität der Beleuchtung?	☐ ja ☒ nein
Gesamtbeurteilung der Beleuchtungsanlage:	

Arbeitsauftrag 4: Neue Beleuchtungsanlage und deren Kosten planen

Die Schüler wollen sich jetzt auch über die entstehenden Umbaukosten informieren. Dazu planen sie zuerst die Räume neu. Im Unterricht hatten sie über die DIN EN 12464-1 gesprochen. Der Lehrer hatte ihnen dazu ein Informationsblatt **(Seite 149)** ausgeteilt.

1. Warum müssen bei der Lichtplanung Wartungsfaktoren berücksichtigt werden?

2. Herr Cloos teilt den Schülern ein Vorgabeblatt zur Beleuchtungsplanung **(Seite 147)** aus. Nach diesem Muster kann die Anzahl der Leuchten für jeden Raum ermittelt werden. Die Leuchtendaten des Herstellers stehen ebenfalls zur Verfügung **(Bild 1)**. Die Leuchte wird mit dem EVG QTIS e 2x58/220-240 betrieben. Als Leuchtmittel werden Leuchtstofflampen 58W/830 eingesetzt. Der Fußboden des Klassenzimmers ist dunkelgrün, die Wände und die Decken sind hellgrün. Ermitteln Sie mit dem Vorgabenblatt **(Seite 147)** und **Bild 1** die Leuchtenanzahl für das Klassenzimmer in **Bild 2.**

Zur Ermittlung des Neuwertes der Beleuchtungsstärke ist der Wartungsfaktor 1 (noch keine Verschmutzung und Alterung der Lampen) anzunehmen.

3. Welcher Neuwert der Beleuchtungsstärke ist nach Inbetriebnahme des Klassenzimmers zu erwarten?

4. Welche Auswirkungen auf Arbeitsplatzbeleuchtung hätte eine Raumrenovierung mit hellerem Fußboden und Wänden?

5. Beim Durchblättern des Katalogs eines Leuchtenherstellers kommen die Schüler auch auf die UGR-Werte **(Seite 149)** zu sprechen.

a) Welche Bedeutung haben diese Werte und

b) wo sind diese zu entnehmen?

a)

b)

Reflexionsgrade ϱ, Raumindex κ und Raumwirkungsgrad η_R									
Decke ϱ_1	0,8				0,5				0,3
Wände ϱ_2	0,5		0,3		0,5		0,3		0,3
Boden ϱ_3	0,3	0,1	0,3	0,1	0,3	0,1	0,3	0,1	0,1
Raumindex k	Raumwirkungsgrad η_R in %								
0,6	36	34	27	26	29	28	23	22	19
1,0	52	48	43	40	41	39	35	33	29
1,5	65	59	56	52	52	49	45	43	38
2,0	74	66	65	59	58	54	52	49	43
3,0	84	74	77	68	66	61	61	57	50
5,0	94	81	88	77	74	67	70	64	56

Leuchtenbetriebswirkungsgrad 0,82

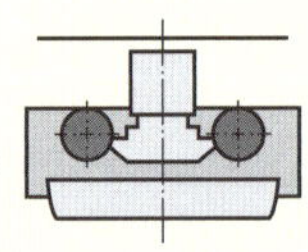

Lamellenraster

gleichförmig; allseitig strahlend

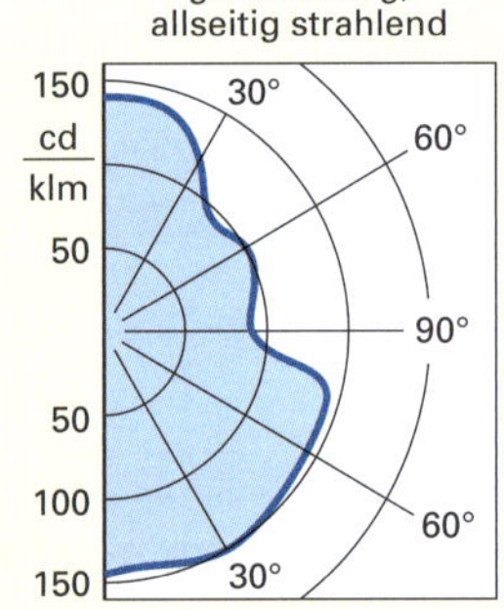

Bei Betrieb mit L 58W/830		
Systemübersicht		
Bei Betrieb der Lampe mit	Systemleitung in Watt (EVG-Betrieb)	Lichtstrom in Lumen (EVG-Betrieb)
QT-FQ 2x54/230-240 CW	116 W	2 · 5400 lm
QTI DALI 1x58 DIM	55 W	
QTIS e 1x58/220-240	54 W	5000 lm
QTI DALI 2x58 DIM	110 W	2 · 5200 lm
QTIS e 2x58/220-240	116 W	2 · 5400 lm

Bild 1: Leuchtendaten

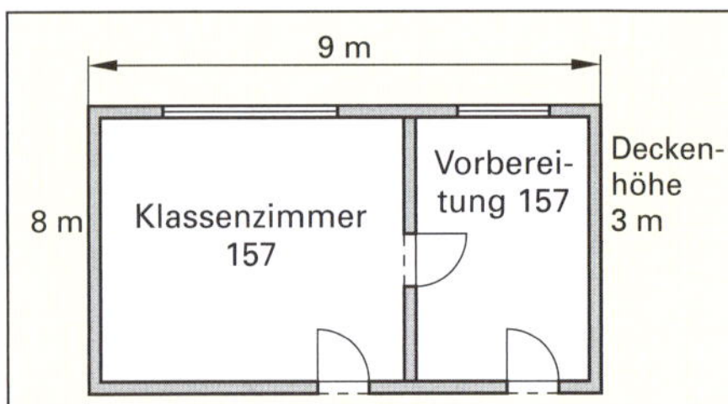

Bild 2: Klassenzimmer und Vorbereitung

Beleuchtungsplanung				
Raum/Nutzung				
Wartungswert	der Beleuchtungsstärke	E_m		lx
Lampendaten	Typ			
	Leistung	P		W
	Lichtstrom	Φ_v		lm
Leuchtendaten	Herstellerangaben			
	Leuchtenbetriebswirkungsgrad	η_{LB}		
	Zahl der Lampen pro Leuchte	z		
Vorschaltgerät	Systemleistung	P		W
	Typ			
Raumgrößen	Länge	l		m
	Breite	b		m
	Raumhöhe	h'		m
	Höhe Nutzebene (a) über Boden	a		m
	Abstand *(h)* Leuchte zur Nutzebene (Tischhöhe) $h = h' - a$	h		m
	Fläche	A		m^2
	Raumindex $k = \frac{l \cdot b}{h \cdot (l + b)}$	k		
Raumbeschaffenheit	Reflexionsgrad Wand	ϱ_W	0,5	
	Reflexionsgrad Decke	ϱ_D	0,5	
	Reflexionsgrad Boden	ϱ_B	0,1	
	Falls Boden und Wände aus Materialien mit unterschiedlichen Reflexionsfaktoren bestehen, ist der Mittelwert zu berechnen.			
Raumwirkungsgrad	Er wird aus der zugehörigen Raumwirkungsgrad-Tabelle **Bild 1, Seite 146** entnommen.	η_R		
Beleuchtungswirkungsgrad	$\eta_B = \eta_{LB} \cdot \eta_R$	η_B		
Wartungsfaktoren	$WF = WF_{LA} \cdot WF_L \cdot WF_R$ Ein üblicher Referenzwartungsfaktor ist 0,67 bei sauberen Räumen und dreijährigem Wartungsintervall.	WF		
	Lampenwartungsfaktor	WF_{La}		
	Leuchtenwartungsfaktor	WF_L		
	Raumwartungsfaktor	WF_R		
Gesamtlichtstrom	$\Phi_{ges} = \frac{E_v \cdot A}{\eta_B \cdot WF}$	Φ_{ges}		lm
Lampenzahl	$n_{La} = \frac{\Phi_{ges}}{\Phi}$	n_{La}		
Leuchtenzahl	$n = \frac{n_{La}}{z}$	n		
	Anzahl der Leuchten			

6. Nachdem die Schüler die Dokumentationen erstellt haben, sollen jetzt auch die Kosten eines solchen Umbaus ermittelt werden. Herr Cloos stellt dazu die Kalkulationshilfen **(Tabelle 1)**, wie sie im Handwerk verwendet werden, zur Verfügung.
Exemplarisch sollen die Schüler das Angebot für das Klassenzimmer **(Bild 2, Seite 146)** ermitteln.

Tabelle 1: Kalkulationshilfe					**Stand 1/2016**	
	Zeit/Stück	Lohn in €/Stunde		Material (€/m, €/Stück)		
	Minuten	35,29	37,82	netto	Zuschlag 15%	Zuschlag 30%
bis zu 20 Leuchten demontieren/entsorgen	10	5,88	6,30	1,00	1,15	1,30
bis 5 Leuchtstofflampen ausbauen/entsorgen	3	1,76	1,89	0,33	0,36	0,40
bis 15 Leuchtstofflampen ausbauen/entsorgen	2	1,18	1,26	0,33	0,36	0,40
bis 50 Leuchtstofflampen ausbauen/entsorgen	1,5	0,88	0,95	0,33	0,36	0,40
Leuchtstofflampe T8-28 W/840 liefern und einbauen	1,2	0,71	0,76	2,79	3,21	3,63
Leuchtstofflampe T8-58 W/960 liefern und einbauen	1,2	0,71	0,76	4,13	4,75	5,37
Leuchtstofflampe T8-58 W/840 liefern und einbauen	1,2	0,71	0,76	2,92	3,36	3,80
Leuchte 2 x 36 W duo VVG liefern und einbauen	41,8	24,59	26,35	149,41	171,82	194,23
Leuchte 2 x 58 W duo VVG liefern und einbauen	41,8	24,59	26,35	181,03	208,18	235,34
Leuchte 2 x 58 W EVG liefern und einbauen	29,2	17,17	18,41	200,63	230,72	260,82

Bei der Kalkulation ist ein Materialzuschlag von 15% anzunehmen, beim Lohn werden 37,82 €/Std. netto angesetzt.

a) Berechnen Sie den Stundenlohn, den der Kunde bezahlen muss.

b) Ergänzen Sie **Tabelle 2** zur Ermittlung der Kosten für den Umbau der Beleuchtung des Klassenzimmers.

Tabelle 2: Kostenermittlung für den Umbau der Beleuchtung eines Klassenzimmers			
Artikel/Tätigkeit	Anzahl, Arbeitszeit	Einzelpreis in €/Stück, €/h	Gesamtpreis in €
Nettopreis			
Mehrwertsteuer			
Bruttopreis			

7. Wie ändern sich die Nettoarbeitskosten, wenn die Installation von einem Lehrling im 3. Lehrjahr durchgeführt wird?
Es ist von der in den Kalkulationshilfen empfohlenen Verrechnung auszugehen.

Arbeitskosten:

Lehrlingsarbeit
1. Lehrjahr: 49 Prozent
2. Lehrjahr: 52 Prozent
3. Lehrjahr: 56 Prozent
4. Lehrjahr: 62 Prozent vom jeweiligen Gesellenlohn

Informationen zur DIN EN 12464-1: Beleuchtung von Arbeitsstätten in Innenräumen

In der DIN EN 12464-1 vom März 2003 sind die Kriterien **(Bild 1)**, die Voraussetzungen für eine gute Beleuchtung sind, festgelegt. Erst bei Berücksichtigung all dieser Merkmale wird eine optimale Sehleistung erreicht. Diese Kriterien werden auch in der berufsgenossenschaftlichen Regel BGR 131_2 aufgegriffen, denn gute Beleuchtung bietet auch Sicherheit am Arbeitsplatz. Im Vordergrund der Norm steht die Sehaufgabe und nicht die Beleuchtung eines gesamten Raumes **(Bild 2)**. Im Bereich der Sehaufgabe gibt die Norm den Wartungswert der Sehaufgabe E_m **(Tabelle 1)** für bestimmte Tätigkeiten vor. Eine Gleichmäßigkeit g von 0,7 gibt z.B. vor, dass kein Wert der Beleuchtungsstärke im Bereich der Sehaufgabe unter 70% vom Wartungswert der jeweiligen Beleuchtungsaufgabe liegen darf. Zur Ermittlung der mittleren Beleuchtungsstärken und Gleichmäßigkeiten wird je nach Sehbereich ein Rastermaß zur Festlegung der Messstellen vorgegeben.

Bei Klassenräumen wird ein Rastermaß von 1 m vorgeschlagen.

Damit die vorgegebenen Wartungswerte zu keinem Zeitpunkt unterschritten werden, werden bei der Planung Wartungsfaktoren *WF* **(Tabelle 2)** berücksichtigt. Ein hoher Wartungsfaktor bedingt eine häufigere Wartung, verhindert aber eine Überdimensionierung der Beleuchtungsanlage. Die häufige Wartung kann durch das Dimmen der Anlage auf den notwendigen Wartungswert reduziert werden. Der Wartungsfaktor *WF* setzt sich zusammen aus den Wartungsfaktoren der Lampe WF_{La}, der Leuchte WF_L und des Raumes WF_R. Die Werte sind abhängig von der Häufigkeit der Reinigung der Lampen und Leuchten, der Schmutzentstehung bei der Arbeit und dem Austauschzyklus der Lampen. Neben der Beleuchtungsstärke ist die Vermeidung von Blendung bei der Planung eine wichtige Größe. Dazu wurden verschiedene UGR-Werte **(Tabelle 1)** definiert. Die Erfüllung der UGR-Werte wird üblicherweise softwaremäßig ermittelt. Dazu sind die Angaben des Leuchtenherstellers, die Raumbeschaffenheit, die Anordnung der Leuchten im Raum und die Sehbereiche festzulegen. Das Software-Programm des Leuchtenherstellers errechnet für die Rasterpunkte im Raum die UGR-Werte aus **Bild 3**.

E_m: Vorgeschriebener Wartungswert, unter den der Mittelwert der Beleuchtungsstärke im Bereich der Sehaufgabe nicht sinken darf.

***UGR*:** (engl. Unified glare rating = vereinheitlichte Blendrate): Maßzahl, die den Blendwert einer Leuchte im Verhältnis zur Hintergrundleuchtdichte bewertet. Dieser Wert ergibt sich aus allen Leuchten, die zum Blendeindruck beitragen, sowie der Helligkeit der Wände und Decken.
⇒ Die Blendempfindung steigt linear mit dem URG-Wert.

R_a: Der Farbwiedergabe-Index R_a, beschreibt die Güte der Farbwiedergabe. Der Wert 100 beschreibt dabei die optimale Farbwiedergabe (z.B. Tageslicht). Lampen mit einem $R_a < 80$ sollten nicht in Räumen eingesetzt werden, in denen sich Menschen längere Zeit aufhalten.

Tabelle 2: Richtwerte für Wartungsfaktoren *WF*

Sauber *WF* = 0,8	moderne Lampen und Leuchten, sofortiger Austausch ausgefallener Lampen, Wartungsintervall 1 Jahr
Normal *WF* = 0,67	moderne Lampen und Leuchten, Wartungsintervall 3 Jahre
Schmutzig *WF* = 0,57	klassische Lampen und VVG, Wartungsintervall 3 Jahre

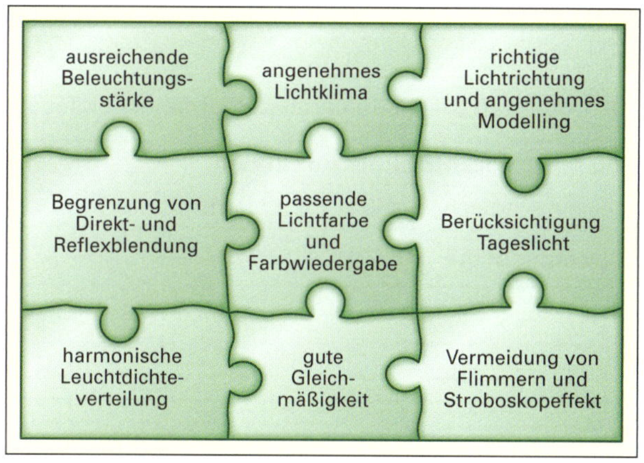

Bild 1: Kriterien für gute Beleuchtung

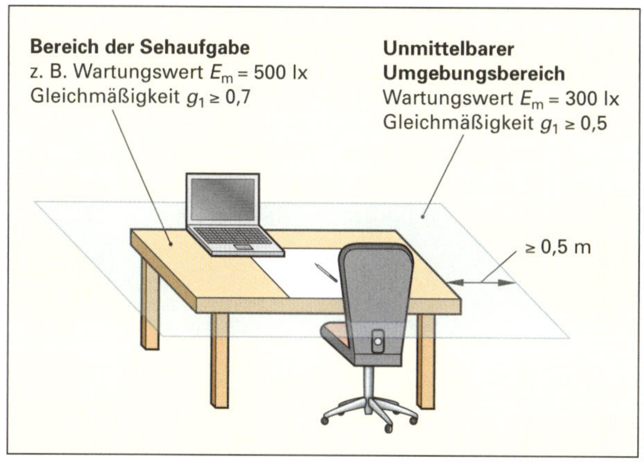

Bild 2: Bereich der Sehaufgabe und Umgebungsbereich

Tabelle 1: Planungswerte für Beleuchtungsanlagen

Art des Innenraums, der Aufgabe und der Tätigkeit (Beispiele)	E_m (lx)	*UGR*	R_a
Büro, PC-Tätigkeit Schreiben, Lesen	500	19	80
Wandtafeln	500	19	80
Unterrichtsräume für Abendklassen und Erwachsene	500	19	80
Computerübungsräume	300	19	80
Lehrmittelsammlungen	100	25	80
Schulkantinen	200	22	80
Eingangshallen	200	22	80
Treppen	150	25	80
Lehrwerkstätten	500	19	80

Bild 3: UGR-Verfahren

Testen Sie Ihre Fachkompetenz

1. Ergänzen Sie die fehlenden Begriffe in der **Tabelle 1**.

Tabelle 1: Lichttechnische Größen

Lichttechnische Größe	Formelzeichen	Einheitenname	Einheitenzeichen
Lichtausbeute			
	Φ_v		
		Lux	
	I_v		
Wartungsfaktor			

2. Die Messwerte in **Tabelle 2** wurden bei der Messung einer Beleuchtungsanlage in einer Lehrwerkstatt aufgenommen. Messpunkt 1 bis Messpunkt 30 befinden sich im Bereich der Werkbänke, die restlichen Messpunkte liegen im Umgebungsbereich.

a) Berechnen Sie den Mittelwert der Messwerte im Bereich der Werkbänke und beurteilen Sie diesen.

Tabelle 2: Messpunkte und Messwerte der horizontalen Beleuchtungsstärke in lx in der Lehrwerkstatt

MP 1	MP 2	MP 3	MP 4	MP 5	MP 6	MP 7	MP 8	MP 9	MP 10
437	485	499	511	515	534	513	505	499	485
MP 11	MP 12	MP 13	MP 14	MP 15	MP 16	MP 17	MP 18	MP 19	MP 20
537	545	555	560	562	545	532	520	490	470
MP 21	MP 22	MP 23	MP 24	MP 25	MP 26	MP 27	MP 28	MP 29	MP 30
420	456	467	498	523	536	521	502	478	450
MP 31	MP 32	MP 33	MP 34	MP 35	MP 36	MP 37	MP 38	MP 39	MP 40
380	387	396	400	430	389	367	342	320	289

MP = Messpunkt

b) Begründen Sie, ob die Gleichmäßigkeit im Sehbereich erfüllt ist.

c) Sind die Messwerte im Umgebungsbereich ausreichend?

d) Wie beurteilen Sie die gleichen Messwerte in **Tabelle 2**, wenn diese direkt bei einer Inbetriebnahme einer neu installierten Beleuchtungsanlage ermittelt werden?

3. Welche Anforderungen sind an einen Bildschirmarbeitsplatz **(Bild)** zu stellen?

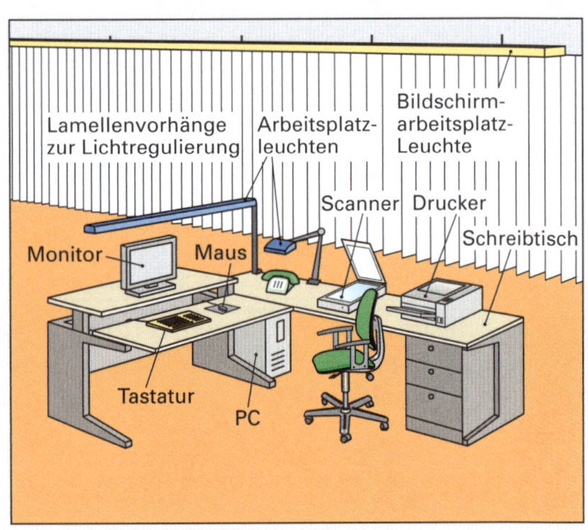

Bild: Bildschirmarbeitsplatz

Testen Sie Ihre Fachkompetenz

4. In welchen Zeiträumen ist die Beleuchtungsanlage von Arbeitsstätten mit künstlicher Beleuchtung zu warten?

5. a) Die Beleuchtungsanlage eines Großraumbüros enthält noch 30 Leuchten **(Bild 1a),** die mit T8-Leuchtstofflampen bestückt sind. Die Lampen sind täglich 10 Stunden bei angenommenen 220 Arbeitstagen in Betrieb. Jede Leuchte enthält 3 Lampen. Der Arbeitspreis *VP* beträgt 0,20 €/kWh. Für das EVG sind pro Leuchte 9 W anzunehmen.
Berechnen Sie die jährlichen Beleuchtungskosten *VE* für das Großraumbüro.

b) Der Leuchtenhersteller behauptet, dass mit dem Einbau neuer Leuchten mit T5-Lampen **(Bild 1b)** etwa die gleiche Beleuchtungsstärke erreicht wird und zusätzlich mehr als 20% der Energie eingespart werden können. Überprüfen Sie diese Aussage durch Rechnung für eine Lampe.

a) Leuchte für vier T8-Leuchtstofflampen von je 18 W
Leuchtenbetriebswirkungsgrad: 0,68
Lichtstrom der Lampe: 1350 lm (Typ 840)

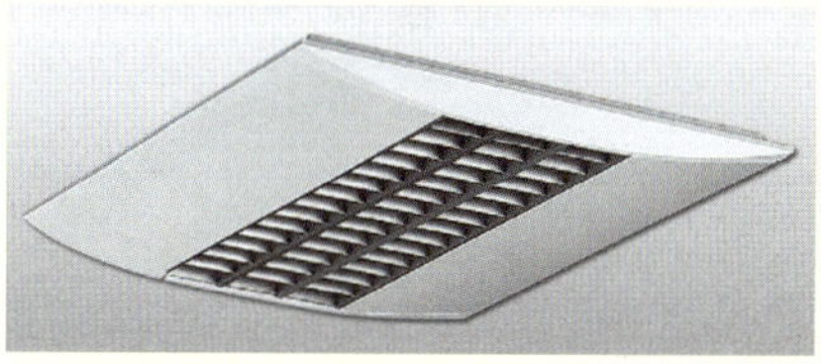

b) Leuchte für drei T5-Leuchtstofflampen von je 14 W
Leuchtenbetriebswirkungsgrad: 0,75
Lichtstrom der Lampe: 1200 lm (Typ 840)

Bild 1: Leuchtendaten

c) Wie hoch sind nach dem Umbau die jährlichen Beleuchtungskosten?

6. **Bild 2** enthält Auszüge aus dem **Datenblatt** des elektronischen Vorschaltgeräts QT DALI-FQ 1x54/230-240 DIM. Welche Daten unterscheiden sich wesentlich von denen eines verlustarmen Vorschaltgerätes?

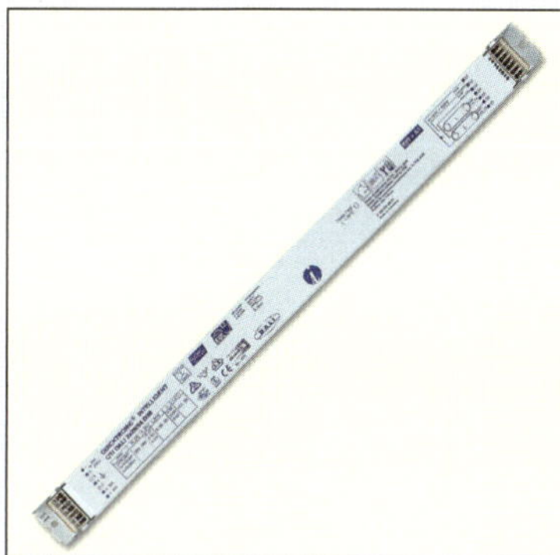

Produktbezeichnung:	QT DALI-FQ 1x54/230-240 DIM	EAN 40 50300:	641737
für Lampe:	1xHO 54, DL 55, L 58	Netzspannung [V]:	230 ... 240
zulässige Spannungs-schwankungen [V]:	198 ... 264	zulässige Batteriepannung [V]:	154 ... 276
Lampenstart:	Warmstart innerhalb von 0,5 Sek.	Netzfrequenz [Hz]:	0/50 - 60
Betriebsfrequenz [kHz]:	ca. 40 ... 100	Netzstrom [A]:	0,28
Leistungsfaktor:	0,98	Systemleistung [W]:	62
Lichtstrom [lm]:	4450		

Bild 2: Auszug aus dem Datenblatt eines elektronischen Vorschaltgerätes

Lernsituation: Installation eines Durchlauferhitzers am Dreiphasenwechselstrom-Netz (Drehstrom-Netz)

Familie Lehmann hat die Absicht ihr Badezimmer zu renovieren. In Zusammenhang mit der Renovierung soll ein elektrischer Durchlauferhitzer **(Bild)** neu installiert werden. Deshalb wendet sie sich an den Elektrofachbetrieb König mit der Bitte, die Installation durchzuführen.

Ihr Meister erteilt Ihnen den Auftrag, die Installation dieses Durchlauferhitzers selbstständig zu planen, auszuführen und die erforderliche Dokumentation zu erstellen.

Bild: Durchlauferhitzer

1. Auftragsanalyse

Vor Beginn der Installationsarbeiten informieren Sie sich über die vor Ort anzutreffenden Anlagenbedingungen und erkundigen sich nach den persönlichen Wünschen des Auftraggebers. Dazu müssen Sie einen Vorschlag unterbreiten, welcher Durchlauferhitzer für Familie Lehmann infrage kommt.

Vom zuständigen Netzbetreiber (NB) haben Sie die Erlaubnis einer maximalen Anschlussleistung von 21 kW erhalten.

Arbeitsauftrag 1: Herstellerunterlagen eines Durchlauferhitzers sichten

1. Nennen Sie Informationsquellen, mit deren Hilfe Sie sich über die Kennwerte von Durchlauferhitzern informieren können.

2. Unterstreichen Sie die Ihrer Meinung nach wichtigen Informationen in den Herstellerunterlagen **(Tabelle)**, die Sie dem Auftraggeber im Gespräch übermitteln wollen.

Tabelle: Herstellerunterlagen für Durchlauferhitzer (Auszug)

Technische Daten:		Zulaufwassertemperatur max.	60 Grad C
Farbe	weiß	Warmwasserleistung	
Kappe und Rückwand	Kunststoff	Mischwasser bei 28 K	10,7 l/min
Isolierblock	Kunststoff	Druckverlust mit/ohne DMB *	1,0/0,8 bar
Isolierblock-Ummantelung	Kupfer	Erwärmung 10 auf 60 Grad C	6,0 l/min
Nennüberdruck	1,0 MPa	Bemessungsleistung	21 kW
Nenninhalt	0,4 l	Einschaltmenge	3,0 l/min
Wasseranschuss (Außengew.)	G 1/2	Elektrischer Anschluss	3/PE 400 V
Elektr. Leitfähigkeit (Wasser)	111 mS/m	Maße und Gewicht:	
Elektr. Widerstand (Wasser)	915 Ohm/cm	H/B/T in mm	470/225/110
* DMB, Abk. für: Durchflussmengenbegrenzer		Gewicht	5,2 kg

3. Erläutern Sie die in den Herstellerunterlagen angegebene Bezeichnung 21 kW und 3/PE 400 V.

4. Bei der Vor-Ort-Beratung mit dem Auftraggeber werden folgende Vereinbarungen getroffen:

- Installation eines 21-kW-Durchlauferhitzers.
- Einbau im Badezimmer am mit X gekennzeichneten Ort **(Bild 1, Seite 157)**.
- Unter-Putz-Installation, maximale Umgebungstemperatur $\vartheta_u = 30°$.
- Sanitärleistungen sind durch eine Sanitärfirma zu erbringen.
- Vorhandenes Drehstrom-System: TN-S-System.

Arbeitsauftrag 2: Begriffe des Dreiphasenwechselstromes (Drehstrom) erarbeiten

Die Energieversorgung wird nicht nur durch eine Wechselspannung realisiert, sondern es werden drei Wechselspannungen zu einem Drehstrom-Netz zusammengeschaltet.

Fachkunde Elektrotechnik,
Kapitel: Dreiphasenwechselstrom (Drehstrom)

1. Informieren Sie sich über das Prinzip der Entstehung von Dreiphasenwechselspannnung **(Bild 1)** und geben Sie die Merkmale dieser Spannung an.

Entstehung: ______________________

____

____

____

____

Merkmale: ______________________

____

____

____

____

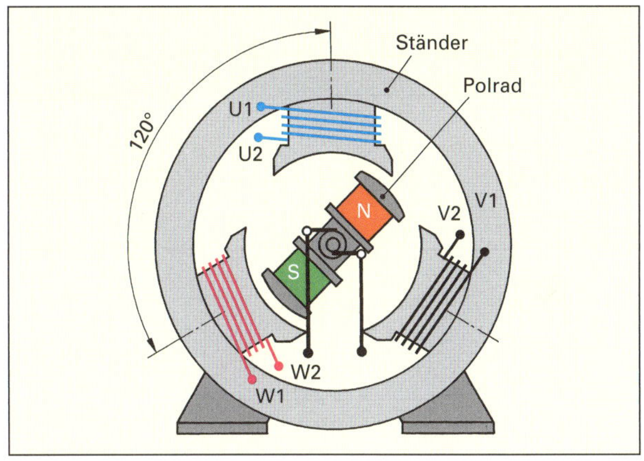

Bild 1: Drehstromerzeugung

2. Im **Bild 2** sind im Liniendiagramm die Spannungen u_{1N} und u_{2N} und im Zeigerbild die Spannung u_{1N} einer Dreiphasenwechselspannung dargestellt. Ergänzen Sie
   a) im Liniendiagramm die Spannung u_{3N} und
   b) das Zeigerbild um die Spannungen U_{2N} und U_{3N}.

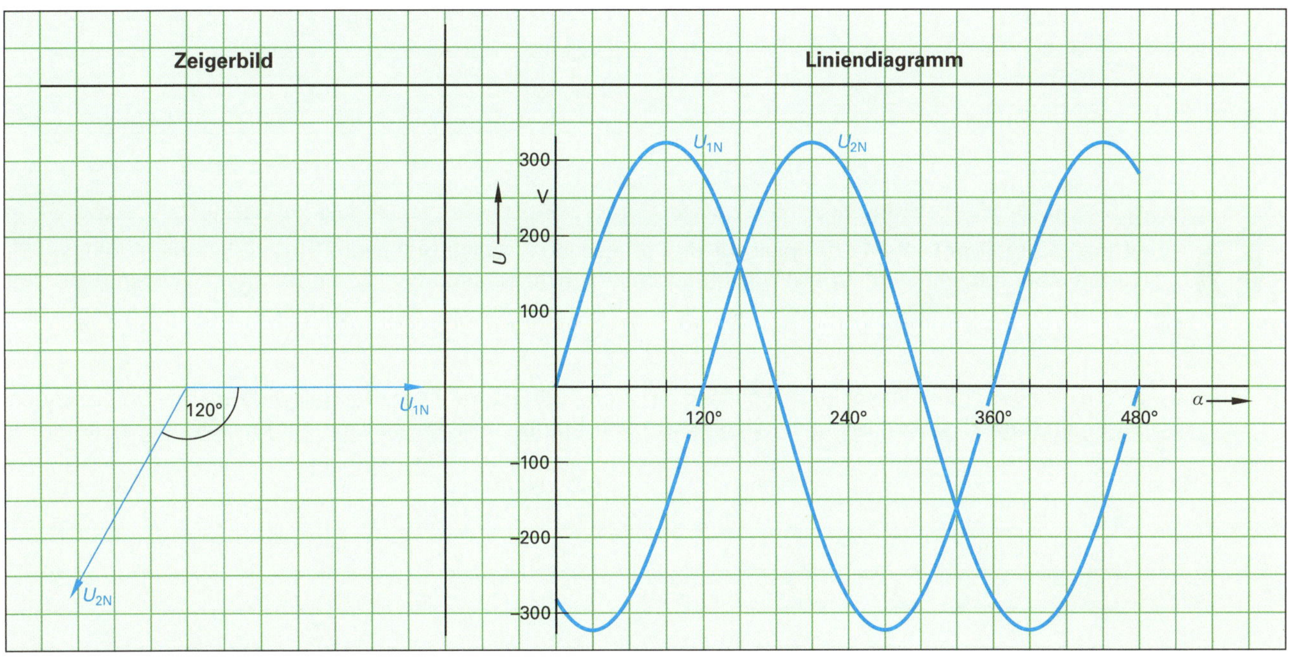

Bild 2: Zeigerbild und Liniendiagramm einer Dreiphasenwechselspannung

3. Bestimmen Sie
   a) den Effektivwert U der Spannungen U_{1N}, U_{2N} und U_{3N}
   b) den Spitze-Tal-Wert $\hat{\hat{u}}$ der Spannung U_{2N} und
   c) die Phasenverschiebungen φ zwischen den drei Spannungen mithilfe der Darstellungen im **Bild 2**.

a) b)

c) U_{1N} eilt U_{2N} um 120° voraus,

4. In einem Drehstrom-System treten zwischen den einzelnen Leitern Spannungen verschiedener Größe auf.

a) Tragen Sie im Drehstromnetz **(Bild 1a)** die fehlenden Spannungsmesser zum Messen aller angegebenen Leiterspannungen und Spannungen zwischen Außenleiter und Neutralleiter (Strangspannung) normgerecht ein.

b) Ergänzen Sie die Effektivwerte für alle gemessenen Spannungen **(Bild 1b)**.

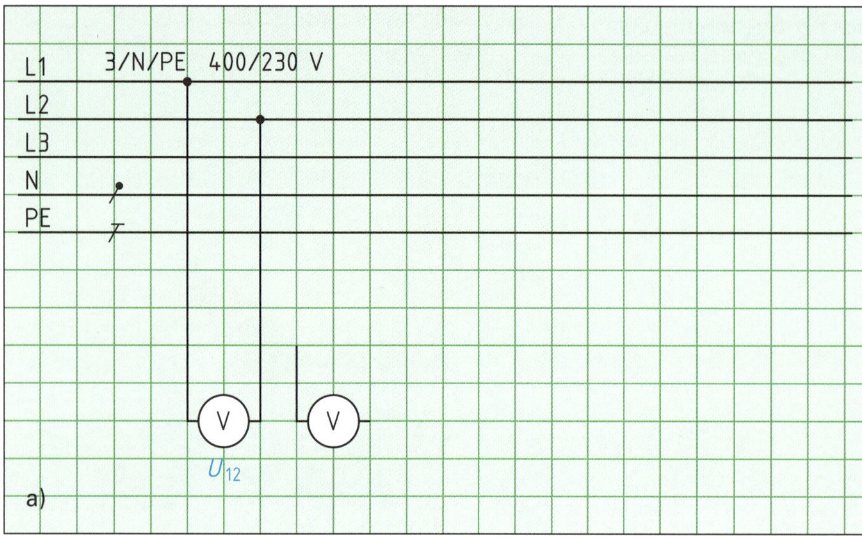

b) Effektivwerte der Spannungen

Leiterspannungen

U_{12} = 400 V

U_{23} = ______

U_{31} = ______

Strangspannungen

U_{1N} = ______

U_{2N} = ______

U_{3N} = ______

Bild 1: Spannungen im Drehstromnetz

5. Setzt man die Leiterspannung zur Spannung zwischen Außenleiter und Neutralleiter ins Verhältnis, so erhält man eine wichtige Kenngröße des Drehstromnetzes.

a) Wie wird dieses Verhältnis in der Elektrotechnik genannt?

b) Um welchen Zahlenwert ist die Leiterspannung größer als die Spannung zwischen Außenleiter und Neutralleiter?

a) ______

b)

Ein Durchlauferhitzer besteht prinzipiell aus drei ohmschen Einzelverbrauchern (Heizwicklungen). Alle drei Einzelverbraucher haben den gleichen Widerstand, man spricht deshalb von symmetrischer Belastung des Drehstromnetzes. Die drei Einzelverbraucher können auf zwei Arten in ein Drehstromnetz geschaltet werden.

6. Informieren Sie sich über beide Anschlussmöglichkeiten (Verkettungsarten) der drei Heizwiderstände und zeichnen Sie beide Schaltungen **(Bild 2)**. Geben Sie in der Überschrift den Namen und das Zeichen der jeweiligen Schaltung an.

1. Name: ______ Zeichen: ______

2. Name: ______ Zeichen: ______

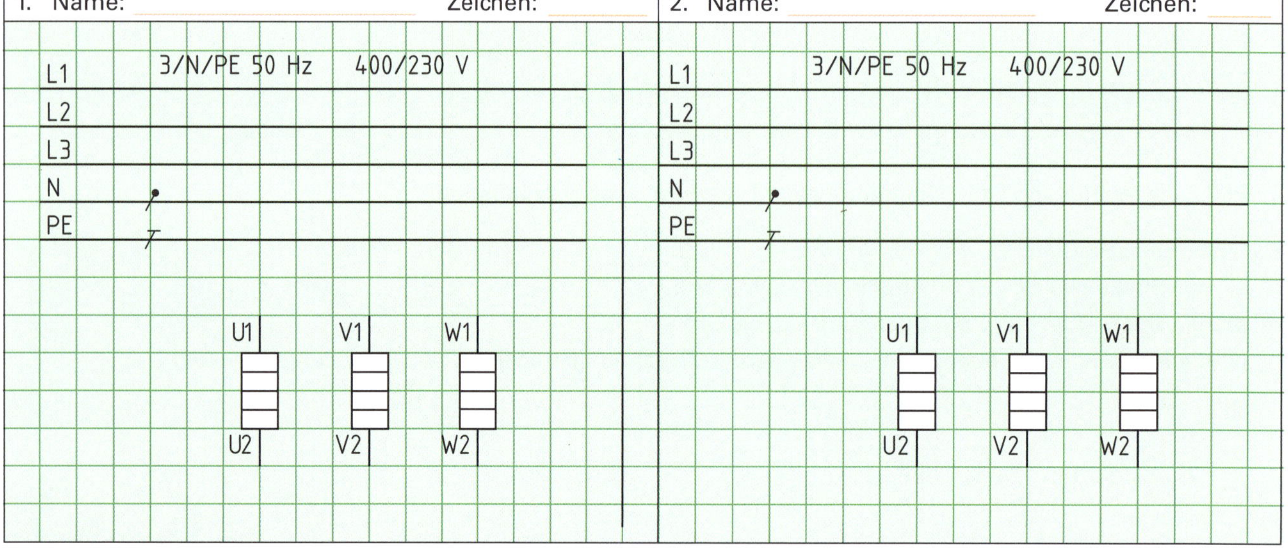

Bild 2: Verkettungsarten

7. Unabhängig von den Verkettungsarten spricht man von Strang- und Leitergrößen. Ordnen Sie in **Tabelle 1** den Strömen und Spannungen die entsprechenden Bezeichnungen und Formelzeichen zu.

Tabelle 1: Fachbegriffe in Drehstromnetzen		
Spannungen, Ströme	Fachbegriff	Formelzeichen
Spannung zwischen den Außenleitern		
Spannung am Einzelverbraucher		
Strom im Außenleiter		
Strom im Einzelverbraucher		

8. Ermitteln Sie für beide Verkettungsarten die mathematischen Beziehungen zwischen Leiter- und Stranggrößen und ergänzen Sie in **Tabelle 2** die Gleichungen.

Tabelle 2: Mathematische Abhängigkeit zwischen Leiter und Stranggrößen		
	Sternschaltung	Dreieckschaltung
Spannung	$U =$ ______ U_{Str}	$U = U_{Str}$
Strom	$I = I_{Str}$	$I =$ ______ I_{Str}

9. Tragen Sie in **Tabelle 3** alle Formeln für die Leistungsberechnung in Drehstromnetzen ein.

Tabelle 3: Formeln zur Leistungsberechnung in Drehstromnetzen bei symmetrischer Belastung		
	Sternschaltung	Dreieckschaltung
Scheinleistung S		
Wirkleistung P		
Blindleistung Q		

10. Geben Sie an, von welcher Spannung und von welchem Strom in beiden Schaltungen die Leistungsaufnahme abhängt.

11. Untersuchen Sie, wie sich die Spannungen und Ströme des gleichen Drehstromverbrauchers ändern, wenn er in Stern- bzw. in Dreieckschaltung angeschlossen wird. Ziehen Sie daraus Schlussfolgerungen für seine Leistungsaufnahme. Überlegen Sie dabei folgende Sachverhalte:

a) Wie unterscheiden sich die Werte der Strangwiderstände in Stern- bzw. Dreieckschaltung?

b) Wie wirkt sich die $\sqrt{3}$-mal größere Strangspannung bei Dreieckverkettung auf den Strom durch den Strangwiderstand aus?

c) Bestimmen Sie die Erhöhung der Leistungsaufnahme eines Stranges bei Dreieckschaltung, indem Sie die größeren Faktoren von Strom und Spannung multiplizieren.

d) Formulieren Sie eine allgemeingültige Aussage zur Leistungsaufnahme eines Drehstromverbrauchers bei Stern- bzw. Dreieckschaltung.

12. Darf unter Beachtung der in Aufgabe 7 untersuchten Aspekte jeder Verbraucher bedenkenlos in Stern- und Dreieckschaltung betrieben werden? Begründen Sie Ihre Antwort.

2. Auftragsplanung

Arbeitsauftrag 3: Zuleitung des Durchlauferhitzers dimensionieren

1. Bestimmen Sie den Bemessungsstrom des Durchlauferhitzers mit der Wirkleistung $P = 21$ kW.

> Durchlauferhitzer haben reine Wirkwiderstände. Der Wirkfaktor $\cos\varphi$ eines Wirkwiderstandes hat immer den Wert 1, sodass in diesem Fall keine Blindleistung auftritt. Somit ist die Scheinleistung gleich der Wirkleistung.

a) Geben Sie die Formel für die Berechnung des Bemessungsstromes I_b an.
b) Berechnen Sie den Bemessungsstrom I_b.

a) Formel	b) Berechnung des Bemessungsstromes

2. Bestimmen Sie den Leiterquerschnitt der Zuleitung.

> Verwenden Sie zur Berechnung der folgenden Aufgaben die Tabellen **Seite 226 und 227** und den Grundrissplan **(Bild 1, Seite 157)**.
> Die Leitung soll unter Putz von der Unterverteilung an der rechten Flurseite entlang zum Durchlauferhitzer geführt werden.

- Bestimmen Sie die Verlegeart: ____________________
- Welche Arten von Umrechnungsfaktoren gibt es und welchen Wert nehmen sie bei diesem Beispiel an?

  1. Umrechnungsfaktor: ____________________

  2. Umrechnungsfaktor: ____________________

- Ermitteln Sie den Nennquerschnitt der Mantelleitung: ____________________
- Ermitteln Sie die erforderliche Leitungslänge: ____________________

  a) Überprüfen Sie durch Rechnung die Einhaltung des zulässigen Spannungsfalls ΔU in V und in %.
  b) Werten Sie das Ergebnis.

a) Berechnung des Spannungsfalls ΔU in V	b) Wertung des Ergebnisses
b) Berechnung des Spannungfalls Δu in %	

- Geben Sie das Typkurzzeichen der zu verwendenden Leitung an: ____________________

Arbeitsauftrag 4: Schutzeinrichtungen auswählen

Durch unzulässig hohe Ströme können in elektrischen Anlagen Brände entstehen. Um solche Brandgefahren zu vermeiden, müssen diese Ströme durch Schutzeinrichtungen rechtzeitig abgeschaltet werden.

1. Nennen Sie das beim Kunden vorhandene Drehstrom-System und die dafür zulässigen Schutzeinrichtungen.

Vorhandenes Drehstrom-System: ______

Zulässige Schutzeinrichtungen: ______

______

2. Ergänzen Sie **Tabelle a) und b)**. Wählen Sie in **Tabelle c)** für Ihren Arbeitsauftrag unter Beachtung der auf **Seite 156** ermittelten Ergebnisse und mithilfe der **Tabelle, Seite 228** den entsprechenden Leitungsschutz.

Tabelle: Leitungsschutz		
a) Aufgaben des Leitungsschutzes	b) Mögliche Arten des Leitungsschutzes	c) Festgelegte Art und Größe

3. Geben Sie **a)** die Typen von Leitungsschutzschaltern und **b)** ihre Anwendung an.

- LS-Schalter Typ ___ : ______
- LS-Schalter Typ ___ : ______
- LS-Schalter Typ ___ : ______

4. Für den Steckdosenstromkreis des Bades wurde ein Bauelement mit der Bezeichnung RCD 40 A/30 mA eingebaut. Geben Sie die Bedeutung der Bezeichnung an.

- RCD (engl. Begriff): ______
- deutscher Begriff : ______
- 40 A : ______
- 30 mA : ______

Arbeitsauftrag 5: Schaltplanunterlagen erstellen

1. Zeichnen Sie in den Grundrissplan **(Bild 1)** die Leitungsverlegung von der Unterverteilung X1 zum mit X gekennzeichneten Montageort des Durchlauferhitzers ein und stellen Sie im **Bild 2** den Übersichtsschaltplan der Anlagenerweiterung dar.

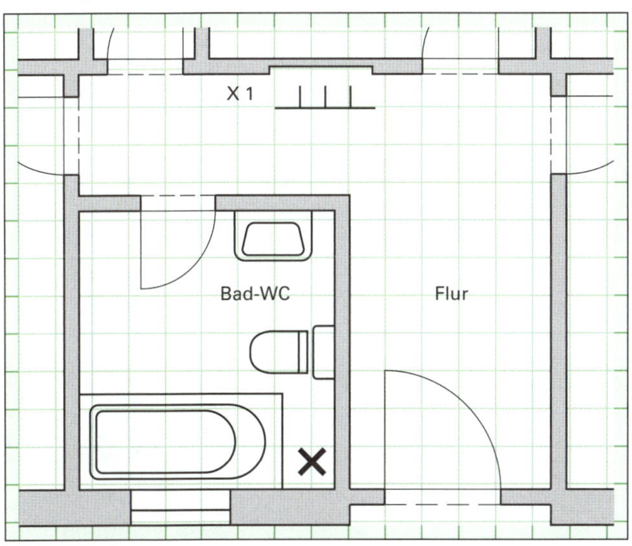

Bild 1: Grundrissplan M: 1:100

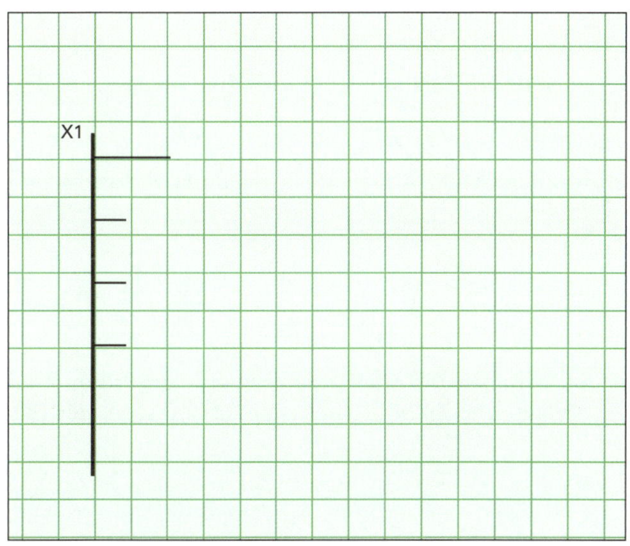

Bild 2: Übersichtsschaltplan

3. Auftragsdurchführung

Arbeitsauftrag 6: Anlage installieren

1. Legen Sie die einzelnen Arbeitsschritte zur Installation des Durchlauferhitzers in der Reihenfolge ihrer Abarbeitung fest.
   -
   -
   -
   -
   -
   -
   -
   -
   -
   -
   -

2. Notieren Sie die notwendigen Materialien sowie das für die ordnungsgemäße Durchführung bereitzustellende Werkzeug.

   Material:

   Werkzeug:

4. Auftragskontrolle

Nach Abschluss der Installation muss durch Prüfungen nach DIN VDE 0100, Teil 600 dafür gesorgt werden, dass sich die Anlage in einem technisch einwandfreien Zustand befindet und der Nutzer die Anlage ohne Gefahr betreiben kann.

Arbeitsauftrag 7: Anlagenerweiterung überprüfen

1. Nennen Sie die grundsätzlichen Prüfungen nach Errichtung einer elektrischen Anlage.

2. In welchem Zustand der elektrischen Anlage wird die Sichtprüfung durchgeführt?

3. Nennen Sie die Anlagenteile, die durch Sichtprüfung überprüft werden sollen.

4. Beschreiben Sie die Vorgehensweise zur Prüfung des Isolationswiderstandes der Anlagenerweiterung mithilfe eines Isolationsmessgerätes **(Bild)**.

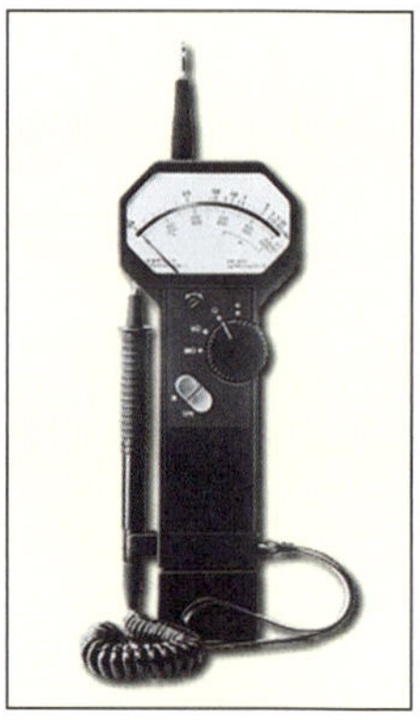

Bild: Isolationsmessgerät

5. Geben Sie den Mindestisolationswiderstand für die von Ihnen errichtete Anlage an.

6. Mit einem Schleifenimpedanz-Messgerät haben Sie im Stromkreis für den Durchlauferhitzer die Schleifenimpedanz zwischen jedem Außenleiter und dem Schutzleiter ermittelt **(Bild)**. Die größte Schleifenimpedanz haben Sie dabei mit 0,62 Ω bestimmt.

a) Berechnen Sie den Wert des Kurzschlussstromes I_K.

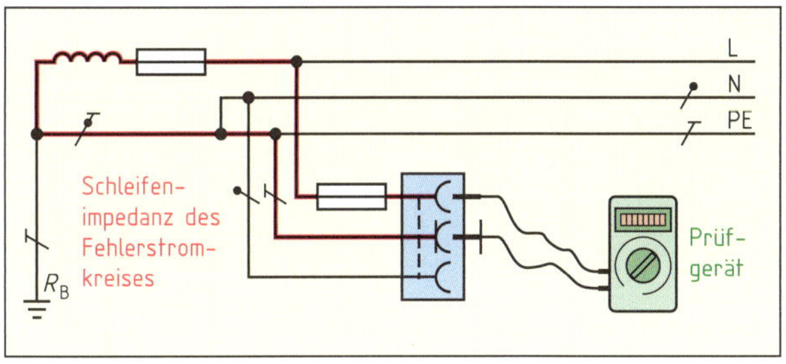

Bild: Messen der Schleifenimpedanz (Prinzip)

b) Bestimmen Sie den Abschaltstrom der von Ihnen eingesetzten Überstrom-Schutzeinrichtung.

c) Berechnen Sie für die Messung die maximal zulässige Schleifenimpedanz Z_{Smax}.

d) Werten Sie Ihre Ergebnisse aus.

7. Begründen Sie die Notwendigkeit eines Prüfprotokolls für die erstellte Anlage.

8. Ergänzen Sie das Prüfprotokoll **(Bild, Seite 160)** mit den für die Anlagenerweiterung notwendigen Werten.

5. Auftragsdokumentation

Arbeitsauftrag 8: Anlage an den Kunden übergeben

1. Über welche Besonderheiten der elektrischen Anlage müssen Sie den Auftraggeber informieren?

2. Listen Sie alle Dokumente auf, die Sie dem Kunden für seine persönlichen Unterlagen überreichen.

-
-
-
-

Prüfung elektrischer Anlagen

Prüfprotokoll

Nr. Blatt .... vom ....

Kunden Nr.:

Auftraggeber: Auftrag Nr.:

Auftragnehmer:

Anlage:

Prüfung nach: DIN VDE 0100–600 ☐ DIN VDE 0105–100 ☐ DGUV, Vorschrift 3 ☐ ...../............. E-CHECK ☐

Neuanlage ☐ Erweiterung ☐ Änderung ☐ Instandsetzung ☐ Wiederholungsprüfung ☐

Beginn der Prüfung:

Ende der Prüfung:

Beauftragter des Auftraggebers:

Prüfer®:

Netz ..../................... V Netzform: TN-C ☐ TN-S ☐ TN-C-S ☐ TT ☐ IT ☐

EVU/NB

Besichtigen	i.O.	i.O.		i.O.	i.O.		i.O.	i.O.
Auswahl der Betriebsmittel	☐	☐	Kennzeichnung Stromkreis, Betriebsmittel	☐	☐	Zugänglichkeit	☐	☐
Trenn- und Schaltgeräte	☐	☐	Kennzeichnung N- und PE-Leiter	☐	☐	Hauptpotenzialausgleich	☐	☐
Brandabschottungen	☐	☐	Leiterverbindungen	☐	☐	Zus. örtlicher Potenzialausgleich	☐	☐
Gebäudesystemtechnik	☐	☐	Schutz und Überwachungseinrichtungen	☐	☐	Dokumentation®	☐	☐
Kabel, Leitungen, Stromschienen	☐	☐	Schutz gegen direktes Berühren	☐	☐	siehe Ergänzungsblätter ☐		
Erproben			Funktion der Schutz-, Sicherheits- und			Rechtsdrehfeld der		
Funktionsprüfung der Anlage	☐	☐	Überwachungseinrichtungen	☐	☐	Drehstromdose	☐	☐
FI-Schutzschalter (RCD)	☐	☐	Drehrichtung der Motoren	☐	☐	Gebäudesystemtechnik	☐	☐

Messen Stromkreisverteiler Nr.:

Stromkreis		Leitung/Kabel		Überstrom-Schutzeinrichtung			R_{iso} (MΩ)	Fehlerstrom-Schutzeinrichtung (RCD)					Fehler-Code
Nr.	Zielbezeichnung	Typ	Leiter Anzahl Querschnitt (mm^2)	Art Charakteristik	I_N (A)	Z_s (Ω) ☐ I_K (A) ☐	ohne ☐ mit ☐ Verbraucher	I_N/Art (A)	$I_{\Delta N}$ (mA)	I_{mess} (mA) (s/an)	Ausl. Zeit t_A (ms)	U_L ≤ .....V U_{mess} (V)	siehe auch ②
	Hauptleitung		×										
			×										
			×										
			×										
			×										
			×										
			×										
			×										
			×										
			×										
			×										

Durchgängigkeit des Schutzleiters ≤ 1 Ω ☐ **Erdungswiderstand: R_E** ....Ω

Durchgängigkeit Potenzialausgleich (≤ 1 Ω nachgewiesen)

Fundamenterder	☐	Hauptwasserleitung	☐	Heizungsanlage	☐	EDV-Analge	☐	Antennenanlage/BK	☐
Potenzialausgleichschiene	☐	Hauptschutzleiter	☐	Klimaanlage	☐	Telefonanlage	☐	Gebäudekonstruktion	☐
Wasserzwischenzähler	☐	Gasinnenleitung	☐	Aufzugsanlage	☐	Blitzschutzanlage	☐	....	☐

Verwendete Messgeräte nach VDE	Fabrikat: Typ:	Fabrikat: Typ:	Fabrikat: Typ:

Prüfergebnis: Keine Mängel festgestellt ☐ Mängel festgestellt ☐

Prüf-Plakette angebracht: ja ☐ nein ☐

Nächster Prüftermin:

Auftraggeber:

Gemäß Übergabebericht elektrische Anlage vollständig übernommen ☐

Zustandsbericht erhalten ☐

Ort .... Datum .... Unterschrift ....

Prüfer:

Die elektrische Anlage entspricht den anerkannten Regeln der Elektrotechnik ☐

Die elektrische Anlage entspricht nicht den anerkannten Regeln der Elektrotechnik ☐

Ort .... Datum .... Unterschrift ....

Testen Sie Ihre Fachkompetenz

1. Beschreiben Sie

a) das Prinzip der Erzeugung von Dreiphasenwechselspannung in einem Drehstromgenerator und

b) die Eigenschaften der Dreiphasenwechselspannung.

a) ______________________________

____

____

b) ______________________________

____

2. Der Scheitelwert der Spannung U_{1N} eines Drehstromsystems beträgt 566 V. Berechnen Sie den Effektivwert der Spannung, zwischen den Leitern L1 und L3.

a) Berechnung des Effektivwertes der Strangspannung U_{1N}	b) Berechnung des Effektivwertes der Leiterspannung U_{13}
	Hinweis: genormte Spannung 690 V

3. Ergänzen Sie die Schaltung so, dass die Widerstände R1, R2 und R3 in Dreieck und die Widerstände R4, R5 und R6 in Stern am Drehstromnetz liegen.

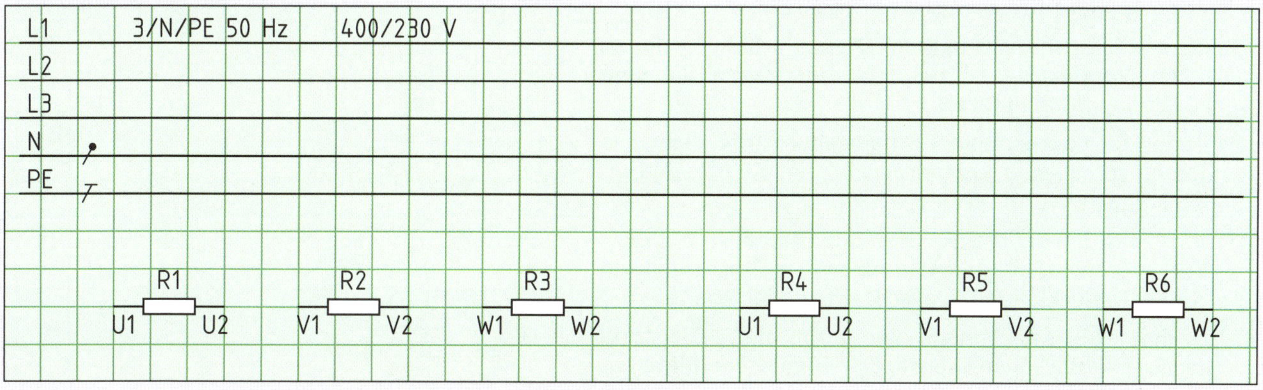

4. Von den sechs Widerständen in **Aufgabe 3** sind $\mathbf{R_2}$ = 75 Ω und $\mathbf{R_6}$ = 120 Ω bekannt. Wie groß müssen die anderen Widerstände sein, damit das Drehstromnetz symmetrisch belastet wird?

R_1 = ________ , R_3 = ________ , R_4 = ________ , R_5 = ________ .

5. Drei ohmsche Widerstände von je 750 Ω werden in Sternschaltung bzw. in Dreieckschaltung an ein Drehstromnetz 3/N/PE ~ 690/400 V geschaltet. Berechnen Sie für jede Schaltung

a) den Strangstrom, **b)** den Leiterstrom und **c)** die Scheinleistung.

d) Wie viel mal ist die Leistung bei Dreieckschaltung größer als bei Sternschaltung?

Sternschaltung	Dreieckschaltung
a)	a)
b)	b)
c)	c)
d)	

Testen Sie Ihre Fachkompetenz

6. **Bild 1** zeigt drei Schaltdiagramme von Nockenschaltern. Erläutern Sie die folgenden Darstellungen der Klemmen 1 und 2 eines Nockenschalters:

a) ☐

b) ☒

c) ☒☒

d) ☒☒

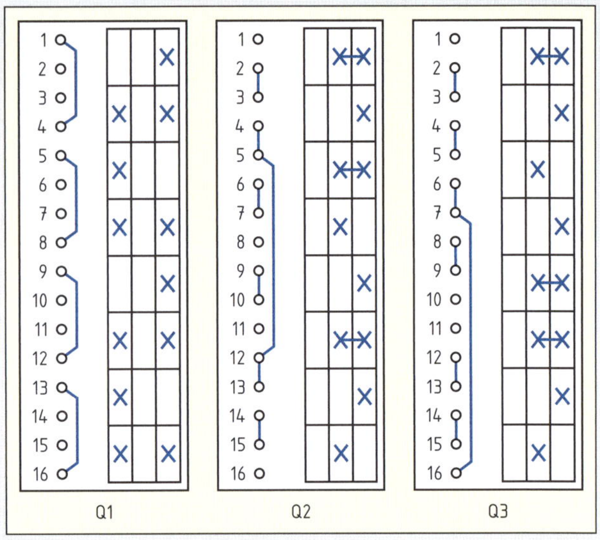

Bild 1: Schaltdiagramme von Nockenschaltern

7. Mit einem der dargestellten Nockenschalter **(Bild 1)** lässt sich eine Stern-Dreieck-Schaltung herstellen.

7.1 Wählen Sie den für eine Stern-Dreieck-Schaltung geeigneten Nockenschalter aus, und übertragen Sie sein Schaltdiagramm in **Bild 2.**

7.2 Tragen Sie oberhalb jeder Schaltstellung **(Bild 2)** jeweils das entsprechende Kurzzeichen für „AUS" (○), „Sternschaltung" (⅄) und „Dreieckschaltung" (△) ein.

7.3 Verbinden Sie die drei Widerstände **(Bild 2)** so mit dem Nockenschalter, dass die Widerstände in Sternschaltung oder in Dreieckschaltung geschaltet werden können.

8. Zeichnen Sie eine Messschaltung, um die Wirkleistung des angeschlossenen Drehstromverbrauchers **(Bild 3)** zu messen. Es wird angenommen, dass der Drehstromverbraucher das Netz ungleichmäßig belastet.

9. In einem Dreileiternetz kann man die Drehstromwirkleistung auch nur mit zwei Leistungsmessern messen.

9.1 Wie nennt man diese Schaltung?

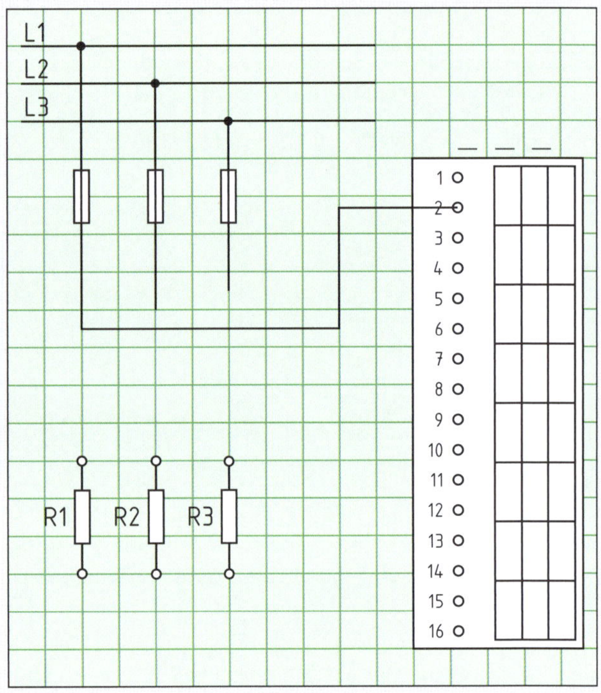

Bild 2: Stern-Dreieck-Schaltung

9.2 Zeichnen Sie diese Schaltung in **Bild 4.**

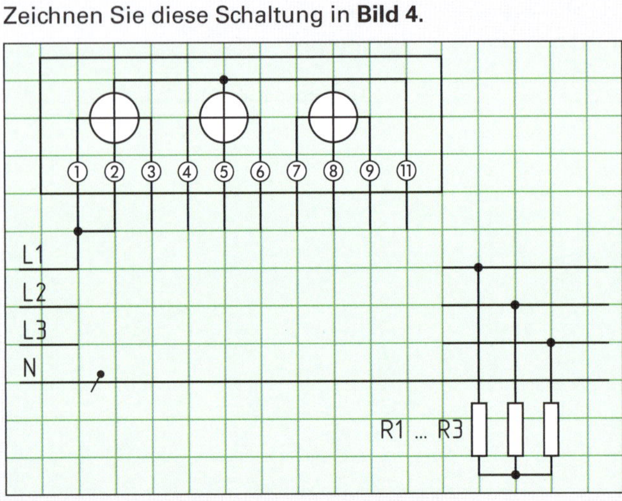

Bild 3: Leistungsmessung im Vierleiternetz

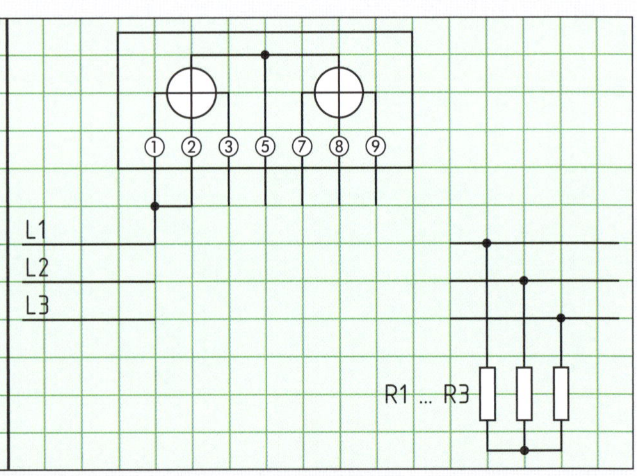

Bild 4: Leistungsmessung im Dreileiternetz

Testen Sie Ihre Fachkompetenz

10. Nennen Sie die Auslösesysteme eines Leitungsschutz-Schalters und geben Sie an, bei welchen Fehlerströmen die Auslösesysteme ansprechen.

•

•

11. Unter welchen Bedingungen darf eine NH-Sicherung **(Bild 1)** gewechselt werden?

•

•

•

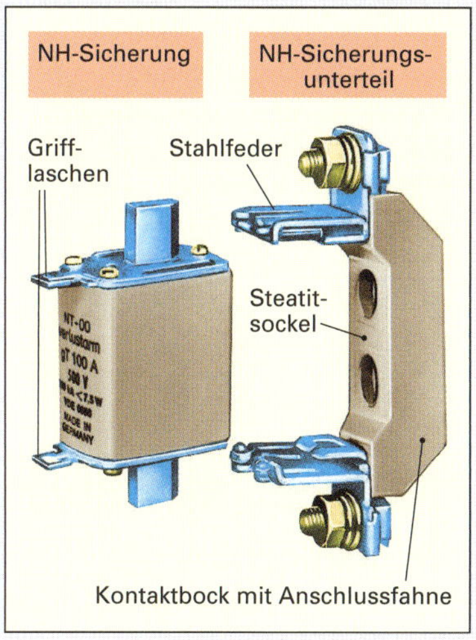

Bild 1: NH-Sicherung

12. Beschreiben Sie die Arbeitsweise einer 4-poligen Fehlerstrom-Schutzeinrichtung (RCD) **(Bild 2)**.

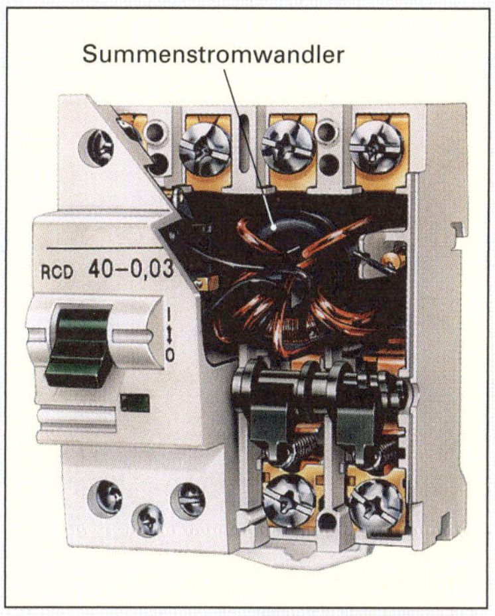

Bild 2: Fehlerstrom-Schutzeinrichtung

13. Nennen Sie Beispiele für **a)** Prüfen durch Besichtigen und **b)** Prüfen durch Erproben und Messen.

a)

b)

14. Nennen Sie **a)** die Voraussetzungen und **b)** die Messorte zur Isolationswiderstandsmessung einer elektrischen Anlage.

a)

b)

Lernsituation: Fotovoltaik-Anlage errichten und in Betrieb nehmen

Herr Maier ruft bei der Firma Solarstrom an und äußert sein Interesse an der Installation einer Fotovoltaik-Anlage auf dem Dach **(Bild 1)** seines Einfamilienhauses. Er wünscht weitere Informationen und bittet um eine Kundenberatung und ein Kundengespräch.

Da die Kundenberatung und das Kundengespräch eine wichtige Voraussetzung für den Auftrag zum Bau einer Fotovoltaik-Anlage ist, sollten Sie, als Elektroniker/-in für Energie- und Gebäudetechnik, neben der Fähigkeit, ein Kundengespräch führen zu können, fachliche Kenntnisse über Funktion, Dimensionierung und Installation von Fotovoltaik-Anlagen besitzen. Sie sollten aber auch über Kenntnisse über Kosten, Einspeisevergütung sowie eine mögliche finanzielle Förderung und den Gesichtspunkt erneuerbarer Energien verfügen.

Bild 1: Einfamilienhaus des Kunden Maier

Arbeitsauftrag 1: Kundenberatung und Kundengespräch vorbereiten

Zur Vorbereitung des Kundengesprächs informieren Sie sich über die Grundlagen, Funktionsweise, die Bestandteile und Anwendungen von Fotovoltaik-Anlagen.

1. Erstellen Sie ein Mind-Map **(Bild 2)** über mögliche Informationsquellen zur Fotovoltaik.

📖 Informationsbeschaffung, Fachkunde Elektrotechnik, Kapitel: Beruf und Betrieb

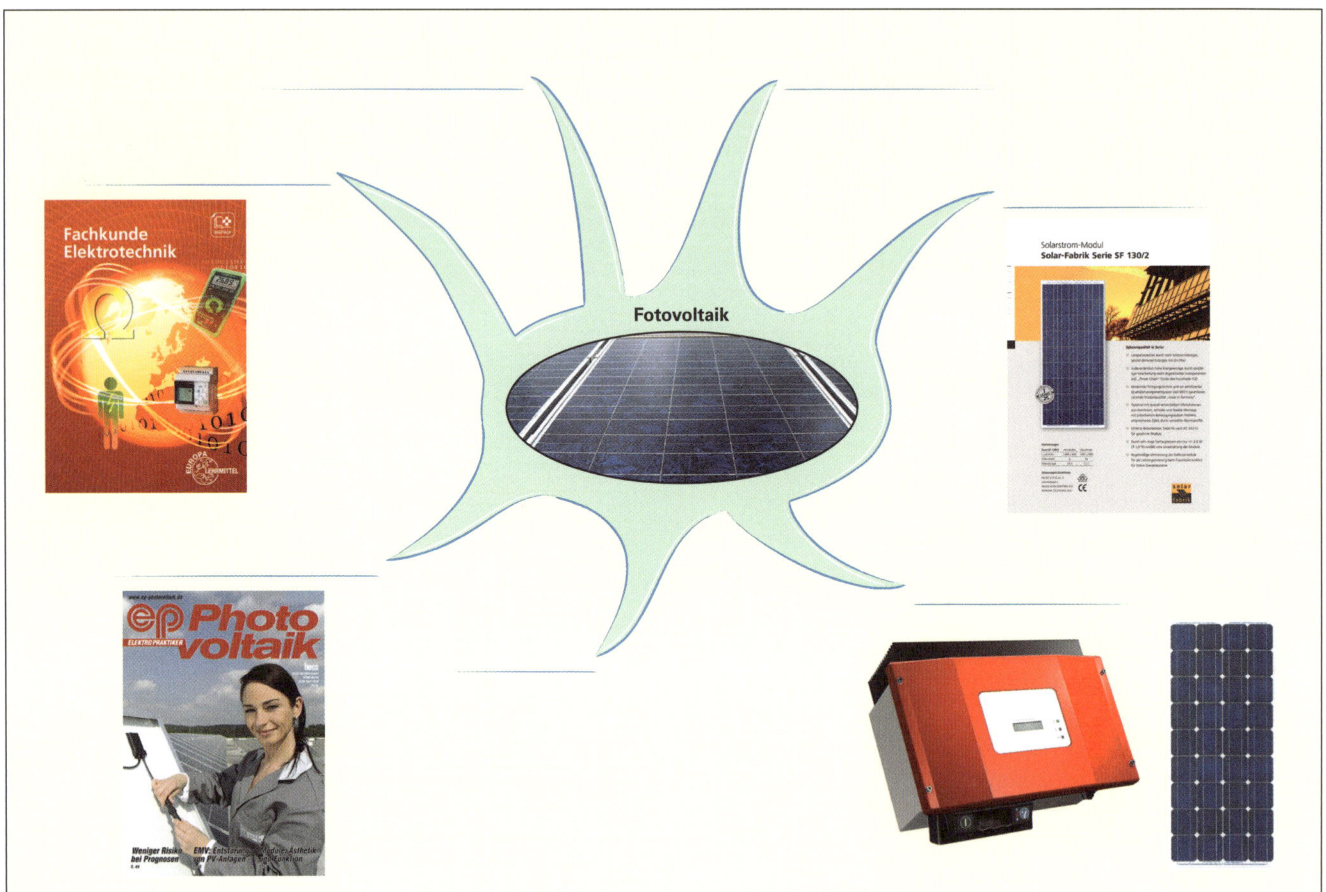

Bild 2: Informationsquellen zum Thema Fotovoltaik

1 PV, Abk. für: Photovoltaik oder Fotovoltaik

2. Erkunden Sie, falls möglich, eine bereits installierte PV-Anlage. Entwickeln Sie für die Erkundung einen Datenerhebungsbogen mit einem Fragenkatalog an den Betreiber, z.B. über Größe der Anlage, Anlageart, Ausrichtung der Anlage, Solarmodule, Wechselrichter, Kosten der Anlage, Ertrag und Einspeisevergütung.

   Verwenden Sie zur Erstellung des Daten- und Fragebogens ein getrenntes Blatt.

Sie haben Sich ausführlich über die Grundlagen, die Funktionsweise und den Aufbau von Fotovoltaik-Anlagen informiert.

3. Damit Sie beim Beratungsgespräch auf Fragen des Kunden zur Installation der Fotovoltaik-Anlage gut vorbereitet sind, sollten Sie sich Gedanken über mögliche Kundenfragen machen.

   Notieren Sie mögliche Kundenfragen auf einem getrennten Blatt!

Zur Erklärung und Beantwortung von Fragen ist es hilfreich, wenn Sie Abbildungen und verschiedenes Informations- und Prospektmaterial **(Bild)** beim Kundengespräch zur Hand haben.

4. Stellen Sie eine Informationsmappe mit Informationen zur Fotovoltaik, Firmenprospekte, Produktbeschreibungen, Datenblätter, Unterlagen über Fördermöglichkeiten und Fotos von erstellten Fotovoltaik-Anlagen zusammen.

Sie sind nun auf das Kundengespräch mit Herrn Maier gut vorbereitet und es kommt zu einem Vororttermin.

Bild: Informations- und Prospektmaterial

Arbeitsauftrag 2: Kundengespräch führen

1. Wie verhalten Sie sich beim Kundengespräch gegenüber Herrn Maier?

📖 Kundenerwartungen und Umgang mit dem Kunden, Fachkunde Elektrotechnik, Kapitel: Beruf und Betrieb

2. Während des Kundengesprächs stellt Herr Maier immer wieder Fragen. Beantworten Sie folgende Fragen und verwenden Sie möglichst zur Erklärung und Veranschaulichung das von Ihnen vorbereitete Informationsmaterial.
   - Was versteht man unter Fotovoltaik?

   - Aus welchen Worten setzt sich die Abkürzung PV zusammen?

- Benennen Sie die im Bild dargestellten Komponenten einer netzgekoppelten Fotovoltaikanlage **(Bild 1)**?

①

②

③

④

⑤

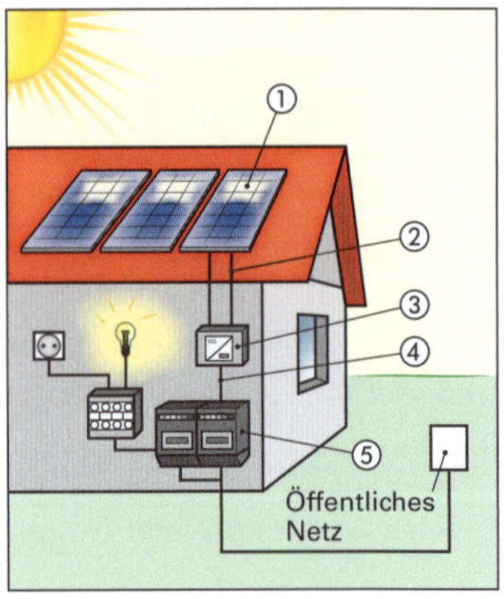

Bild 1: Netzgekoppelte Fotovoltaikanlage

- Was ist denn überhaupt eine Solarzelle **(Bild 2)**?

Bild 2: Solarzellen

- Welche Spannung und welchen Strom liefert eine übliche Solarzelle von 100 × 100 mm?

Fachkunde Elektrotechnik, Kapitel: Erneuerbare Energien

- Welche verschiedenen Arten von Solarzellen unterscheidet man?

- Was versteht man unter einem Solarmodul **(Bild 3)**?

- Aus wie vielen Zellen besteht das Solarmodul **(Bild 3)**?

- Wie groß ist die Solarmodulspannung des Solarmoduls in **Bild 3,** wenn die Solarzellen bei einer Solarzellenspannung von 0,5 V und einer Stromstärke von 3 A in Reihe geschaltet sind?

Bild 3: Solarmodul

- Beschreiben Sie den Unterschied zwischen einem Solarmodul und einem Solarkollektor **(Bild 1)**.

Bild 1: Solarkollektor

- Welche Bedeutung hat die Angabe kWp[1] bei Fotovoltaikmodulen?

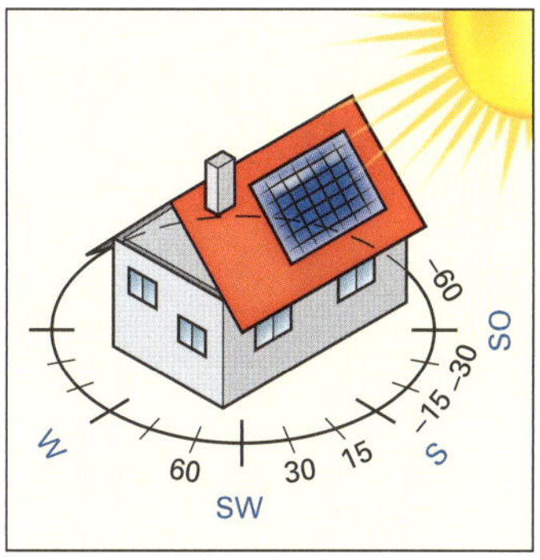

Bild 2: Ausrichtung des Solargenerators

- Ist mein Dach zum Bau einer Fotovoltaik-Anlage geeignet?

- Welchen Vorteil besitzen Flachdächer?

- Welchen Nachteil besitzen schräge Dächer und welche Dachmontagemöglichkeiten gibt es?

- Was ist zu beachten, um einen möglichst großen Ertrag zu erzielen?

- Wie sollte das Dach bzw. der Solargenerator für einen maximalen Ertrag **(Bild 2)** ausgerichtet sein?

[1] p, Abk. für peak (engl.) = Spitze

- Lohnt sich eine Fotovoltaik-Anlage, wenn das Dach bzw. der Solargenerator von der Idealbedingung, z.B. mit einer Ausrichtung zwischen Südwest und Südost und einer Dachneigung zwischen 10° und 50° abweicht?

- Wie groß ist der Platzbedarf auf dem Dach für einen Solargenerator mit 1 kWp Leistung?

- Welchen durchschnittlichen Energieertrag liefert eine Fotovoltaik-Anlage pro kWp installierter Leistung in Deutschland?

- Benötige ich eine Baugenehmigung für die Anlage? (Hinweis: Beachten Sie die Bauordnung des jeweiligen Landes.)

In Baden-Württemberg ist beispielsweise nach § 50, Abs. 1 der Landesbauordnung die Errichtung von Fotovoltaik-Anlagen an und auf Gebäuden verfahrensfrei. Die Errichtung unterliegt weder dem Baugenehmigungsverfahren noch dem Kenntnisgabeverfahren. Öffentlich-rechtliche Vorschriften (z.B. Vorgaben eines Bebauungsplanes) gelten allerdings weiter, ebenso die Vorgaben des Denkmalschutzes.

Hinweis: Trotzdem kann eine Anfrage ratsam sein, wenn z.B. übergeordnete Festlegungen des Bebauungsplans oder Belange des Denkmalschutzes die Errichtung doch wiedergenehmigungspflichtig machen können.

- Mit welchen Kosten einschließlich Installation ist bei einer Anlage zu rechnen und von welchen Faktoren sind sie abhängig?

- **www.kfw.de**
- **www.dgs.de**
- **www.erneuerbare–energien.de**
- **www.solarförderung.de**

- Gibt es zum Bau der Fotovoltaik-Anlage Fördergelder?

- Wie hoch ist die Einspeisevergütung für den von mir gelieferten Strom?

Erneuerbare Energien-Gesetz (EEG)

Das Gesetz regelt die Abnahme und die Vergütung von ausschließlich aus erneuerbaren Energiequellen gewonnenem Strom durch Versorgungsunternehmen die Netze für die allgemeine Stromversorgung betreiben. Es verpflichtet die Netzbetreiber, Strom aus erneuerbaren Energien aufzunehmen und zu vergüten.

Solarstrom aus Anlagen an oder auf Gebäuden oder Lärmschutzwänden wird, z. B. bis zu einer Anlagengröße von 10 kW, ab dem 01.10.2018 mit 11,83 Cent pro Kilowattstunde vergütet. Der Vergütungssatz kann sich verändern. Er ist abhängig von der in den letzten 12 Monaten installierten Fotovoltaikleistung. Die aktuellen Vergütungssätze können bei der Bundesnetzagentur eingesehen werden.

Die Einspeisevergütung wird 20 Jahre zuzüglich dem Inbetriebnahmejahr mit dem gleichen Vergütungssatz ab der Inbetriebnahme bezahlt.

Sie konnten die Fragen von Herrn Maier allgemein verständlich erklären. Aus dem Gespräch haben Sie den finanziellen Rahmen erfahren, den der Kunde Maier für eine Fotovoltaik-Anlage investieren möchte. Herr Maier bittet Sie nun, ein konkretes Angebot zur Installation einer Fotovoltaik-Anlage auf dem Dach seines Einfamilienhauses zu erstellen.

Zur Erstellung eines Angebotes benötigen Sie weitere Daten, die Sie direkt mit dem Kunden bei einer Besichtigung erfassen und abstimmen können.

www.bundesnetzagentur.de

3. Überlegen und notieren Sie auf einem getrennten Blatt, welche Daten Sie zur Erstellung eines Angebotes benötigen.

Mit dem Datenaufnahmeblatt **(Datenblätter Seite 240 und 241)** haben Sie alle relevanten Daten zur Erstellung des Angebotes erfasst.

4. Fassen Sie in einer zusammenhängenden Beschreibung die Daten zusammen.

Kundenwünsche:

Dach:

PV-Generator, Wechselrichter und Zähler:

Leitungslängen (einfach):

Arbeitsauftrag 3: Fotovoltaikanlage planen

Die Auftragsplanung der Fotovoltaikanlage erfolgt nun unter Berücksichtigung folgender Punkte:

- Module und Anlagengröße,
- Wechselrichter-Dimensionierung und Installationsort,
- Leitungsdimensionierung-Modulanschlussleitung und Wechselstromanschlussleitung,
- DC-Hauptschalter,
- Blitzschutz, Erdung und Überspannungsschutz,
- Netzanschluss.

Module und Anlagengröße auswählen

Die Auswahl eines Solarmoduls **(Bild 1)** hängt von verschiedenen Faktoren, wie z.B. Hersteller, Verfügbarkeit, Ausführung, Modulgröße, Modulleistung, Einkaufspreis und Anschlussdose ab.

> Damit die verschiedenen Solarmodule miteinander verglichen werden können, wurden einheitliche Standard-Test-Bedingungen (STC) für Einstrahlung, Zelltemperatur und Lichtspektrum **(Seite 171)** festgelegt. Unter diesen Bedingungen wurden die elektrischen Daten der Module, die in den Datenblättern angegeben werden, auf Prüfständen **(Bild 2)** gemessen.

1. Wählen Sie für die geplante Fotovoltaikanlage aus dem Datenblatt **(Seite 242)** ein geeignetes Solarmodul aus. Entnehmen Sie dann für das ausgewählte Solarmodul dem Datenblatt die Moduldaten und ergänzen Sie die **Tabelle**.

Tabelle: Technische Daten des Solarmoduls unter STC[1]	
Moduldaten	
• Modulhersteller	
• Typenbezeichnung	
• Anzahl Zellen	
• Max. Systemspannung	
• Abmessungen (rahmenlos) $l \times b$ in mm	
• Zelltyp	
• Garantie (Leistungsgarantie)	
Elektrische Daten	
• Bemessungsleistung P_{max}	
• Leerlaufspannung U_{OC}	
• Kurzschlussstrom I_{SC}	
• Spannung U_{MPP}	
• Strom I_{MPP}	
Temperaturdaten	
Temperaturkoeffizient Spannung T_K (U_{OC})	
Temperaturkoeffizient Strom T_K (I_{SC})	

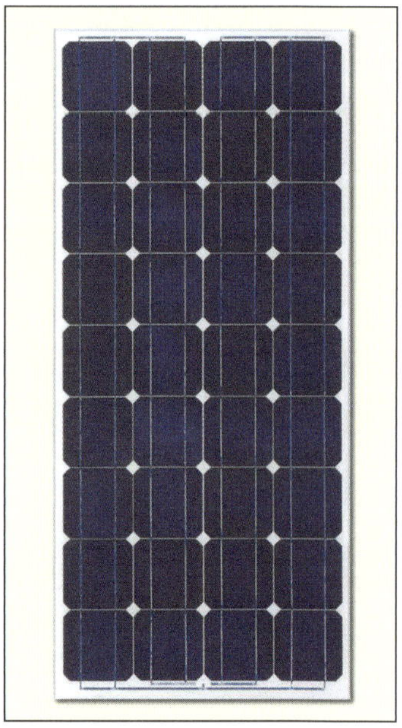

Bild 1: Solarmodul

Bild 2: Prüfstand

[1] STC, Abk. für standard-test-condition (engl.) = Standard-Test-Bedingungen

Lichtspektrum

Wenn die Sonne am Äquator **(Bild)** senkrecht steht, also die Atmosphäre auf kürzestem Wege durchqueren kann, so nennt man die zu durchquerende Luftmasse Air Mass 1, verkürzt AM 1 (AM, Abk. für: Air Mass). Steht die Sonne leicht schräg und hat das 1,5-Fache des senkrechten Weges zu durchqueren, so spricht man von AM 1,5. Durch die Absorption in der Atmosphäre verschiebt sich auch das Spektrum des auf das Modul treffenden Lichtes. Mit der spektralen Zusammensetzung des Lichtes ändert sich auch die Empfindlichkeit der Solarzelle.

2. Welche Werte können aus dem **Datenblatt Seite 242** für die Einstrahlung, die Zellentemperatur und das Lichtspektrum für STC (Standard-Test-Conditions) entnommen werden?

- Einstrahlung: ______
- Zellentemperatur: ______
- Lichtspektrum (AM): ______

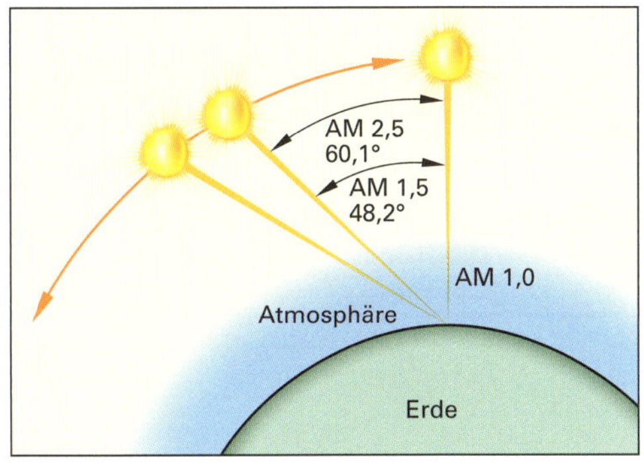

Bild: Air Mass

3. Bestimmen Sie für die festgelegte Gesamtleistung des Fotovoltaik-Generators von ca. 2,3 kWp die Anzahl der Module.

- Gesamtleistung P_{ges}:
- Maximal-Leistung eines Moduls P_{max}:
- Anzahl der Module n:
- Antwort:

Modulanzahl

Um die Modulanzahl zu ermitteln, wird die gewünschte Gesamtleistung der Anlage durch die maximale Leistung eines Moduls dividiert.

Für die nachfolgende Auswahl eines geeigneten Wechselrichters wird die minimale und die maximale MPP-Spannung (U_{MPPmin} und U_{MPPmax}) sowie die maximale Spannung im Leerlauf (U_{OCmax}) des Solargenerators benötigt. Aus der Anzahl der Module pro Strang und den Moduldaten können diese Spannungen ermittelt werden.

Minimale und maximale Ausgangsspannung des Solargenerators

- Die minimale MPP-Spannung U_{MPPmin} ergibt sich bei maximaler Zellentemperatur, die maximale MPP-Spannung U_{MPPmax} bei minimaler Zellentemperatur. Im Sommer können Zellentemperaturen bis 70 °C auftreten, im Winter von z. B. –10 °C.
- Die maximale Spannung U_{MPPmax} tritt dann auf, wenn die Module bei minimaler Zellentemperatur (Wintertag) im Leerlauf sind. Die Leerlaufspannung U_{OC} steigt an.

4. Entnehmen Sie aus dem Moduldatenblatt **(Seite 242)** für STC folgende Werte.

- Leerlaufspannung U_{OC}: ______
- Spannung U_{MPP}: ______
- Temperaturkoeffizient der Spannung T_K: ______

Beispiel: Berechnung der MMP-Spannung U_{MMP} eines Moduls bei einer Zellentemperatur von 70 °C:

$\Delta T = T_2 - T_1 = 70\ °C - 25\ °C = 45\ °C = 45\ K$

$\Rightarrow \Delta U_{MPP} = \Delta T \cdot T_K = 45\ K \cdot (-0{,}076\ V/K) = -3{,}42\ V$

$\mathbf{U_{MPP(70°)}} = U_{MPP} + \Delta U_{MPP} = 16{,}99\ V - 3{,}42\ V = \mathbf{13{,}57\ V.}$

Beispiel: Berechnung der minimalen MPP-Spannung U_{MPPmin} des Solargenerators mit 20 Modulen in Reihe bei einer Zellentemperatur von 70 °C:

$\mathbf{U_{MPPmin}} = U_{MPP(70°)} \cdot n = 13{,}57\ V \cdot 20 = \mathbf{271{,}4\ V}$

5. Berechnen Sie bei einer Zellentemperatur von $T = -10$ °C a) die MPP-Spannung $U_{MPP(-10°)}$ eines Moduls und b) die maximale MPP-Spannung U_{MPPmax} des Solargenerators mit 20 Modulen in Reihe. (Hinweis: Berechnung wie im Beispiel **Seite 171**).

a)

b)

6. Berechnen Sie bei einer Zellentemperatur von $T = -10$ °C a) die maximale Leerlaufspannung $U_{OC(-10°)}$ eines Solarmoduls und b) die maximale Leerlaufspannung U_{OCmax} des Solargenerators.

a)

b)

7. Entnehmen Sie aus dem Datenaufnahmeblatt **(Seite 241)** die Abmessungen der zur Verfügung stehenden Dachfläche.

Abmessungen der zur Verfügung stehenden Dachfläche: Länge ca.: ______

Breite ca.: ______

8. Tragen Sie die Abmessungen der zur Verfügung stehenden Dachfläche in das **Bild** ein.

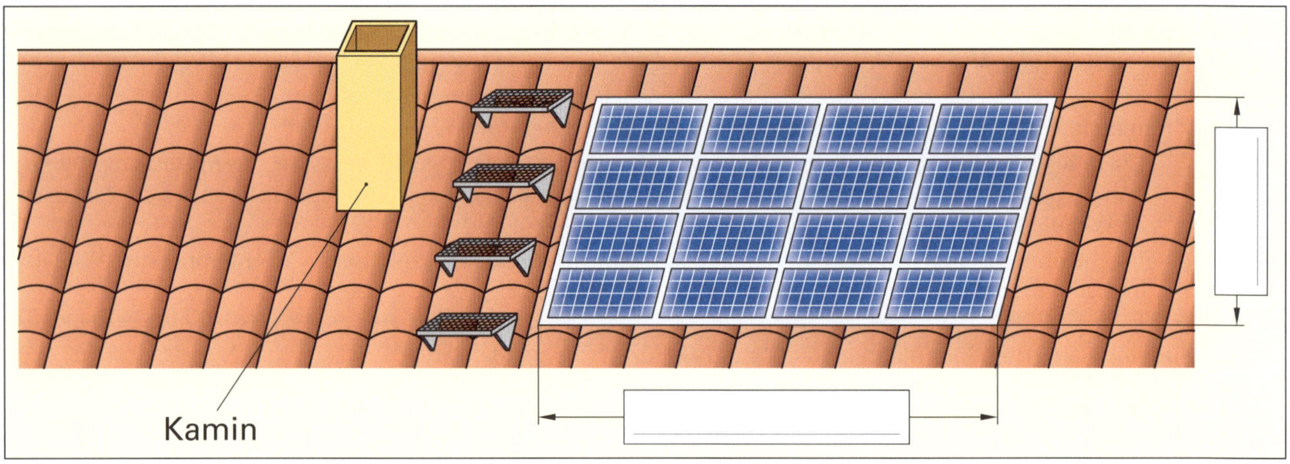

Bild: Dachfläche mit Anordnung der Solarmodule

9. Überprüfen Sie, ob die Solarmodule wie im **Bild** dargestellt unter Berücksichtigung der zur Verfügung stehenden Dachfläche angeordnet werden können.

Abmessungen eines Solarmoduls

Länge und Breite des Solarmoduls: l_{mod} = ______ b_{mod} = ______

Abmessungen des Solargenerators:

Länge des Solargenerators: l_{Gen} = ______

Breite des Solargenerators: b_{Gen} = ______

Antwort:

Wechselrichter auswählen

Anlagenkonzept

Für die Installation der Fotovoltaik-Anlage wird ein Strangwechselrichter **(Bild)** eingesetzt.

1. Welche Vorteile hat der Strangwechselrichter gegenüber einer Anlage mit einem zentralen Wechselrichter?

Betrachten Sie dabei mögliche Vorteile, z.B. bezüglich PV-Generatoranschlusskasten, Verkabelung der Module, Gleichstromhauptleitung, nachträgliche Erweiterung und Installationskosten.

Vorteile z.B. durch:

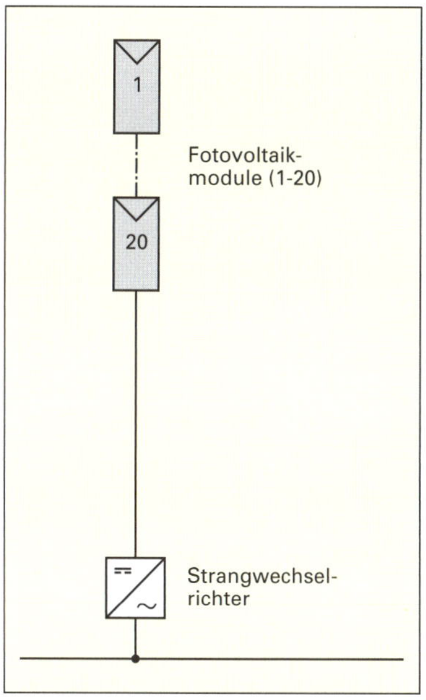

Bild: Fotovoltaik-Module mit Strangwechselrichter

Wahl und Installationsort des Strangwechselrichters

Wahl des Installationsortes des Strangwechselrichters

Für die Wahl des Installationsortes sind die vom Hersteller geforderten Installationsbedingungen zu berücksichtigen. Bei Wechselrichtern, die für die Außenmontage geeignet sind, ist zu beachten, dass durch die Witterungseinflüsse wie hohe Temperatur und Feuchtigkeit die Lebensdauer beeinflusst werden kann. Wechselrichter im Außenbereich sollten deshalb vor Sonne und Regen geschützt werden. Die Geräuschentwicklung sollte je nach Wechselrichter ebenfalls bei der Wahl des Installationsortes berücksichtigt werden. Zur Kontrolle auf Funktion und zum Ablesen der vom Wechselrichter aufgenommenen Daten sollte der Installationsort zugänglich sein.

2. Welche Kriterien sind z.B. bei der Wahl des Installationsortes zu berücksichtigen?

Funktionen des Wechselrichters

- Der vom Generator erzeugte Gleichstrom wird in einen netzkonformen Wechselstrom umgewandelt.
- Mithilfe der MPP-Anpassung (Maximum Power Point) wird der Arbeitspunkt des Wechselrichters an den Punkt maximaler Leistung des PV-Generators angepasst.
- Bei Netzausfall oder Netzstörungen muss der Wechselrichter sofort abschalten.
- Die Erfassung der Betriebsdaten soll über eine Anzeige erfolgen und gespeichert werden.

3. Welche wesentlichen Funktionen sollen Wechselrichter erfüllen?

Kriterien zur Auswahl eines Wechselrichters

- Die Leistung des Wechselrichters richtet sich nach der vom Generator erzeugten Leistung. Die Leistungsangabe der Module bezieht sich auf STC-Bedingungen, die aber in der Praxis selten auftreten. Daher kann die Generatorleistung bis zu 10 % über der Bemessungsleistung des Wechselrichters liegen.
- In einer Konformitätserklärung muss der Wechselrichterhersteller bestätigen, dass alle geltenden Vorschriften und Normen eingehalten werden. Insbesondere sind dies die Richtlinien für den Parallelbetrieb von Eigenerzeugungsanlagen mit dem Niederspannungsnetz des Netzbetreibers, d.h., der Wechselrichter muss für eine Netzeinspeisung die Anschlussbedingungen des Netzbetreibers erfüllen.
- Die maximale und minimale MPP-Spannung des PV-Generators müssen innerhalb des Eingangsspannungsbereichs des Wechselrichters liegen.
- Die maximale Leerlaufspannung U_{OCmax} des Solargenerators darf die maximale DC-Spannung des Wechselrichters nicht überschreiten.
- Erfüllt der Wechselrichter das gewünschte Anlagenkonzept, z.B. Anlage mit zentralem Wechselrichter oder Strangwechselrichter?
- Besitzt der Wechselrichter für den gewünschten Montageort die notwendige Schutzart?

4. Welche Kriterien müssen bei der Auswahl des Wechselrichters **(Bild 1)** berücksichtigt werden?

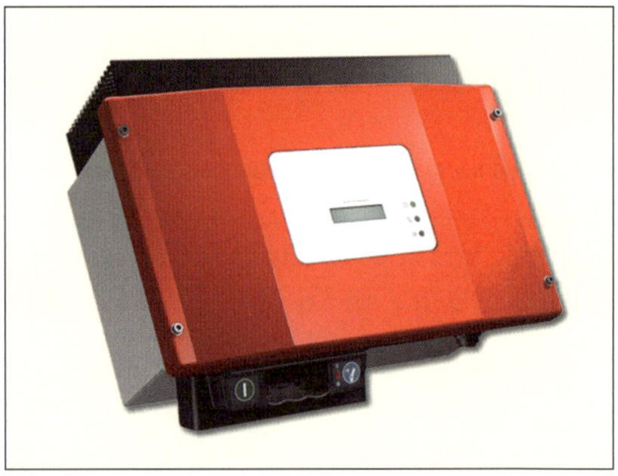

Bild 1: Wechselrichter

5. Was versteht man unter dem Netz- und Anlagenschutz (NA-Schutz, **Bild 2**)?

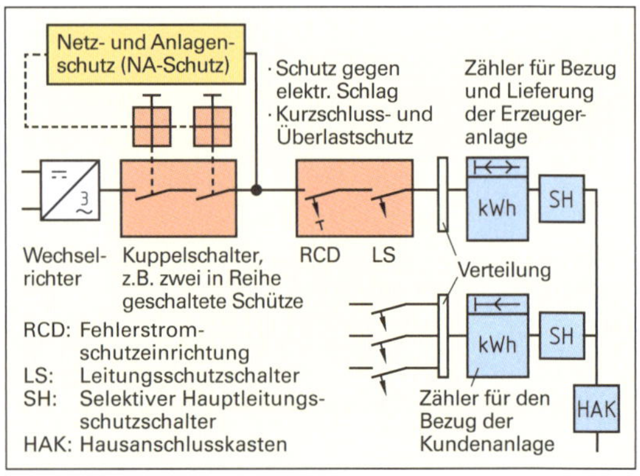

Bild 2: Zentraler NA-Schutz einer PV-Anlage mit 3~AC-Netzanschluss (Volleinspeisung)

6. Welche Aufgabe erfüllt die Netzüberwachung?

7. Wählen Sie zunächst aus dem **Datenblatt Seite 243** einen Wechselrichter aus, der im Bereich der Generatorleistung liegt.

Ausgewählter Wechselrichter: ______

8. Entnehmen Sie dem **Datenblatt** für den gewählten Wechselrichter **(Seite 243 und Seite 244)** die technischen Daten und tragen Sie diese in die **Tabelle** ein.

Tabelle: Technische Daten des Wechselrichters	
Eingangsseite DC	
Maximale DC-Spannung	
PV-Eingangsspannungsbereich	
Maximale DC-Leistung	
Maximaler Eingangsstrom	
Ausgangsseite AC	
Bemessungsleistung	
Bemessungsspannung	
Systemdaten	
Schutzart	
Maximaler Wirkungsgrad	
Schaltungskonzept Topologie	
Netzüberwachung	
Anzeige	

Installationsort des Wechselrichters

Je nach Verwendungszweck und Aufstellungsort der Betriebsmittel ist ein Berührungs- und Fremdkörperschutz und ein Schutz gegen das Eindringen von Wasser erforderlich.

IP-Schutzarten Fachkunde Elektrotechnik, Kapitel: Schutzmaßnahmen

9. Welcher Schutzart müssen elektrische Betriebsmittel in feuchten und nassen Räumen sowie
a) in ungeschützten Anlagen und
b) in geschützten Anlagen im Freien mindestens entsprechen?

a) Schutzart: ______

b) Schutzart: ______

10. Welche Schutzart hat
a) der ausgewählte Wechselrichter und
b) welche Bedeutung haben die Ziffern der Schutzart?

a) Schutzart des Wechselrichters: ______

b) Ziffer 6: ______

Ziffer 5: ______

11. Gibt es durch die Schutzart Einschränkungen für den Montageort des Wechselrichters?

12. Überprüfen Sie die Verträglichkeit der gewählten Modulanzahl und Modulverschaltung mit den sich daraus ergebenden Werten für

a) Leistung,

b) Spannung (Leerlaufspannung, minimale und maximale MPP-Spannung) und

c) Strangstrom mit den Daten des ausgewählten Wechselrichters.

a) Die vom Generator erzeugte Leistung liegt im empfohlenen Bereich (10 %) über der maximalen Leistung des Wechselrichters.

Leistung des Generators unter STC: ____________________

Maximale installierbare Leistung des Wechselrichters: ____________________

Bedingung erfüllt/nicht erfüllt? (Nichtzutreffendes bitte streichen)

b) Die maximale Leerlaufspannung des Solargenerators ist kleiner als die maximale DC-Eingangsspannung des Wechselrichters.

Maximale Leerlaufspannung des Solargenerators: ____________________

Maximale DC-Eingangsspannung des Wechselrichters: ____________________

Bedingung erfüllt/nicht erfüllt? (Nichtzutreffendes bitte streichen)

Die minimale MPP-Spannung des Solargenerators ist größer als die minimale Eingangsspannung des Wechselrichters.

Minimale Ausgangsspannung des Solargenerators: ____________________

Minimale Eingangsspannung des Wechselrichters: ____________________

Bedingung erfüllt/nicht erfüllt? (Nichtzutreffendes bitte streichen)

Die maximale MPP-Spannung des Solargenerators ist kleiner als die maximale Eingangsspannung des Wechselrichters.

Maximale MPP-Spannung des Solargenerators: ____________________

Maximale Eingangsspannung des Wechselrichters: ____________________

Bedingung erfüllt/nicht erfüllt? (Nichtzutreffendes bitte streichen)

c) Der Modulkurzschlussstrom und somit der maximale Strangstrom (in Reihe geschaltete Module) ist kleiner als der maximale Eingangsstrom des Wechselrichters.

Modulkurzschlussstrom: ____________________

Maximaler Eingangsstrom des Wechselrichters: ____________________

Bedingung erfüllt/nicht erfüllt? (Nichtzutreffendes bitte streichen)

Zur Dimensionierung und Auslegung von PV-Anlagen können auch PV-Planungsprogramme verwendet werden. Beispiele für PV-Planungsprogramme sind:

- Solarius PV
- DDS-CAD PV
- PV*SOL

Im Internet gibt es ebenfalls Simulationsprogramme zur Online-PV-Simulation. Diese Programme sind meist im Funktionsumfang und in der Genauigkeit begrenzt und liefern nur überschlägige Ergebnisse.

Der Auszug aus einem Simulationsprogramm **(Bild** und **Datenblatt Seite 248)** zeigt das Ergebnis einer PV-Online-Simulation unter www.sma.de.

- **www.pvsyst.com**
- **www.sma.de**
- **www.solarserver.de**
- **www.valentin-software.com**

Systemübersicht (Deutschland (Germany)/Stuttgart)

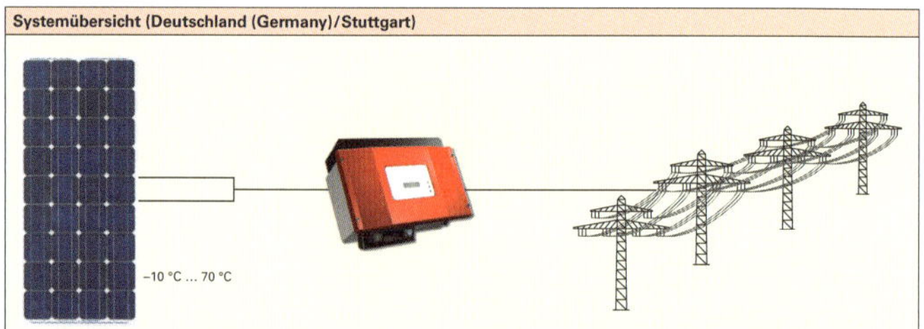

PV-Modul	Wechselrichter (WR)
Solar-Fabrik AG; SF 115/2 (115 W) Neigung: 42° Azimut: 14° Module × String: 20 × 1	Sunny Boy SB 2100TL Anzahl: 1 max. Wirkungsgrad: 96 %; EU-Eta: 95,2 % max. DC-Leistung: 2,2 kW; max. AC-Leistung: 2,1 kW Netzspannung/-frequenz: 230 V/50 Hz

Auslegungsdaten			
PV-Peakleistung:	2,30 kW	Nennleistungsverhältnis:	96 %
Gesamte Modulanzahl:	20	jährl. Energieertrag*:	2187 kWh
PV-Generatorfläche:	20,4 m²	Energienutzungsfaktor:	100,0 %
Anzahl der WR:	1	Performance Ratio*:	79 %
WR max. DC-Leistung:	2,20 kW	Spez. Energieertrag*:	951 kWh/kWp
WR max. AC-Leistung:	2,10 kW	Kabelverl. (% PV-Energie):	nicht berücksichtigt
WR-Nutzungsgrad:	94,2 %		

Bild: Ergebnis einer PV-Online-Simulation (Auszug)

Leitungen dimensionieren

1. Vervollständigen Sie das Blockschaltbild der geplanten Fotovoltaik-Anlage **(Bild 1)**.

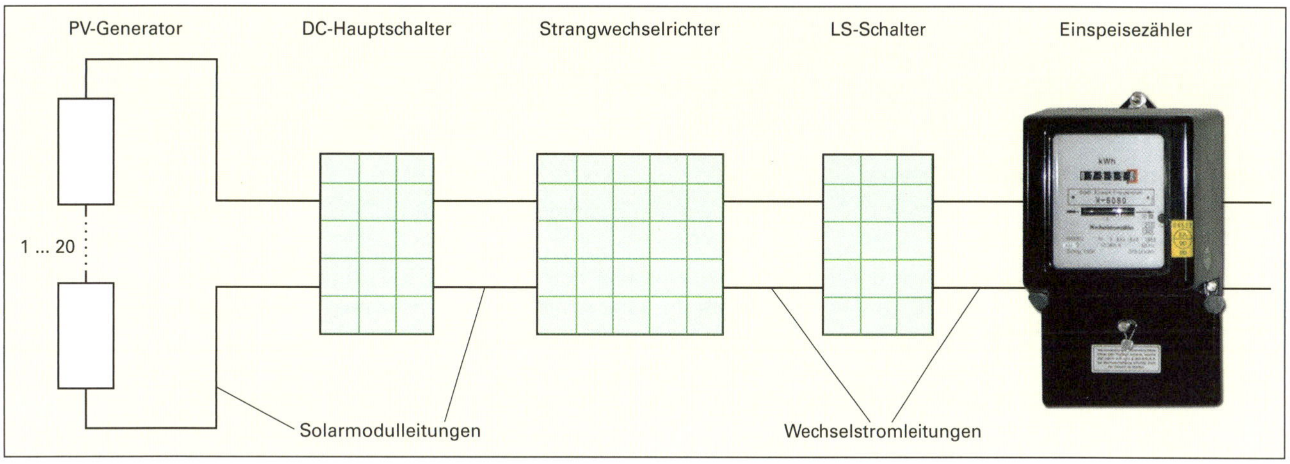

Bild 1: Blockschaltbild der geplanten Fotovoltaik-Anlage

Solarmodulleitung bzw. Strangleitung dimensionieren

2. Welche allgemeine Eigenschaften weisen Solarmodulleitungen **(Bild 2)** bzw. Strangleitungen auf? (Hinweis: **Datenblatt Seite 245)**

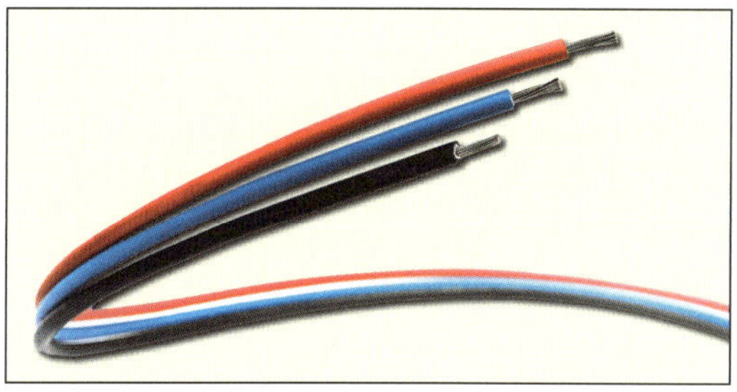

Bild 2: Solarmodulleitungen

3. Welche wesentlichen Kriterien sind bei der Leitungsdimensionierung zu beachten?

4. Welche Größen haben Einfluss auf die Strombelastbarkeit von festverlegten Kabeln und Leitungen?

Fachkunde Elektrotechnik, Kapitel: Bemessung von fest verlegten Kabeln und Leitungen

5. Nach welcher Norm kann die Strombelastbarkeit von Leitungen durch die verschiedenen Einflussfaktoren bestimmt werden?

Solarmodulanschlussleitung

Die Norm DIN VDE 0298, Teil 4 kann jedoch zur Dimensionierung der Modulanschlussleitungen nur bedingt angewendet werden.

1. Die Norm erfasst nicht die für PV-Anlagen verwendeten H07RN-F-Leitungen mit erhöhter Temperaturbeständigkeit ($T > 60$ °C). Bei einer Aufdachmontage kann auf den Dachziegeln eine Umgebungstemperatur von z. B. 70 °C herrschen.
2. Im Bezug auf Leiterbündel geht die Norm davon aus, dass alle Adern voll belastet sind. Bei Modulleitungsbündeln fließt jedoch im Fehlerfall nur in einem Leiter der Grenzbelastungsstrom.

Für eine richtige Leitungsdimensionierung sollten beim Kabelhersteller die notwendigen Umrechnungsfaktoren bzw. die Strombelastbarkeit für die verwendete Solarmodulleitung **(Bild)** eingeholt werden.

Aus der **Tabelle (Datenblatt, Seite 245)** wurde eine Solarleitung mit einem Querschnitt von 2,5 mm² ausgewählt.

6. Bestimmen Sie die Strombelastbarkeit bei einer Umgebungstemperatur von 70 °C aus dem **Bild** und vergleichen Sie mit dem Kurzschlussstrom des PV-Strangs.

Kurzschlussstrom:

Strombelastbarkeit bei 70 °C:

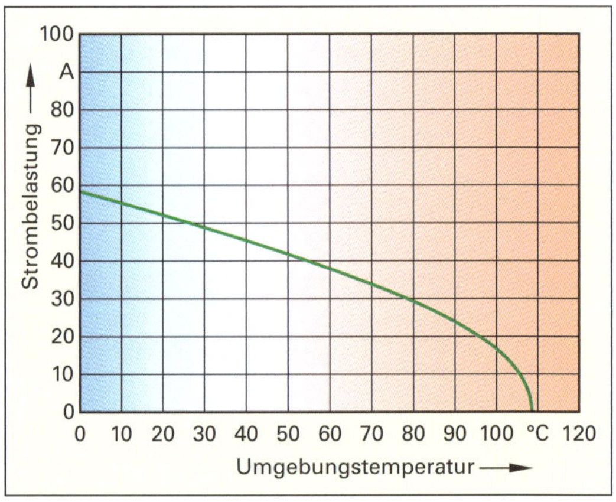

Bild: Strombelastung einer Solarleitung 2,5 mm² in Abhängigkeit der Umgebungstemperatur

Leitungsverlust

Für die weitere Dimensionierung bzw. Überprüfung des Leitungsquerschnitts ist die Forderung nach möglichst geringen Leitungsverlusten zu berücksichtigen. Dabei sollte die Verlustleistung bei netzgekoppelten Anlagen durch sämtliche DC-Leitungen 1 % der Anlagenbemessungsleistung bei STC nicht überschreiten.

7. Ermitteln Sie die in der **Tabelle** aufgeführten Werte.

Tabelle: Daten zur Ermittlung des Leistungsverlustes bei einer Solarleitung	
Leitungslänge (einfach) der Solarleitung	l =
Leitungsquerschnitt der Solarleitung	A =
Elektrische Leitfähigkeit der Solarleitung	γ =
Strangstrom	I_{MPP} =
Bemessungsleistung des Generators bei STC	P_{ges} =

8. Berechnen Sie den Leistungsverlust für die ausgewählte Solarmodulleitung bzw. Strangleitung.
Leistungsverlust der Solarleitung:

9. Wird die Forderung, dass der Leistungsverlust der DC-Leitung nicht über 1 % der Bemessungsleistung der Anlage liegt, eingehalten?
Berechnung für 1 % der Strangleistung bei STC:

10. Durch welche Maßnahme könnte bei einer längeren Solarleitung die Verlustleistung gesenkt werden?

Wechselstromanschlussleitung dimensionieren

11. Dimensionieren Sie den Querschnitt der Wechselstromanschlussleitung (NYM – 3X…, **Bild**) unter Berücksichtigung von DIN VDE 0298, Teil 4, und DIN 18015, Teil 1 (Datenblatt **Seite 226**).
Stromstärke des Wechselrichters:

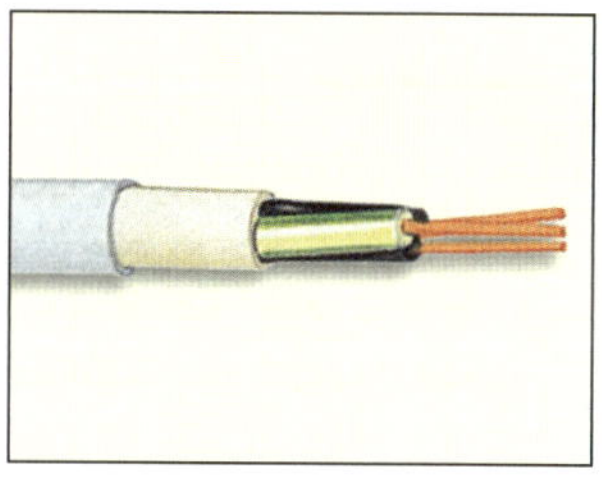

Bild: Leitung NYM

– Mindeststrombelastbarkeit I_Z der Leitung:

Verlegeart (Tabelle 1, **Seite 226**)

– 2 belastete Adern (Wechselstromkreis):

Umrechnungsfaktoren (Tabelle 1, **Seite 227**)

– Umgebungstemperatur 25 °C und PVC-Isolierung:

– eine belastete Leitung:

Bemessungswert der Strombelastbarkeit:

Aus Tabelle 2, **Seite 226**, ergibt sich bei Verlegeart B2 und
2 belasteten Adern ein Querschnitt der Wechselstromanschlussleitung von:

12. Berechnen Sie für den gewählten Querschnitt den Spannungsfall ΔU der Wechselstromleitung bei einer einfachen Leitungslänge von 3 m.

13. Nach DIN VDE 18015 soll der Spannungsfall der AC-Anschlussleitung weniger als 3 % bezogen auf die Netzbemessungsspannung von $U = 230$ V betragen. Überprüfen und begründen Sie, ob die Norm hier eingehalten wird.

DC-Lasttrennschalter auswählen

1. Ist ein DC-Lasttrennschalter **(Bild)** erforderlich und welche Aufgabe erfüllt er?

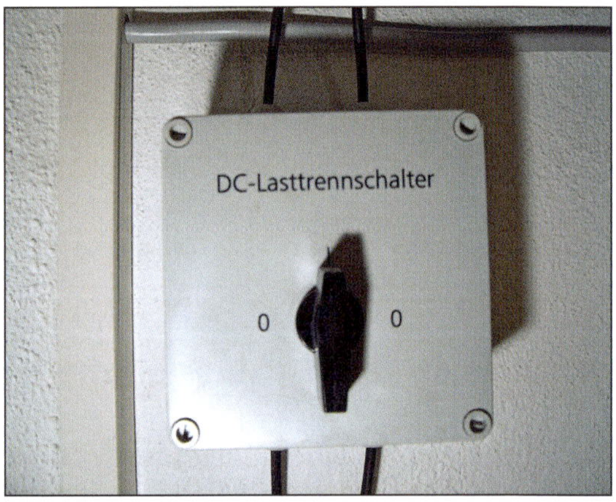

Bild: DC-Lasttrennschalter

2. Wählen Sie einen DC-Lasttrennschalter **(Tabelle)**, der bei –10 °C auf die maximale Leerlaufspannung U_{OCmax} und auf 125 % des maximalen Generatorstromes für einen Strang ausgelegt ist.

Leerlaufspannung des Stranges bei –10 °C:

U_{OCmax} =

125 % des maximalen Generatorstroms (Kurzschlussstrom):

Ausgewählt:

Tabelle: Technische Daten von DC-Lasttrennschalter

Schaltertyp	**2.0**	**3.0**
max. Spannung (V)	900	900
max. Strom (A)	16	16
max. Strangzahl/Eingang	3	1
max. Strangzahl/Ausgang	1	1
Betriebstemperaturbereich (°C)	–25 bis +40	–25 bis +40
max. Strom in Eingangsklemme (A)	10	16
max. Strom in Ausgangsklemme (A)	16	16
max. Leitungsquerschnitt in Eingangsklemme	4	16
max. Leitungsquerschnitt in Ausgangsklemme	6	16
Überspannungsableiter	ja	nein
Kabelverschraubungen	M16	M16
max. Kabeldurchmesser (mm)	10	10
Schutzart (IP)	54	54
Schutzklasse	II	II
Außenmaße H x B x T (mm)	275 x 180 x 140	180 x 200 x 140
Gewicht (kg)	2,0	1,5

In verschiedenen Wechselrichtern ist ein DC-Lasttrennschalter **(Bild 1)** integriert. Auf eine externe Installation des DC-Lasttrennschalters kann verzichtet werden, wenn die Daten des integrierten DC-Lasttrennschalters die geforderten Bedingungen erfüllen.

3. Prüfen Sie, ob in dem ausgewählten Wechselrichter

a) ein DC-Lasttrennschalter integriert ist und

b) ob er mit seinen Daten **(Tabelle)** die geforderten Bedingungen (siehe Aufgabe 2, **Seite 180**) erfüllt.

a) ______________________________

____

____

____

b) ______________________________

____

____

____

____

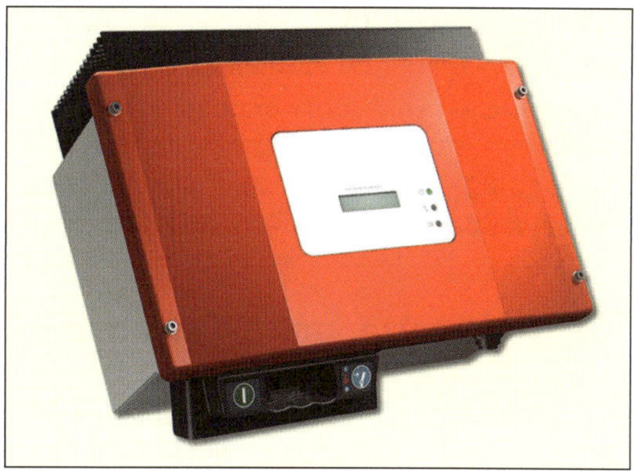

Bild 1: Wechselrichter mit DC-Lasttrennschalter

Tabelle: Daten des integrierten DC-Lasttrennschalters	
Elektrische Lebensdauer (im Kurzschlussfall mit Nennstrom von 35 A):	mind. 50 Schaltvorgänge
Maximaler Schaltstrom	35 A
Maximale Schaltspannung	800 V
Maximale PV-Leistung	ca. 12 kW
Schutzart im gesteckten Zustand	IP65
Schutzart im nicht gesteckten Zustand	IP21

Blitzschutz, Erdung und Überspannungsschutz analysieren

Gebäude ohne äußeres Blitzschutzsystem

Ist keine Blitzschutzanlage vorhanden, wird empfohlen das PV-Generatorgestell zu erden und in den Potenzialausgleich einzubeziehen. Bei Einsatz von transformatorlosen Wechselrichtern muss das PV-Generatorgestell geerdet werden. Die Erdungsleitung sollte außerhalb des Hauses auf kürzestem Weg zum Erder geführt werden.

Gebäude mit äußerem Blitzschutzsystem (Bild 2)

Bei einem direkten Blitzeinschlag ist die PV-Anlage vor Blitzströmen sicher, wenn sich der PV-Generator vollständig im Schutzbereich der Fangeinrichtung befindet. Dabei ist zu beachten, dass zwischen Anlagenteilen der Fotovoltaikanlage und Metallteilen, z.B. Blitzschutzanlage, Dachrinnen, Dachfenster oder Trittstufen, ein Trennungsabstand *s* **(Bild 2)** von ca. 0,5 – 1 m eingehalten wird. Die Berechnung des Trennungsabstands *s* kann nach DIN VDE 0185, Teil 3 vorgenommen werden.

Wird der genannte Sicherheitsabstand z.B. montagebedingt nicht eingehalten oder befinden sich die PV-Module nicht im Schutzbereich der Fangeinrichtung, müssen die Modulrahmen und die metallische Befestigungskonstruktion des PV-Generators durch eine blitzstromfeste Verbindung an die Ableitungen angeschlossen werden.

Es empfiehlt sich die PV-Anlage so zu planen, dass sie sich innerhalb des Schutzbereichs des äußeren Blitzschutzsystems befindet.

Da auf dem Dach ein äußeres Blitzschutzsystem vorhanden ist, wurde bei der Planung darauf geachtet, dass sich der PV-Generator innerhalb des Schutzbereichs der Fangeinrichtung befindet und dass der geforderte Trennungsabstand eingehalten wird. Zur Beurteilung wird eine Blitzschutzfachkraft hinzugezogen.

Erdung

Es wird empfohlen, leitende Teile des Fotovoltaik-Generators mit in den Potenzialausgleich einzubeziehen. Dazu wird eine Potenzialausgleichsleitung (PAL) zusammen mit der Generatorhauptleitung **(Bild 2)** zum Generator geführt. Hersteller trafoloser Wechselrichter schreiben eine verbindliche Erdung vor.

Gebäude ohne und mit äußerem Blitzschutzsystem

Fotovoltaikanlagen erfordern nicht zwingend die Installation einer Blitzschutzanlage. Ist jedoch auf dem Gebäude ein äußeres Blitzschutzsystem vorhanden oder aus baurechtlichen Gründen notwendig, muss die PV-Anlage in das Schutzkonzept gegen direkte Blitzeinschläge einbezogen werden. In diesen Fällen muss eine Blitzschutzfachkraft nach DIN VDE 0185-305 hinzugezogen werden.

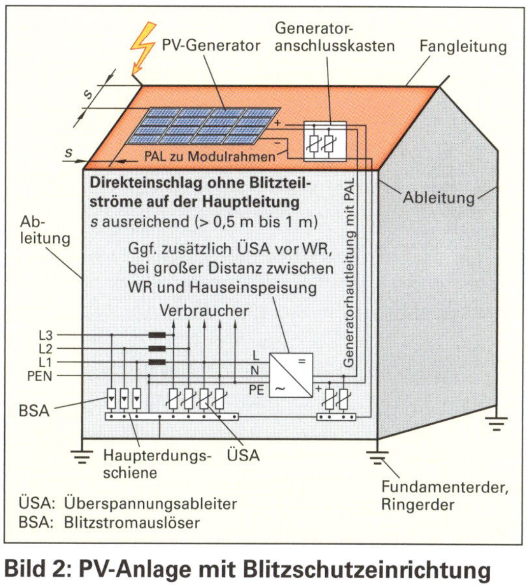

Bild 2: PV-Anlage mit Blitzschutzeinrichtung

Überspannungsschutz

Um Überspannungen abzuleiten, ist ein zusätzlicher Überspannungsschutz notwendig **(Bild 2, Seite 181).**

Wechselrichter sind vom Hersteller meist mit einem entsprechend ausgelegten Überspannungsableiter (ÜSA) ausgerüstet, sodass sich ein ausreichender Schutz auf der Gleichstromseite ergibt.

Überspannungen können aber auch auf dem Niederspannungsnetz auftreten. Die Wechselrichter verfügen auch auf der Netzseite über eine entsprechende Schutzeinrichtung.

Netzeinspeisepunkt, Netzanschluss festlegen

Die Lage des Einspeisepunktes ist abhängig vom verwendeten Wechselrichter und von der Art der Einspeisung. Der Netzeinspeisepunkt sollte auf alle Fälle mit dem zuständigen Netzbetreiber abgesprochen werden. Die AC-Anschlussleitung ist im Zählerbereich gegen Überlastung und Kurzschluss zu sichern.

1. Beschreiben Sie das im **Bild 1** dargestellte Einspeiseprinzip.

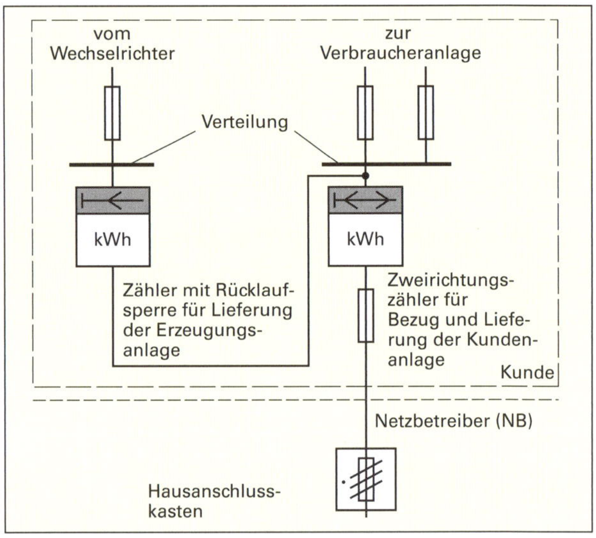

Bild: Einspeisung (Prinzip)

2. Wo erfolgt bei einer Netzeinspeisung der Anschluss der AC-Anschlussleitung und welche Maßnahme treffen Sie gegen Überlastung und Kurzschluss?

Fehlerstrom-Schutzeinrichtung

Bei transformatorlosen Wechselrichtern muss aufgrund der fehlenden einfachen (galvanischen) Trennung zwischen der Wechsel- und Gleichspannungsseite eine RCD (Fehlerstrom-Schutzeinrichtung) vom Typ B vorhanden sein **(Datenblatt Seite 249).** Bei einigen Wechselrichtern ist die Schutzeinrichtung bereits integriert. Die Schutzeinrichtungen können entfallen, wenn der Hersteller bestätigt, dass keine Gleichfehlerströme auftreten.

3. Prüfen Sie, ob im gewählten Wechselrichter eine Fehlerstrom-Schutzeinrichtung integriert ist.

Netzimpedanz

Bei der Wahl des Installationsorts des Wechselrichters darf die Netzimpedanz (Schleifenwiderstand) an den Klemmen des Wechselrichters einen bestimmten Wert nicht überschreiten. Nur wenn die Netzimpedanz unterhalb 1,25 Ω liegt, darf der Wechselrichter zugeschaltet werden.

4. a) Bestimmen Sie den Wert der Netzimpedanz, wenn Sie bei der AC-Anschlussleitung einen Leiterquerschnitt von 1,5 mm^2 (Cu) gewählt haben, die Entfernung vom gewählten Montageort des Wechselrichters zum Netzeinspeisepunkt 5 m beträgt und die gemessene Netzimpedanz am Einspeisepunkt 0,6 Ω beträgt.

   b) Wie beurteilen Sie den Installationsort des Wechselrichters und den Querschnitt der Wechselstromanschlussleitung, wenn die Netzimpedanz am Wechselrichtereingang 1 Ω nicht überschreiten soll?

   Die Netzimpedanz an den Eingängen des Wechselrichters ergibt sich aus:

   Netzimpedanz am Wechselrichtereingang = Widerstand der AC-Anschlussleitung + Netzimpedanz am Netzeinspeisepunkt

a) Bestimmung der Netzimpedanz am Wechselrichtereingang:

	Netzimpedanz am Einspeisepunkt (gemessen):
+	Widerstand der Wechselstromanschlussleitung berechnet:
=	**Netzimpedanz am Wechselrichtereingang:**

b)

Kosten kalkulieren und Angebot erstellen

Für Standardanlagen werden oft von Herstellern oder Lieferanten Komplettangebote gemacht, die alle für die PV-Anlage notwendigen Komponenten beinhalten. Schwierig bei der Kostenkalkulation ist hingegen die Abschätzung des Montageaufwandes.

1. Schätzen Sie die Installationszeiten **(Tabelle)** für folgende Leistungen ab. Fragen Sie auch Ihre Kollegen oder Ihren Meister.

Tabelle: Installation der PV-Anlage

Menge	Leistung	Installationszeit ca.
1	PV-Module auf vorhandenes Dachgestell montieren und anschließen	
1	Solarmodulanschlussleitung vom Solargenerator zum Wechselrichter verlegen	
1	Wechselrichter montieren und anschließen	
1	Wechselstromleitung zwischen Zählerschrank und Wechselrichter verlegen, anschließen, Leitungsschutzschalter einbauen und verdrahten	

2. Erstellen Sie mit einem Textverarbeitungsprogramm ein Angebot **(Bild)** für eine PV-Anlage zur Netzeinspeisung, Leistung 2,3 kWp mit Aufdachmontage, das die folgenden Komponenten enthält:

- Solarmodule,
- Dachaufständerung für die PV-Module,
- Wechselrichter,
- DC-Lastschalter,
- Montage der kompletten PV-Anlage inkl. aller Elektroinstallationen.

3. Informieren Sie sich, welche Bestimmungen und Richtlinien für den Anschluss von netzgekoppelten Anlagen zu beachten sind.

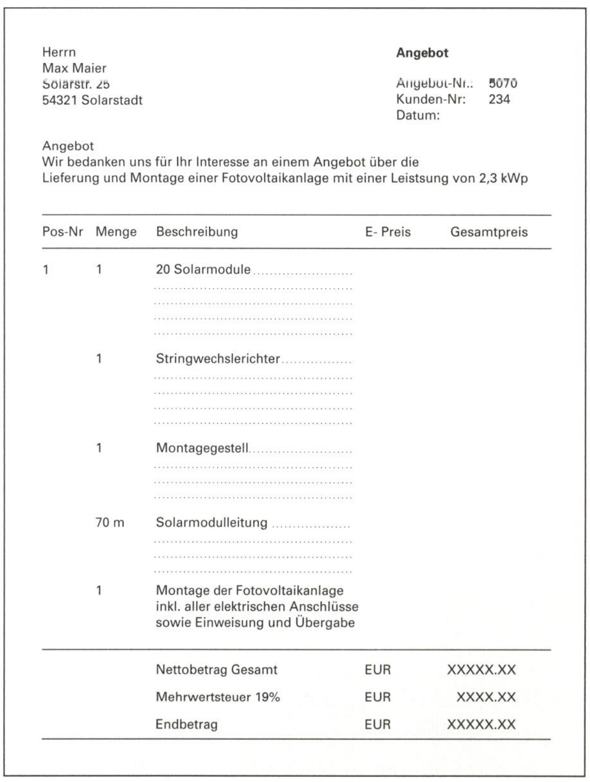

Herrn
Max Maier
Solarstr. 25
54321 Solarstadt

Angebot
Angebot-Nr.: 5070
Kunden-Nr: 234
Datum:

Angebot
Wir bedanken uns für Ihr Interesse an einem Angebot über die Lieferung und Montage einer Fotovoltaikanlage mit einer Leistung von 2,3 kWp

Pos-Nr	Menge	Beschreibung	E- Preis	Gesamtpreis
1	1	20 Solarmodule		
	1	Stringwechslerichter		
	1	Montagegestell		
	70 m	Solarmodulleitung		
	1	Montage der Fotovoltaikanlage inkl. aller elektrischen Anschlüsse sowie Einweisung und Übergabe		
		Nettobetrag Gesamt	EUR	XXXXX.XX
		Mehrwertsteuer 19%	EUR	XXXX.XX
		Endbetrag	EUR	XXXXX.XX

Bild: Auszug aus einem Angebot

4. Arbeitsauftrag: Auftrag ausführen

Die Planung zur Installation der PV-Anlage des Kunden ist abgeschlossen. Herr Maier hat das Angebot geprüft und die Firma Solarstrom mit der Installation der Fotovoltaik-Anlage beauftragt.

Da alle Arbeiten am Dach sicher und fachgerecht, z.B. Anbringen der Dachhaken **(Bild 1)**, Montage des Aufständerungsgestells, Dachdurchführung der Leitungen, ausgeführt sein müssen, erfolgt die Montage des PV-Generators in Zusammenarbeit mit einer Dachdeckerfirma. Der Termin zur Montage der Aufständerung und der Solarmodule ist mit dem Kunden und der Dachdeckerfirma abzusprechen.

4.1 Stellen Sie neben dem üblichen Installationswerkzeug das notwendige

a) Werkzeug,

b) Material und

c) Messgeräte zur Installation der PV-Anlage zusammen.

a) Werkzeug:

b) Material **(Bild 2)**:

c) Messgeräte **(Bild 3)**:

4.2 Führen Sie die Installation der kompletten PV-Anlage durch. Welche Besonderheiten

a) sind bei der Montage **(Bild 1, Seite 185)** und Installation der PV-Module zu beachten,

Bild 1: Montage der Dachhaken

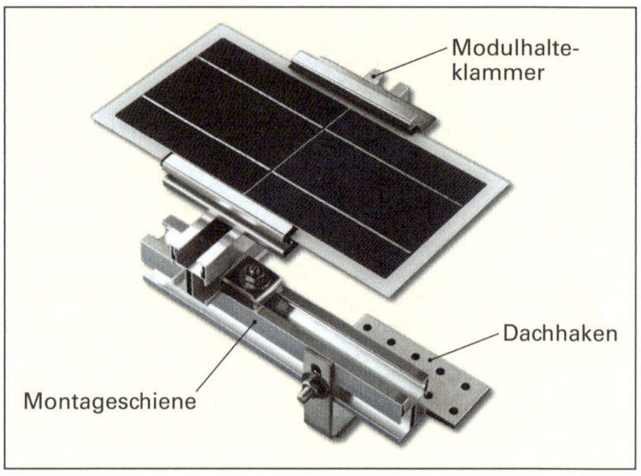

Bild 2: Dachhaken, Montageschiene und Modulhalteklammer

Peakleistungs- und Kennlinienmessgeräte für Fotovoltaikanlagen (Bild 3)

Die Geräte ermöglichen die Messung der *I-U*-Kennlinie sowohl von Einzelmodulen wie auch von Strängen.

Folgende Werte werden z.B. angezeigt:

Absolute Werte:

- Peakleistung P_{Pk}
- Serieninnenwiderstand R_s
- Parallelinnenwiderstand R_p

Momentanwerte:

- U_{pmax}, I_{pmax}, P_{max}
- U_{OC}, I_{SC}
- Temperatur und Einstrahlung

***I-U*-Kennliniendiagramm**

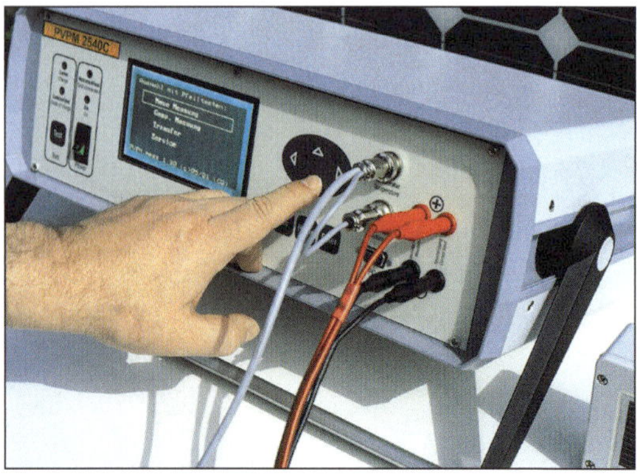

Bild 3: Messgerät zur Messung an PV-Anlagen

b) welche bei der Verlegung der Solarmodulanschlussleitungen?
Beachten Sie die Sicherheitsbestimmungen bei Arbeiten auf dem Dach.

a) Installation und Montage der PV-Module:

Bild 1: Dacharbeiten zur Montage der PV-Anlage

Sicherheitsbestimmungen bei Arbeiten auf dem Dach

- Alle Arbeiten am Dach müssen sicher und fachgerecht ausgeführt werden.
- Arbeiten auf einem Schrägdach können nur bei Windstille und Trockenheit durchgeführt werden.
- Nach DGUV müssen ab 3 m Absturzhöhe Einrichtungen, z.B. ein Gerüst, vorhanden sein, die ein Abstürzen von Personen verhindern.

b) Verlegung der Solarmodulanschlussleitungen:

4.3 Kennzeichnen Sie die PV-Anlage durch ein Hinweisschild **(Bild 2)**. An welchen Stellen ist das Warnschild nach der Anwendungsregel VDE-AR E 2100-712 anzubringen?

Bild 2: Hinweisschild für eine PV-Anlage

Arbeitsauftrag 5: Auftrag auswerten

Jede elektrische Anlage unterliegt vor der Inbetriebnahme gesetzlichen Vorschriften. Beachten Sie DIN VDE 0100, Teil 600.

Fachkunde Elektrotechnik, Prüfungen in elektrischen Anlagen, Kapitel: Prüfen der Schutzmaßnahmen

1. Beschreiben Sie vor der Inbetriebnahme die Schritte zur Prüfung der PV-Anlage **(Bild 1)**.

Bild 1: PV-Anlage des Kunden Maier

Erstprüfungen nach DIN VDE 0100, Teil 600.
Elektrische Anlagen sind vor der ersten Inbetriebnahme, nach einer Erweiterung, Änderung oder Instandsetzung vom Errichter durch Besichtigen, Erproben und Messen zu prüfen.

Es wird empfohlen, die Inbetriebnahme vom Errichter der PV-Anlage zur Beweissicherung in einem Inbetriebnahmeprotokoll zu dokumentieren. Bei Anlagen, die mit öffentlichen Geldern gefördert werden, sind die vom Geldgeber vorgegebenen Formulare zu verwenden.

Das Inbetriebnahmeprotokoll **(Bild 2)** sollte folgende Daten und Messergebnisse enthalten:

a) Allgemeine Angaben
- Name und Adresse des Anlagenbetreibers und Standort der Anlage
- Firma, Name und Adresse des Installateurbetriebes
- Inbetriebnehmer (Firma und Name) und Inbetriebnahmedatum der PV-Anlage

b) Technische Daten der PV-Anlage, z.B.:
- Generatorleistung
- Typ, Hersteller und technische Daten der Anlagenteile
- Querschnitte der verschiedenen Leitungen

c) Messwerte
- Leerlaufspannung der Gesamtanlage
- Diodenspannungsabfall (nur bei Anlagen mit Rückstromdioden)
- Kurzschlussstrom
- Isolationswiderstand
- Wechselrichter Funktionsprüfung

Inbetriebnahmeprotokoll

- **Technische Anlagendaten**

Generatorleistung:	kWp
Modultyp:	(Hersteller, Typ)
Modulzahl:	(x) (Parallel x Reihe)
Wechselrichter:	(Hersteller, Typ)
Nennleistung eines Wechselrichters:	kW
Anzahl d. Wechselrichter:	(Stück)
Betriebsspannung: (gleichstromseitig)	V
Betriebsstrom: (gleichstromseitig)	A
Überspannungsableiter:	(Hersteller, Typ) (V=) (Nennspannung)
Strangsicherungen (wenn vorhanden):	(Hersteller, Typ) (V/ A) (Spannung/Strom)
Gleichstromkreis:	geerdet ☐ ja ☐ nein netzgetrennt ☐ ja ☐ nein
Rückstromdioden (wenn vorhanden):	(Hersteller, Typ) (V/ A) (Spannung/Strom)
Modulanschlussleitung:	(Hersteller, Typ) (mm^2) (Querschnitt)

Bild 2: Auszug aus einem Inbetriebnahmeprotokoll

2. Bereiten Sie z.B. mit einem Textverarbeitungssystem ein Inbetriebnahmeprotokoll **(Bild 2)** vor, welches die oben aufgeführten Daten enthält.

3. Stellen Sie beim zuständigen Netzbetreiber einen Antrag zum Anschluss an das Niederspannungsnetz bzw. zur Inbetriebsetzung der Fotovoltaik-Anlage. Füllen Sie den Antrag **(Mustervorlage, Seite 246)** und das **Datenblatt (Mustervorlage, Seite 247)** für den Anschluss von Eigenerzeugungsanlagen aus.

4. Wie lautet auf dem Antrag die Erklärung, die von der eingetragenen verantwortlichen Elektrofachkraft durch Unterschrift bestätigt wird?

5. Erkundigen Sie sich, welche weiteren Unterlagen Sie beim NB einreichen müssen und welche Prüfkriterien vom NB gefordert werden.

Für die Anmeldung können vom NB z.B. folgende Unterlagen verlangt werden:

- Lageplan mit Grundstücksgrenzen und Aufstellungsort der Eigenerzeugungsanlage.
- Übersichtsplan der gesamten PV-Anlage mit Daten der eingesetzten Betriebsmittel.
- Beschreibung der Schutzeinrichtungen mit Angaben über Art, Fabrikat, Schaltung und Funktion.
- Angabe über den Kurzschlussstrom am Übergabepunkt im Niederspannungsnetz.
- Beschreibung der Art und Betriebsweise des Wechselrichters.
- Konformitätserklärung des Wechselrichterherstellers **(Bild 1)**.

Durch den Inbetriebsetzungsantrag beim zuständigen NB wird die Inbetriebsetzung der PV-Anlage eingeleitet. Nach Terminabsprache mit dem zuständigen NB wird von einem Mitarbeiter des NB der Einspeisezähler **(Bild 2)** montiert.

Nach einer Sicht- und Funktionsprüfung mit anschließenden Messungen der erforderlichen Schutz- und Abschaltvorrichtungen im Beisein des NB-Mitarbeiters kann die Anlage in Betrieb genommen werden. Dazu werden Netz und DC-Spannung zugeschaltet. Der Wechselrichter geht in Betrieb. Am Display des Wechselrichters lassen sich die Betriebszustände, die auf eine einwandfreie Funktion des Wechselrichters schließen lassen, ablesen. Die Anlage kann erstmalig parallel in das öffentliche Netz einspeisen.

Einspeisevergütung

Ein Vertrag über die gesetzlich geregelte Einspeisevergütung ist nicht erforderlich. Auch ohne unterschriebenen Einspeisevertrag ist der Netzbetreiber zur Abnahme des eingespeisten Stromes und zu seiner Vergütung verpflichtet. Ohne Einspeisevertrag gelten die gesetzlichen Bestimmungen. Die Bestimmungen des Erneuerbare Energien Gesetzes (EEG) regeln die Abnahme und die Vergütung von ausschließlich aus erneuerbaren Energiequellen gewonnenem Strom.

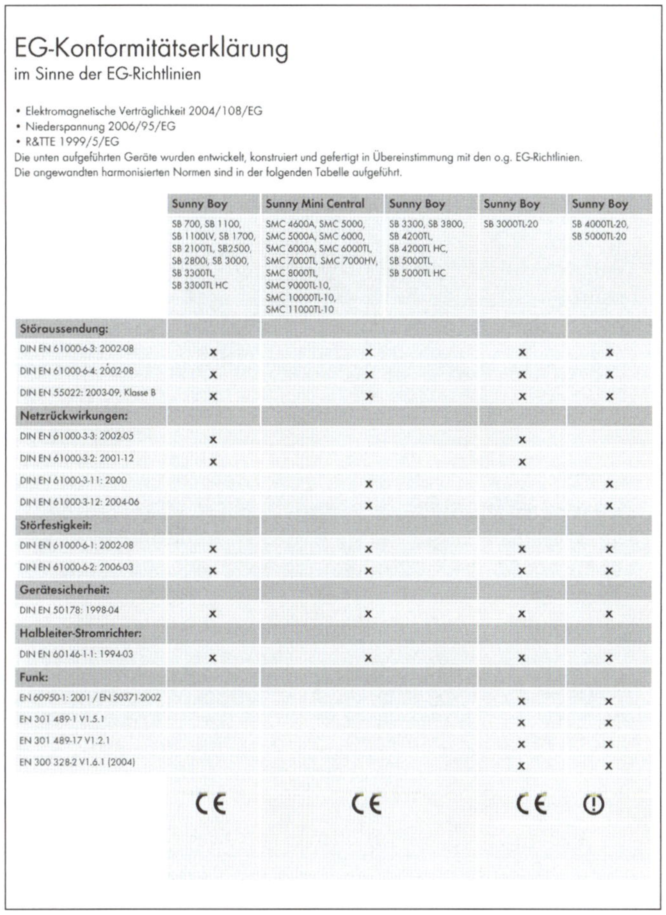

EG-Konformitätserklärung
im Sinne der EG-Richtlinien

- Elektromagnetische Verträglichkeit 2004/108/EG
- Niederspannung 2006/95/EG
- R&TTE 1999/5/EG

Die unten aufgeführten Geräte wurden entwickelt, konstruiert und gefertigt in Übereinstimmung mit den o.g. EG-Richtlinien.
Die angewandten harmonisierten Normen sind in der folgenden Tabelle aufgeführt.

	Sunny Boy	Sunny Mini Central	Sunny Boy	Sunny Boy	Sunny Boy
	SB 700, SB 1100, SB 1100LV, SB 1700, SB 2100TL, SB2500, SB 2800i, SB 3000, SB 3300TL, SB 3300TL HC	SMC 4600A, SMC 5000, SMC 5000A, SMC 6000, SMC 6000A, SMC 6000TL, SMC 7000TL, SMC 7000HV, SMC 8000TL, SMC 9000TL-10, SMC 10000TL-10, SMC 11000TL-10	SB 3300, SB 3800, SB 4200TL, SB 4200TL HC, SB 5000TL, SB 5000TL HC	SB 3000TL-20	SB 4000TL-20, SB 5000TL-20
Störaussendung:					
DIN EN 61000-6-3: 2002-08	x	x		x	x
DIN EN 61000-6-4: 2002-08	x	x		x	x
DIN EN 55022: 2003-09, Klasse B	x	x		x	x
Netzrückwirkungen:					
DIN EN 61000-3-3: 2002-05	x			x	
DIN EN 61000-3-2: 2001-12	x			x	
DIN EN 61000-3-11: 2000		x			x
DIN EN 61000-3-12: 2004-06		x			x
Störfestigkeit:					
DIN EN 61000-6-1: 2002-08	x	x		x	x
DIN EN 61000-6-2: 2006-03	x	x		x	x
Gerätesicherheit:					
DIN EN 50178: 1998-04	x	x		x	x
Halbleiter-Stromrichter:					
DIN EN 60146-1-1: 1994-03	x	x		x	x
Funk:					
EN 60950-1: 2001 / EN 50371-2002				x	x
EN 301 489-1 V1.5.1				x	x
EN 301 489-17 V1.2.1				x	x
EN 300 328-2 V1.6.1 (2004)				x	x
	CE	CE		CE	CE ⓘ

Bild 1: Konformitätserklärung

Bild 2: Zählerschrank mit Einspeise- und Bezugszähler

Arbeitsauftrag 6: Auftrag dokumentieren

Nach den durchgeführten Prüfungen und der Feststellung der Fehlerfreiheit erfolgt die Übergabe und Einweisung der Anlage an den Kunden. Innerhalb der Übergabe der Fotovoltaik-Anlage soll der Kunde eine Anlagendokumentation erhalten.

1. Welche Unterlagen soll die Anlagendokumentation enthalten?

Besonders wichtig ist es, den Betreiber ausführlich in die Funktion der Anlage einzuweisen.

2. Auf welche Art machen Sie den Kunden mit der Anlage vertraut?

Durch ein Übergabeprotokoll wird die Übergabe der Anlage an den Kunden protokolliert. Der Kunde bestätigt durch seine Unterschrift, dass er die Anlage in ordnungsgemäßem Zustand übernommen hat. Wenn der Kunde ausführlich in die Funktion der Anlage eingewiesen ist, kann er rechtzeitig eventuell auftretende Betriebsstörungen **(Bild 1)** erkennen und deren Behebung veranlassen. Werden Anlagen nicht regelmäßig überwacht, können Störungen längere Zeit unbeachtet bleiben und es so zu Einbußen des eingespeisten Energiebetrages **(Bild 1)** und der Einspeisevergütung kommen. Zusätzlich zur Einweisung sind Empfehlungen an den Betreiber zu geben, was regelmäßig überprüft werden sollte.

3. Erstellen Sie z.B. mit einem Texterarbeitungsprogramm für den Betreiber eine Wartungscheckliste und Messdatenblatt ähnlich der Darstellung in **Bild 2,** auf der er in regelmäßigen Zeitabständen die eingespeiste Energie erfasst, die Funktion des Wechselrichters und die Generatorfläche auf Verschmutzung überprüft.

5.3 Displaymeldungen im Betrieb

Das Display zeigt die wichtigsten Betriebsdaten des Wechselrichters zyklisch wechselnd an. Die folgenden fünf Abbildungen verdeutlichen die Anzeige. Jede Meldung erscheint für 5 Sekunden. Danach beginnt der Zykkus von vorn.

Zuerst wird die heute schon erzeugte Energie und der aktuelle Betriebszustand angezeigt.

```
E-heute  3.86Wh
Status   MPP
```

Anschließend erscheint die momentane Einspeiseleistug und die Spannung des Solargenerators.

```
Pac      903W
UPV      330V
```

Bei den Multi-String-Wechselrichtern wird die jeweils anliegenden Eingangsspannung der zwei oder drei Eingangsstrings wie rechts angezeigt.

```
UPVA     UPVB
600V     575V
```

Danach folgt bei den Multi-String-Wechselrichtern die Eingangsleistung der zwei oder drei Eingangsstrings.

```
PA/W     PB/W
1325     1275
```

Dann folgt die bisher produzierte Energie sowie die Betriebsstunden des Gerätes.

```
E-total  724.4kWh
h-total  512 h
```

5.3.1 Anzeige bei einer Störung

Sollte eine Betriebsstörung auftreten, wechselt die Anzeige sofort auf „Störung" und die Hintergrundbeleuchtung wird eingeschaltet. In der zweiten Zeile wird 5 Sekunden lang die Störungsursache angezeigt.

```
Störung
Uac-Bfr
```

Ist ein Messwert für die Störung verantwortlich so wird der zum Zeitpunkt der Störung gemessen Wert angezeigt. Ist eine weitere Messung des Wertes möglich so wird in der zweiten Zeile der aktuelle Messwert dargestellt.

```
bei:     261W
aktuell  245W
```

Nach weiteren 5 Sekunden erscheinen wieder die normalen Betriebsdaten. Liegt die Störung dann immer noch vor so beginnt der Zyklus von vorn.

„Fehler ROM" zeigt an, dass der Wechselrichter einen Fehler der Firmware EEPROMs erkannt hat. Setzen Sie sich mit SMA in Verbindung, um den Fehler beheben zu lassen.

```
Fehler
ROM
```

Bild 1: Auszug aus der Bedienungsanleitung des Wechselrichters

Betreiber: ....

Name, Vorname ....

Straße, Nr ....

Plz, Ort ....

Berichtszeitraum: .... Monat/Jahr

	ZÄHLERSTÄNDE								
Ablesedatum	Erzeugung PV in kWh	Abgabe an EVU in kWh	Bezug vom EVU in kWh	Solargenerator in kWh/m²	Wechselrichter	Generator-Anschlusskasten	Generatorfläche	Batterie	sonstiges: ....
1.									
2.									
3.									
4.									
5.									
6.									
7.									
8.									
9.									
10.									
11.									
12.									
Inselanlagen:	Strom von PV in Ah	entfällt	Stromverbrauch in Ah	Solargenerator in kWh/m²	x = ok f = Fehler/ Verschmutzung erkannt/beseitigt				

Bild 2: Wartungscheckliste und Messdatenblatt

Testen Sie Ihre Fachkompetenz

1. Beschreiben Sie
a) den Aufbau und
b) die Wirkungsweise der dargestellten Solarzelle **(Bild)**.

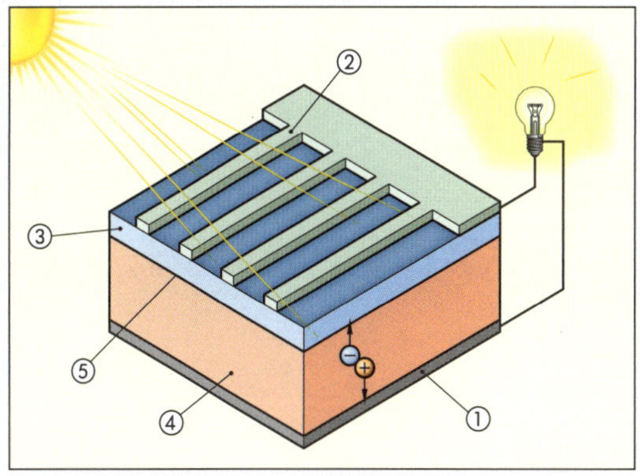

Bild: Solarzelle

a) Aufbau

① ______

② ______

③ ______

④ ______

⑤ ______

b) Wirkungsweise

______

______

______

______

______

______

2. Geben Sie in der Übersicht, je nach Kristallart, drei verschiedene Zelltypen an.

Zelltypen

______	______	______

3. Welche Größen werden mit den folgenden Formelzeichen beschrieben?

I_{SC}: ______

U_{OC}: ______

I_{MPP}: ______

U_{MPP}: ______

MPP: ______

4. Geben Sie die Formel zur Berechnung der maximalen elektrischen Leistung P_{MPP} einer Zelle an?

5. Was versteht man unter dem Wirkungsgrad einer Solarzelle?

______

______

______

______

Testen Sie Ihre Fachkompetenz

6. Welche charakteristischen Punkte sind durch die Ziffern ① bis ③ im Diagramm Solarkennlinien **(Bild 1)** dargestellt?

① ....

② ....

③ ....

7. Bestimmen Sie aus den Solarzellenkennlinien **(Bild 1)** die Werte für:

$P_{MPP} \approx$ ....

$I_{MPP} \approx$ ....

$U_{MPP} \approx$ ....

$I_{SC} =$ ....

$U_{OC} =$ ....

8. Mit den aus **Aufgabe 7** ermittelten Werten werden 36 Zellen in Reihe zu einem Modul zusammengeschaltet. Bestimmen Sie die Spannung U_{MPP}, den Strom I_{MPP} und die Leistung P_{MPP} des Moduls.

$\boldsymbol{U_{MPP}} =$ ....

$\boldsymbol{I_{MPP}} =$ ....

$\boldsymbol{P_{MPP}} =$ ....

9. Wie groß ist z.B. im Raum Stuttgart der durchschnittliche jährliche Energieertrag **(Bild 2)** für eine Fotovoltaikanlage mit 2,3 kWp?

....

....

....

....

10. Welche zwei Betriebsarten lassen sich bei Fotovoltaiksystemen unterscheiden?

....

....

11. Welche Möglichkeiten der Modulmontage sind in **Bild 3** dargestellt?

① ....

② ....

③ ....

④ ....

⑤ ....

12. Benennen Sie die im **Bild 4** dargestellten Bestandteile eines Standardmoduls.

① ....

② ....

③ ....

④ ....

⑤ ....

⑥ ....

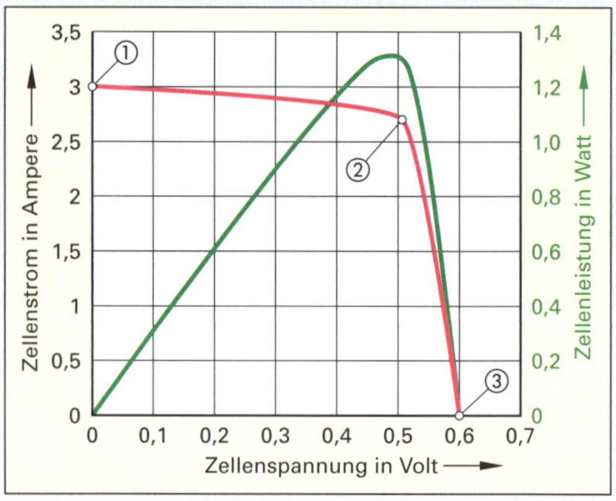

Bild 1: Solarzellenkennlinien

Bild 2: Durchschnittlicher Energieertrag nach Postleitzahlen in kWh pro kWp

Bild 3: Möglichkeiten der Modulmontage

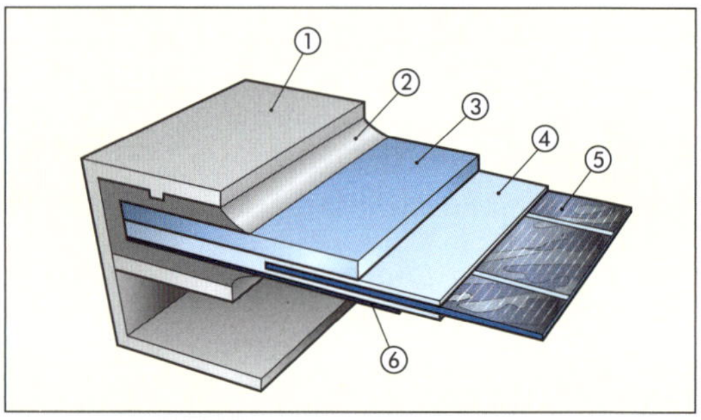

Bild 4: Standardmodul

Lernsituation: Elektrische Anlage zum Anschluss einer Hobelmaschine planen

Die Schreinerei Lichtenegger GmbH erweitert den Maschinenpark ihrer Werkstatt um eine Hobelmaschine **(Bild 1)**.

Mit der notwendigen Elektroinstallation und dem Anschluss der Maschine beauftragt die Schreinerei die Firma Elektro Fischer, einen kleinen ortsansässigen Betrieb.

Bei der Ortsbesichtigung, an der auch der Auszubildende Mike Berger teilnimmt, legen der Schreinereichef und der Elektromeister fest, wo die Hobelmaschine aufgestellt werden soll. Um die Elektroanlage für den Anschluss der Hobelmaschine installieren zu können, wurde die vorhandene Elektroanlage für die Erweiterung besichtigt und die Leistungsdaten **(Tabelle)** der Hobelmaschine aufgenommen.

Bild 1: Hobelmaschine

Tabelle: Motordaten der Hobelmaschine

Motor \ Daten		P_N in kW	I_N in A	U_N in V	cos φ_m	η
Vorschubmotor	M1	2,2	4,6	400	0,84	0,83
Spindelmotor	M2	4,0	7,8	400	0,88	0,84
Spindelmotor	M3	7,5	14,3	400	0,88	0,86
Spindelmotor	M4	7,5	14,3	400	0,88	0,86
Spindelmotor	M5	5,5	10,7	400	0,85	0,87

- Fachkunde Elektrotechnik, Kapitel Kompensation
- Tabellenbuch Elektrotechnik

Im Gespräch wurden weitere Informationen gewonnen:

- Netzdaten: TN-S-System 3/N/PE ~ 50 Hz 400/230 V.
- Der Stromkreisverteiler ist auf Putz montiert.
- Die Hobelmaschine arbeitet mit 5 Drehstrommotoren **(Tabelle)**.
- Es wird so geplant, dass die Motoren gleichzeitig mit voller Belastung arbeiten.
- Die Steuerspannung der Anlage beträgt 230 V.
- Motorschutzeinrichtungen befinden sich in der Hobelmaschine.
- Der Querschnitt der Zuleitung zum Stromkreisverteiler ist für die Erweiterung ausreichend und im Stromkreisverteiler ist noch Platz für die zusätzlichen Leitungsschutzeinrichtungen.
- Aufstellort der Hobelmaschine und Stromkreisverteiler liegen 23 m auseinander.
- Die Zuleitung NYM soll im Elektroinstallationskanal verlegt werden.
- Die Raumtemperatur beträgt höchstens 30 °C.
- Da keine Zentralkompensationsanlage vorhanden ist, soll die Hobelmaschine mit einer Kompensationsanlage betrieben werden, um den Forderungen der TAB zu entsprechen und die Stromkosten zu senken.
- Es soll ein Wirkfaktor cos φ = 0,95 erreicht werden.
- Die Kondensatorenanlage kann an der Hobelmaschine montiert werden.

Nach der Ortsbesichtigung erteilt der Elektromeister seinem Auszubildenden Mike Berger mehrere Aufträge, damit die Hobelmaschine installiert werden kann.

Arbeitsauftrag 1: Kompensationsart auswählen

1. **Bild 2** zeigt verschiedene Kompensationsarten. Benennen Sie die dargestellten Kompensationsarten.

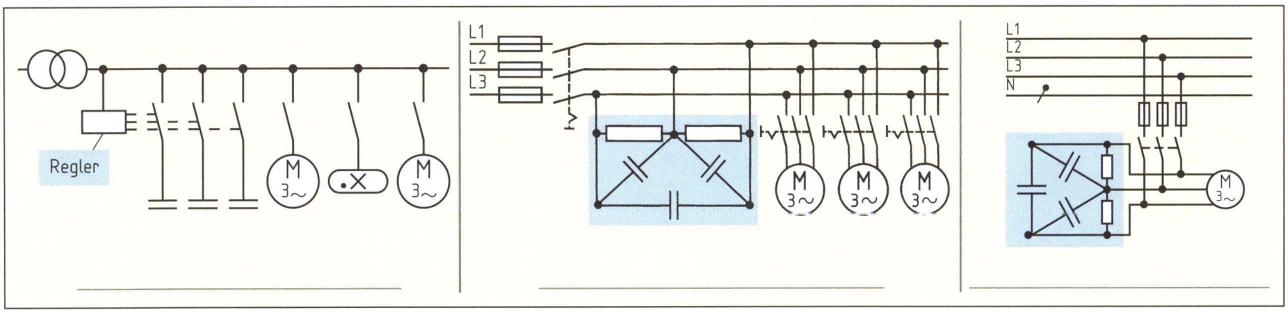

Bild 2: Kompensationsarten

2. **a)** Wählen Sie aufgrund der Ortsbesichtigung der Hobelmaschine die zweckmäßige Kompensationsart aus und
b) begründen Sie Ihre Entscheidung.

a) ______________________________

b) ______________________________

Arbeitsauftrag 2: Leiterquerschnitt für die Hobelmaschine bestimmen

1. Für welchen Gesamtstrom I muss die neue Zuleitung ausgelegt sein?

2. Legen Sie fest, welche Überstromschutzeinrichtungen für die Zuleitung zur Hobelmaschine verwendet werden sollen, und begründen Sie Ihre Auswahl für die Auslösecharakteristik.

3. **a)** Bestimmen Sie die Verlegeart und legen Sie
b) mithilfe der Strombelastbarkeitstabelle **(Datenblatt, Seite 226)** den Leiterquerschnitt A für die Zuleitung fest.

a)

b)

4. Überprüfen Sie den ausgewählten Nennquerschnitt auf die Einhaltung des Spannungsfalls von 3%. Korrigieren Sie gegebenenfalls den Nennquerschnitt für die Zuleitung.

Arbeitsauftrag 3: Kompensationseinrichtung auswählen

1. Damit die erforderliche Kondensatorblindleistung Q_C bestimmt werden kann, ist für die 5 Motoren der mittlere Wirkfaktor cos φ_m zu berechnen.

mittlerer Wirkfaktor cos φ_m

Haben mehrere Verbraucher, z.B. Motoren, einen unterschiedlichen Wirkfaktor, so kann ein gemeinsamer mittlerer Wirkfaktor cos φ_m errechnet werden. Sind die einzelnen Leistungen der Verbraucher nicht sehr unterschiedlich, so kann man den mittleren Wirkfaktor mithilfe der arithmetischen Mittelwertrechnung berechnen.

2. Berechnen Sie die erforderliche Kondensatorblindleistung für die Kompensationsanlage. (Hinweis: $\tan \varphi_1 = \tan \varphi_m$)

3. a) Wählen Sie aus der **Tabelle** einen Festkondensator für die Kompensation der Hobelmaschine aus.

b) Welche Schlussfolgerung ziehen Sie für den zu erreichenden Wirkleistungsfaktor?

a)

b)

Tabelle: 440-V-Drehstrom-Festkondensatoren in Dreieckschaltung (Auswahl)	
Blindleistung in kvar	Kapazität in µF
2,5	3 × 16,6
5,0	3 × 33,2
7,5	3 × 49,7
10,0	3 × 66,3
12,5	3 × 82,9

4. a) Berechnen Sie die Leiterstromstärke für den Festkondensator und

b) wählen Sie einen 3-poligen Leitungsschutzschalter für den Kondensator aus.

a)

b)

Nach TAB werden Einrichtungen zur Blindleistungskompensation entweder zusammen mit den Verbrauchsgeräten zu- bzw. abgeschaltet oder über Regeleinrichtungen betrieben.

Überstromschutzeinrichtungen für Schaltungen mit Kompensationskondensatoren werden wegen möglicher Netzoberschwingungen etwa mit dem 1,5-fachen Wert des Leitungsstromes bemessen.

5. Begründen Sie, warum die Drehstrom-Festkondensatoren **(Bild 1)** meist in Dreieck geschaltet sind. (**Hinweis:** Lösen Sie dazu Aufgabe 3, Seite 194.)

6. Welche Aufgabe haben die ohmschen Widerstände **(Bild 1),** die z.B. in gekapselter Form an den Anschlussklemmen des Festkondensators angeschlossen sind?

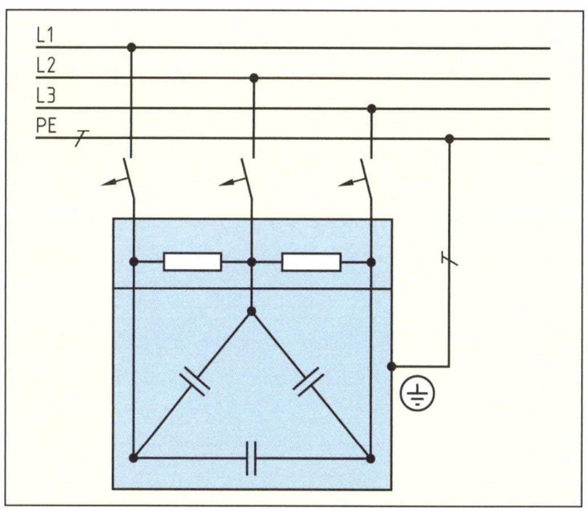

Bild 1: Drehstrom-Festkondensatorschaltung

7. Ergänzen Sie den Übersichtsschaltplan **(Bild 2)** für die zu errichtende elektrische Anlage.

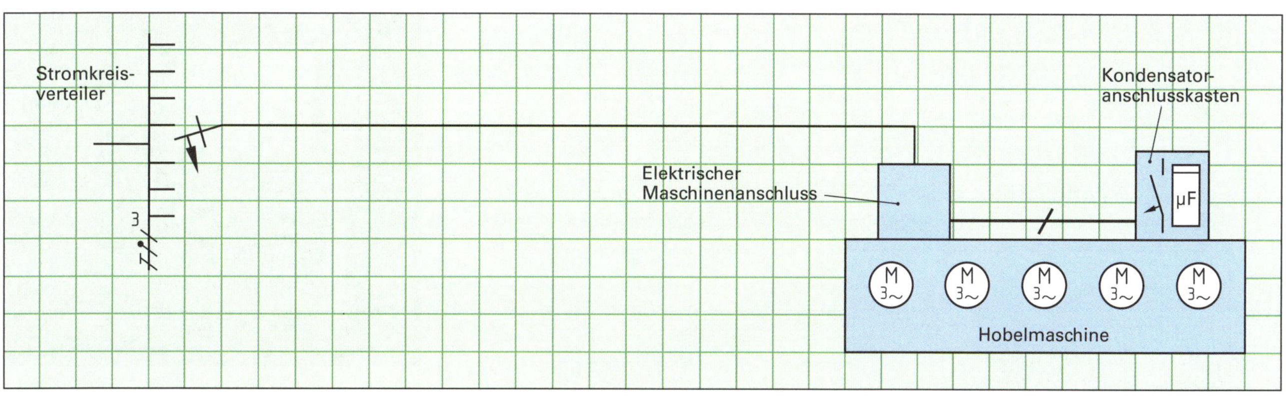

Bild 2: Übersichtsschaltplan

Testen Sie Ihre Fachkompetenz

1. Warum darf man in der Niederspannungsinstallation keine gepolten Elektrolytkondensatoren verwenden?

2. Auf einem Kondensator, der zur Blindstromkompensation verwendet werden soll, ist die Aufschrift unleserlich. Nennen Sie die Arbeitsgänge, um mithilfe eines Strom- und Spannungsmessers die Kapazität zu bestimmen.
Hinweis: In der Energietechnik gilt: $Z \approx X_C$, hier $Z = X_C$.

3. Berechnen Sie den Wert der Strangkapazität C_{Str} eines Drehstrom-Festkondensators mit einer Blindleistung $Q_C = 10$ kvar in

a) Dreieckschaltung **(Bild 1a)** und

b) in Sternschaltung **(Bild 1b).** Geben Sie das Ergebnis in µF an und überprüfen Sie es mit den Herstellerdaten der Kondensatoren in der **Tabelle, Seite 193.**

a)

b)

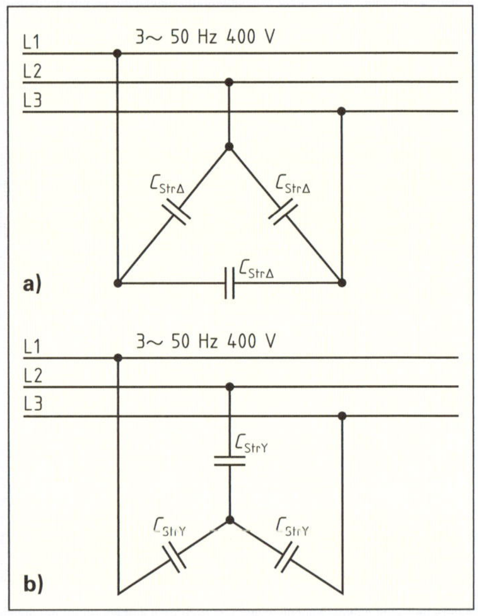

Bild 1: Kondensatoren am Drehstromnetz

Kapazitive Blindleistung am Drehstromnetz

$Q_C = 3 \cdot Q_{CStr}$

$Q_{CStr} = 2\pi f \cdot U_C^2 \cdot C_{Str}$

Q_C Gesamtblindleistung

Q_{CStr} Strangblindleistung

C_{Str} Einzelkapazität

4. In einem älteren Betrieb stellen die Elektroniker fest, dass die Überstromschutzeinrichtungen für die Kompensations-Kondensatoren immer wieder auslösen. Ein sichtbarer Fehler konnte nicht gefunden werden. Eine Berechnung ergab, dass die Bemessungsstromstärke I_N der Überstromschutzeinrichtung entsprechend dem Kondensatorstrom I_C ausgewählt war. Erst mithilfe eines Netzanalysators **(Bild 2)** wird die Ursache für das Auslösen der Überstromschutzeinrichtungen erkannt.

a) Nennen Sie die Ursache und begründen Sie, warum die Überstromschutzeinrichtungen auslösten.

b) Schlagen Sie Möglichkeiten vor, wie man das Problem beseitigen kann.

a)

b)

Bild 2: Netzanalysator

5. Ein 33,2 µF-Kondensator muss nach DIN EN z.B. innerhalb von $t_C = 60$ s praktisch entladen sein. Wie groß muss der Entladewiderstand R sein?

Lernsituation: Umbau eines Büros von konventioneller Installationstechnik auf ein Installationsbus-System (KNX)

Gebäude-Systemtechnik mit KNX

Lernsituation: Umbau eines Büros von konventioneller Installationstechnik auf ein Installationsbus-System (KNX)

Rechtsanwalt Scholz hat eine neue Kanzlei gegründet und will sich in dem Haus Bernsteinstraße 12 niederlassen. Der Geschäftsbereich soll im Erdgeschoss **(Bild)** untergebracht werden. In diesen Räumen ist eine Elektroinstallation vorhanden, die auf den neuesten Stand der Technik gebracht werden soll. Der Architekt hat dem Rechtsanwalt geraten, eine Elektroinstallation zu wählen, die auf einem Installationsbus-System basiert.

Die Firma Elektro-Rundumfix hat bereits den Auftrag bekommen, in dem Geschäftsbereich des Hauses ein neues Computernetzwerk und ein Kommunikationssystem zu installieren. Allerdings ist die Firma nicht nur auf Computertechnik und Kommunikationstechnik spezialisiert, sondern bietet auch ihre Kompetenz in der Elektroinstallationstechnik an. Deshalb ist die Firma Elektro-Rundumfix gebeten worden, bei der Erstellung des Lastenheftes zu beraten und zu helfen. Außerdem soll die Firma eine umfassende Übersicht über die vollständige Lieferung der Geräte, über die Programmierung und Ausführung der Installationsarbeiten und über die Anfertigung einer fachmännischen Dokumentation vorlegen.

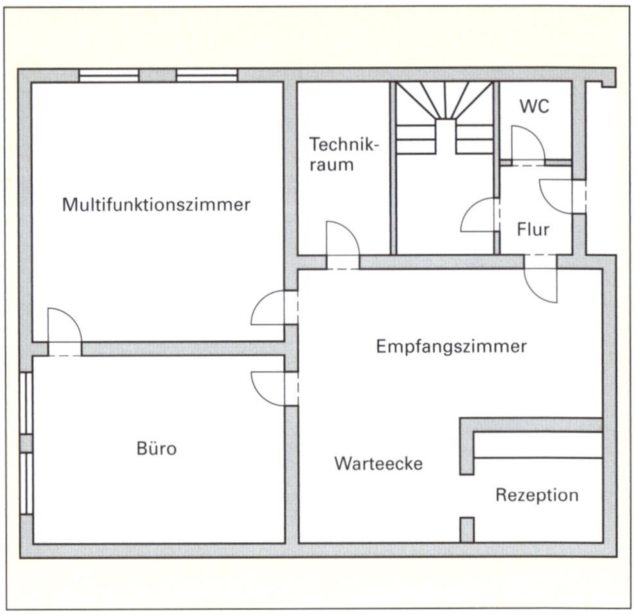

Bild: Geschäftsbereich Haus Bernsteinstraße 12

Auftragsanalyse

Der Inhaber der Firma Elektro-Rundumfix beauftragt seinen Mitarbeiter Herrn Meister, der speziell für Bussysteme in der Elektroinstallation fortgebildet wurde, das Projekt zusammen mit dem Auszubildenden Daniel zu bearbeiten.

Arbeitsauftrag 1: Kundenberatung

Um einen ersten Eindruck vom Projektumfang zu gewinnen, muss die bestehende Anlage besichtigt und analysiert werden. Dafür sind ein Gespräch mit dem Bauherrn und ein Rundgang im Erdgeschoss des Hauses erforderlich.

Herr Meister beauftragt Daniel, sich auf dieses Gespräch vorzubereiten. Daniel beschafft sich als Erstes geeignete Bücher und Fachliteratur und liest die Lehrtexte und Lernhilfen. So erhält Daniel grundlegende Informationen über das Installationsbus-System KNX[1].

Im Anschluss an das Studium der Fachbücher holt sich Daniel weitere Informationen über das Installationsbus-System aus dem Internet.

Zur Information des Bauherrn und als Argumentationshilfe soll Daniel Pläne zusammenstellen, die eine herkömmliche Elektroinstallation und eine Installation in Bustechnik zeigen.

Daniel beschäftigt sich intensiv mit den beiden Plänen **(Bild 1 und Bild 2, Seite 197)** und fühlt sich schon ganz gut über den Aufbau und die Vorteile eines Bussystems in der Gebäude-Systemtechnik informiert. Außerdem ist er der Meinung, dass er schon fachmännisch auf Kundenfragen antworten kann.

Lernhilfen

- Arbeitsbuch Elektrotechnik, Lernfeld 4, Informationstechnische Systeme bereitstellen
- Arbeitsbuch Elektrotechnik Band 2, Lernfeld: Kommunikationssysteme
- Fachkunde Elektrotechnik, Kapitel: Gebäudetechnik
- Einführung in die KNX-Gebäudesystemtechnik, Verlag Europa-Lehrmittel
- Technische Kommunikation im Berufsfeld Elektrotechnik, Kapitel: Geräte und Anlagen, Verlag Europa-Lehrmittel
- Tabellenbuch Elektrotechnik

www.knx.de
www.knx.org
www.eib-home.de
www.eib-tech.com
http://eib-forum.de
https://knx-user-forum.de

Homepages von KNX-Produktherstellern, z.B.
www.siemens.de
www.jung.de
www.theben.de
www.gira.de
www.busch-jaeger.de
www.berker.com
www.abb.de

Andere Bussysteme
www.lonmark.de
www.lcn.de
www.bacnet.de

1 KNX: Abk. für Konnex Association, Standard in der Gebäudeautomation

Bei der Zusammenkunft auf der Baustelle bittet der Bauherr zunächst um eine ausführliche Beratung über den Einsatz eines Bussystems in der Elektroinstallation. Herr Meister fordert Daniel auf, die vorbereiteten Pläne **(Bild 1 und Bild 2)** vorzulegen und das Gespräch mit dem Bauherrn zu führen.

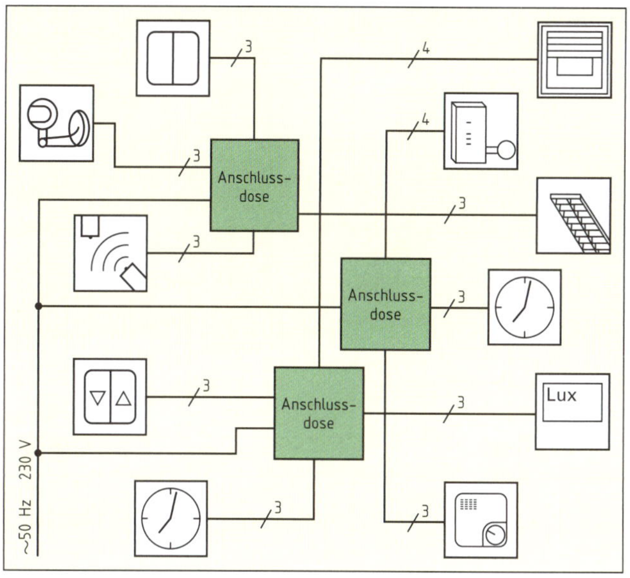

Bild 1: Herkömmliche Elektroinstallation

1. Erklären Sie die grundsätzlichen Unterschiede zwischen einer herkömmlichen Elektroinstallation **(Bild 1)** und einer Elektroinstallation mit einem Installationsbus-System **(Bild 2)**.

   Herkömmliche Elektroinstallation **(Bild 1)**

   Elektroinstallation mit einem Installationsbus **(Bild 2)**

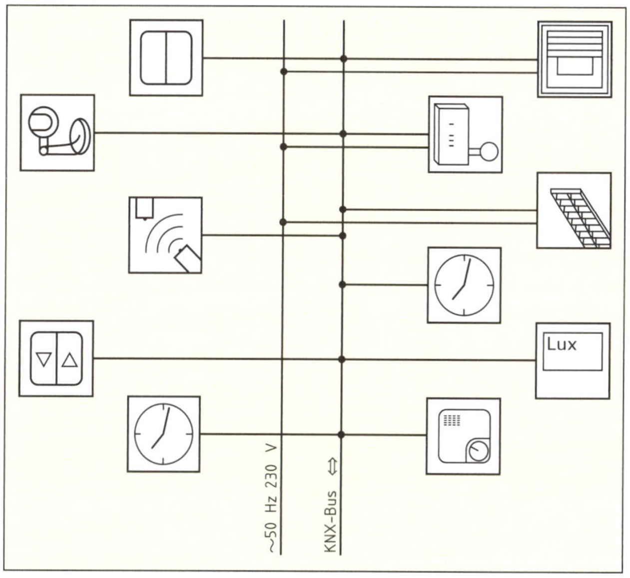

Bild 2: Elektroinstallation mit Installationsbus

2. Fassen Sie für den Bauherrn einige Vorteile der KNX-Businstallation zusammen.

3. Nennen Sie drei Vorteile, die das Bussystem für die Beleuchtungsanlage bietet.

4. Beschreiben Sie die Vorteile, die das Bussystem für die Beschattung der Räume bietet.

5. Nennen Sie weitere Anwendungen, die für den Kunden sinnvoll wären.

6. Nennen Sie die beiden KNX-Geräte, die für eine Einzelraum-Temperaturregelung erforderlich sind.

Arbeitsauftrag 2: Bestehende Anlage aufnehmen und analysieren

Nach dem ersten Beratungsgespräch mit dem Kunden wird das Erdgeschoss des Gebäudes besichtigt. Herr Meister von der Firma Rundumfix nimmt die vorhandene Elektroinstallation auf, indem er in den Grundriss die Schaltzeichen der vorhandenen Installationsgeräte einzeichnet **(Bild)**.

Tragen Sie die in den Räumen vorhandene, herkömmliche Elektroinstallation in die **Tabelle** ein.

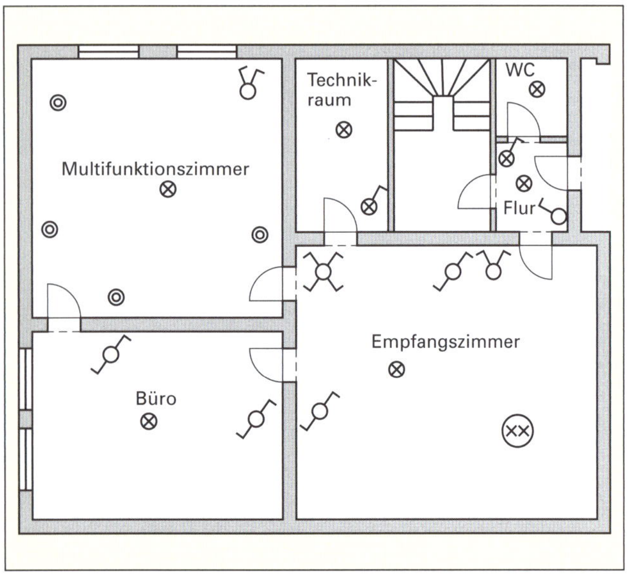

Bild: Beispiel einer herkömmlichen Elektroinstallation

Tabelle: Aufnahme der vorhandenen Elektroinstallation

Raum **(Bild)**	Elektroinstallation
Technikraum	Ausschaltung mit beleuchtetem Schalter
Flur	
WC	
Empfangszimmer	
Büro	
Multifunktionszimmer	

Arbeitsauftrag 3: Lastenheft lesen

Nachdem die vorhandene Elektroinstallation aufgenommen ist, werden die Ausstattungswünsche des Kunden von dem Busspezialisten Herrn Meister im Beisein des Auszubildenden Daniel aufgenommen und notiert.

Anhand der Notizen erstellt Herr Meister ein Lastenheft, in dem die technischen Einzelheiten des Projektes festgelegt sind. Anschließend bekommt Daniel das Lastenheft zu lesen, um sich über die Anforderungen an die moderne Elektroinstallation zu informieren.

Mit diesem Lastenheft ist das Projekt zu planen und zu projektieren.

> **Lastenhaft (nach DIN VDI/VDE 3694)**
>
> Das Lastenheft enthält die Gesamtheit aller Forderungen des Auftraggebers an die Lieferungen und Leistungen eines Auftragnehmers.
>
> Das Lastenheft beschreibt die Forderungen aus Anwendersicht einschließlich aller Randbedingungen. Diese sollen qualifizierbar und prüfbar sein.
>
> Meist enthält das Lastenheft Anforderungen an die Leistung, einzuhaltende Rahmenbedingungen (z.B. Norm), vertragliche Konditionen (z.B: Gewährleistung) sowie Anforderungen an Auftragnehmer (z.B. Zertifizierung, Dokumentation, Controlling).

Auszug aus dem Lastenheft

3.1 Technikraum

Die Leuchte E1 **(Tabelle)** wird von der Tür aus mit dem Einfach-Tastsensor S1 geschaltet. Der Einfach-Tastsensor **(Bild 1)** wird über die Anwendungsschnittstelle mit dem Busankoppler **(Bild 2)** verbunden. Im Verteilerschrank, der im Technikraum untergebracht ist, befinden sich alle Reiheneinbaugeräte (REG), z.B. Schaltaktoren **(Bild 3),** die Systemkomponenten, z.B. Spannungsversorgung mit Drossel **(Bild 4),** und für die Kommunikation eine Datenschnittstelle RS 232 oder USB-Schnittstelle.

Bild 1: Einfach-Tastsensor

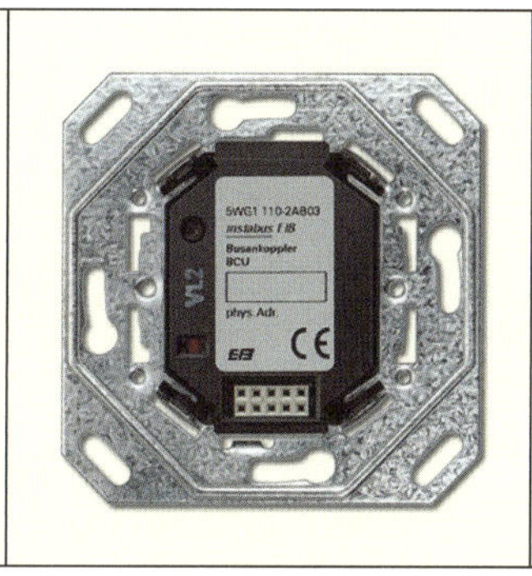

Bild 2: Busankoppler

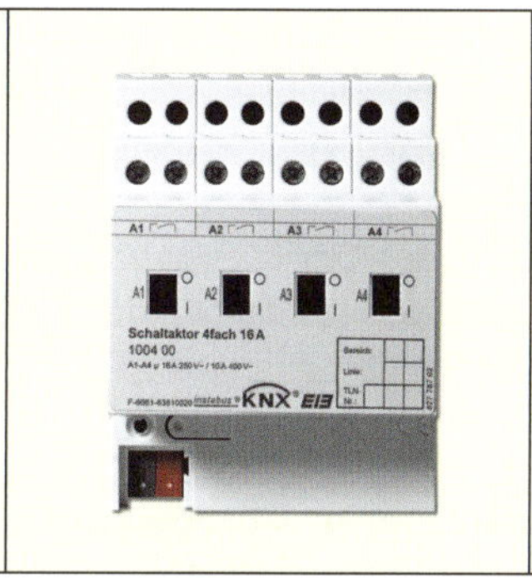

Bild 3: Schaltaktor als Reiheneinbaugerät

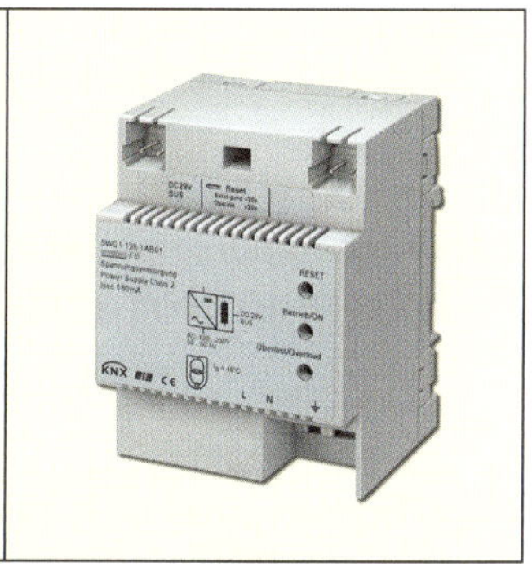

Bild 4: Spannungsversorgung mit Drossel

3.2 WC

Die Leuchte E2 **(Tabelle)** wird mit einem konventionellen Wippschalter Universal Aus-Wechsel Q1 geschaltet. Der erforderliche Binäreingang soll aus Gründen der Wirtschaftlichkeit vier Eingänge haben (Vierfach-Binäreingang).

3.3 Büro

Die beiden Leuchten E3 und E4 **(Tabelle)** werden gemeinsam von den zwei Türen mit den Einfach-Tastsensoren S2 und S3 geschaltet.

Tabelle: Grundrissauszüge

Technikraum	WC	Büro
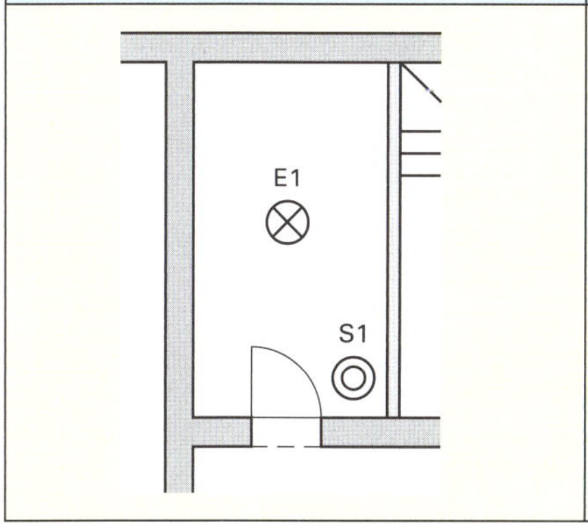	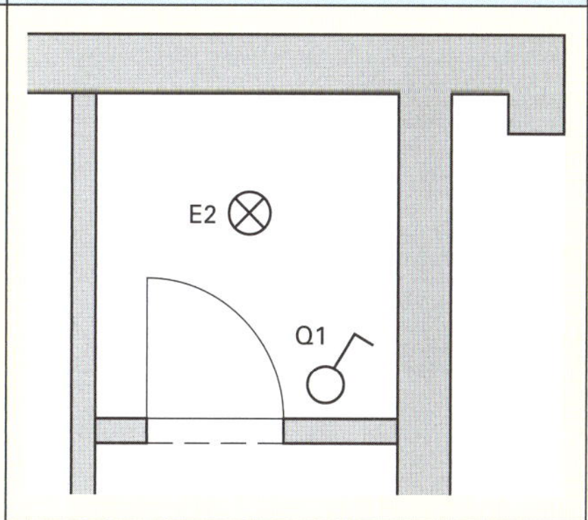	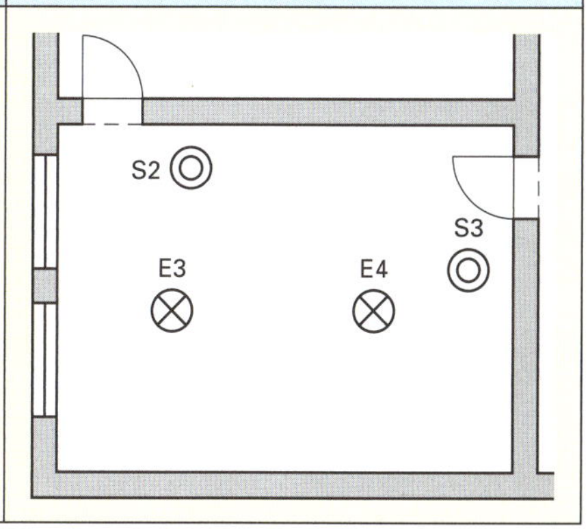

3.4 Empfangszimmer

Die Leuchtengruppen LG1 und LG2 **(Bild 1)** werden mit den Zweifach-Tastsensoren S4, S5 und S6 getrennt geschaltet.

Die Leuchte E5 über der Warteecke wird von der Rezeption aus mit dem Einfach-Tastsensor S7 geschaltet. Ein Dämmerungsschalter schaltet die Leuchte E5 bei Erreichen einer vorgewählten Helligkeit ab und bei Unterschreitung einer gewählten Helligkeit wieder ein. Über der Rezeption befindet sich die Leuchte E6, die mit dem Tastsensor S8 über einen Dimmaktor geschaltet und gedimmt werden soll.

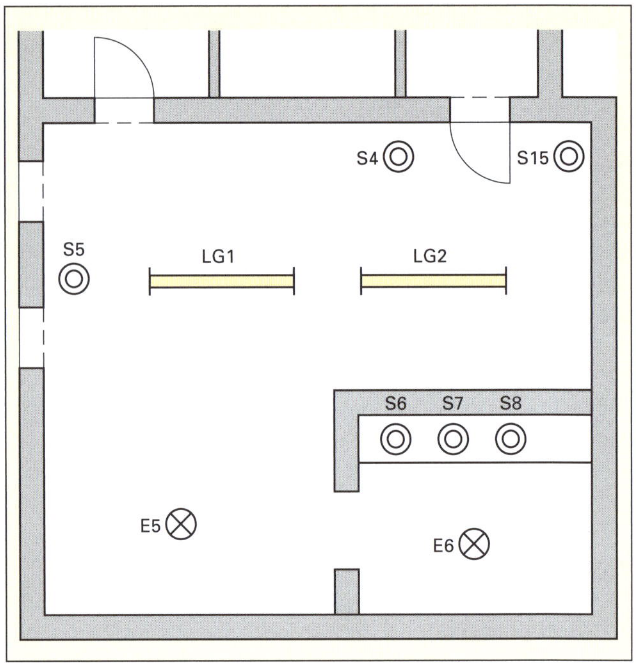

Bild 1: Grundrissauszug Empfangszimmer

Zentralfunktion

Im Empfangszimmer befindet sich ein Einfach-Tastsensor S15, mit dem bei Betätigung die Beleuchtungen im Technikraum, im WC, im Büro und im Empfangszimmer zentral ausgeschaltet werden.

3.5 Flur

Die Leuchte E7 **(Bild 2)** wird von der Eingangstür mit dem konventionellen Taster S9 geschaltet. Die Einschaltdauer wird auf zwei Minuten eingestellt.

Mit dem Wippschalter Q2 kann die Flurbeleuchtung auf Dauerlicht geschaltet werden.

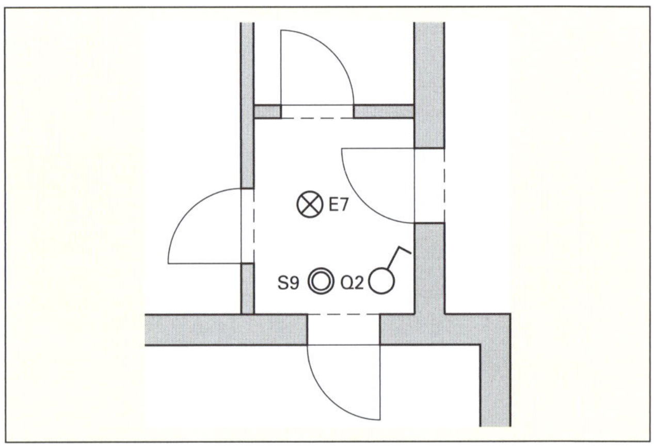

Bild 2: Grundrissauszug Flur

3.6 Multifunktionszimmer

Die Leuchtengruppen LG3 und LG4 **(Bild 3)** werden einzeln von den Türen mit Tastsensoren S10 und S11 über einen Dimmaktor **(Bild 4)** geschaltet und gedimmt.

Die beiden Jalousien sollen mit den Motoren M1 und M2 gemeinsam über einen Jalousieaktor **(Bild 5)** sowohl von der Tür als auch vom Referententisch aus mit den Tastsensoren S12 und S13 betätigt werden.

Mit dem Multifunktionstaster S14 sollen vom Referententisch aus verschiedene Lichtszenen aufgerufen werden können.

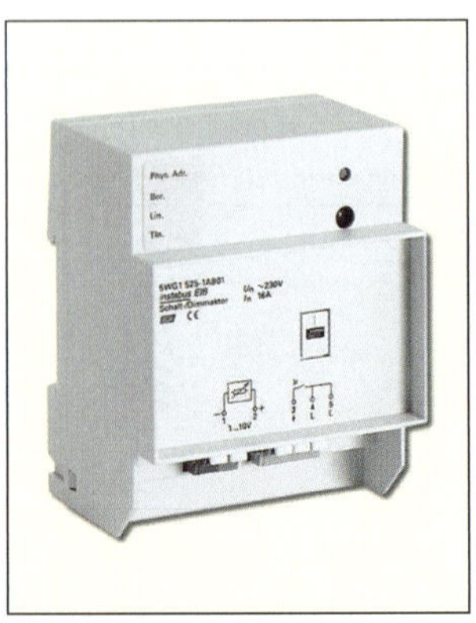
Bild 4: Dimmaktor

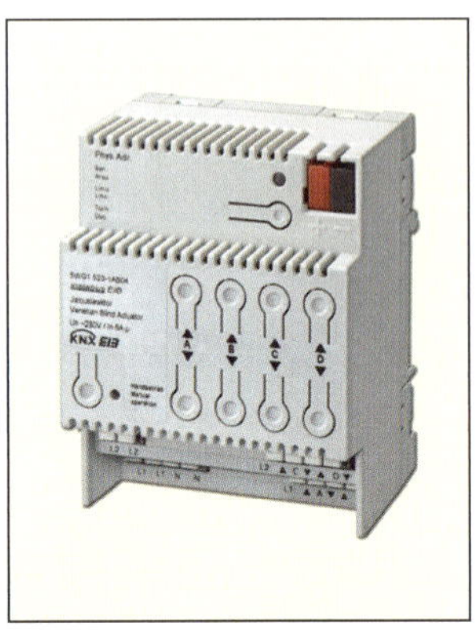
Bild 5: Jalousieaktor

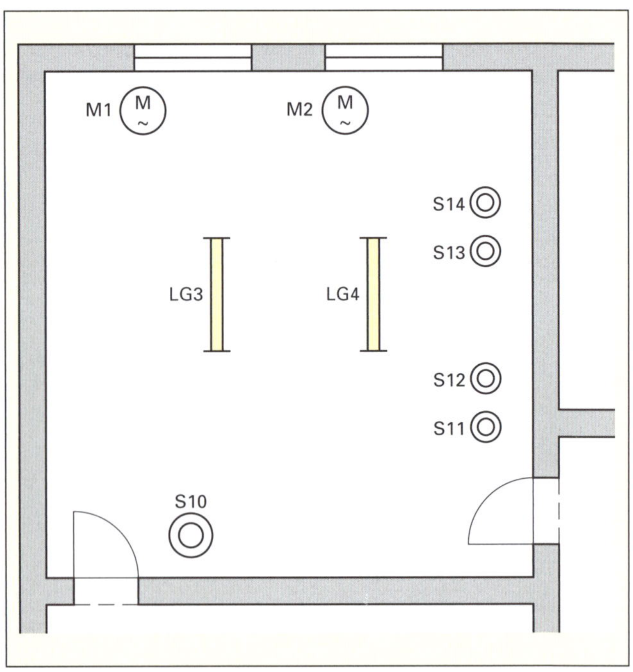

Bild 3: Grundrissauszug Multifunktionszimmer

Projektierung

Arbeitsauftrag 4: Projekt beschreiben

Der Auszubildende Daniel erhält von Herrn Meister den Auftrag, das Lastenheft in einer **Tabelle** darzustellen, die dann dem Kunden zu weiteren Gesprächen vorgelegt werden kann. Dabei soll für jeden Raum die Funktion der Schaltung beschrieben werden **(Bild).**

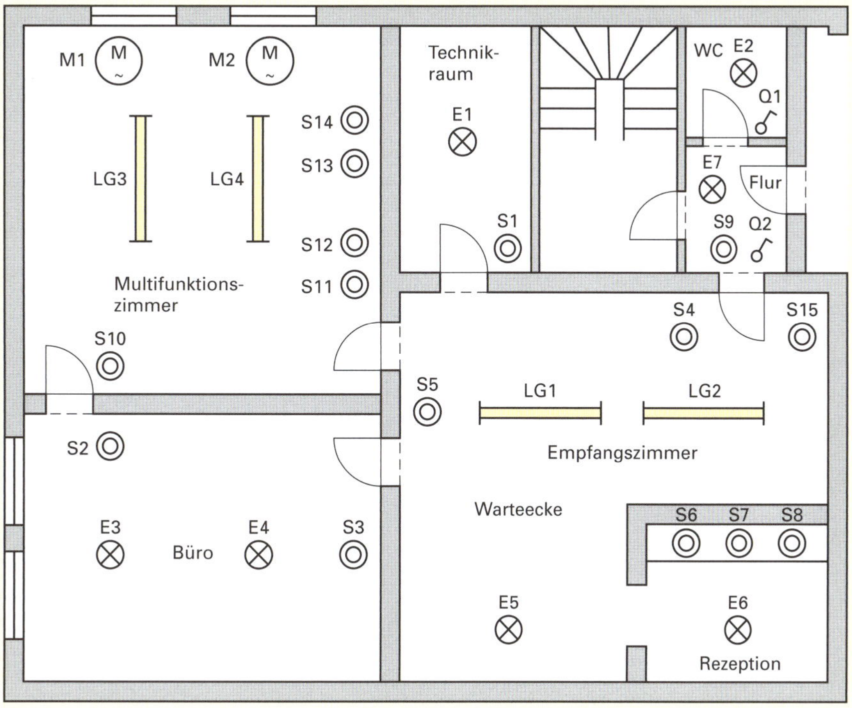

Bild: Elektroinstallation in Bustechnik

Ergänzen Sie die Funktionsliste **(Tabelle).**

Tabelle: Funktionsliste für die Elektroinstallation (Bild) in Bustechnik

Raum	Funktion und Betriebsmittel
Technikraum	Ausschaltung mit Einfach-Tastsensor, Zentral AUS.
WC	
Büro	
Empfangszimmer	
Flur	
Multifunktionszimmer	

Arbeitsauftrag 5: Geräteliste erstellen

Anhand der Funktionsliste **(Tabelle, Seite 201)** muss nun eine Geräteliste erstellt werden, die die erforderlichen Busteilnehmer, z.B. Sensoren, Aktoren und Systemgeräte, beinhaltet. Mithilfe dieser Liste und verschiedener Herstellerkataloge kann später z.B. eine Material-Kosten-Kalkulation durchgeführt werden.

Ergänzen Sie die Geräteliste der Busteilnehmer **(Tabelle)**.

Tabelle: Geräteliste der Busteilnehmer

Einbauort	Busteilnehmer	Anzahl	Hersteller (Beispiele)
Verteilerschrank im Technikraum	• Spannungsversorgung mit Drossel • • • •	1	Siemens
Technikraum	• Einfach Tastsensor • Busankoppler	1 1	Jung Siemens
WC	•		
Büro	• •		
Empfangszimmer	• • • • •		
Flur	• • •		
Multifunktionsraum	• • •		

Arbeitsauftrag 6: KNX-Symbole benennen

Herr Meister gibt Daniel eine **Tabelle,** in der verschiedene normgerechte KNX-Symbole für Sensoren, Aktoren und Systemgeräte dargestellt sind. Herr Meister bittet Daniel, die Symbole zu benennen. Ergänzen Sie die **Tabelle** auf **Arbeitsblatt, Seite 211,** indem Sie die Symbole benennen.

Arbeitsauftrag 7: Kundengespräch führen

Daniel wird mit den erstellten Tabellen und Zeichnungen zum Kunden gesandt, um mit ihm den Stand der bisherigen Planungen zu besprechen und um ihn zu beraten. In dem Gespräch ergeben sich Fragen, die zu beantworten sind.

1. Warum können Geräte verschiedener Hersteller an dem KNX-Bussystem betrieben werden?

2. Welche Aufgabe und Funktion haben Tastsensoren beim KNX **(Bild)**?

3. Welche Aufgabe und Funktion haben Schaltaktoren beim KNX **(Bild)**?

4. Nennen Sie drei verschiedene Aktoren.

📖 Technische Kommunikation im Berufsfeld Elektrotechnik, Kapitel: Geräte und Anlagen

Tabelle: KNX-Symbole

Symbole Sensoren	Symbole Aktoren	Symbole Systemgeräte

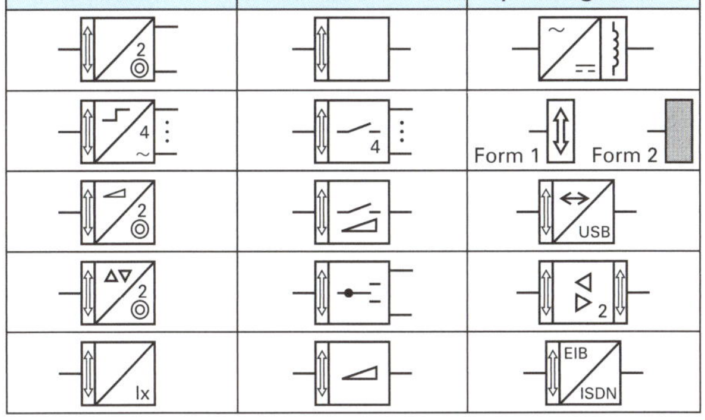

KNX ist der weltweit einzige offene Standard für die Haus- und Gebäudesystemtechnik und entspricht europäischen und internationalen Normen (EN 50090, ISO/IEC 14543).

Die KNX-Technologie entstand aus der Weiterentwicklung des Bus-Standards EIB.

Mehr als 100 KNX-Mitgliedsunternehmen bieten momentan etwa 7.000 Produktgruppen an, die für den KNX-Standard zertifiziert sind.

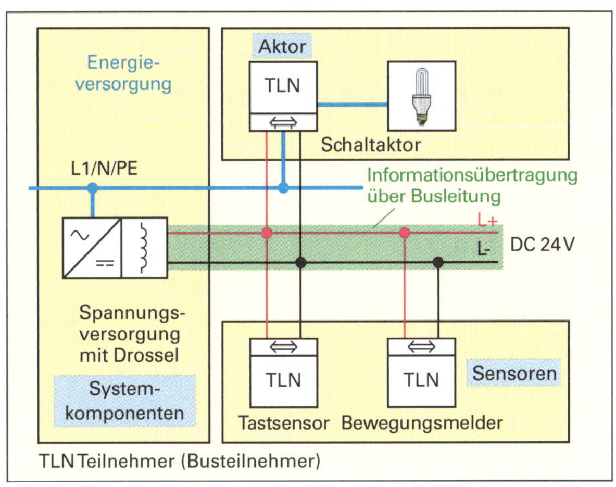

Bild: Installation mit KNX

5. Nennen Sie zwei Beispiele für Systemgeräte.

6. Warum ist eine Spannungsversorgung mit Drossel erforderlich **(Bild)**?

7. Welche Aufgabe erfüllt die Datenschnittstelle?

8. Über welche Hardware-Komponente erfolgt grundsätzlich die Anbindung eines Busteilnehmers an den Installationsbus?

9. Welche Aufgabe hat eine Anwendungsschnittstelle?

10. Welches Busgerät ist erforderlich, wenn man herkömmliche Taster oder Schalter an KNX betreiben möchte?

11. Welche Aufgabe haben Jalousieaktoren?

Projektierung der KNX-Anlage am PC

Nach den Vorgesprächen hat Rechtsanwalt Scholz der Firma Elektro-Rundumfix den Auftrag über die Projektierung und Installation der Elektroinstallation mit KNX erteilt.

Fachkunde Elektrotechnik, Kapitel: Gebäudeautomation – KNX-Projekt programmieren

Daniel wird von Herrn Meister beauftragt, die KNX-Installation vollständig zu projektieren. Für die Projektierung und für die Inbetriebnahme der Anlage steht die Engineering-Tool-Software ETS zur Verfügung.

Informieren Sie sich über die Projektierungsschritte einer KNX-Anlage mit der Engineering-Tool-Software ETS.

Arbeitsauftrag 8: Projekt mit Engineering-Tool-Software ETS anlegen

Daniel startet die Programmiersoftware ETS und legt ein neues Projekt an. Er gibt dem Projekt den Namen „Rechtsanwaltskanzlei Scholz".

Erstellen Sie in der Gebäudeansicht eine übersichtliche Gebäudestruktur **(Bild)** mit den Räumen und dem Schaltschrank, der sich im Technikraum befindet.

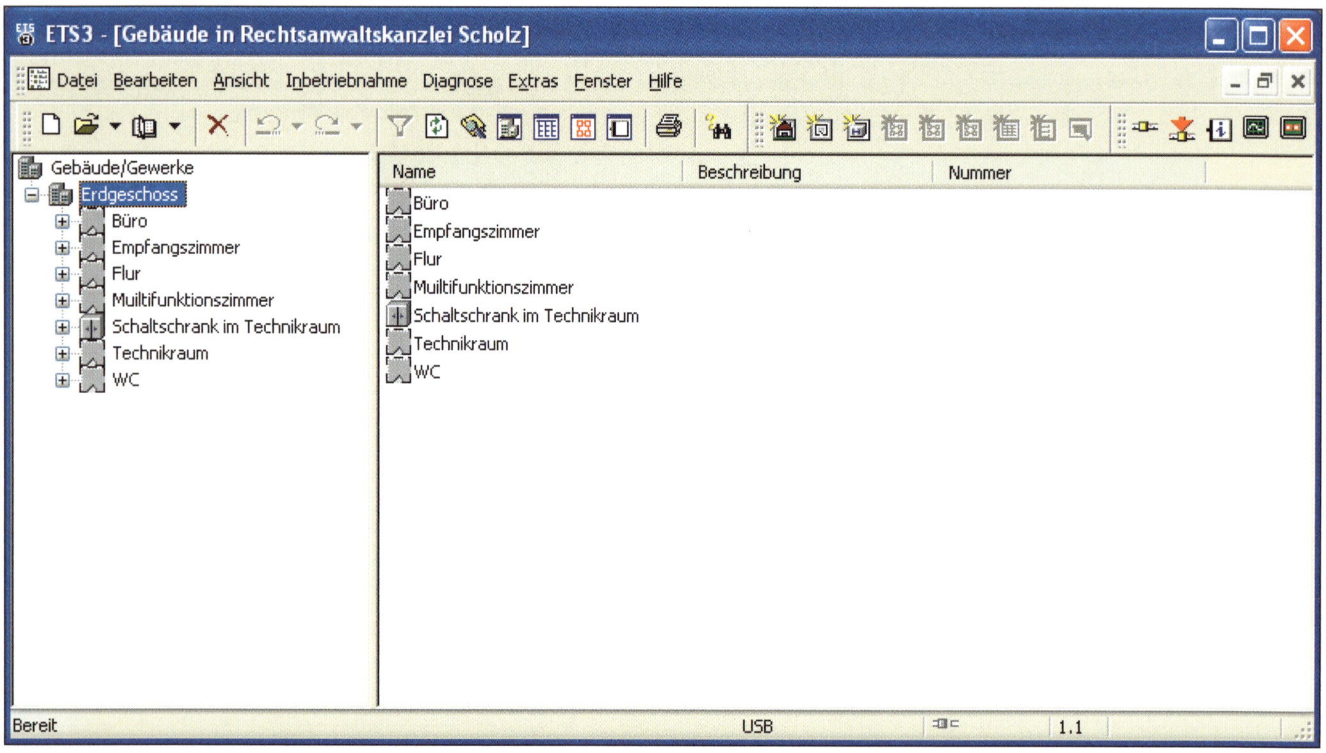

Bild: Gebäudestruktur erstellt mit Engineering-Tool-Software ETS

Arbeitsauftrag 9: Betriebsmittel auswählen und adressieren

Mit der ETS-Software sucht Daniel die von ihm während der Projektplanung gewählten Produkte aus der Herstellerdatenbank **(Bild 1)**. Er fügt nacheinander alle ausgewählten Geräte mit den ihnen zugewiesenen Applikationsprogrammen in die Gebäudestruktur ein und gibt jedem Busteilnehmer eine physikalische Adresse.

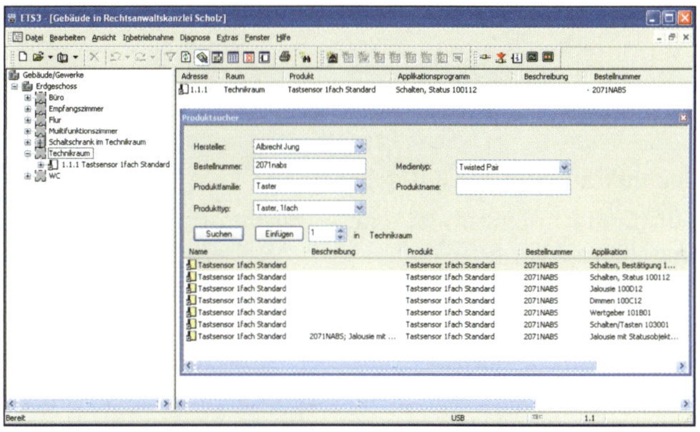

Bild 1: KNX-Produktdaten

Physikalische Adressen:

1. Welche physikalische Adresse wird dem zuerst eingefügten Teilnehmer automatisch zugeordnet?

2. Welche physikalische Adresse wird dem nächst folgenden Teilnehmer zugeordnet?

3. Welches Busgerät erhält keine physikalische Adresse?

Gruppenadressen:

Daniel öffnet in der ETS-Software die Gruppenadressen-Ansicht. Er wählt nach kurzer Diskussion mit Herrn Meister für dieses Projekt Gruppenadressen in zwei Ebenen.

Außerdem gibt Herr Meister folgende Hauptgruppenadressen vor **(Tabelle)**:

Tabelle: Gruppenadressen

Hauptgruppenadresse	Funktion
0	Zentralfunktion
1	Beleuchtung
2	Jalousie
3	Heizung

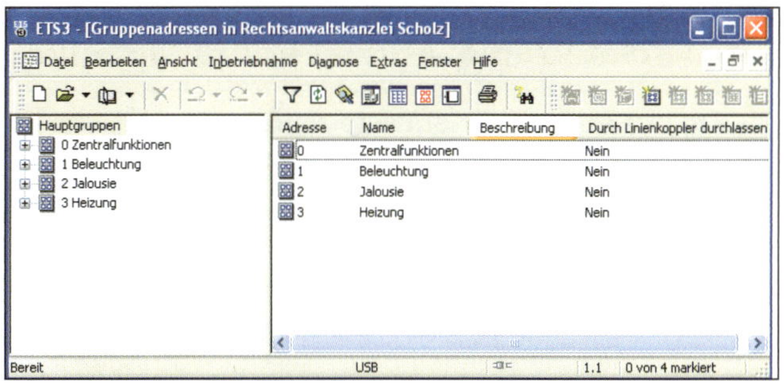

Bild 2: Ansicht der Gruppenadressen

Legen Sie mit der ETS-Software die Struktur der Gruppenadressen an **(Bild 2)**.

4. Warum erhalten die einzelnen Busteilnehmer Gruppenadressen?

5. In wie vielen Ebenen können Gruppenadressen dargestellt werden?

6. Wie bezeichnet man die Gruppen in der Darstellung mit drei Ebenen?

Arbeitsauftrag 10: Anlage projektieren

Nach der Auswahl der Produkte und deren Zuordnung zu den einzelnen Räumen müssen die Schaltobjekte von Sensoren und Aktoren über Gruppenadressen miteinander verknüpft werden.

Technikraum und Schaltschrank

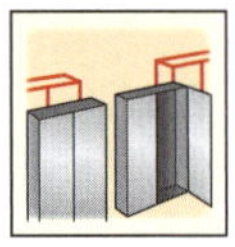

Für den Technikraum ist eine Ausschaltung zu installieren.

1. Fügen Sie mit der ETS-Software den von Ihnen ausgewählten Einfach-Tastsensor S1 in den Technikraum ein. Wählen Sie als Applikation Schalten mit Statusanzeige.

   Die Leuchte E1 wird an einen Vierfach-Schaltaktor (REG) angeschlossen, der im Schaltschrank untergebracht ist. Das Gerät befindet sich in der Produktfamilie-Ausgabe als Produkttyp Binärausgang.
2. Ergänzen Sie die Linienstruktur für den Technikraum **(Bild 1)** mit den genormten KNX-Symbolen einschließlich der Spannungsversorgung und mit Angabe der physikalischen Adressen.
3. Verknüpfen Sie über die Gruppenadressen das Schaltobjekt des Einfach-Tastsensors im Technikraum mit einem Schaltobjekt des Vierfach-Schaltaktors im Schaltschrank. Beginnen Sie mit der Gruppenadresse 1/1.

   Verwenden Sie dafür die Planungshilfe **(Arbeitsblatt, Seite 212)**, die für kleinere Projekte geeignet ist. Verwenden Sie außerdem die Planungshilfe **(Arbeitsblatt, Seite 213)**, die für größere Projekte geeignet ist.

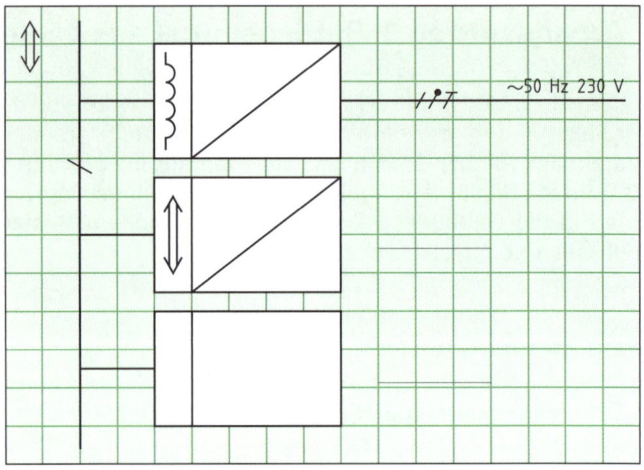

Bild 1: Linienstruktur Technikraum

> 📖 Die Planungshilfe von **Arbeitsblatt Seite 213** soll für das Gesamtprojekt verwendet werden.

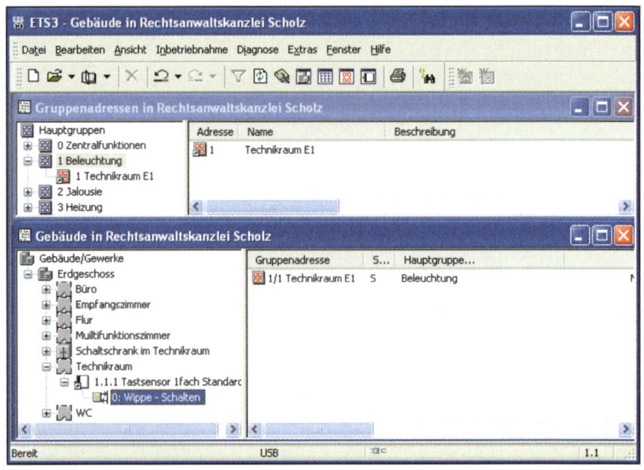

Bild 2: KNX-Objekt mit Gruppenadresse im Technikraum

4. Ergänzen Sie den Stromlaufplan **(Arbeitsblatt Seite 214)** für den Schaltschrank und den Technikraum.

> **Hinweis:** Tragen Sie in den Stromlaufplan **(Arbeitsblatt Seite 214)** oberhalb der Symbole der Busteilnehmer, soweit erforderlich, die von Ihnen vergebenen physikalischen Adressen ein. Geben Sie an den Symbolen die gewählten Gruppenadressen an, so dass die gewünschte Funktion gewährleistet ist.

5. Ordnen Sie mit der ETS-Software den Objekten der Busteilnehmer die gewählten Gruppenadressen zu **(Bild 2)**, z.B. beim 1-fach-Tastsensor dem Objekt Nr. 0 die Gruppenadresse 1/1.

WC

Für das WC ist eine Ausschaltung zu installieren.

Da die Leuchte E2 mit dem konventionellen Wippschalter Universal Aus-Wechsel Q1 geschaltet werden soll, ist zur Ankopplung an den Bus ein Binäreingang als Reiheneinbaugerät (REG) erforderlich, der im Schaltschrank untergebracht wird. Aus Gründen der Wirtschaftlichkeit wurde bei der Planung ein Vierfach-Binäreingang gewählt. Die Leuchte E2 wird über den Vierfach-Schaltaktor, der auch die Leuchte E1 schaltet, betätigt.

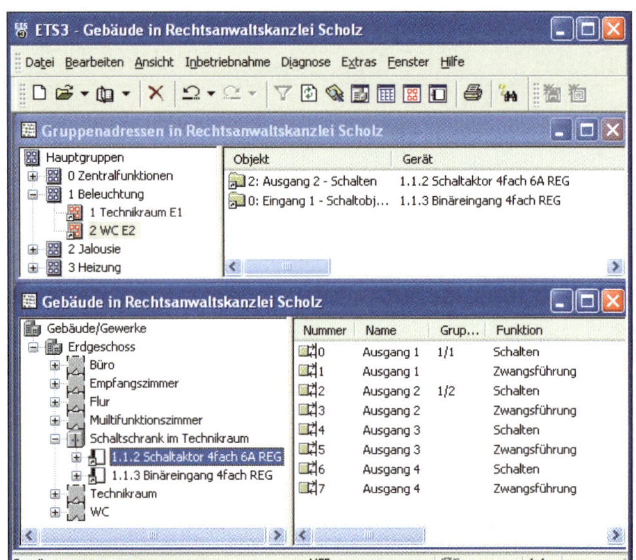

Bild 3: KNX-Objekte mit Gruppenadressen im Schaltschrank

6. Ordnen Sie mit der Planungshilfe und der ETS-Software **(Bild 3)** den Objekten die gewählten Gruppenadressen zu.
7. Ergänzen Sie den Stromlaufplan **(Arbeitsblatt Seite 214)** für das WC.

Büro

Für das Büro des Rechtsanwaltes ist eine Wechselschaltung zu installieren. Es werden die Tastsensoren S2 und S3 verwendet, die neben den Türen eingebaut werden. Die Leuchten E3 und E4 werden über den Vierfach-Schaltaktor betätigt, über den auch die Leuchten E1 und E2 geschaltet werden.

8. Ordnen Sie mit der ETS-Software den Objekten die gewählten Gruppenadressen zu **(Bild 1)**.

9. Ergänzen Sie den Stromlaufplan **(Arbeitsblatt Seite 214)** für das Büro.

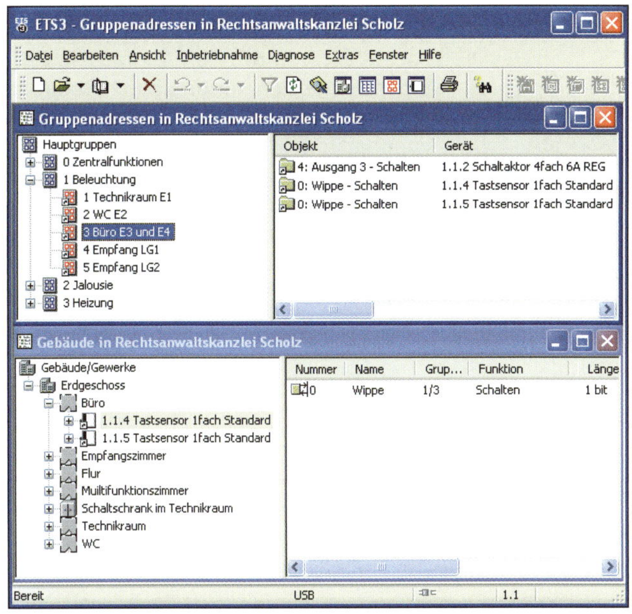

Bild 1: KNX-Objekte mit Gruppenadressen im Büro

Empfangszimmer

Die Leuchtengruppen LG1 und LG2 werden von drei verschiedenen Schaltstellen mit den Zweifach-Tastsensoren S4, S5 und S6 getrennt geschaltet.

Die Leuchtengruppen LG1 und LG2 werden an einen Vierfach-Schaltaktor (REG) angeschlossen, der im Schaltschrank untergebracht ist.

10. Ordnen Sie mit der ETS-Software den Objekten die gewählten Gruppenadressen zu **(Bild 2)**.

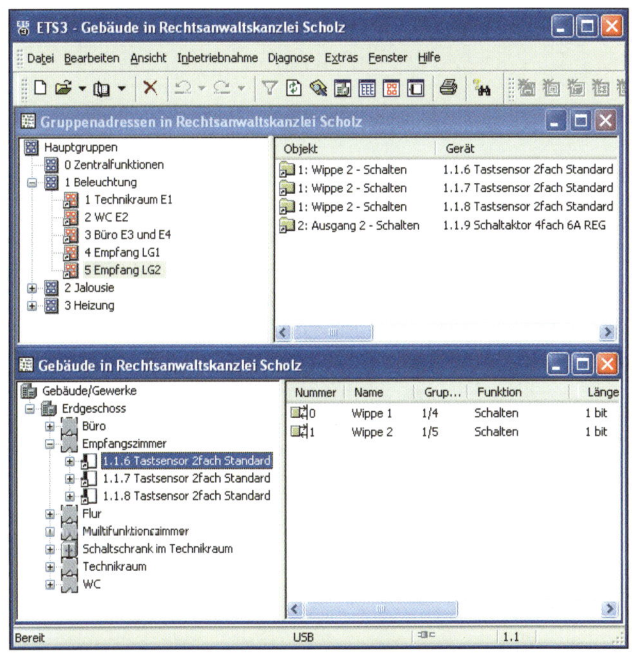

Bild 2: KNX-Objekte mit Gruppenadressen im Empfangszimmer

Warteecke

Die Warteecke wird helligkeitsabhängig mit der Leuchte E5 beleuchtet. Die Leuchte wird an einen Vierfach-Schaltaktor (REG) angeschlossen, der im Schaltschrank untergebracht ist.

Daniel weiß nicht, welchen Dämmerungsschalter er auswählen soll, und bittet Herrn Meister um Hilfe. Herr Meister gibt Daniel Kataloge verschiedener Hersteller. Nach längerer Suche entscheidet Daniel, ein Sensormodul zu wählen, das über ein Busankopplermodul an den Installationsbus angekoppelt wird. Daniel sieht vor, das Busankopplermodul als Reiheneinbaugerät im Schaltschrank zu installieren.

Außerdem findet Daniel einen Auszug aus dem Herstellerkatalog, der die Funktion des Helligkeitssensors beschreibt **(Datenblatt Seite 251)**.

Daniel informiert Herrn Meister über die Wahl des Helligkeitssensors. Herr Meister möchte mehr über die Funktion wissen.

Beantworten Sie folgende Fragen.

1. Mit welchem Bauteil wird die Helligkeit erfasst?

2. Welche Aufgabe hat das Sensormodul?

3. Wie wird die Helligkeitsschwelle eingestellt?

4. Welche Helligkeitsbereiche können vorgewählt werden?

Rezeption

Die Leuchte E6 wird mit dem Einfach-Tastsensor S8 geschaltet und kontinuierlich gedimmt. Daniel meint, dass entgegen der Beschreibung im Lastenheft der Dimmaktor besser als Einbaugerät **(Bild 1)** in der abgehängten Decke in Leuchtennähe untergebracht werden sollte. Er holt telefonisch die Zustimmung des Kunden ein. Außerdem notiert sich Daniel, dass bei der Parametrierung mit der ETS-Software zu beachten ist, dass beim Einschalten der Leuchte die Helligkeit auf den letzten Helligkeitswert vor dem Ausschalten eingestellt werden soll.

Ordnen Sie mit der ETS-Software den Objekten die gewählten Gruppenadressen zu.

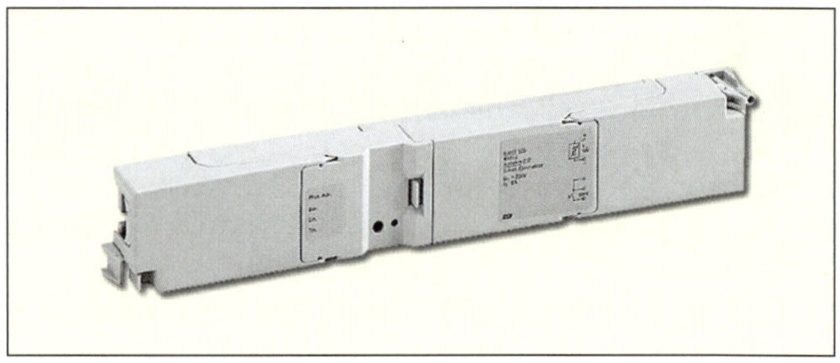

Bild 1: Dimmaktor als Einbaugerät

Zentralfunktion

Im Empfangszimmer befindet sich ein Einfach-Tastsensor S15, mit dem bei Betätigung gleichzeitig mehrere Funktionen ausgeführt werden **(Tabelle)**.

Tabelle: Zentralfunktionen	
Leuchte E1 wird ausgeschaltet,	Leuchte E2 wird ausgeschaltet,
Leuchten E3 und E4 werden ausgeschaltet,	Leuchten E5 und E6 werden ausgeschaltet,
Leuchtengruppen LG1 und LG2 werden ausgeschaltet,	Leuchtengruppen LG3 und LG4 werden ausgeschaltet,
Motoren M1 und M3 fahren die Jalousien herunter.	

Ordnen Sie mit der ETS-Software den Objekten die gewählten Gruppenadressen zu.

Flur

Im Flur ist eine Treppenhausschaltung zu installieren. Der konventionelle Taster S9 und der konventionelle Kippschalter Q2 werden an den bereits im Schaltschrank vorhandenen Vierfach-Binäreingang angeschlossen. Die Leuchte E7 wird an einen Schaltaktor angeschlossen, der mit Zeitschaltfunktion parametriert wird **(Bild 2)**.

Ordnen Sie mit der ETS-Software den Objekten die gewählten Gruppenadressen zu.

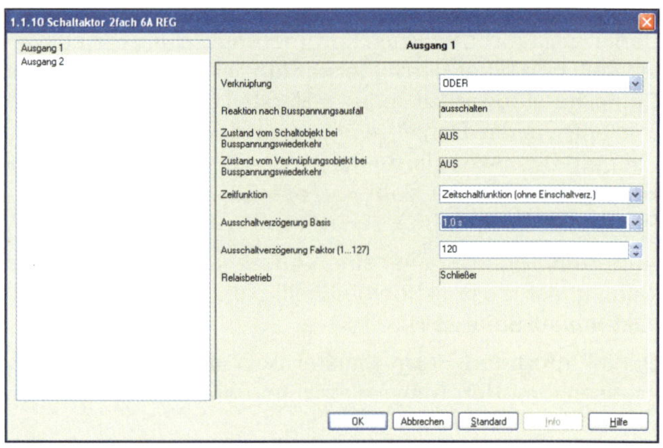

Bild 2: Parametrierung eines Schaltaktors mit Zeitfunktion

Multifunktionszimmer

a) Dimmen

Die Leuchtengruppen LG3 und LG4 werden einzeln von den Türen mit Tastsensoren S10 und S11 über einen Dimmaktor geschaltet und gedimmt.

Ordnen Sie mit der ETS-Software den Objekten die gewählten Gruppenadressen zu.

b) Jalousiesteuerung

Die beiden Jalousien sollen mit den Motoren M1 und M2 gemeinsam über einen Jalousieaktor sowohl von der Tür als auch vom Referententisch aus mit Einfach-Tastsensoren S12 und S13 betätigt werden. Die Jalousiemotoren werden an einen Zweifach-Jalousieaktor angeschlossen, der im Schaltschrank untergebracht wird.

Daniel ruft in der ETS-Software die Objekte der Tastsensoren und des Jalousieaktors auf. Er ist sich nicht sicher, wie die Kommunikationsobjekte von Tastsensor und Jalousieaktor miteinander verknüpft werden müssen, und bittet Herrn Meister um Hilfe. Außerdem möchte Daniel wissen, welche Bedeutung der Kurzzeitbetrieb und der Langzeitbetrieb für die Funktion der Jalousie hat.

1. Wie werden die Kommunikationsobjekte von Tastsensor **(Bild 1)** und Jalousieaktor **(Bild 2)** miteinander verknüpft?

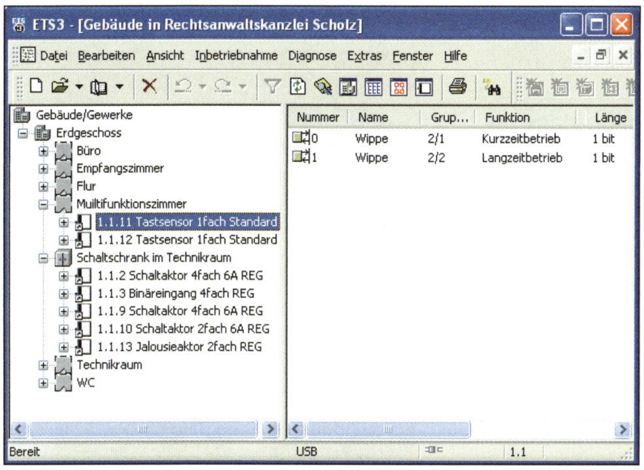

Bild 1: Tastsensor mit Anwendungsprogramm Jalousie

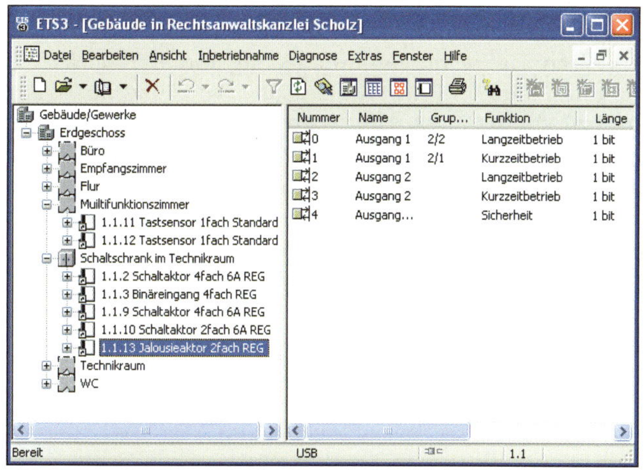

Bild 2: Jalousieaktor für zwei Motoren

2. Erklären Sie die Funktion Kurzzeitbetrieb von Tastsensor und Jalousieaktor.

3. Erklären Sie die Funktion Langzeitbetrieb von Tastsensor und Jalousieaktor.

Lichtszene

Daniel fällt auf, dass im Lastenheft vermerkt ist, dass der Kunde vom Referententisch aus verschiedene Lichtszenen aufrufen möchte. Daniel fragt Herrn Meister, welche Bedeutung Lichtszenen haben.

1. Welche Bedeutung haben Lichtszenen?

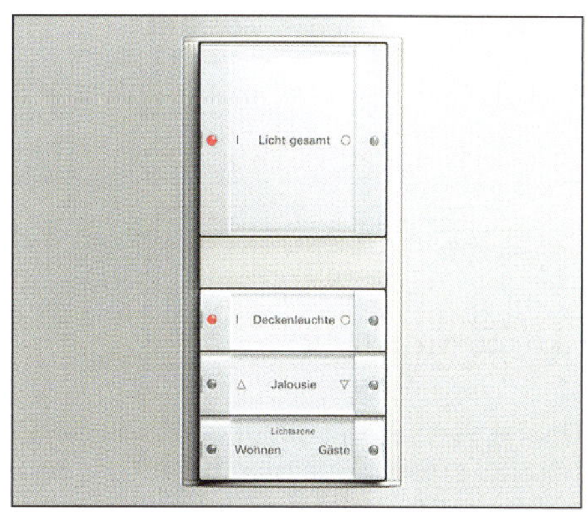

Bild 3: Lichtszenensensor

Herr Meister informiert Daniel darüber, dass der Auftraggeber, Herr Rechtsanwalt Scholz, aus finanziellen Gründen zunächst auf die Verwirklichung von Lichtszenen verzichten möchte. Trotzdem bittet Herr Meister seinen Auszubildenden, die Verwirklichung verschiedener Lichtszenen zu planen, denn der Kunde wird diesen Bedienungskomfort sicherlich bald nachrüsten lassen. Daraufhin sucht Daniel aus Herstellerkatalogen einen geeigneten Sensor **(Bild 3)** und beginnt sinnvolle Lichtszenen zu projektieren.

2. Welche KNX-Geräte werden für Lichtszenen benötigt?

Projektieren Sie verschiedene, selbst gewählte Lichtszenen mit der ETS-Software.

Inbetriebnahme

Nachdem Daniel mit der Engineering-Tool-Software ETS alles fertig projektiert hat, bittet er Herrn Meister, die Projektierung nochmals durchzusehen und zu kontrollieren. Herr Meister ist sehr zufrieden und meint, dass das Projekt wie von Daniel geplant verwirklicht werden kann.

Beide fahren nun zur Baustelle und stellen fest, dass die Montage der Geräte, z.B. im Schaltschrank **(Bild)**, noch nicht soweit fortgeschritten ist, dass man vor Ort mit der Installation beginnen kann. Daraufhin erklärt Herr Meister, dass die Busteilnehmer auch schon in der Werkstatt programmiert werden können. Als Vorbereitung für die Programmierung der Busgeräte baut Daniel ein kleines Bussystem auf.

Bild: Montage des Schaltschrankes

1. Welcher Mindestaufbau wird zum Programmieren der Busgeräte benötigt?

2. In welchem Menü der ETS wird die durchgeführte Projektierung zu den einzelnen Sensoren und Aktoren übertragen?

3. Wie wird der PC mit dem Installationsbus-System zwecks Datenübertragung verbunden?

4. Welche Informationen werden bei der Programmierung der Busteilnehmer übertragen?

Daniel stellt beim Programmieren der Busteilnehmer fest, dass er sorgfältig darauf achten muss, dass jedes Busgerät auch die in der Projektierung vorgesehene physikalische Adresse bekommt.

5. Durch welche Maßnahme speichert der Busteilnehmer beim Programmieren die physikalische Adresse?

Dokumentation

Daniel hat nun alle Busgeräte programmiert. Herr Meister macht Daniel darauf aufmerksam, dass eine gute Dokumentation für eine schnelle Installation auf der Baustelle sehr wichtig ist. Außerdem soll Daniel das Projekt bis zur Weiterbearbeitung auf einer CD speichern.

1. Wie werden die im Betrieb programmierten Busteilnehmer gekennzeichnet, damit sie auf der Baustelle schnell am richtigen Ort eingebaut werden können?

2. Wie wird ein KNX-Projekt aufbewahrt?

Arbeitsauftrag 6: KNX-Symbole benennen (Seite 203)

Symbol	Benennung der Symbole
Form 1 Form 2 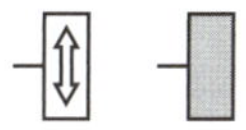	Busankoppler
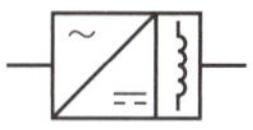	

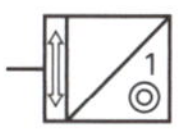	
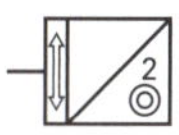	
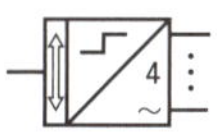	
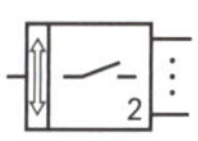	
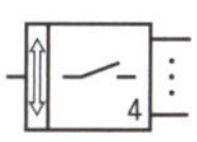	
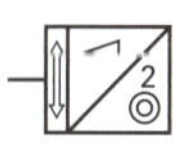	

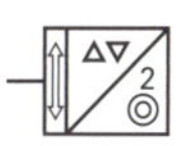	
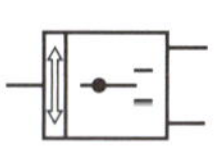	
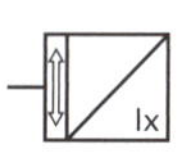	
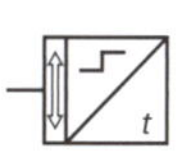	

Planungshilfe für die Verknüpfung der KNX-Geräte mit Gruppenadressen

Listen Sie die verwendeten KNX-Geräte auf.

KNX-Gerät	Applikation	Phys. Adresse

Tragen Sie in die Planungshilfe die verwendeten KNX-Geräte mit den physikalischen Adressen ein und verknüpfen Sie die Objekte funktionsgerecht mit den Gruppenadressen.

Planungshilfe					**Aktoren**	Spalte	A	B	C	D	E	F	G	H	I	J	K	L
Projekt						Konventionelle Geräte									**Mithörende Sensoren**			
						Busgeräte												
Sensoren			Physikalische Adressen															
				Gruppenadressen														
Zeile	Konventionelle Geräte	Busgeräte			Obj.													
1																		
2																		
3																		
4																		
5																		
6																		
7																		
8																		
9																		
10																		
11																		
12																		
13																		
14																		

Planungshilfe für die Verknüpfung der KNX-Teilnehmer mit Gruppenadressen	Projekt:		Bearbeiter:

Phys. Adresse	KNX-Gerät	Hersteller	Einbauort	Objekt	Gruppenadresse		Bemerkungen
					sendend	empfangend	

Vervollständigen Sie den Stromlaufplan.

Tragen Sie oberhalb der Symbole, soweit erforderlich, die physikalischen Adressen ein. Geben Sie an den Symbolen die Gruppenadressen an.

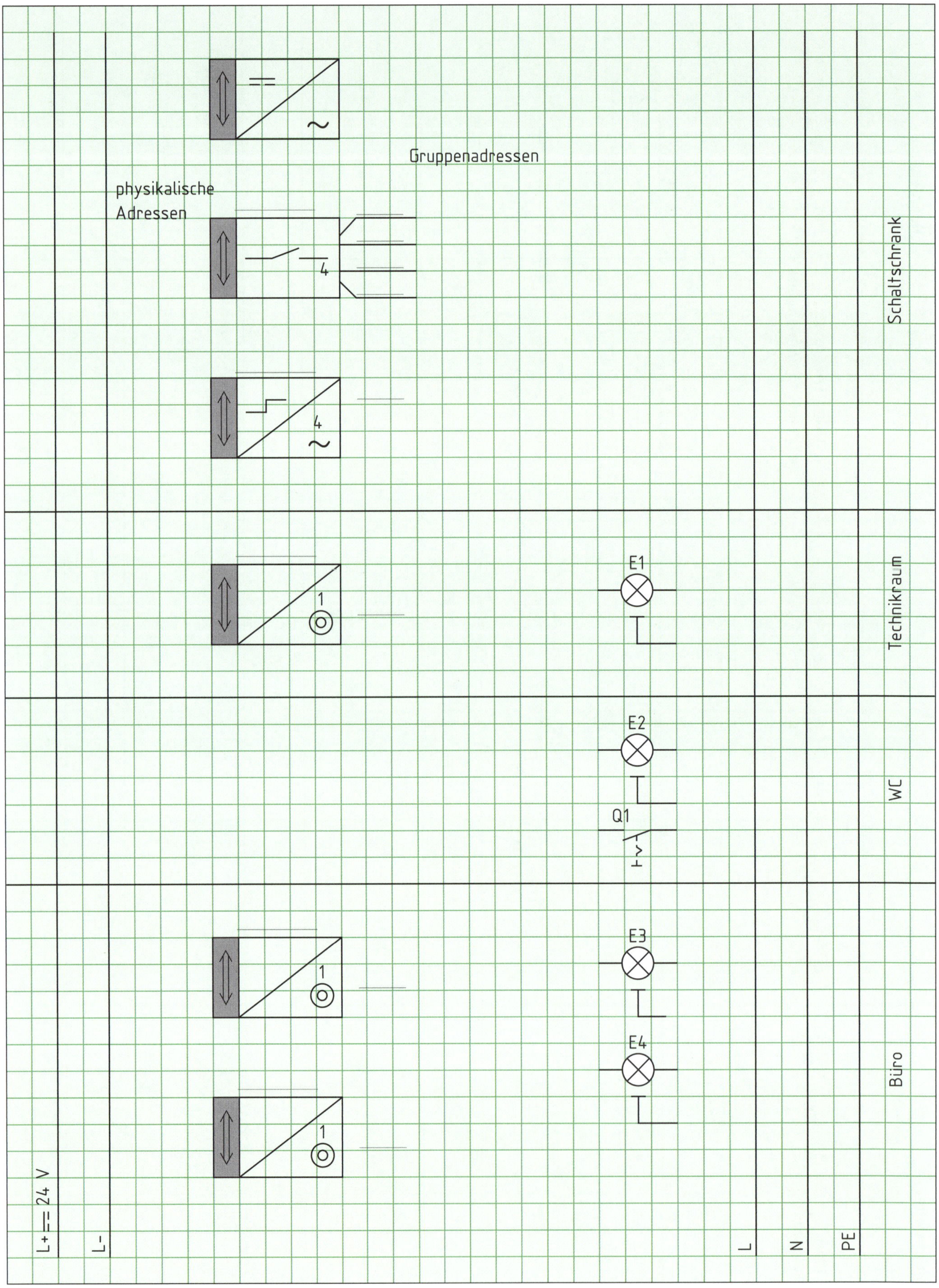

Testen Sie Ihre Fachkompetenz

1. Nennen Sie die grundsätzlichen Bestandteile eines KNX-Systems **(Bild 1)**.

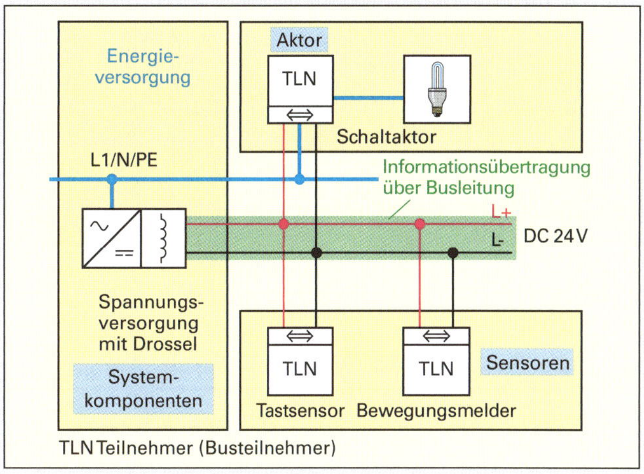

Bild 1: Installation mit KNX

2. Mit welcher Software werden KNX-Projekte programmiert?

3. Für welche Aufgaben wird die Engineering-Tool-Software ETS eingesetzt?

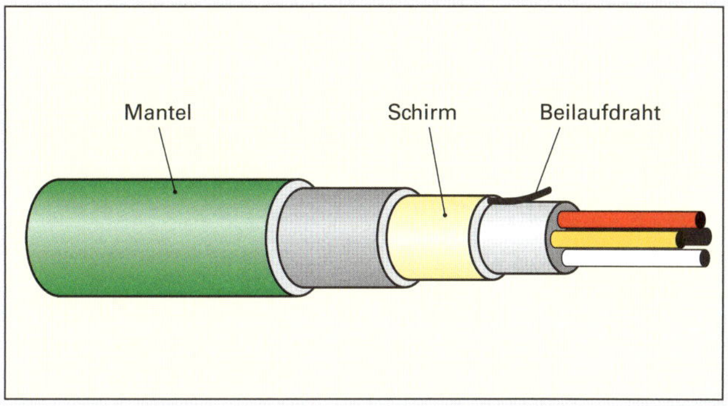

Bild 2: Busleitung

4. Wie werden die vier Adern der KNX-Busleitung **(Bild 2)** beschaltet?

5. Aus welchen verschiedenen Hard- und Softwarekomponenten besteht ein funktionstüchtiger Busteilnehmer?

6. Aus welchen Funktionsgruppen besteht ein Busankoppler?

7. Welche elektrischen Signale werden auf der Busleitung übertragen?

Testen Sie Ihre Fachkompetenz

8. Wie erfolgt die grundsätzliche Signalübertragung beim KNX-Installationsbus?

9. Mit welcher Geschwindigkeit (Bitrate) werden die Daten übertragen?

10. Warum wirken sich Störstrahlungen beim KNX-Installationsbus nicht auf die Datenübertragung aus?

11. Wie viele Teilnehmer (TLN) dürfen höchstens an eine Linie (Buslinie) angeschlossen werden **(Bild)?**

12. Wie viele Linien können maximal an eine Hauptlinie angeschlossen werden **(Bild)?**

13. Wie viele Bereiche können maximal miteinander verbunden werden **(Bild)?**

14. Welche Bedeutung hat die physikalische Adresse 3.5.25?

15. Welche physikalische Adresse hat der Busteilnehmer, dessen Telegramm-Quelladresse 231E im Hexadezimalcode lautet?

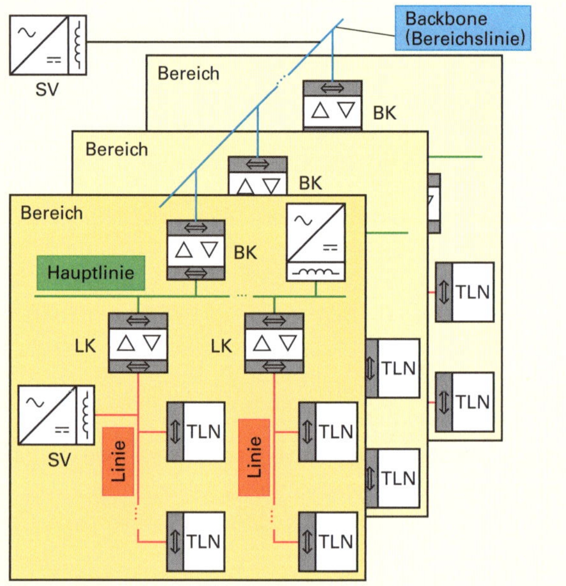

Bild: Linien und Bereiche eines KNX-Systems

16. Beschreiben Sie die Aufgabe der Gruppenadresse.

17. In wie viel Ebenen können Gruppenadressen dargestellt werden?

18. Mit welcher Technologie lässt sich eine KNX-Installation in eine bestehende Elektroinstallation ohne zusätzliche Leitungen einfügen?

19. Nennen Sie vier verschiedene KNX-Technologien und deren Abkürzungen?

Lernsituation: Regelung der Raumtemperatur mit einem Bussystem (KNX)

In der Rechtsanwaltspraxis Scholz, Bernsteinstraße 12, ist die Elektroinstallation des Geschäftsbereiches von der Firma Rundumfix von konventioneller Installationstechnik auf ein Installationsbus-System umgebaut worden **(Projekt, Seite 195 bis 216)**. Das installierte KNX-Bussystem wurde vom Auszubildenden Daniel projektiert. Dabei hat ihn der Busspezialist der Firma Rundumfix, Herr Meister, unterstützt. Daniel und Herr Meister haben auch die Anlage vor Ort in Betrieb genommen. Der Kunde ist mit der Elektroinstallation in den Geschäftsräumen sehr zufrieden und hat auch die Nachrüstung der anfänglich geplanten Lichtszene in Auftrag gegeben. Daniel hatte bereits alles fertig geplant, so dass die Lichtszene sehr schnell verwirklicht werden konnte. Im Laufe der Zeit hat Herr Scholz festgestellt, dass die Heizkosten für die Anwaltspraxis sehr hoch sind. In einem Telefongespräch erklärt Herr Meister dem Kunden, dass sich Heizkosten durch Raumtemperaturregelung über das vorhandene KNX-Bussystem einsparen lassen. Daraufhin erteilt Herr Scholz der Firma Rundumfix den Auftrag für die Projektierung, die Installation der erforderlichen Busgeräte, die Inbetriebnahme und die Dokumentation einer Einzelraum-Temperaturregelung.

Projektanalyse

Arbeitsauftrag 1: Informationen über Steuern und Regeln beschaffen

Herr Meister beauftragt Daniel mit der Bearbeitung des Projektes. Daniel beschafft sich zunächst allgemeine Informationen über die Steuerungstechnik und Regelungstechnik.

1. Nennen Sie vier verschiedene physikalische Größen, die in der Technik gesteuert oder geregelt werden.

2. Wodurch ist eine Steuerung gekennzeichnet **(Bild)**?

3. Erklären Sie den Vorgang „Steuern" am Beispiel einer Raumtemperatur **(Bild)**.

Fachbücher im Verlag Europa-Lehrmittel

- Fachkunde Elektrotechnik, Kapitel Regelungstechnik
- Technische Kommunikation im Berufsfeld Elektrotechnik, Kapitel Regelkreis
- Tabellenbuch, Kapitel Regelungstechnik

www.kahlert.com
Simulationsprogramm WinFACT Programmmodul Boris

Steuern und Regeln

Steuern ist die Beeinflussung von Ausgangsgrößen durch eine oder mehrere Eingangsgrößen nach vorgegebenen Gesetzmäßigkeiten. Kennzeichen für das Steuern ist der offene Wirkungsablauf.

Regeln ist ein Vorgang, bei dem die Regelgröße fortlaufend erfasst und mit einer Führungsgröße verglichen wird. Es erfolgt dabei eine ständige Anpassung an die Führungsgröße. Im Unterschied zur Steuerung liegt bei der Regelung ein geschlossener Wirkungsablauf vor, bei dem sich die Regelgröße fortlaufend selbst beeinflusst.

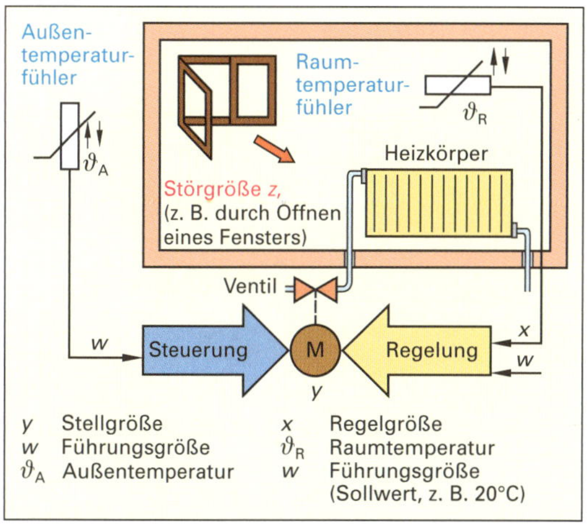

Bild: Steuerung und Regelung eines Heizkörpers

4. Wodurch ist eine „Regelung“ gekennzeichnet **(Bild, Seite 217)**?

5. Erklären Sie den Vorgang „Regeln“ am Beispiel einer Raumtemperaturregelung **(Bild, Seite 217)**.

Beim Lesen der Informationen über Steuerungen und Regelungen fällt Daniel besonders der Signalflussplan eines Regelkreises auf **(Bild 1)**.

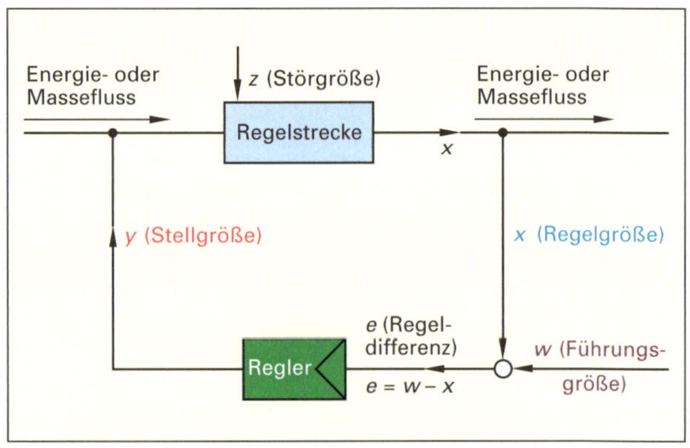

Bild 1: Signalflussplan eines Regelkreises

6. Erklären Sie den Begriff Regelstrecke.

7. Nennen Sie mindestens drei Beispiele für Regelstrecken.

8. Erklären Sie den Begriff Regeldifferenz **(Bild 1)**.

9. Welche Stellglieder werden in den Regelkreisen **(Bild 2a bis 2c)** verwendet?

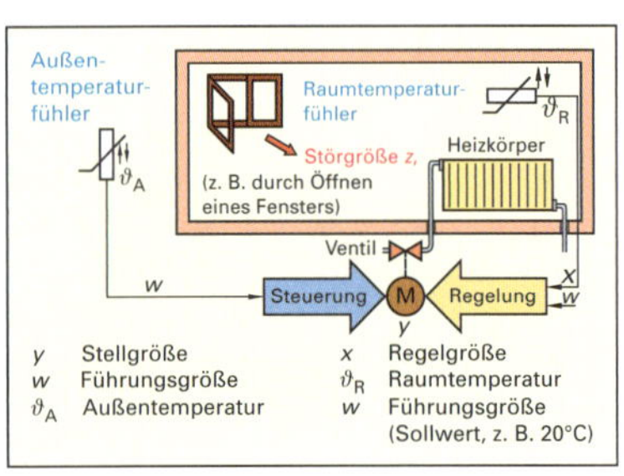

a) Stellglied:

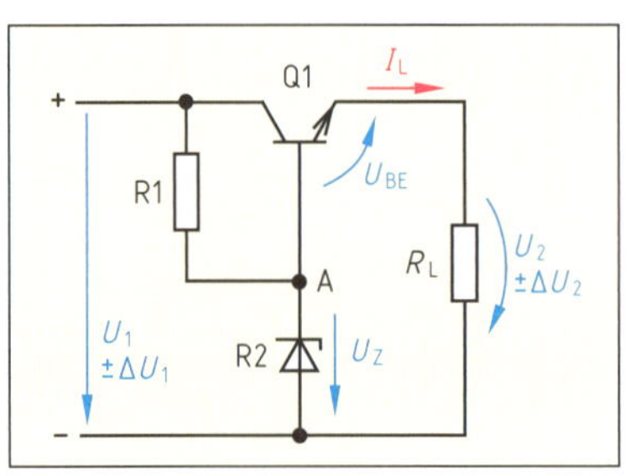

b) Stellglied:

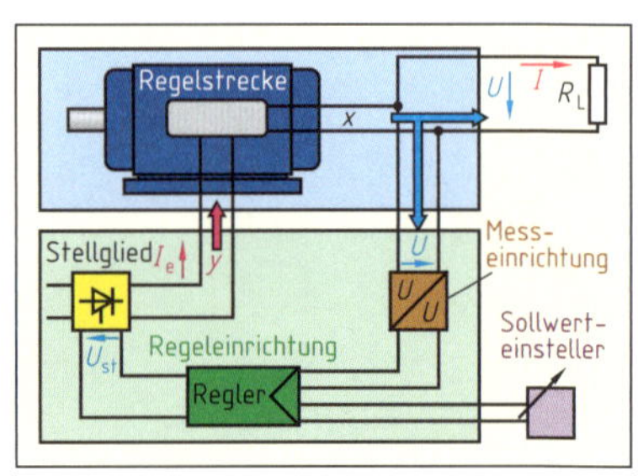

c) Stellglied:

Bild 2: Beispiele für Regelkreise

Arbeitsauftrag 2: Temperaturregler auswählen und beschreiben

Daniel weiß, dass für die Realisierung der Temperaturregelung ein geeigneter Regler ausgewählt werden muss. Er stellt fest, dass unstetige Regler, z.B. Zweipunktregler, und stetige Regler eingesetzt werden können.

1. Wie verhält sich ein Zweipunktregler, der z.B. auf ein Heizungsventil wirkt?

Übersicht: Regler

- **Stetige Regler**
  - P-Regler
  - I-Regler
  - PI-Regler
  - PD-Regler
  - PID-Regler
- **Unstetige Regler**
  - Zweipunkt-Regler
  - Dreipunkt-Regler

2. Wie nennt man die Differenz zwischen dem oberen Ansprechwert x_0 und dem unteren Ansprechwert x_U beim Zweipunktregler **(Bild 1)?**

3. Wie verhält sich ein stetiger Regler, der auf ein Heizungsventil wirkt?

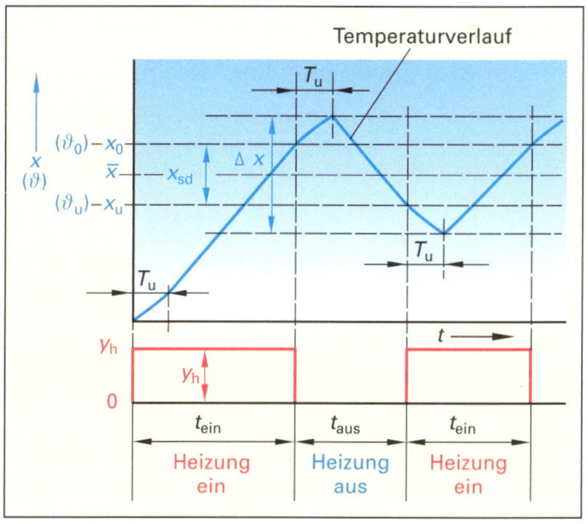

Bild 1: Regel- und Stellgröße bei einer Zweipunkt-Regelungseinrichtung

Daniel wählt nach Rücksprache mit Herrn Meister den Stetigregler **(Bild 2)** eines namhaften Herstellers aus, damit die Raumtemperatur immer möglichst genau dem gewünschten Wert (Sollwert) entspricht. Anschließend beschäftigt sich Daniel intensiv mit der Funktionsbeschreibung **(Datenblatt, Seite 250).**

4. Benennen Sie in der **Tabelle** die Bedienelemente und Anzeige-LEDs des Stetigreglers **(Bild 2)**.

Tabelle: Bedienelemente und Anzeigen-LEDs eines Stetigreglers

Bezeichnung	Bedeutung
1	
2	
3	
4	
5	
6	
7	
8	
9	
10	

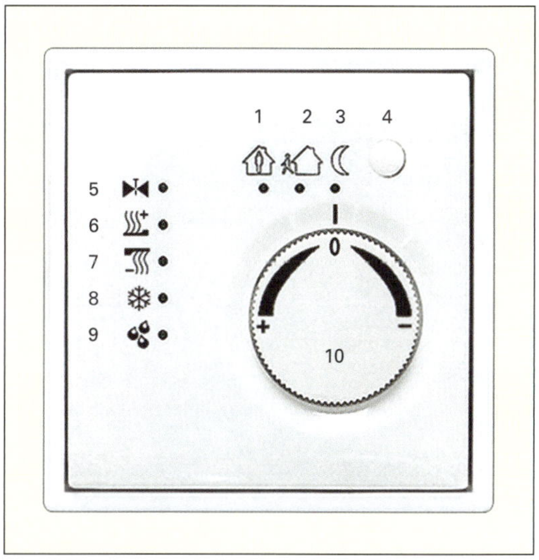

Bild 2: Stetigregler

5. Erklären Sie anhand des **Datenblattes Seite 250** die angegebenen Betriebsfunktionen eines Stetigreglers **(Tabelle)**.

Tabelle Funktionsbeschreibung eines Stetigreglers	
Betriebsfunktion	Funktionsbeschreibung
Komfortbetrieb	
Standby-Betrieb	
Nachtbetrieb	
Frostschutz	

Arbeitsauftrag 3: Stellantrieb auswählen

Nachdem Daniel einen geeigneten Temperaturregler ausgewählt hat und über die Betriebsfunktion Auskunft geben kann, muss er noch einen geeigneten Stellantrieb **(Bild)** suchen. Daniel ist sich sicher, dass er beim Hersteller des Stetigreglers auch einen passenden Stellantrieb finden wird. Aber Daniel möchte sich auch über Stellantriebe von anderen Herstellern informieren.

- Stellen Sie Informationen über KNX-Stellantriebe von mindestens drei verschiedenen Herstellern zusammen. Nehmen Sie vorhandene Produktkataloge der Hersteller zu Hilfe.
- Beschaffen Sie notwendige Informationen aus dem Internet.
- Ermitteln Sie die Preise der ausgewählten Stellantriebe.

www.jung.de
www.siemens.de
www.theben.de

Projektierung

Arbeitsauftrag 4: Einzelraum-Temperaturregelung planen

Als Grundausstattung für eine Einzelraum-Temperaturregelung genügt der Temperaturregler (Stetigregler), der einen Stellantrieb über das Bussystem ansteuert. Daniel erinnert sich, dass der Kunde, Rechtsanwalt Scholz, der Firma Rundumfix den Auftrag zur Einzelraum-Temperaturregelung deshalb erteilt hat, damit im Betrieb möglichst viel Heizkosten eingespart werden können. Darum überlegt sich Daniel Möglichkeiten einer komfortablen Ausstattung **(Bild)**.

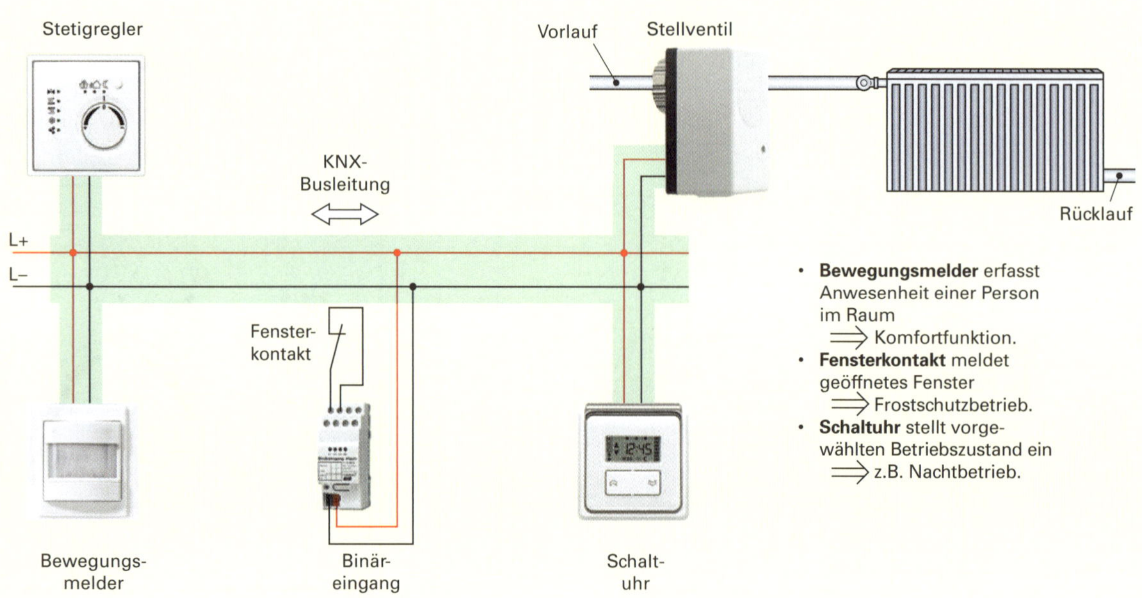

- **Bewegungsmelder** erfasst Anwesenheit einer Person im Raum ⟹ Komfortfunktion.
- **Fensterkontakt** meldet geöffnetes Fenster ⟹ Frostschutzbetrieb.
- **Schaltuhr** stellt vorgewählten Betriebszustand ein ⟹ z.B. Nachtbetrieb.

Bild: Komfortausstattung für eine Einzelraum-Temperaturregelung

Nachdem Daniel sich ausführlich mit der Komfortausstattung für eine Einzelraum-Temperaturregelung und mit der Funktion des Reglers beschäftigt hat, präsentiert er nun Herrn Meister seine gesammelten Informationen.

Herr Meister stellt noch einige Fragen:

1. Welche Betriebsmodi (Betriebsarten) kennt der Stetigregler **(Bild 1 und Datenblatt, Seite 250)**?

   •
   •
   •
   •
   •
   •

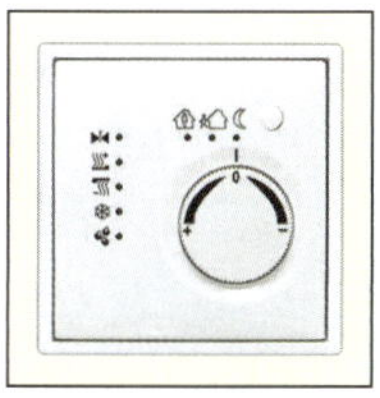

Bild 1: Stetigregler

2. Welche Aufgaben hat der Bewegungsmelder **(Bild 2)**?

   •
   •

Bild 2: Bewegungsmelder

3. Welche Aufgabe hat die Schaltuhr **(Bild 3)**?

Bild 3: Schaltuhr

4. Weshalb ist ein Fensterkontakt vorgesehen **(Bild 4)**?

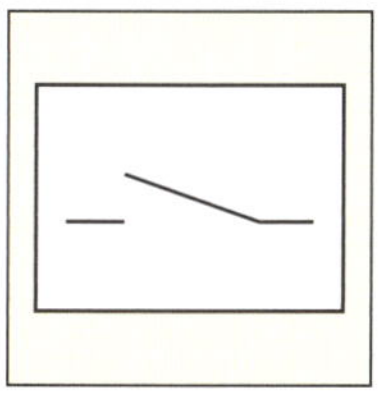

Bild 4: Fensterkontakt

Arbeitsauftrag 5: Mit der Engineering-Tool-Software ETS projektieren

1. Daniel will nun die Einzelraum-Temperaturregelung mithilfe eines PC projektieren. Für die Planung und Konfiguration intelligenter Haus- und Gebäudesystemtechnik mit dem KNX-System ist eine spezielle Software erforderlich, die unabhängig von den Geräteherstellern ist. Nennen Sie sieben Projektierungsschritte bei Verwendung der Engineering-Tool-Software ETS.

   • Starten der ETS-Software,
   • Erstellung der Gebäudestruktur,
   •
   •
   •
   •
   •

Bild 5: Engineering-Tool-Software ETS 3

2. Zeichnen Sie in das **Arbeitsblatt, Seite 224,** die logischen Verknüpfungen der Objekte eines Stetigreglers mit den Objekten eines Stellantriebs und eines 4-fach-Binäreingangs ein, indem sie die Objekte miteinander verbinden. Wählen Sie für die Heizung die Hauptgruppenadresse 3.
3. Geben Sie an den Objekten die von Ihnen gewählten Gruppenadressen an.
4. Führen Sie die Projektierung mit der Engineering-Tool-Software ETS durch.

Montage, Inbetriebnahme und Funktionsprüfung

Daniel ist zusammen mit Herrn Meister zur Rechtsanwaltskanzlei gefahren und muss nun die neuen Buskomponenten, die er für die Einzelraum-Temperaturregelung ausgewählt hat, installieren.

Arbeitsauftrag 6: Raumtemperaturregler montieren

www.eib-home.de
siehe: Einzelraum-Temperaturregelung

Fachkunde Elektrotechnik, Kapitel: Elektrische Raumheizung

Herr Meister fordert Daniel auf, einen geeigneten Platz für den Raumtemperaturregler zu suchen und diesen dann zu montieren.

1. Nennen Sie drei Störeinflüsse, die bei der Wahl des Montageortes beachtet werden müssen, weil sie sich auf die Funktion der Regelung auswirken.

•

•

•

Arbeitsauftrag 7: Funktionsprüfung der Anlage durchführen und Fehler analysieren

Nun muss noch die Funktion der Einzelraum-Temperaturregelung überprüft werden. Nach der Inbetriebnahme stellt Herr Meister fest, dass der Heizkörper nicht warm wird und somit auch der Raum kalt bleibt.

1. Nennen Sie mögliche Gründe, warum die Einzelraum-Temperaturregelung nicht richtig arbeitet.

Arbeitsauftrag 8: Kunden in die Funktion des Temperaturreglers einweisen

Die installierte Einzelraum-Temperaturregelung weist eine Vielzahl von Benutzungsmöglichkeiten auf. Für eine optimale Nutzung des Installationssystems wünscht der Kunde eine Bedienungsanleitung für den Temperaturregler. Herr Meister gibt Daniel eine **Tabelle,** aus der die Funktion des Temperaturreglers abgelesen werden kann. Außerdem erhält Daniel eine Funktionsbeschreibung des Stetigreglers **(Datenblatt, Seite 250).**

Tabelle: Funktion des Temperaturreglers

Betriebszustand	Präsenztaster	Nacht/Standby Schaltuhr	Komfort Bewegungsmelder	Frost Fensterkontakt	Regler Sperren
Regler sperren	×	×	×	×	1
Frostschutz	×	×	×	1	0
Komfortbetrieb	×	×	1	0	0
Nacht (⇔ Komfortverlängerung)	0 (⇔1)	1	0	0	0
Standby (⇔ Komfort)	0 (⇔1)	0	0	0	0

× = Zustand ist irrelevant, das heißt keine Auswirkung auf den jeweiligen Betriebszustand.

Beantworten Sie folgende Fragen des Kunden:

1. Wie weiß ich, in welcher Betriebsart sich der Regler befindet?

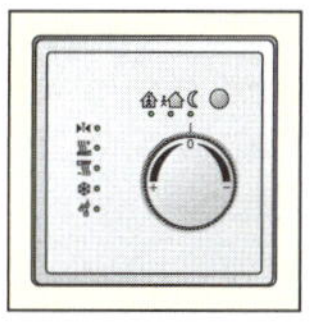

2. In welchem Betriebszustand befindet sich die Anlage, wenn niemand anwesend ist?

3. Wie kommt man in den Betriebszustand „Komfort", wenn jemand den Raum betritt?

4. Wie kann zwischen Komfortbetrieb und Standbybetrieb umgeschaltet werden?

5. Wie kann eine Verlängerung des Komfortbetriebs aktiviert werden?

6. Wie muss man sich verhalten, wenn der Raum für längere Zeit verlassen wird?

7. Wie kann ich als Anwender die von mir gewünschte Komforttemperatur verändern, wenn mir die Raumtemperatur bei besonderer Kälte außerhalb des Hauses zu niedrig ist?

8. Um wie viel Grad wird die Temperatur bei Nachtbetrieb abgesenkt?

9. Ich arbeite des Öfteren bis in die Nacht. Wie verhalte ich mich, wenn der Nachtbetrieb über die Schaltuhr schon aktiviert wurde?

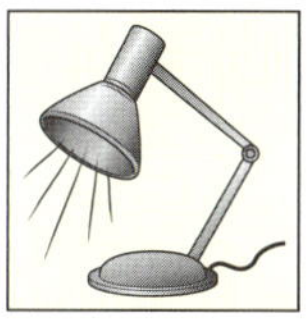

10. Meine Mitarbeiter öffnen häufig die Fenster und vergessen sie wieder zu schließen. Wie verhält sich die Heizung, wenn die Fenster geöffnet sind?

11. Wozu benötigt man die Reglersperre?

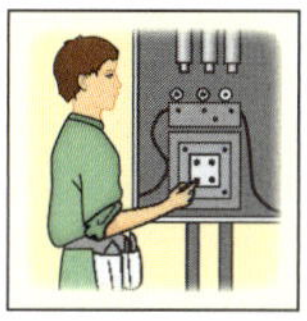

Zeichnen Sie in das **Bild** die logischen Verknüpfungen der Objekte eines Stetigreglers mit den Objekten eines Stellantriebs und eines 4-fach-Binäreingangs ein, indem Sie die Objekte miteinander verbinden. Geben Sie an den Objekten die von Ihnen gewählten Gruppenadressen an. Wählen Sie für die Heizung die Hauptgruppenadresse 3.

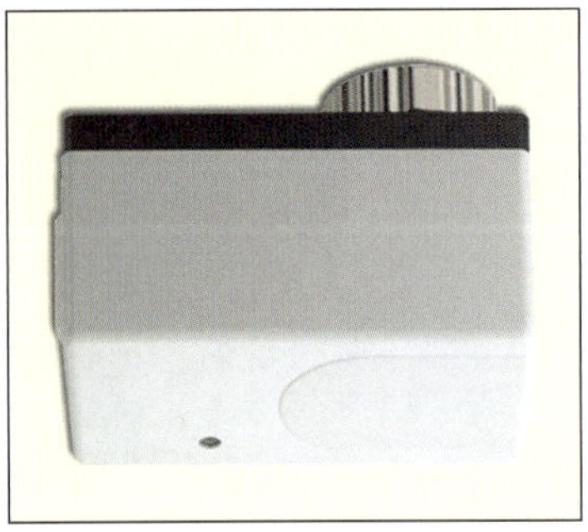

Stellantrieb

Obj	Funktion
0	Stellgröße Eingang
1	Stellgröße Istposition
2	Status Betriebszustand
3	Zwangsstellung 1 Eingang
4	Zwangsstellung 2 Eingang
5	Min. Begrenzung Eingang
6	Max. Begrenzung Eingang
7	Binäreingang 1 Schalten
8	Binäreingang 1
9	Binäreingang 2 Schalten
10	Binäreingang 2
11	Grenzwert

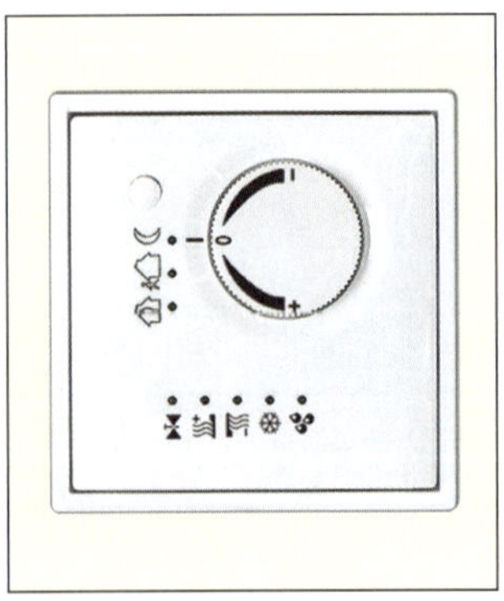

Stetigregler

Obj	Funktion
0	Komfortbetrieb Eingang
1	Nacht-/Standby-Betrieb Eingang
2	Frost-/Hitzeschutz Eingang
3	Regler sperren Eingang
4	Taster Eingang/Ausgang
5	Soll-Temperatur Ausgang
6	Ist-Temperatur Ausgang
7	Stellgröße Heizen Ausgang
8	Meldung Heizen Ausgang
9	Status (Regler) Ausgang
10	Komforttemperatur Eingang

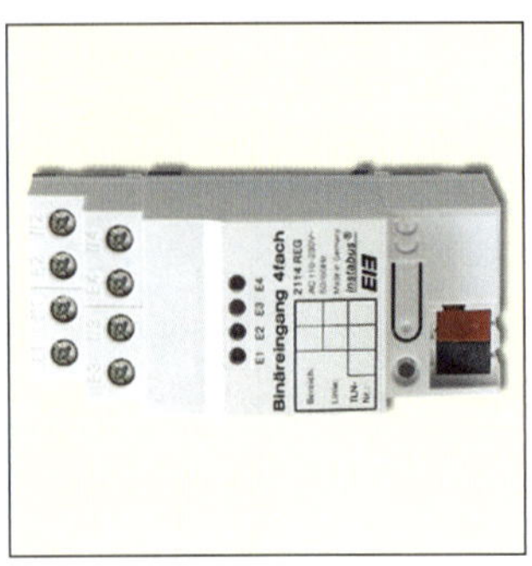

4-fach-Binäreingang

Funktion	Obj
Schalten Eingang 1	0
Schalten Eingang 2	1
Schalten Eingang 3	1
Schalten Eingang 4	3

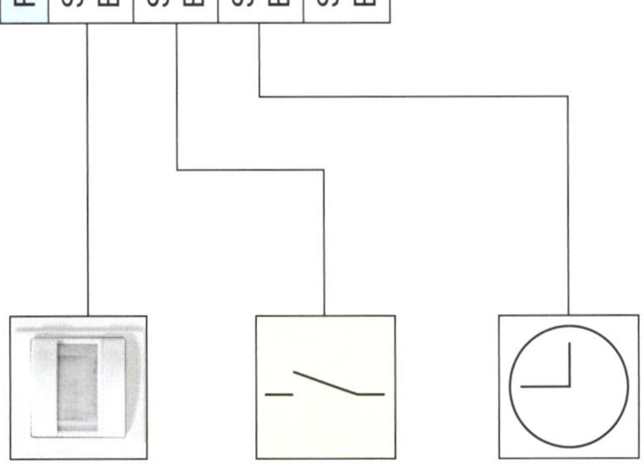

Testen Sie Ihre Fachkompetenz

1. Nennen Sie die richtigen Begriffe zu den Formelzeichen wichtiger regelungstechnischer Größen **(Tabelle)** und geben Sie jeweils ein Beispiel in Bezug auf eine Raumtemperaturregelung an. Nehmen Sie dazu das **Bild Seite 217**.

Tabelle: Wichtige regelungstechnische Größen

Formelzeichen	Begriff	Beispiel
x		
w		
y		
e		
z		

2. In einem Farbkessel wird der Flüssigkeitsstand mit einem Zweipunktregler in bestimmten Grenzen gehalten. Der zeitliche Verlauf der Regelgröße ist aufgezeichnet worden **(Bild 1)**. Bei maximalem Füllstand von 200 cm liefert der Messwandler eine Spannung von 10 V.

a) Berechnen Sie den oberen (x_o) und den unteren (x_u) Flüssigkeitsstand in cm.

b) Berechnen Sie den eingestellten Sollwert w des Füllstandes in cm.

c) Berechnen Sie die eingestellte Hysterese x_{sd} des Füllstandes in cm.

d) Wie lässt sich die Schalthäufigkeit des Zulaufventils verringern?

e) Welche Auswirkung hätte die Verringerung der Schalthäufigkeit auf die Füllstandsregelung?

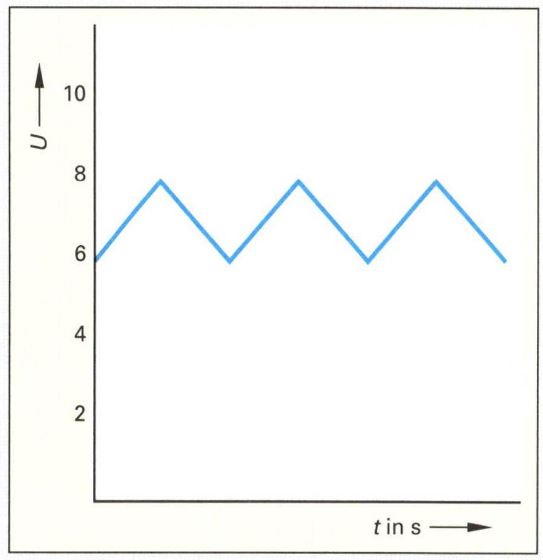

Bild 1: Regelgröße bei einer Zweipunkt-Regelung

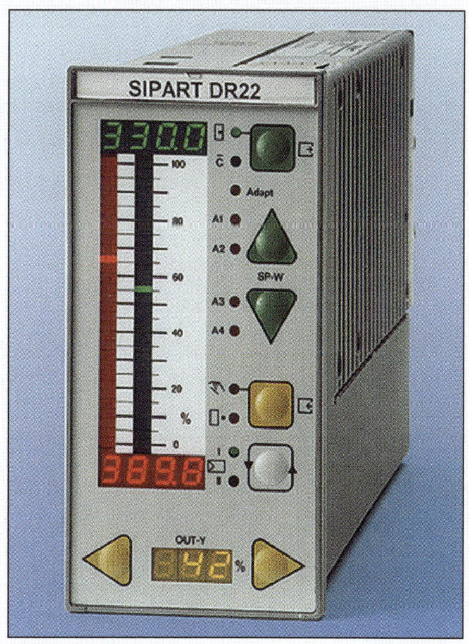

Bild 2: Digitaler Regler

3. Nennen Sie Merkmale einer Regelung mit einem P-Regler.

4. Nennen Sie zwei Vorteile einer Regelung mit einem PI-Regler.

5. Bei einem digitalen Regler **(Bild 2)** werden die Regelparameter mit den zur Verfügung stehenden Tasten eingegeben. Welche Bedeutung hat der Proportionalbeiwert K_{RP}?

6. Welche Bedeutung hat eine am Regler eingestellte kurze Nachstellzeit T_n?

Strombelastbarkeit von Kabeln und isolierten Leitungen

DIN VDE 0298, Teil 4 (Auszug)

Tabelle 1: Verlegearten von Kabeln und isolierten Leitungen für feste Verlegung

Verlegart		Verlegebedingungen (Wichtige Beispiele)
A1	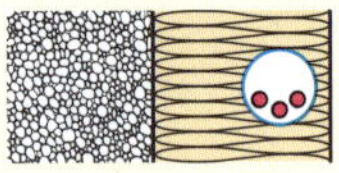	**Referenzverlegeart*: Verlegung in wärmegedämmten Wänden** • Aderleitungen im Elektroinstallationsrohr, • Aderleitungen in Formleisten oder in Formteilen.
A2	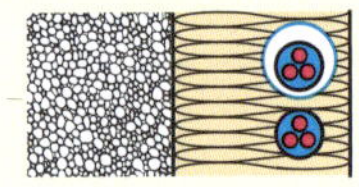	• Mehradrige Kabel oder mehradrige Mantelleitungen im Elektroinstallationsrohr, • mehradrige Kabel oder mehradrige Mantelleitungen in einer wärmegedämmten Wand.
B1	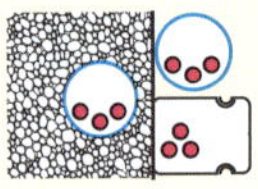	**Referenzverlegeart: Verlegung in Elektroinstallationsrohren** • Aderleitungen im Elektroinstallationsrohr auf oder in der Wand, • Aderleitungen, einadrige Kabel oder Mantelleitungen im Elektroinstallationskanal.
B2	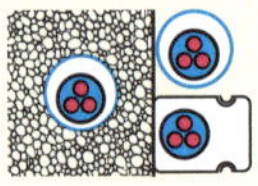	• Mehradrige Kabel oder Mantelleitungen im Elektroinstallationsrohr auf und in der Wand, • mehradrige Kabel oder Mantelleitungen im Elektroinstallationskanal, • mehradrige Kabel oder Mantelleitungen im Sockelleisten- oder im Unterflurkanal.
C	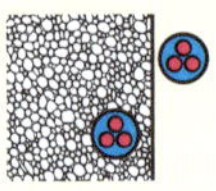	**Referenzverlegeart: Verlegung direkt auf dem Untergrund (Wand)** • Ein- oder mehradrige Kabel oder Mantelleitungen auf oder in der Wand oder unter der Decke, • Stegleitungen im oder unter Putz.
D		**Referenzverlegeart: Verlegung in der Erde** • Mehradriges Kabel oder mehradrige ummantelte Installationsleitung im Elektroinstallationsrohr oder im Kabelschacht in der Erde.
E	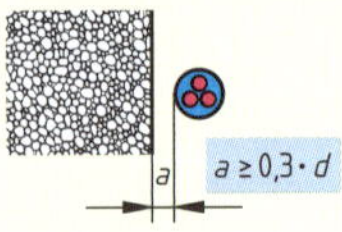	**Referenzverlegeart: Verlegung frei in der Luft** • Mehradrige Kabel oder mehradrige Mantelleitungen frei in der Luft verlegt mit einem Mindestabstand a ≥ 0,3 · *d* zur Wand (*d* = Leitungsdurchmesser), • Kabel oder Leitungen auf gelochten Kabelrinnen oder auf Kabelkonsolen.
F	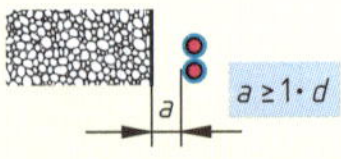	• Einadrige Kabel oder einadrige Mantelleitungen mit gegenseitiger Berührung verlegt und mit einem Mindestabstand a ≥ 1 · *d* zur Wand.
G	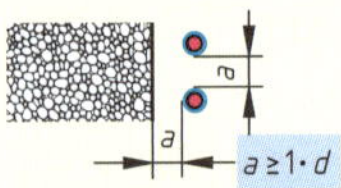	• Einadrige Kabel oder einadrige Mantelleitungen mit einem gegenseitigen Abstand *a* ≥ 1 · *d* verlegt und mit einem Mindestabstand *a* ≥ 1 · *d* zur Wand, • Blanke Leiter oder Aderleitungen auf Isolatoren.

* Referenzverlegeart: Grundsätzliches Merkmal der Verlegeart, z.B. in wärmegedämmten Wänden oder frei in der Luft verlegt.

Tabelle 2: Bemessungswert I_r der Strombelastbarkeit von Kabeln und Leitungen für feste Verlegung in den Verlegearten A1, A2, B1, B2, C und D bei einer Umgebungstemperatur von 30 °C

DIN VDE 0298, Teil 4 (Auszug)

Verlegart	A1		A2		B1		B2		C		D	
belastete Adern	2	3	2	3	2	3	2	3	2	3	2	3
Nennquerschnitt in mm² Cu	Bemessungswert I_r der Strombelastbarkeit in A für PVC-isolierte Kabel und Leitungen mit einer Betriebstemperatur am Leiter bis 70 °C											
1,5	15,5	13,5	15,5	13	17,5	15,5	16,5	15	19,5	17,5	18,5	15,5
2,5	19,5	18	18,5	17,5	24	21	23	20	27	24	25	21
4	26	24	25	23	32	28	30	27	36	32	32	27
6	34	31	32	29	41	36	38	34	46	41	40	34
10	46	42	43	39	57	50	52	46	63	57	54	45
16	61	56	57	52	76	68	69	62	85	76	69	59
25	80	73	75	68	101	89	90	80	112	96	88	76
35	99	89	92	83	125	110	111	99	138	119	106	91

Bemessungswerte I_r für die Verlegearten E, F, und G siehe DIN VDE 0298, Teil 4 oder Tabellenbuch Elektrotechnik

Umrechnungsfaktoren, Strombelastbarkeit, Mindestquerschnitte elektrischer Leiter

DIN VDE 0298, Teil 4
DIN VDE 0100, Teil 520

Tabelle 1: Umrechnungsfaktoren f_1 für abweichende Umgebungstemperaturen

DIN VDE 0298, Teil 4 (Auszug)

Umgebungstemperatur in °C	10	15	20	25	30	35	40	45	50	55	60	65	70
PVC-Isolierung	1,22	1,17	1,12	1,06	1,0	0,94	0,87	0,79	0,71	0,61	0,5	–	–
Gummi-Isolierung	1,29	1,22	1,15	1,08	1,0	0,91	0,82	0,71	0,58	0,41	–	–	–

Tabelle 2: Umrechnungsfaktoren f_2 bei Häufung von Kabeln oder Leitungen auf der Wand, im Rohr oder im Kanal verlegt

DIN VDE 0298, Teil 4 (Auszug)

Anordnung der Leitungen		Anzahl der mehradrigen Leitungen oder Anzahl der Wechsel- oder Drehstromkreise									
		1	2	3	4	5	6	7	8	9	10
Gebündelt direkt auf der Wand, auf dem Fußboden, im Elektroinstallationskanal oder -rohr, auf oder in der Wand	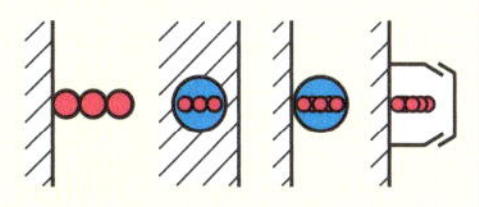	1,0	0,8	0,7	0,65	0,6	0,57	0,54	0,52	0,5	0,48
Einlagig ohne Zwischenraum auf der Wand oder auf dem Fußboden ohne Zwischenraum	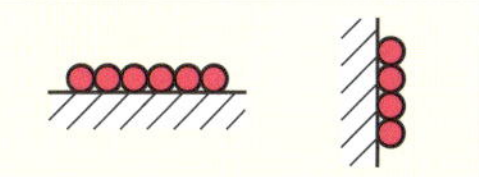	1,0	0,85	0,79	0,75	0,73	0,72	0,72	0,71	0,7	0,7

Umrechnungsfaktoren für weitere Leitungsanordnungen: Tabellenbuch Elektrotechnik oder DIN VDE 0298, Teil 4

Tabelle 3: Zuordnung von Leitungsschutzsicherungen gG und LS-Schaltern Typ B, C und D mit einem Abschaltstrom $I_a \leq 1{,}45 \cdot I_N$, zu den Nennquerschnitten isolierter Leitungen bei Dauerbetrieb (umgerechnet auf eine Umgebungstemperatur von 25 °C)

DIN VDE 0298, Teil 4 (Auszug)

Verlegeart	**A1**		**A2**		**B1**		**B2**		**C**		**D**	
belastete Adern	2	3	2	3	2	3	2	3	2	3	2	3
Nennquerschnitt in mm² Cu	Bemessungsstrom I_N der Überstrom-Schutzeinrichtung in A für PVC-isolierte Kabel und Leitungen* mit einer Betriebstemperatur am Leiter bis 70 °C											
1,5	16	10 (13)	16	13	16	16	16	16	20	16	16	16
2,5	20	16	16	16	25	20	20	20	25	25	25	20
4	25	25	25	20	25 (32)	25	25	25	35 (32)	25 (32)	25 (32)	25
6	35 (32)	25 (32)	25 (32)	25	35 (40)	35 (32)	35 (40)	35 (32)	35 (40)	35 (40)	35 (40)	35 (32)
10	35 (40)	35 (40)	35 (40)	35 (40)	50	50	50	35 (40)	63	50	50	35 (40)
16	63	50	50	50	80	63	63	63	80	80	63	63
25	80	63	63	63	100	80	80	80	100	100	80	80
35	100	80	80	80	125	100	100	100	125	125	100	80

* Häufung von Leitungen nicht berücksichtigt; abweichende Bemessungsströme für LS-Schalter in Klammern

Tabelle 4: Mindestquerschnitte von elektrischen Leitern

DIN VDE 0100, Teil 520

Kabel und Leitungen		Stromkreisart	Leiter: Werkstoff	Leiter: Mindestquerschnitt in mm²
Bei fester Verlegung	Kabel, Mantelleitungen und Aderleitungen	Leistungs- und Beleuchtungsstromkreise	Cu	1,5
			Al	16
		Melde- und Steuerstromkreise	Cu	0,5
	blanke Leiter	Leistungsstromkreise	Cu	10
			Al	16
		Melde- und Steuerstromkreise	Cu	4
Bewegliche Leitungen			Cu	0,75
Schutzpotenzialausgleichsleitungen, Erdungsleitungen				
Schutzpotenzialausgleich über die Haupterdungsschiene			Cu	6
zusätzlicher, örtlicher Schutzpotenzialausgleich in Baderäumen			Cu	2,5 (geschützt verlegt), 4 (ungeschützt verlegt)
PEN-Leiter			Cu	10

Auslösekennlinien von Überstrom-Schutzeinrichtungen

DIN VDE 0636
DIN VDE 0641
DIN VDE 0660

Strom-Zeit-Kennlinien von Niederspannungssicherungen gG (früher gL)

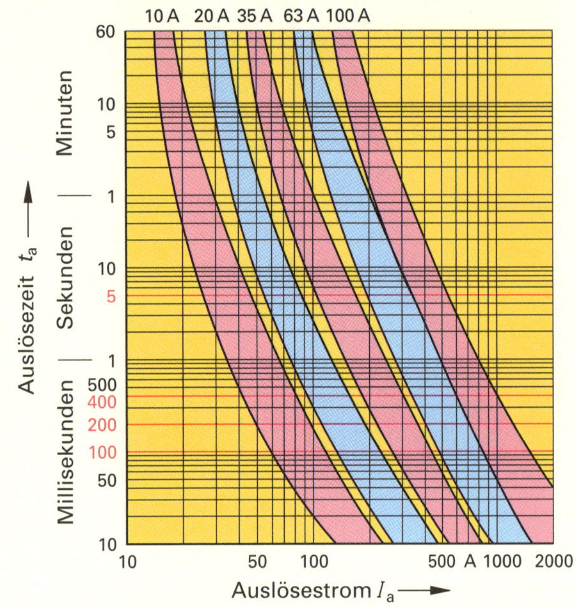

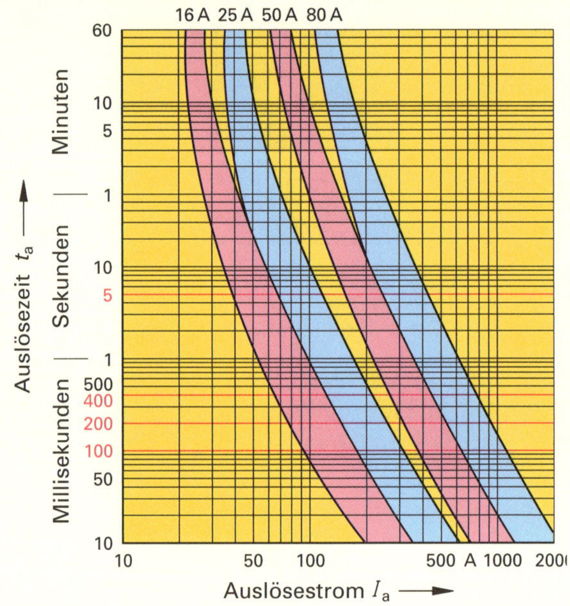

Kennlinie der Schmelzsicherung gG 13 A siehe DIN VDE 0636, Teil 3 oder Fachkunde Elektrotechnik, Kapitel: Elektrische Anlagen

Auslösekennlinien von Leitungsschutzschaltern (LS-Schalter, Typ B, C, D, K und Z)

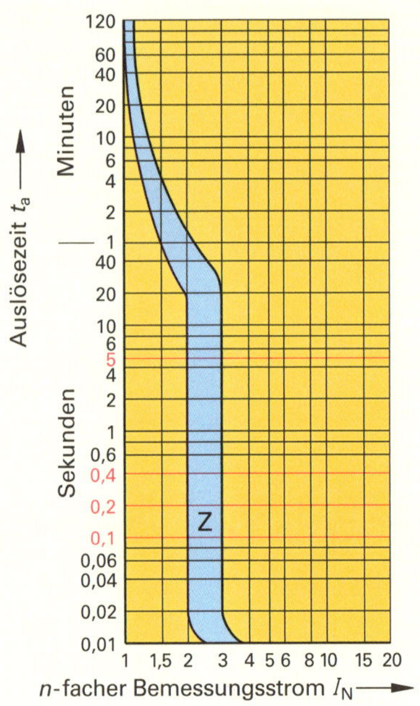

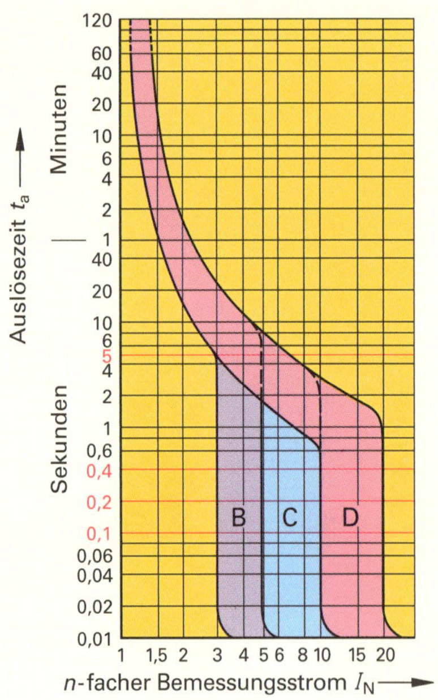

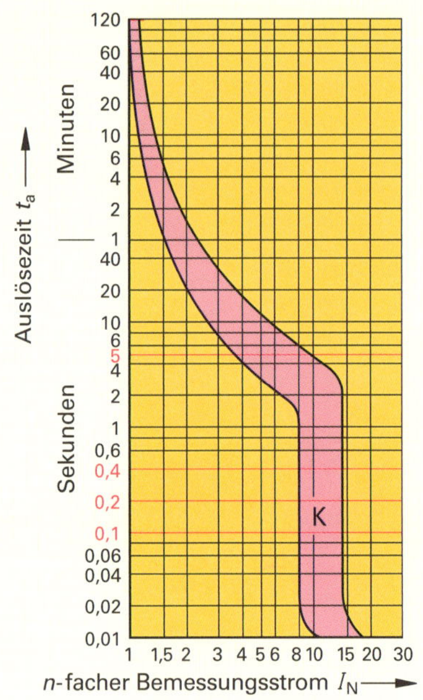

Abschaltströme; χ-Faktoren[1] von LS-Schaltern zur Berechnung des Abschaltstromes I_a (Auswahl)

Charakteristik	Z	B	C	D	K
χ-Faktoren	1,20	1,45	1,45	1,45	1,20
Abschaltstrom I_a	$3 \cdot I_N$	$5 \cdot I_N$	$10 \cdot I_N$	$20 \cdot I_N$	$14 \cdot I_N$

Anwendungsbeispiele:

- Z: Halbleiterschutz, Spannungswandler
- B: Hausinstallation
- C: Kleintransformatoren, Motoren, Beleuchtungsstromkreise
- D, K: Motorstromkreise oder Transformatoren mit hohem Einschaltstrom

[1] Griechischer Kleinbuchstabe chi
LS-Schalter Typ Z und K lösen im Überlastbereich früher aus (χ = 1,2) als LS-Schalter des Typs B, C und D (χ = 1,45)

Betriebsdaten von Drehstrom-Kurzschlussläufermotoren*

Niederspannungsmotoren 400 V, 50 Hz, S1, IP 55, Oberflächenkühlung									
P_N in kW	Bau-größe	M_N in Nm	n_N in 1/min	I_N in A	η_N in %	$\cos\varphi$	$\frac{M_A}{M_N}$	$\frac{I_A}{I_N}$	m in kg
Drehfelddrehzahl n_s = 3000 1/min (Energiesparmotoren IE3 nach DIN EN 60034-30:2014)									
0,75	80M	2,50	2860	1,58	80,6	0,85	2,5	6,1	10
1,1	80M	3,64	2885	2,26	82,6	0,85	3,0	7,1	11
1,5	90S	4,91	2920	3,0	83,9	0,86	2,7	8,1	13
2,2	90L	7,19	2920	4,2	85,9	0,88	2,7	8,2	16
3,0	100L	9,81	2920	5,65	87,1	0,88	3,2	8,1	26
4,0	112M	12,90	2955	7,4	87,7	0,89	2,9	8,0	34
5,5	132S	17,80	2950	9,9	89,1	0,90	2,4	7,3	43
7,5	132S	24,30	2950	13,1	89,8	0,92	2,7	8,3	57
11,0	160M	35,50	2955	20	91,2	0,87	2,5	7,6	75
Drehfelddrehzahl n_s = 1500 1/min (Energiesparmotoren IE3 nach DIN EN 60034-30:2014)									
0,75	80M	4,92	1455	1,73	82,3	0,76	2,6	6,8	11
1,1	90S	7,27	1445	2,4	83,7	0,79	2,7	7,2	13
1,5	90L	9,91	1445	3,18	85,1	0,80	2,8	7,7	16
2,2	100L	14,3	1465	4,4	87,0	0,83	3,2	8,4	23,2
3,0	100L	19,6	1460	5,9	88,4	0,83	2,5	8,3	30
4,0	112M	26,2	1460	7,9	89,1	0,82	2,4	7,1	34
5,5	132S	35,6	1475	10,5	90,0	0,84	2,8	8,2	64
7,5	132M	48,9	1465	14,3	90,1	0,84	2,6	8,2	64
11,0	160M	71,2	1475	20,5	92,2	0,84	2,6	7,6	83
Drehfelddrehzahlen n_s = 1500/3000 1/min, Polumschaltbare Motoren in Dahlanderschaltung									
0,37 0,55	71	2,6 1,9	1370 2760	1,2 1,7	61,8 63,1	0,72 0,74	1,6 1,7	3,2 3,3	5
0,55 0,75	80	3,8 2,5	1400 2850	1,6 2,0	66,1 70,3	0,75 0,77	1,7 1,8	4,3 4,5	8
1,0 1,2	90S	6,7 4,0	1430 2890	2,7 3,0	69,4 74,0	0,77 0,78	1,8 1,9	5,3 5,4	13
2,0 2,6	100L	13,0 8,6	1450 2900	5,0 5,8	72,2 76,1	0,80 0,85	2,1 2,2	5,9 6,6	21
4,7 5,7	132S	31,0 17,0	1450 2920	11 12	77,1 78,8	0,80 0,87	2,3 2,4	6,5 7,0	65

P_N Bemessungsleistung, M_N Bemessungsmoment, M_A Anzugsmoment, n_N Bemessungsdrehzahl, $\cos\varphi$ Wirkfaktor bei P_N, I_N Bemessungsstrom, I_A Anzugsstrom, m Masse, η_N Bemessungswirkungsgrad

* Die Bemessungsleistungen P_N und Baugrößen von Motoren sind nach DIN genormt; Motordaten verschiedener Hersteller können sich unterscheiden.

Datenblatt Antriebssysteme

Tabelle 1: Flachbaumotoren in Drehstromausführung, Bauformen IM B3, IM B14

Typ, Baugröße	P_N in kW	n_N in 1/min	I_N in A	cos φ	η in %	$\frac{I_A}{I_N}$	$\frac{M_A}{M_N}$	$\frac{M_K}{M_N}$
U = 400 V, f = 50 Hz, Betriebsart S1								
DAS 71G	1,1	2800	2,3	0,83	83	5,3	3,0	2,6
DAS 80K	1,5	2800	3,3	0,85	77	5,7	2,5	2,7
DAS 80G	2,2	2800	4,6	0,86	80	5,9	2,7	2,8
DAS 80L	2,5	2760	5,0	0,89	81	5,9	2,9	2,7
U = 400 V, f = 50 Hz, Betriebsart S6–40 %, Spieldauer 10 min.								
DAS 71K	1,1	2790	2,9	0,75	72	4,6	2,9	2,6
DAS 71G	1,5	2700	3,3	0,87	76	4,4	2,4	2,6
DAS 80K	2,2	2700	4,8	0,86	77	4,5	2,2	2,3
DAS 80G	3,0	2750	6,3	0,86	80	5,0	2,5	2,7
DAS 80L	3,4	2760	7,2	0,84	81	5,0	2,5	2,5

* Achshöhen: Baugrößen 71: 57 mm, Baugrößen 80: 66 mm

Tabelle 2: Motorschutzschalter, Anwendungsbereiche

Maximale Bemessungsleistung (Gebrauchskategorie AC-3) in kW					I_N in A *	I_r in A **	I_m in A ***
230 V	400 V	440 V	500 V	690 V			
0,37	0,75	1,1	1,1	1,5	2,5	1,6–2,5	35
0,75	1,5	1,5	2,2	3,0	4,0	2,5–4,0	56
1,1	2,2	3,0	3,0	4,0	6,3	4,0–6,3	88
2,2	4,0	4,0	4,0	7,5	10,0	6,3–10,0	140
4,0	7,5	9,0	9,0	12,5	16,0	10,0–16,0	224

* I_N: Bemessungsdauerstrom ** I_r: Überlastauslöser, Einstellbereich *** I_m: Kurzschlussauslöser

Tabelle 3: Motorschutzschalter, Maximalwerte von Vorsicherungen (aM)

I_N in A*	Schaltvermögen in A				
	230 V	400 V	440 V	500 V	690 V
0,4	Kein Kurzschlussschutzorgan erforderlich, da eigenfest				
0,6					
1,0					
1,6					
2,4				25	20
4,0			35	35	25
6,0			50	50	35
10,0		80	50	50	35
16,0	80	80	63	63	35
20,0	80	80	63	63	50
25,0	80	80	63	63	50

* Bemessungsdauerstrom

Tabelle 4: Gebrauchskategorien für Schütze Stromart: Wechselstrom

Gebrauchs-kategorie	Anwendungsbeispiele
AC-1	Nicht induktive oder schwach induktive Last, Widerstandsöfen
AC-2	Schleifringläufermotoren: Anlassen und ausschalten
AC-3	Käfigläufermotoren: Anlassen und ausschalten während des Laufes
AC-4	Käfigläufermotoren: Anlassen, Gegenstrombremsen, Reversieren, Tippbetrieb
AC-53a	Käfigläufermotoren: Steuern des Motors mit Halbleiterschützen

NPN-Transistor

BC 107
BC 171
BC 237

Grenzwerte			
Kollektor-Emitterspannung	$U_{CE} = 50\,V$		
Basis-Emitterspannung	$U_{BE} = -5\,V$		
Kollektorstrom	$I_C = 100\,mA$		
Basisstrom	$I_B = 50\,mA$		
Verlustleistung bei 25 °C	$P_{tot} = 300\,mW$		
Gleichstromverhältnis *B* bei:	min.	typ.	max.
$U_{CE} = 5\,V$, $I_C = 2\,mA$	180	290	460
$U_{CE} = 5\,V$, $I_C = 100\,mA$	150	200	300

Schaltzeichen

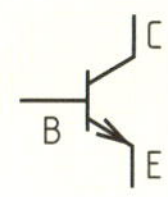

Anschlüsse und Gehäuseformen

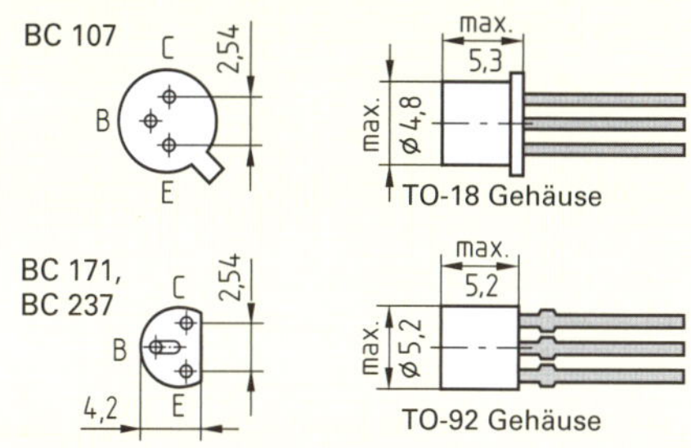

Vierquadrantenkennlinienfeld

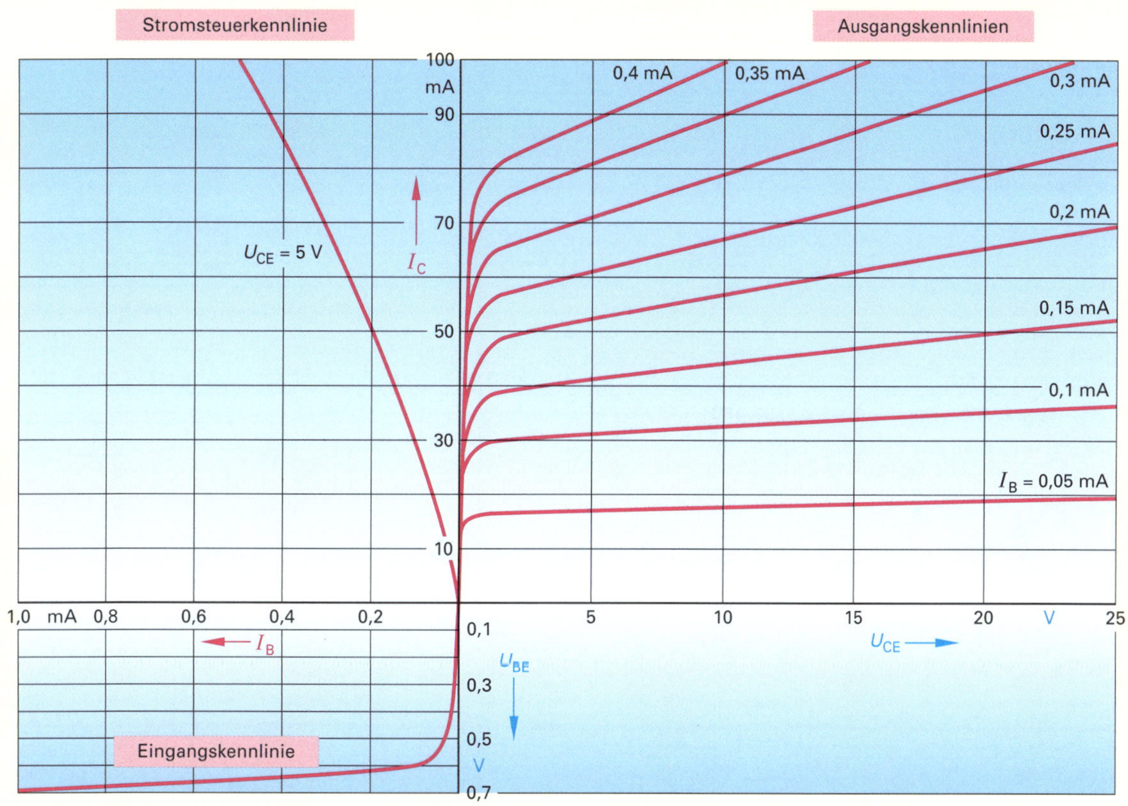

Eingangskennlinie $I_B = f(U_{BE})$	Ausgangskennlinie $I_B = f(U_{CE})$	Gleichstromverhältnis $B = f(I_C)$
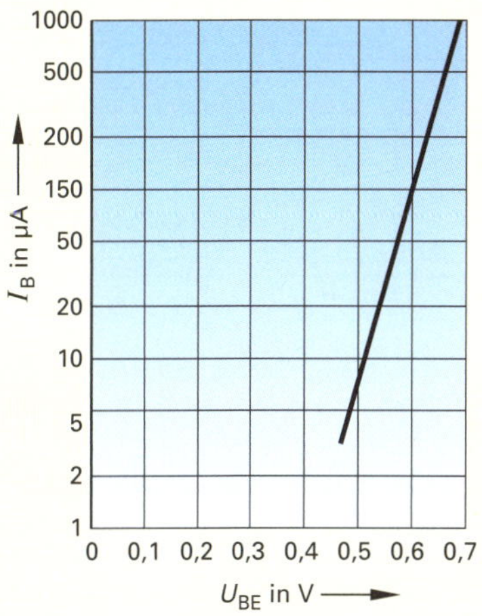	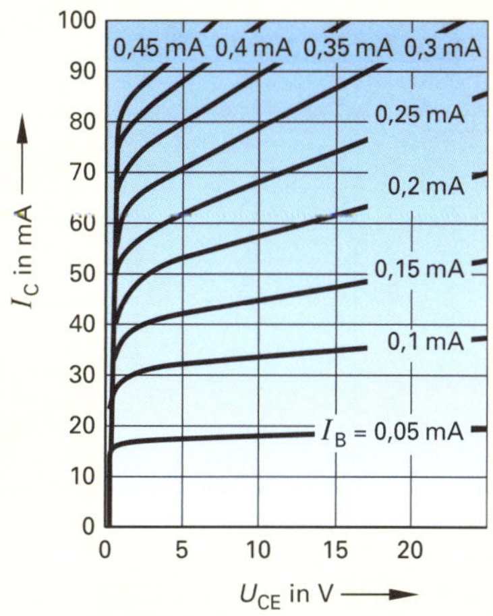	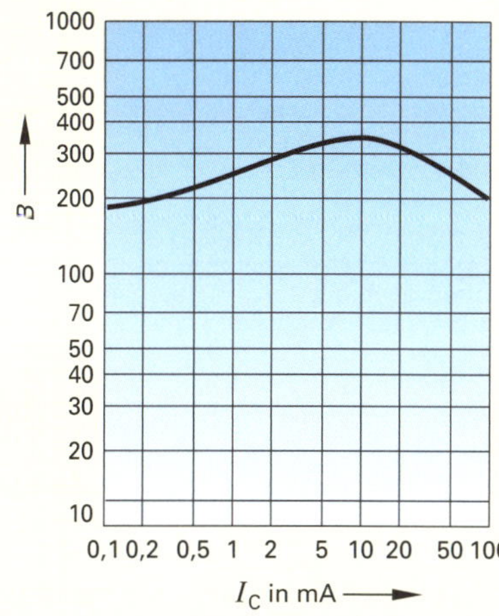

Zeitgeber-Schaltung NE 555 (TDB 0555 B)

Allgemeines

Der NE 555 ist eine monolithisch integrierte Zeitgeber-Schaltung **(Bild 1)**, die aufgrund ihrer Eigenschaften für sehr präzise Zeitverzögerungen **(Bild 3 und Bild 4)** und als Oszillator verwendet wird. Zusätzliche Anschlüsse sind zum Triggern und Setzen vorhanden. Als Gehäuse verwendet man meist ein Kunststoff-Steckgehäuse mit 8 Anschlüssen **(Bild 2)**. Weitere Merkmale sind:

- Hoher Ausgangsstrom
- TTL – kompatibel
- Temperaturstabilität von 0,05 %/K
- Einstellbares Tastverhältnis
- Geringe Außenbeschaltung
- Schaltzeiten von μs bis zu mehreren Stunden

Grenzdaten

		NE 555 (TDB 0555 TDB 0555B)	
Betriebsspannung	U_S	18	V
Sperrschichttemperatur	T_j	150	°C
Lagertemperatur	T_S	–65 bis +150	°C
Wärmewiderstand			
System – Gehäuse (TDB 0555)	R_{thSG}	80	K/W
System – Umgebung (TDB 0555)	R_{thSU}	190	K/W
System – Umgebung (TDB 0555 B)	R_{thSU}	140	K/W

Funktionsbereich

Betriebsspannung	U_b	4,5 bis 18	V
Umgebungstemperatur im Betrieb	T_U	0 bis +70	°C

Kenndaten

U_b = 15 V, T_U = 25 °C

		NE 555 (TDB 0555, TDB 0555B) min	typ	max	
Stromaufnahme ($R_L = \infty$, $I_A < 1$ mA)	I_{Batt}		10	15	mA
Frequenzbereich		10^{-3}		10^6	Hz
Zeitfehler: (R_1, R_2 = 1 bis 100 kΩ; C_1 = 0,1 µF) (Bild 3)					
Wiederholgenauigkeit			1		%
Temperaturdrift			50		ppm/K
Betriebsspannungsdrift			0,1		%/V
Schwellspannung			$^2/_3$ x U_b		
Triggerspannung			5		V
Triggerstrom			0,5		µA
Resetspannung		0,4	0,7	1,0	V
Resetstrom			0,1		mA
Schwellstrom (begrenzt $R_A \leq 20$ MΩ)			0,1	0,25	µA
Kontrollspannung		9,0	10	11	V
Ausgangsresetspannung (Low) U_{AL}					
I_A = 10 mA			0,1	0,25	V
I_A = 50 mA			0,4	0,75	V
I_A = 100 mA			2,0	2,5	V
I_A = 200 mA			2,5		V
Ausgangsresetspannung (High) U_{AH}					
I_A = 200 mA			12,5		V
I_A = 100 mA		12,75	13,3		V
Anstiegszeit des Ausgangs			100		ns
Abfallzeit des Ausgangs			100		ns
U_b = 5 V, Tu = 25 °C					
Stromaufnahme ($R_L = \infty$ $I_A < 1$ mA)			3	6	mA
Triggerspannung			1,67		V
Kontrollspannung		2,6	3,33	4	V
Ausgangsspannung (Low)					
I_A = 5 mA			0,25	0,35	V
I_A = 8 mA					V
Ausgangsresetspannung (High)		2,75	3,3		V
I_{Batt} = 100 mA					
Zeitfehler (R_A = 1 bis 100 kΩ); C_1 = 0,1 µF) (Bild 4)					
Wiederholgenauigkeit			1		%
Temperaturdrift			50		ppm/K
Betriebsspannungsdrift			0,1		%/V

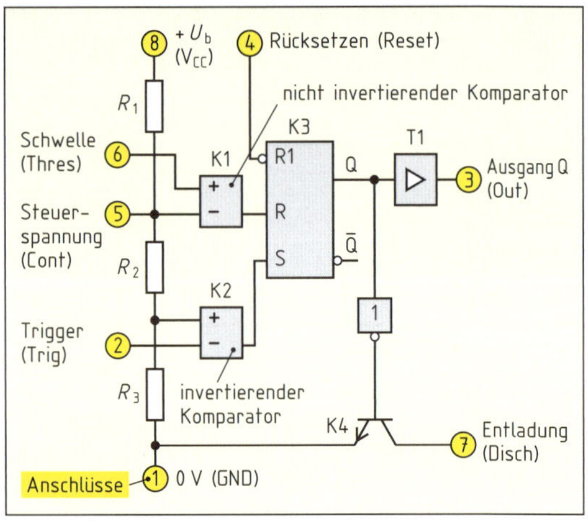

Bild 1: Blockschaltbild der Zeitgeber-Schaltung NE 555

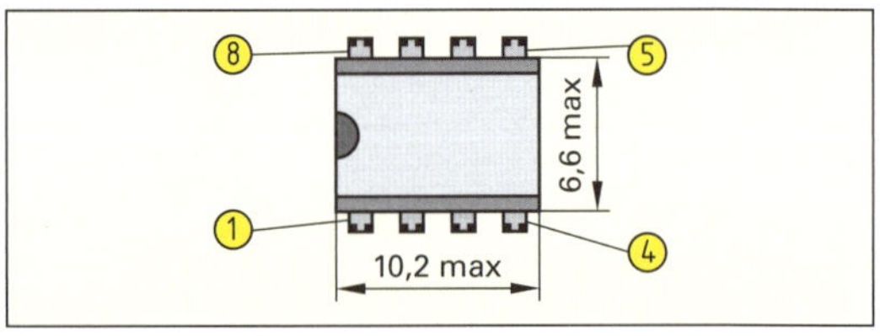

Bild 2: Anschlüsse der Zeitgeber-Schaltung

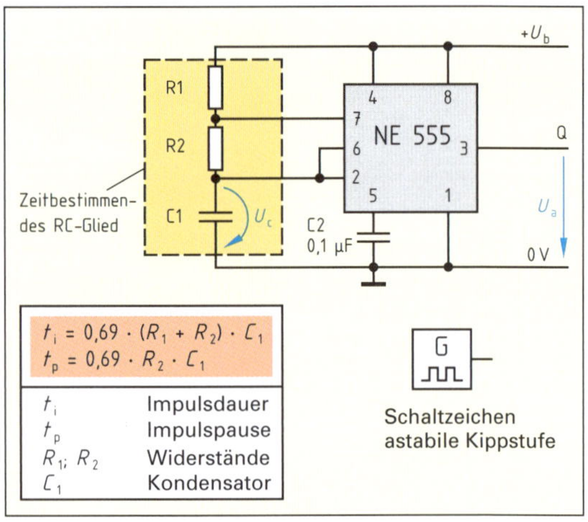

Bild 3: Astabile Kippstufe

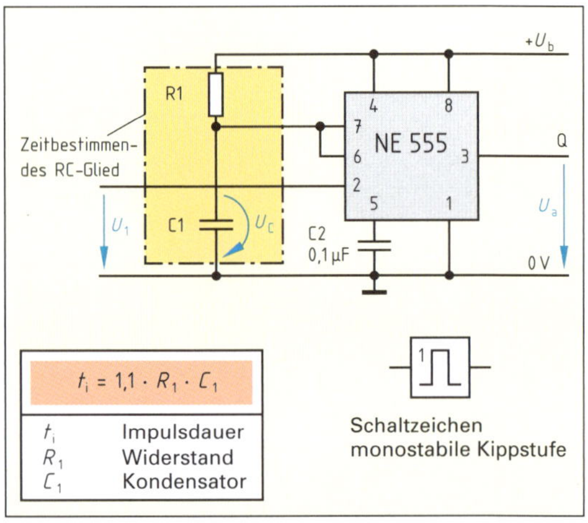

Bild 4: Monostabile Kippstufe

Datenblatt und Installationshinweise Haussprechanlage

Tabelle: Technische Daten Haussprechanlage

Türöffner	8 V AC, 1,5 A max. 4 Sekunden	Mikrofoneingang	Im Lautsprecher integriert
Beleuchtung	10 V, DC, max. 0,5 A Dauerbetrieb	Anschlussleitung	J–Y (St) Y; 0,6 mm bis 1,0 mm
Lautsprecher	Lautsprecherimpedanz 16 Ohm	Einbau	Hutschiene, Verteilerschrank, Unterverteilung
Netzgleichrichter, Verstärker NV 800 K	~ 8 V AC, 10 V DC	Anzahl der Leitungsadern	5 pro Haussprechstelle, abhängig von der Anzahl der Haussprechstellen
Videoleitung	Koaxialleitung RG 59		

Haussprechanlage mit vier Teilnehmern

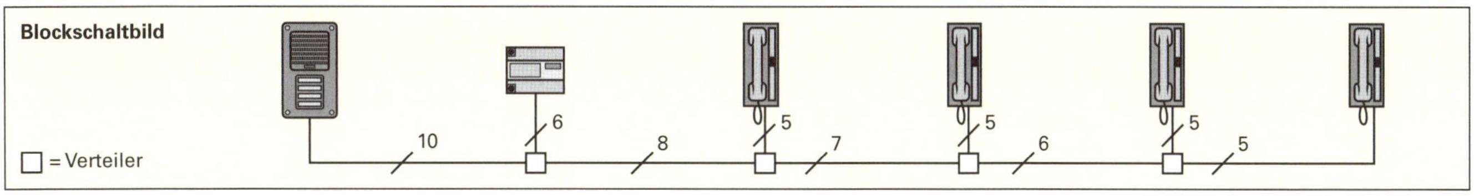

Die angegebene Adernzahl bezieht sich auf den Ruf-, Sprech- und Türöffnerbetrieb.

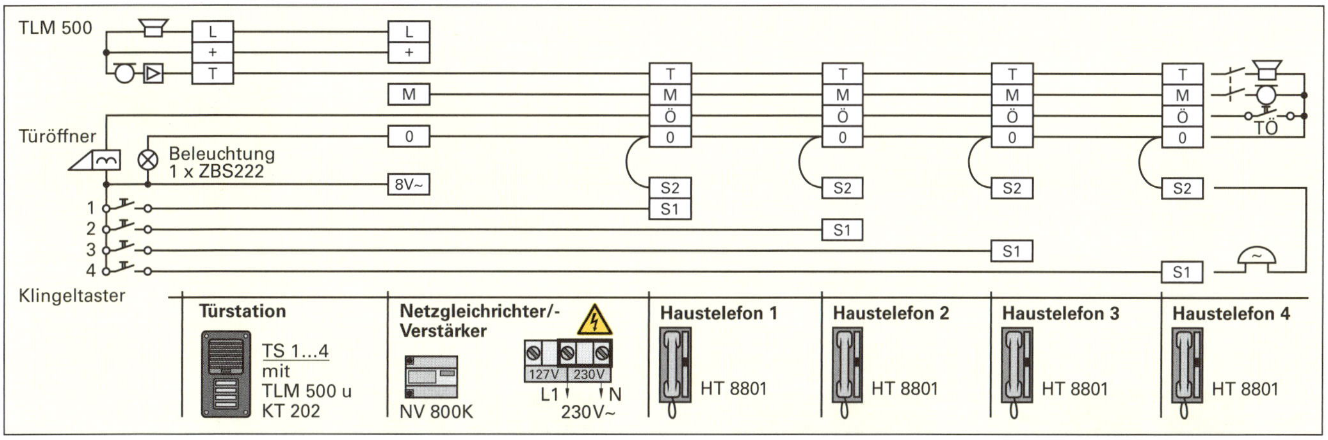

Videosprechanlage mit vier Teilnehmern

Installationshinweise Videosprechanlage

Die Kamera nicht auf direktes Gegenlicht oder stark reflektierende Flächen ausrichten. Die Montagehöhe der Kamera sollte ca. 155 cm betragen. Die Versorgungsleitungen für die Tür- u. Hausstation sind möglichst nahe an den Verbrauchern oder mit großem Querschnitt zu installieren, um Spannungsverluste auf der Leitung gering zu halten. Koaxialleitungen und Steuerleitungen sollten nicht zu nahe an Starkstromleitungen verlegt werden, da sonst Störungen auftreten können.

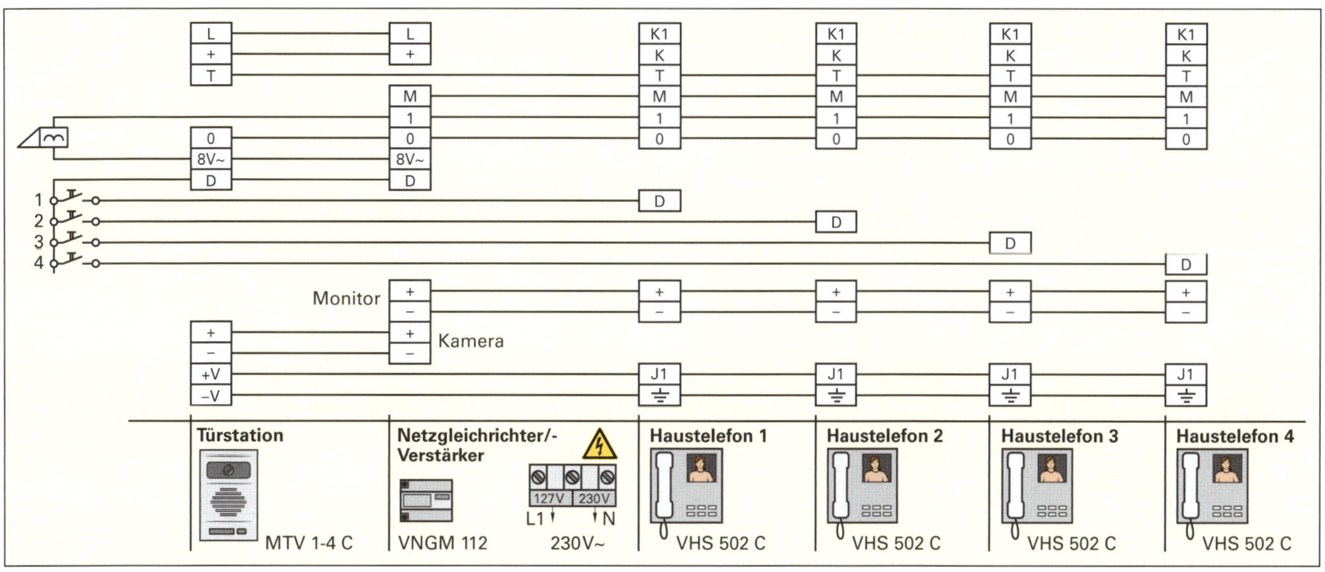

Datenblatt Multimedia

Tabelle 1: Mechanische Eigenschaften Datenleitung HW-KGMH

Typenbezeichnung	J-02YS 4×2×0.5 PiMF 02YS(ST)C(ST)H	Paarzahl Kat. 7	4 × 2	Mantelmaterial	FRNC (flame retardant non corrosive)
Minimaler Biegeradius für einmaliges Biegen	≥ 30 mm über die flache Seite	Ader/ Leiter-Isolierung	Foam-skin PE	Max. Zugfestigkeit	180 N
Minimaler Biegeradius während der Verlegung bzw. beim Einziehen	≥ 50 mm über die flache Seite	Maximale Betriebs-temperatur	−20/ +60 °C	Einsatzort/-gebiet	trockene/feuchte Räume

Tabelle 2: Dämpfung *A* der Datenleitung HW-KGMH

Frequenz in MHz	5	50	100	200	400	862	1350
***A* in dB/100 m (typische Werte)**	1,9	5,7	7,8	11,2	16,2	24,3	31,0

Tabelle 3: Betriebsmittel und Teile einer Multimediaanlage

Flexbox 6060-02

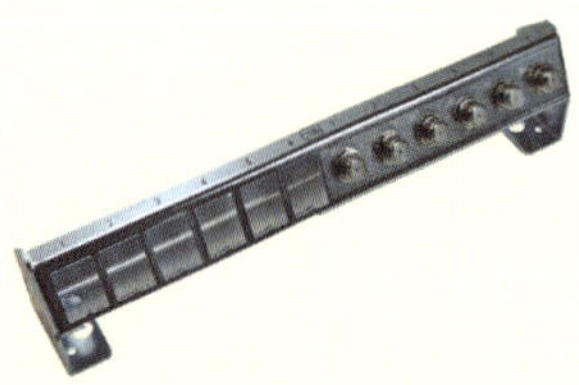
Verteilerfeld HW-VFMU 6/6

Leerdose HW-A1 RC

Einsatz HW-EK1 LAN/LAN

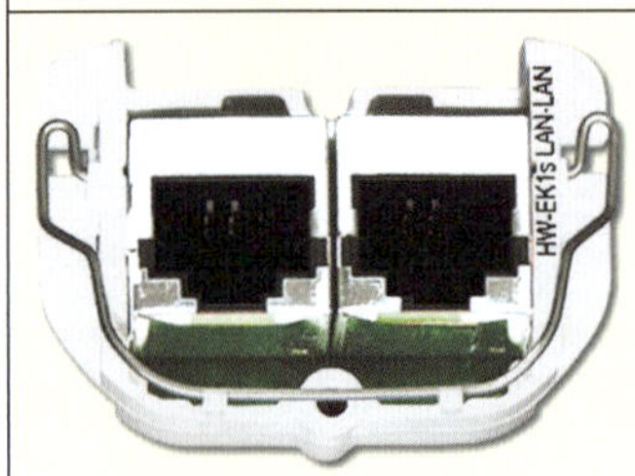
Einsatz HW-EK1S LAN/LAN geschirmt

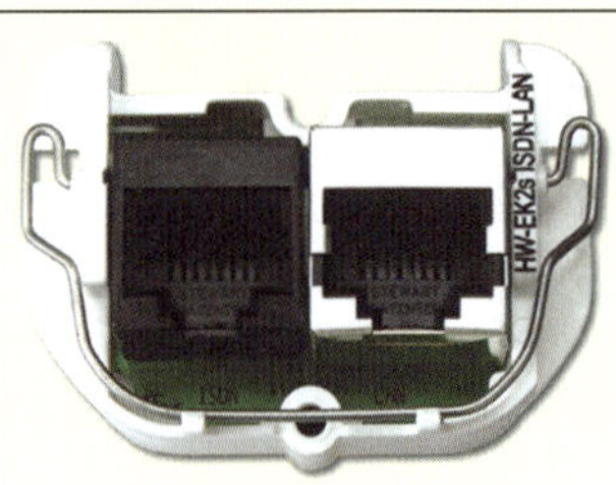
HW-EK2S ISDN/LAN geschirmt

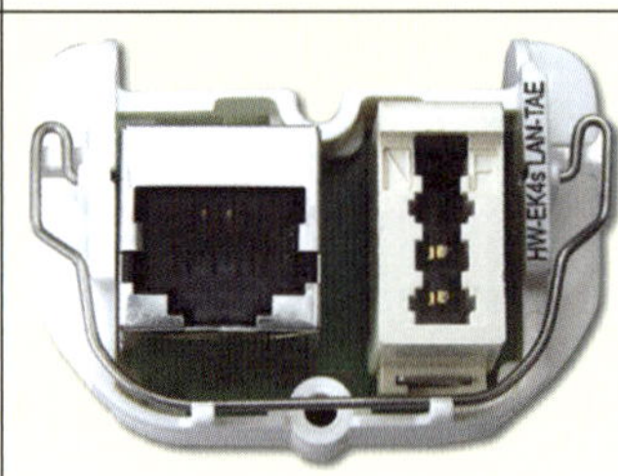
HW-EK4S LAN/TAE geschirmt

Dosenschirmblech HW-SB4

HW-ET2 SAT/BK/FM Einzel

HW-ET8 DVB-C/T

HW-Y Leitung LAN, Systempatchleitung

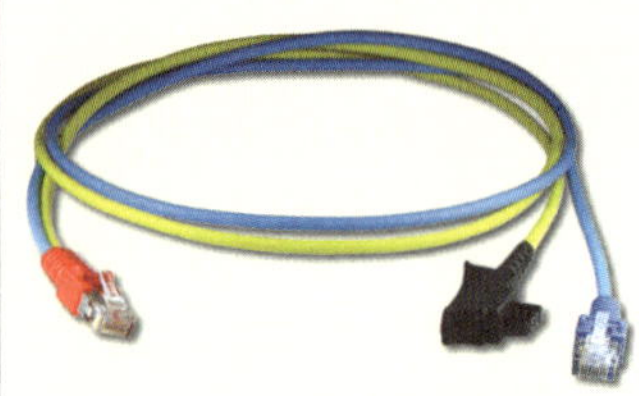
HW-Y Leitung TAE/LAN, Systempatchleitung

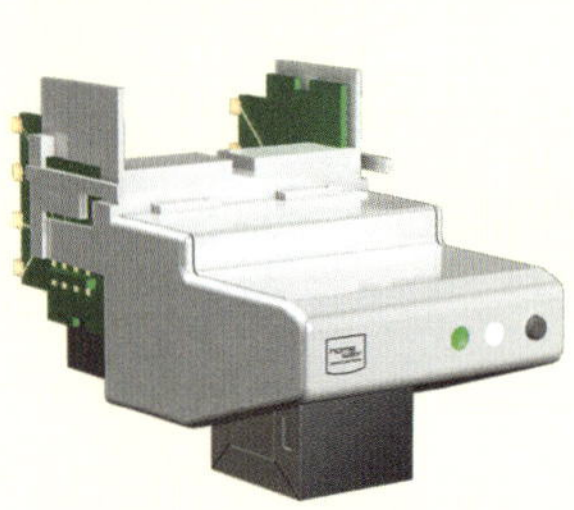
WLANin_accespoint 2.4

HW-MVSKS1, RJ45, Zentrale

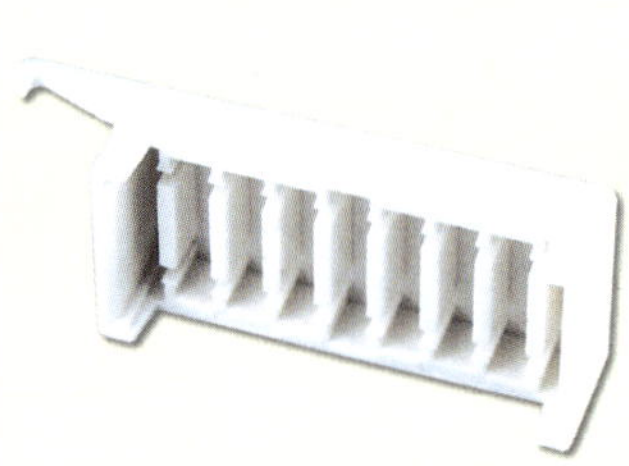
HW-Eindrückwerkzeug

Abdeckplatte HW-ZP-EK4

Datenblatt Antennentechnik

Tabelle 1: Frequenzbereiche

Bereiche	Langwelle	Mittelwelle	Kurzwelle	Fernsehbereich I	Ultrakurzwelle	unterer Sonderkanal	Fernsehbereich III	oberer Sonderkanal	Fernsehbereich IV/V	Sat-bereich
Kurzz.	LW	MW	KW	VHF	UKW	USB	VHF	OSB	UHF	SHF
Kanäle	–	–	–	2 … 4	2 … 70	S2 … S10	5 … 12	S11 … S20	21 … 69	1 … 120
Frequenzen	520 … 1605 kHz	150 … 285 MHz	3,95 … 26,1 MHz	47 … 68 MHz	87,5 … 108 MHz	111 … 174 MHz	174 … 230 MHz	230 … 300 MHz	470 … 862 MHz	10,7 … 12,75 MHz

Tabelle 2: Mindest- und Höchstpegel an Antennensteckdosen DIN EN 60728, Teil 1

Art	Bereich, System	Frequenzbereich	Mindestpegel L_{min}	Mindestpegel L_{max}
Tonrundfunk	UKW (Mono)	87,5 … 108 MHz	50 dBµV	70 dBµV
Fernsehrundfunk	F I, F II, F IV/V	47 … 862 MHz	60 dBµV	80* dBµV*
	DVB-S2, SAT-ZF	950 … 2150 MHz	47 dBµV	77 dBµV
	DVB-C	47 … 862 MHz	47** dBµV	74** dBµV
	DVB-T2 HD	470 … 862 MHz	35* dBµV	74** dBµV

* 77 dBµV bei mehr als 20 Kanälen
** Je nach Modulation und/oder Code-Rate evtl. andere Werte

Tabelle 3: Verteiler- und Antennensteckdosen-Dämpfung

Bereich	FI	UKW	USB	FIII	OSB	FIV/V	Sat-ZF
Verteiler (2-fach) Verteilerdämpfung	4 dB	5 dB	5 dB	5 dB	5 dB	6 dB	8 dB
Antennensteckdose Durchgangsdämpfung	1,0 dB						1,5 dB
Anschlussdämpfung	13,5 dB						14 dB

Tabelle 4: Dämpfung Koaxialkabel für Hausinstallationen pro 100 m

Frequenz in MHz	47	68	100	174	230	300	470	500	600	700	800	950	1250	1500	1750	2150
Dämpfung in dB	5,4	6,5	8,4	10,9	12,7	14,8	19,2	20	21,7	23,8	26	28	32	36	40	45

Tabelle 5: Antennen und Antennenstandrohre

	DVB-T-Antennen		Sat-Antennen		Antennenstandrohre	
	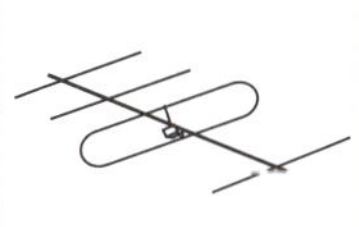	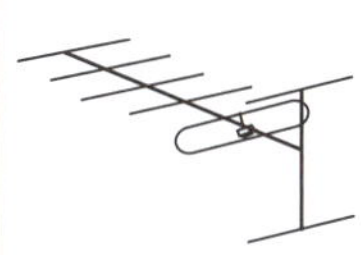	Ø 60 cm 	Ø 90 cm 	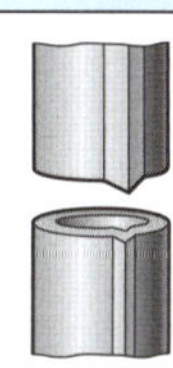	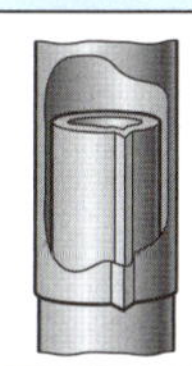
Typ/Teile-Nr.	1	2	3	4	5	6
Kanäle/Bereich	5 … 12	21 … 69	10,70 … 12,75		–	–
Gewinn	5,5 dB	5 … 10 dB	35 dB	39 dB	–	–
Windlast	36 N	25 N	300 N	730 N	–	–
Biegemoment, max.	–	–	–	–	1250 Nm	1600 Nm

Elektronischer Strömungssensor für Luft (Auszug aus dem Datenblatt)

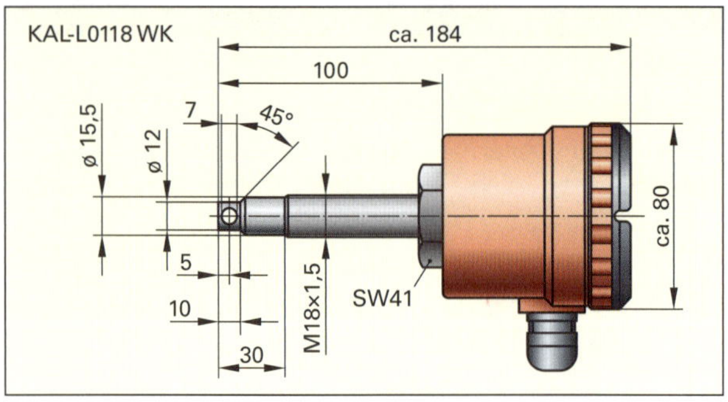

Bild 1: Abmessungen des Strömungssensors

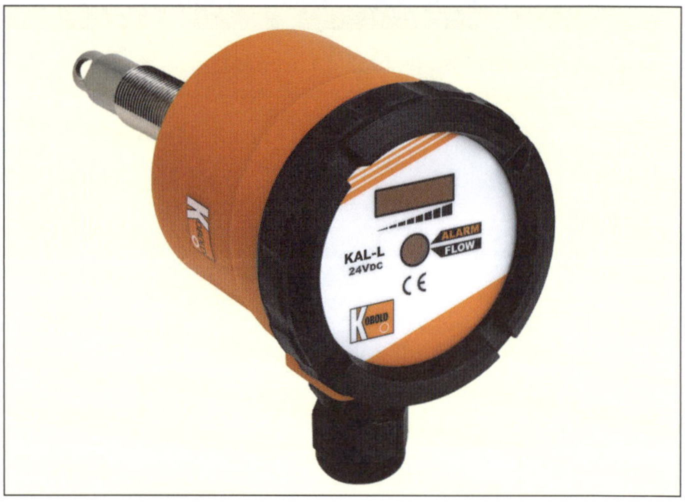

Bild 2: Strömungssensor

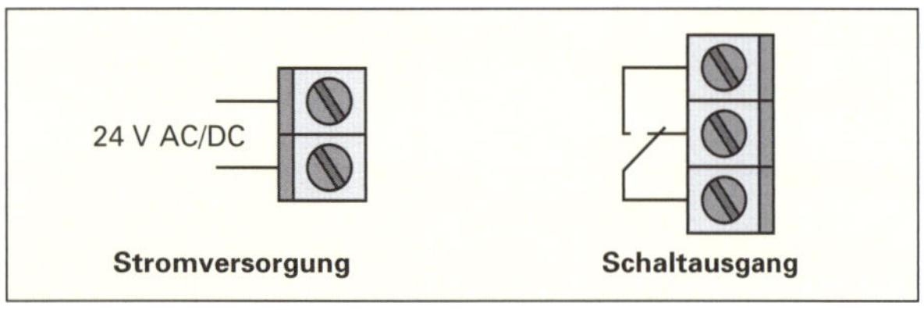

Bild 3: Elektrischer Anschluss

Arbeitsweise:

Der elektronische Strömungssensor **(Bild 2)** des Typs KAL-L-... **(Bild 1)** überwacht den Durchfluss von Luft und Gasen. Er findet überall dort seine Anwendung, wo Ströme mit minimalstem Druckverlust sicher überwacht werden sollen.

Funktion:

Der elektronische Strömungssensor arbeitet nach dem bewährten kalorimetrischen Prinzip. Ein Messfühler wird um einige Grade gegenüber dem Strömungsmedium aufgeheizt. Fließt das Medium, so wird die in dem Fühler erzeugte Wärme durch das Medium abgeführt, d.h. der Fühler wird gekühlt. Die Abkühlung ist ein Maß für die Strömungsgeschwindigkeit. Ein zweiter Fühler misst die Mediumstemperatur, z.B. von Gas. Die Elektronik vergleicht über eine wheatstonesche Brückenschaltung die Widerstandswerte beider Fühler und betätigt beim Unterschreiten des eingestellten Schaltwertes ein Ausgangsrelais.

Technische Daten:

Stromversorgung:	24 V AC/DC –15 % +10 %
Leistungsaufnahme:	max. 4 VA
Umgebungstemperatur:	–10 °C ... +60 °C
Medientemperatur:	–25 °C ... +120 °C
max. Druck:	8 bar
Schaltbereich:	1 bis 20 m/s (bei 20 °C, 1 bar) (bei anderen Druck- und Temperaturverhältnissen eingeschränkte Schaltbereichsspanne)
Schaltgenauigkeit:	± 10 % vom Messwert
Ansprechzeit:	1 ... 60 s einstellbar
Strömungswertanzeige:	Trendanzeige mit 8-stelliger LED-Kette
Schaltpunkteinstellung:	mit Potenziometer
Schaltzustandsanzeige:	zweifarbige LED
Schaltausgang:	Relais, potenzialfreier Wechsler
Schaltleistung:	max. 24 V AC/DC 3A
Schaltstrom:	max. 4 A
Schutzart:	IP 65

Sicherheitsdruckleiste: Informationsblatt

Absicherungen von Quetsch- und Scherkanten

Das Gerätesicherheitsgesetz besagt, dass Maschinen nur in Verkehr gebracht werden dürfen, wenn zum Schutz der Bediener umfassende Sicherheitsrichtlinien beachtet werden. Dazu gehört unter anderem die Absicherung von Scher- oder Quetschkanten an automatisch betriebenen Einrichtungen.

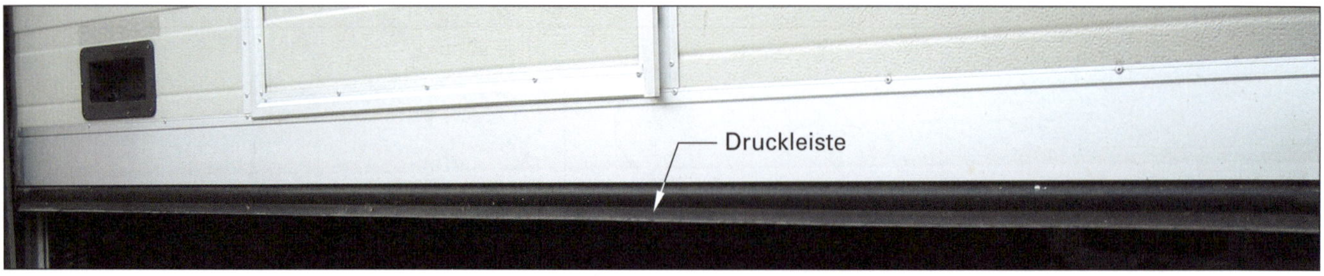

Bild 4: Sicherheitsdruckleiste

Sicherheitsschalter bzw. Sicherheitsdruckleisten schützen den Benutzer vor Gefahren an Scher- oder Quetschkanten. Einrichtungen wie z.B. Hubtische, Schiebetore oder Theaterbühnen sind mit solchen Sicherheitsdruckleisten ausgerüstet. Die Sicherheitsdruckleiste **(Bild 4)** bewirkt die sofortige Abschaltung des Antriebs beim Auftreffen auf einen Körper. In der Praxis findet man zwei unterschiedliche Systeme. Man verwendet elektrische Systeme nach dem Schließerprinzip, bei denen zwei leitfähige Schichten (Bänder) bei Betätigung zusammengebracht werden. Die Signalauswertung kann direkt durch eine SPS erfolgen.

Datenblatt Frequenzumrichter Micromaster 440

Tabelle 1: Technische Daten von Frequenzumrichtern

Eingangsspannungsbereich 1 AC 200 V – 240 V, ± 10 % (mit/ohne integrierten Filter der Klasse A)

Bestell-Nr. 6SE6440-	**2AB / 2UC**	**11-2AA1**	**12-5AA1**	**13-7AA1**	**15-5AA1**	**17-5AA1**	**21-1BA1**	**21-5BA1**	**22-2BA1**	**23-0CA1**
Bauform		A					B			C
Bemessungsleistung	**[kW]**	0,12	0,25	0,37	0,55	0,75	1,1	1,5	2,2	3,0
	[hp]	0,16	0,33	0,5	0,75	1,0	1,5	2,0	3,0	4,0
Ausgangsleistung	**[kVA]**	0,4	0,7	1,0	1,3	1,7	2,4	3,2	4,6	6,0
Eingangsstrom	**[A]**	1,8	3,2	4,6	6,2	8,2	11,0	14,4	20,2	35,5
Ausgangsstrom	**[A]**	0,9	1,7	2,3	3,0	3,9	5,5	7,4	10,4	13,6

Eingangsspannungsbereich 3 AC 380 V – 480 V, ± 10 % (ohne Filter)

Bestell-Nr.	**6SE6440-**	**2UD13-7AA1**	**2UD15-5AA1**	**2UD17-5AA1**	**2UD21-1AA1**	**2UD21-5AA1**	**2UD22-2BA1**	**2UD23-0BA1**	**2UD24-0BA1**	**2UD25-5CA1**	**2UD27-5CA1**
Bauform		A					B			C	
Bemessungsleistung	**[kW]**	0,37	0,55	0,75	1,1	1,5	2,2	3,0	4,0	5,5	7,5
	[hp]	0,5	0,75	1,0	1,5	2,0	3,0	4,0	5,0	7,5	10,0
Ausgangsleistung	**[kVA]**	0,9	1,2	1,6	2,3	3,0	4,5	5,9	7,8	10,1	14,0
Eingangsstrom	**[A]**	2,2	2,8	3,7	4,9	5,9	7,5	10,0	12,8	15,6	22,0
Ausgangsstrom	**[A]**	1,3	1,7	2,2	3,1	4,1	5,9	7,7	10,2	13,2	19,0

Tabelle 2: Auszüge aus der Parameterliste

Parameter	Beschreibung	Mögliche Einstellungen
P0700	Auswahl der Befehlsquelle	0 Werksseitige Voreinstellung 1 BOP (Umrichtertastatur) 2 Klemmenleiste
P0701 P0702 P0703 P0704	Funktion der Digitaleingänge (DIN) DIN 1 DIN 2 DIN 3 DIN 4	0 Digitaleingang gesperrt 1 EIN/AUS1 2 EIN + Reversieren/AUS1 3 AUS2 – Austrudeln bis zum Stillstand 4 AUS3 – schneller Rücklauf 15 Festsollwert (Direktauswahl) 16 Festsollwert (Direktauswahl + EIN)
P1000	Auswahl der Frequenz-Sollwertquelle	0 Kein Hauptsollwert 1 Motorpotenziometersollwert 2 Analogsollwert 3 Festfrequenz
P1001	Festfrequenz 1	über DIN 1 anwählbar (P0701 = 15 oder 16) Intern begrenzt auf 200 Hz
P1002	Festfrequenz 2	über DIN 3 anwählbar (P0702 = 15 oder 16) Intern begrenzt auf 200 Hz
P1003	Festfrequenz 3	über DIN 3 anwählbar (P0703 = 15 oder 16) Intern begrenzt auf 200 Hz
P1004	Festfrequenz 4	über DIN 4 anwählbar (P0704 = 15 oder 16) Intern begrenzt auf 200 Hz
P1120	Hochlaufzeit Aus dem Stillstand bis zur maximalen Motorfrequenz	Min: 0 s Max: 650 s
P1121	Rücklaufzeit Von der maximalen Motorfrequenz bis zum Stillstand	Min: 0 s Max: 650 s

Analyse einer Beleuchtungsanlage nach DIN EN 12464

Ort:	**Raum:**
Raumart	☐ Labor ☐ PC-Raum ☐ Klassenzimmer ☐ Werkstatt ☐ ....
Abmessungen des Raumes in m (Länge × Breite × Höhe)	
Anzahl der Arbeitsplätze	☐ mit Bildschirm ☐ ohne Bildschirm
Alter der Beleuchtungsanlage	
Lampentyp und Leistung	
Lampenzahl pro Leuchte	
Leuchtentyp	☐ Deckeneinbau ☐ Deckenaufbau ☐ Pendelleuchte
Abdeckung	☐ ohne Abdeckung ☐ Kunststoffwanne ☐ weiße Raster ☐ Spiegelraster ☐ mattierte Raster
Lichtstärkeverteilungskurven	☐ direkt strahlend ☐ vorwiegend direkt strahlend ☐ direkt/indirekt strahlend ☐ indirekt strahlend
Wartungswert der Beleuchtungsstärke E_m	E_m =
Zulässiger Minimalwert der Beleuchtungsstärke im Bereich der Sehaufgabe $E_1 > 0{,}7 \cdot E_m$	E_1 =
Zulässiger Minimalwert der Beleuchtungsstärke im Umgebungsbereich $E_2 > 0{,}5 \cdot E_m$	E_2 =
Messhöhe in m	☐ Bildschirm (Tastatur) ☐ Werkbank ☐ Verkehrsweg ☐ ....

Grundrissskizze mit Messpunkten (MP)	Messpunkt Nr.	E_{MP} in lux
	1	
	2	
	3	
	4	
	5	
	6	
	7	
	8	
	9	
	10	
	11	
	12	
	13	
	14	
	15	
	16	
	17	
	18	
	19	
	20	

gemessene mittlere Beleuchtungsstärke im Bereich der Sehaufgabe (*n* Messpunkte) $E_{mi} = (E_{MP1} + E_{MP2} + \ldots + E_{MPn})/n$	E_{mi} =
$E_{mi} > E_m$	☐ ja ☐ nein
minimaler Wert der Beleuchtungsstärke im Bereich der Sehaufgabe	E_{MPmin1} =
$E_{MPmin1} > E_1$	☐ ja ☐ nein
kleinster gemessener Wert der Beleuchtungsstärke im Umgebungsbereich	E_{MPmin2} =
$E_{MPmin2} > E_2$	☐ ja ☐ nein
kleinster gemessener Wert der Beleuchtungsstärke im Raum	E_{MPmin2} =
Wird ein Arbeitsplatz ständig besetzt, darf die minimale Beleuchtungsstärke von 200 lx nirgendwo im Raum unterschritten werden	erfüllt ☐ ja ☐ nein
Beurteilung der Reflexionsgrade	
Material und Farbe der Wände	
Material und Farbe des Bodens	
Material und Farbe der Decke	
Allgemeine Beurteilung	
Ist die Lichteinfallrichtung an den Arbeitsplätzen korrekt?	☐ ja ☐ nein
Entstehen Lichtreflexe an den Bildschirmen?	☐ ja ☐ nein
Entstehen Lichtreflexe an den Arbeitsflächen?	☐ ja ☐ nein
Gibt es Direktblendung durch Leuchten an den Arbeitsplätzen?	☐ ja ☐ nein
Gibt es Direktblendung durch Fensterflächen an den Arbeitsplätzen?	☐ ja ☐ nein
Entsteht eine harte Schattenbildung?	☐ ja ☐ nein
Beklagen sich die Benutzer über die Qualität der Beleuchtung?	☐ ja ☐ nein
Gesamtbeurteilung der Beleuchtungsanlage:	

Beleuchtungsplanung

Raum/Nutzung				
Wartungswert	der Beleuchtungsstärke	E_m		lx
Lampendaten	Typ			
	Leistung	P		W
	Lichtstrom	Φ_v		lm
Leuchtendaten	Herstellerangaben			
	Leuchtenbetriebswirkungsgrad	η_{LB}		
	Zahl der Lampen pro Leuchte	z		
Vorschaltgerät	Systemleistung (mit Lampe)	P		W
	Typ			
Raumgrößen	Länge	l		m
	Breite	b		m
	Raumhöhe	h'		m
	Höhe Nutzebene (a) über Boden	a		m
	Abstand *(h)* Leuchte zur Nutzebene $h = h' - a$	h		m
	Fläche	A		m^2
	Raumindex $k = \frac{l \cdot b}{h \cdot (l + b)}$	k		
Raumbeschaffenheit	Reflexionsgrad Wand	ϱ_W		
	Reflexionsgrad Decke	ϱ_D		
	Reflexionsgrad Boden	ϱ_B		
	Falls Boden und Wände aus Materialien mit unterschiedlichen Reflexionsfaktoren bestehen, ist der Mittelwert zu berechnen.			
Raumwirkungsgrad	Er wird entnommen aus der zugehörigen Raumwirkungsgradtabelle.	η_R		
Beleuchtungswirkungsgrad	$\eta_B = \eta_{LB} \cdot \eta_R$	η_B		
Wartungsfaktoren	$WF = WF_{La} \cdot WF_L \cdot WF_R$ Ein üblicher Referenzwartungsfaktor ist 0,67 bei sauberen Räumen und 3-jährigem Wartungsintervall.	WF		
	Lampenwartungsfaktor	WF_{La}		
	Leuchtenwartungsfaktor	WF_L		
	Raumwartungsfaktor	WF_R		
Gesamtlichtstrom	$\Phi_{ges} = \frac{E_v \cdot A}{\eta_B \cdot WF}$	Φ_{ges}		lm
Lampenzahl	$n_{La} = \frac{\Phi_{ges}}{\Phi}$	n_{La}		
Leuchtenzahl	$n = \frac{n_{La}}{z}$	n		
	Anzahl der Leuchten	n		

Datenaufnahme zur Installation einer Fotovoltaikanlage (1)

Kunde

Name des Auftraggebers:	*Maier, Max*
Straße, Hausnummer:	*Solarstr. 25*
PLZ, Ort:	*54321 Solarstadt*
Telefon privat/geschäftlich:	
Anschrift Baustelle:	*s. oben*

Kundenwünsche

Art der Dachmontage:	*Schrägdachmontage (Aufdachmontage)*
Modultyp/Solarmodul:	*monokristalline, rahmenlose Solarmodule*
PV-Leistung ca.:	*2,3 kWp*
Investition ca.:	*15 000 €*

PV-Generator, Wechselrichter und Zähler

Ausrichtung des PV-Generators:	*ca. 15° Süd-West*
Blitzschutz vorhanden:	*ja*
Ort für Generatoranschlusskasten: (entfällt bei Strangwechselrichterkonzept)	*entfällt*
Wechselrichter:	*Strangwechselrichter*
Zählerplatz:	*Zählerplatz im Hausanschlusskasten vorhanden*
Ort für Wechselrichter:	*Keller – Vorratsraum*
Ort für DC-Hauptschalter:	*Keller – Vorratsraum*

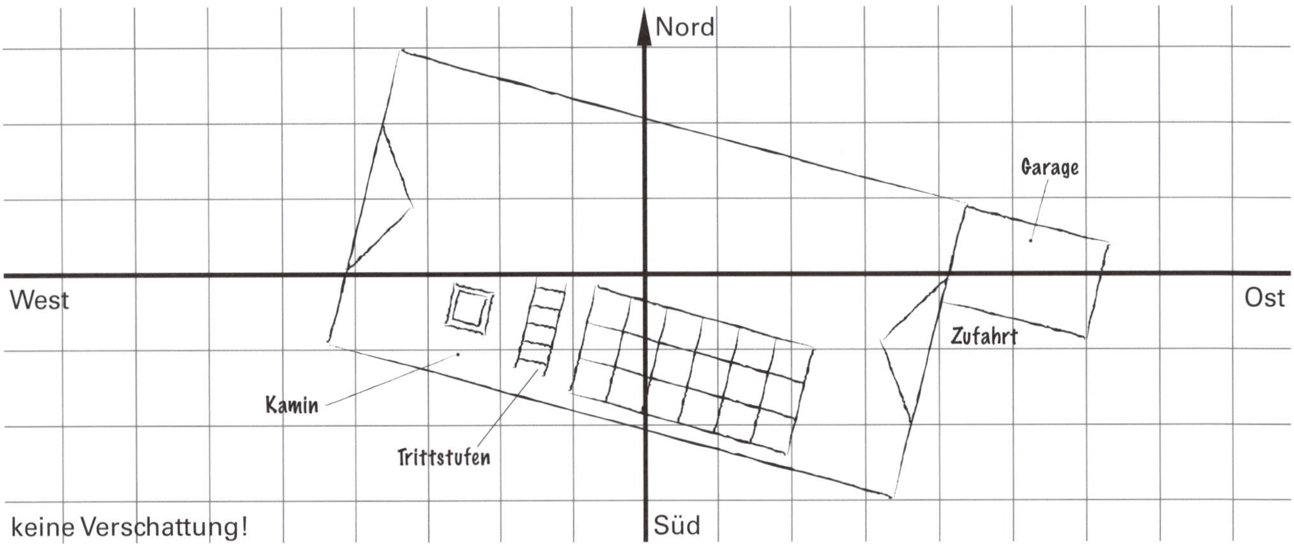

Datenaufnahme zur Installation einer Fotovoltaikanlage (2)

Leitungen und Installation

Leitungslänge für die Entfernung von:

PV-Generator und Generatoranschlusskasten (entfällt bei Konzept mit Strangwechselrichter):	*ENTFÄLLT*
Generatoranschlusskasten und Wechselrichter: (entfällt bei Strangwechselrichter)	*ENTFÄLLT*
PV-Generator und DC-Hauptschalter: (mit Strangwechselrichter)	*28 m*
DC-Hauptschalter-Wechselrichter: (entfällt wenn DC-Hauptschalter im Wechselrichter integriert)	*PRÜFEN*
Wechselrichter und Netzanschluss:	*3 m (auf Putz)*
PV-Generator und Haupterdungsschiene: (entfällt bei Einbindung an vorhandenen Blitzschutz)	*6 m*

Dach

Dachelement:	*Kamin in Dachfläche*
Dachform:	*Schrägdach*
Dachdeckung:	*Frankfurter Pfanne*
Dachunterkonstruktion:	*Holz*
Sparrenabstand:	*0,8 m*
Zugänglichkeit:	*gut, Gerüst erorderlich*
Kabeldurchführungen:	*keine vorhanden*

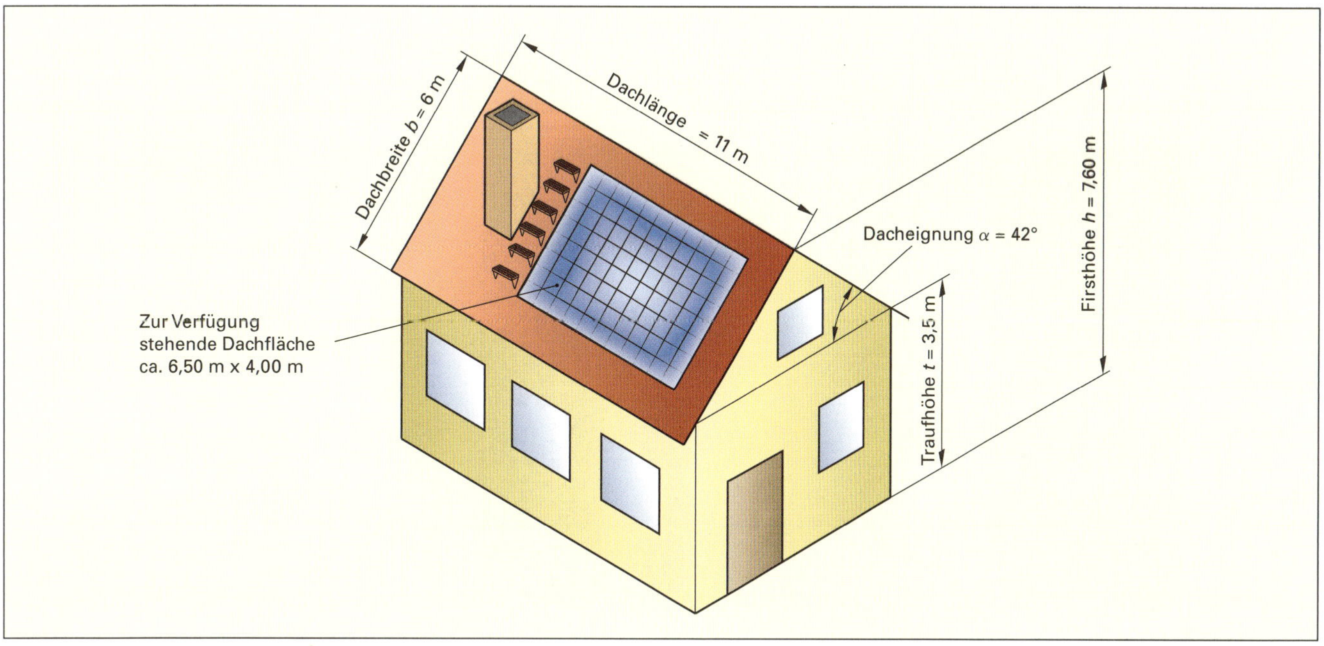

Datenblatt Solarmodule

Moduldaten Solar-Fabrik Serie SF 115/2

Modultyp	SF 115/2-110	SF 115/2-115	SF 115/2-120
Anzahl Zellen (monokristallin)	36	36	36
Max. Systemspannung	840 V	840 V	840 V

Effiziente Befestigungstechnik: Profilink

Elektrische Daten unter STC (Standard Test Conditions 1000 W/m², 25 °C, AM 1,5)

Bemessungsleistung *	P_{max}	110 W	115 W	120 W
Sortiergrenzen der Leistung		+/–2,5 W	+/–2,5 W	+/–2,5 W
Spannung ca.	U_{MPP}	16,61 V	16,99 V	17,14 V
Leerlaufspannung ca.	U_{OC}	21,30 V	21,50 V	21,70 V
Strom ca.	I_{MPP}	6,62 A	6,77 A	7,00 A
Kurzschlussstrom ca.	I_{SC}	7,55 A	7,70 A	7,85 A

Modulaufbau: spezial gehärtetes eisenarmes Glas/lichtdurchlässige Ethyl-Vinyl-Acetat (EVA)-Folie/ Solarzellen / EVA/Rückseitenfolie: Tedlar

Elektrische Daten bei 800 W/m², NOCT, AM 1,5

Leistung im MPP ca.	P_{max}	80,59 W	84,25 W	87,91 W
Spannung ca.	U_{MPP}	15,02 V	15,36 V	15,50 V
Leerlaufspannung ca.	U_{OC}	19,39 V	19,57 V	19,75 V
Strom ca.	I_{MPP}	5,37 A	5,50 A	5,68 A
Kurzschlussstrom ca.	I_{SC}	6,12 A	6,24 A	6,36 A

Bei einer Einstrahlung von 200 W/m² und 25 °C nimmt der Wirkungsgrad um ca. 6 % gegenüber dem STC-Wirkungsgrad ab.

Temperaturdaten

Temperaturkoeffizient Spannung	$T_K (U_{OC})$	–76 mV/K
Temperaturkoeffizient Strom	$T_K (I_{SC})$	2,3 mA/K
NOCT		48 °C +/–3 K

Weitere Angaben

Hochspannungstest	Prüfspannung 3200 V_{DC}/max. 60 µA
Hagelsicherheit **	bis 25 mm Durchmesser bei 23 m/s
Sturmfestigkeit **	Windgeschwindigkeit bis 130 km/h = 800 Pa und Sicherheitsfaktor 3
Schneelast **	ungerahmt: bis 1,2 kN/m² und Sicherheitsfaktor 2 gerahmt: bis 2,7 kN/m² und Sicherheitsfaktor 2

* (+/–5 % Messtoleranz)
** in Kombination mit unserem patentierten Befestigungssystem Profilink
Technische Änderungen vorbehalten.

Leistungsgarantie: 25 Jahre.

Abmessungen

Serie SF 115/2	rahmenlos	Alurahmen
L × B (mm)	1485 × 663	1491 × 669
Dicke (mm)	5	35
Gewicht (kg)	10,5	12,5

Zulassungen/Zertifikate

Schutzklasse II (TÜV Rheinland)
EN IEC 61215 ed 2 (TüV Rheinland)
Richtlinie 89/336/EWG (CE)
Richtlinie 73/23/EWG (CE)

Zertifiziert durch den VDE nach DIN EN ISO 9001:2000,
Reg.Nr. 5002983/QM/11.2003/DIN EN ISO 14001:1996, Reg.Nr. 5002983/UM/11.2003

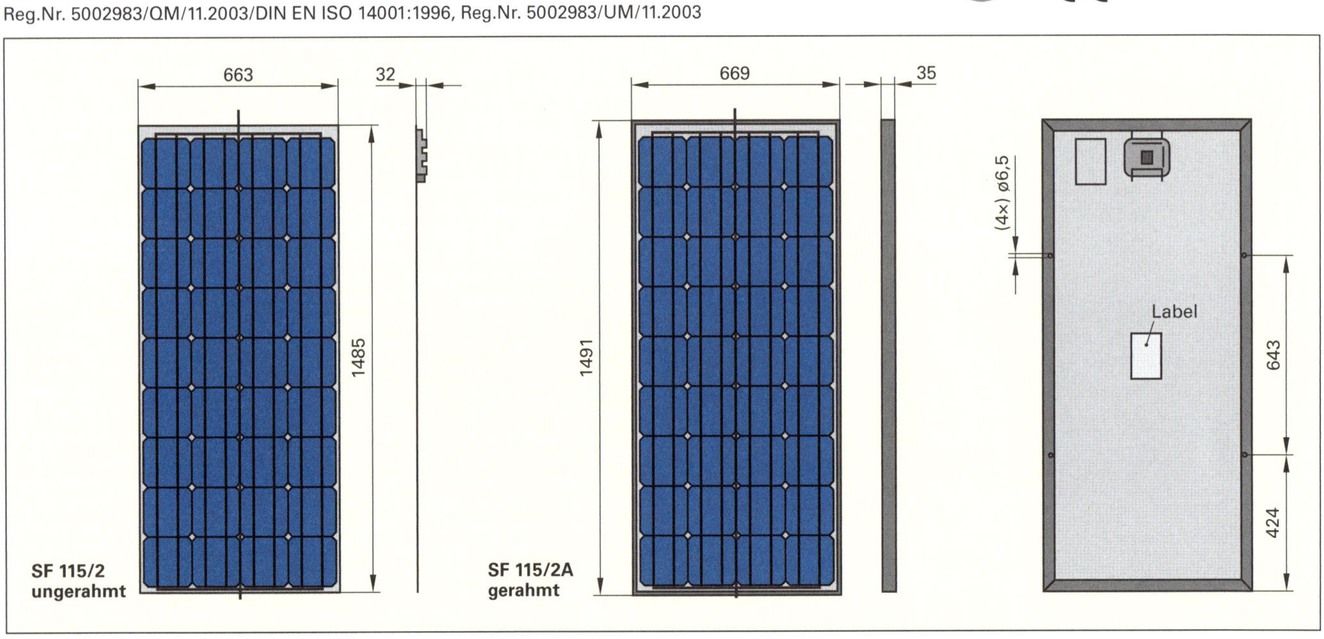

Datenblatt Stringwechselrichter (1)

	SUNNY BOY 1100 / 1700	SUNNY BOY 2100TL	SUNNY BOY 2500 / 3000	SUNNY BOY 3000TL	SUNNY BOY 3300TL HC
Eingang (DC)					
Max. DC-Leistung	1210 W/1850 W	2200 W	2700 W/3200 W	3200 W	3440 W
Max. DC-Spannung	400 V	600 V	600 V	550 V	750 V
PV-Spannungsbereich, MPP	139 V – 320 V	125 V – 480 V	224 V – 480 V/ 268 V – 480 V	125 V – 440 V	125 V – 600 V
Max. Eingangsstrom	10 A/12,6 A	11 A	12 A	17 A	11 A
Anzahl MPP-Tracker	1	1	1	1	1
Max. Stringanzahl (parallel)	2	2	3	2	2
Ausgang (AC)					
AC-Bemessungsleistung	1000 W/1550 W	1950 W	2300 W/2750 W	3000 W	3000 W
Max. AC-Leistung	1100 W/1700 W	2100 W	2500 W/3000 W	3000 W	3300 W
Max. Ausgangsstrom	5,6 A/8,6 A	11 A	12,5 A/15 A	16 A	16 A
AC-Nennspannung	220 V – 240 V	220 V – 240 V	220 V – 240 V	220 V – 240 V	220 V – 240 V
AC-Netzfrequenz	50 Hz/60 Hz	50 Hz	50 Hz/60 Hz	50 Hz/60 Hz	50 Hz
Leistungsfaktor (cos φ)	1	1	1	1	1
AC-Anschluss/Power Balancing	einphasig/–	einphasig/–	einphasig/–	einphasig/–	einphasig/–
Wirkungsgrad					
Max. Wirkungsgrad	93,0 %/93,5 %	96,0 %	94,1 %/95,0 %	97,0 %	96,0 %
Euro-eta	91,6 %/91,8 %	95,2 %	93,2 %/93,6 %	96,0 %	94,6 %
Schutzeinrichtungen					
DC-Verpolungsschutz	●	●	●	●	●
DC-Lasttrennschalter ESS	●	●	●	●	●
AC-Kurzschlussfestigkeit	●	●	●	●	●
Erdschlussüberwachung	●	●	●	●	●
Netzüberwachung (SMA grid guard)	●	●	●	●	●
Galvanisch getrennt/Allstromsensitive Fehlerstromüberwachungseinheit	●/–	–/●	●/–	–/●	–/●
Allgemeine Daten					
Maße (B/H/T) in mm	434/295/214	434/295/214	434/295/214	470/445/180	470/490/225
Gewicht	22 kg/25 kg	16 kg	28 kg/32 kg	22 kg	28 kg
Betriebstemperaturbereich	–25 °C … +60 °C	–25 °C … +60 °C	–25 °C … +60 °C	–25 °C … +60 °C	–25 °C … +60 °C
Eigenverbrauch Betrieb (Standby)	< 4 W/< 5 W	< 7 W	< 7 W	< 10 W	< 10 W
Eigenverbrauch Nacht	0,1 W	0,1 W	0,25 W	0,5 W	0,25 W
Topologie	NF Transformator	transformatorlos	NF Transformator	transformatorlos	transformatorlos
Kühlkonzept	Konvektion	Konvektion	Konvektion	Konvektion	Konvektion
Montageort: innen/außen (IP65)	●/●	●/●	●/●	●/●	●/●
Ausstattung					
DC-Anschluss: MC3/MC4/Tyco	●/○/○	●/○/○	●/○/○	○/●/○	●/○/○
AC-Anschluss: Schraubklemme/ Steckverbinder/Federzug	–/●/–	–/●/–	–/●/–	–/–/●	●/–/–
Display: LCD/Grafik	●/–	●/–	●/–	–/●	●/–
Schnittstellen: RS485/Funk/Bluetooth	○/○/–	○/○/–	○/○/–	○/–/●	○/○/–
Garantie: 5 Jahre/10 Jahre	●/○	●/○	●/○	●/○	●/○
Zertifikate und Zulassungen	www.SMA.de	www.SMA.de	www.SMA.de	www.SMA.de	www.SMA.de

Legende:

● Serie ○ Optional Angaben bei Nennbedingungen

Datenblatt Stringwechselrichter (2)

Daten	SB 2100TL
Eingang (DC)	
Max. DC-Leistung	2200 W
Max. DC-Spannung	600 V
PV-Spannungsbereich, MPP	125 V – 480 V
Max. Eingangsstrom	11 A
Anzahl MPP-Tracker	1
Max. Stringanzahl (parallel)	2
Ausgang (AC)	
AC-Bemessungsleistung	1950 W
Max. AC-Leistung	2100 W
Max. Ausgangsstrom	11 A
AC-Nennspannung/Bereich	220 V – 240 V/180 V – 260 V
AC-Netzfrequenz (selbsteinstellend)/Bereich	50 Hz/± 4,5 Hz
Leistungsfaktor (cos φ)	1
AC-Anschluss	einphasig
Wirkungsgrad	
Max. Wirkungsgrad	96,0 %
Euro eta	95,2 %
Schutzeinrichtungen	
DC-Verpolungsschutz	●
DC-Lasttrennschalter ESS	●
AC-Kurzschlussfestigkeit	●
Erdschlussüberwachung	●
Netzüberwachung (SMA grid guard)	●
Integrierte allstromsensitive Fehlerstrom-Überwachungseinheit	●
Allgemeine Daten	
Maße (B/H/T) in mm	434/295/214
Gewicht	16 kg
Betriebstemperaturbereich	–25 °C ... +60 °C
Eigenverbrauch: Betrieb (Standby)/Nacht	< 7 W/0,1 W
Topologie	transformatorlos
Kühlkonzept	Konvektion
Montageort: innen/außen (IP65)	●/●
Ausstattung	
DC-Anschluss: MC3/MC4/Tyco	●/○/○
AC-Anschluss: Steckverbinder	●
LCD-Display	●
Deckelfarbe: rot	●
Schnittstellen: RS485/Funk	○/○
Garantie: 5 Jahre/10 Jahre	●/○
Zertifikate und Zulassungen	www.SMA.de
● Serienausstattung ○ Optional	Angaben bei Nennbedingungen

Wirkungsgradkurve

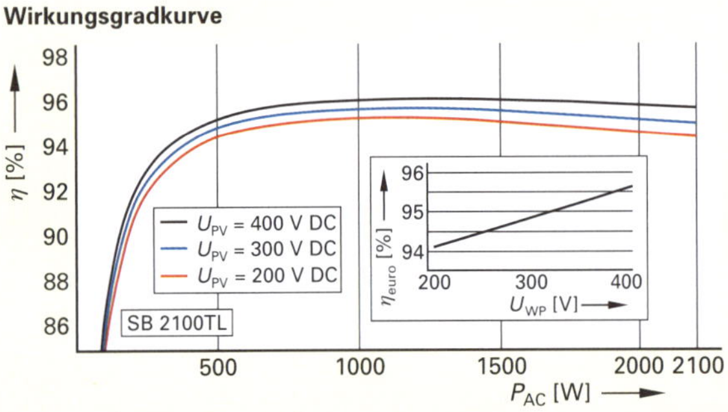

Zubehör

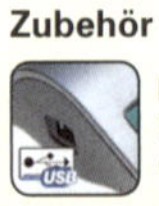

Kompakt und leicht
Maße: 127 x 75 x 195 mm
Gewicht: ca. 350 g

Einfache und intuitive Bedienung mit dem **Dreh-Drück-Knopf**

Großer, leicht ablesbarer **LCD-Bildschirm**

USB-Schnittstelle
zur Datenübertragung an PC und zum Laden der Akkus

Funk-Kommunikation mit den Wechselrichtern

Datenblatt Solarkabel

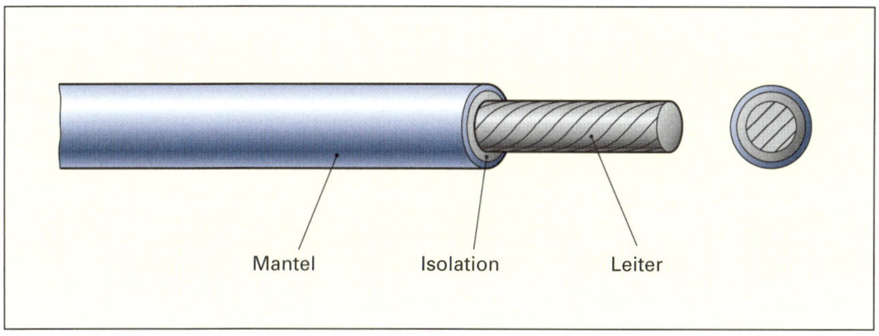

Aufbau
Leiter: Kupferlitze verzinnt, feindrähtig
Isolation: Radox®
Mantel: Radox®
Radox®-Kabel haben Isolationen aus einem elektronenstrahlvernetzten Polyofin-Werkstoff.

Anwendung
Speziell entwickelt zum Anschluss von fotovoltaischen Anlageteilen innerhalb und außerhalb von Gebäuden und Geräten, wo hohe mechanische Beanspruchungen und extreme Witterungseinflüsse auftreten können.

Eigenschaften
- Grundquerschnitte mit TÜV-Zulassung
- Platzsparender Außendurchmesser
- Lange Lebensdauer
- Extrem robust
- Hohe Wärme-, Kälte-, Öl-, Abrieb-, Ozon-, UV- und Wetterbeständigkeit
- Verbessertes Verhalten im Brandfall
- Halogenfrei, flammwidrig
- Flexibel, gut abisolierbar
- Mechanisch höchst belastbar

Technische Daten
- Nennspannung: 600/1000 V AC
- Prüfwechselspannung: 4000 V AC (50 Hz, 1 min.)
- Temperaturbereich: –40 °C bis +120 °C (TÜV bis +100 °C)
- Max. Leitertemperatur bei Kurzschluss: +280 °C (max. 5 s)
- Min. Biegeradius: Kabeldurchmesser < 8 mm: 4 x D; Kabeldurchmesser ≥ 8 mm: 6 x D

Querschnitt	Leiter		Kabel	Gewicht	Farbe	Item Nr.
mm^2	Aufbau nom. n × mm	R_{20} IEC 60228 max. Ω/km	Ø nom. mm	nom. kg/100 m		
1,5	30 × 0,25	1,52 ± 0,05	4,3 ± 0,15	3,2	schwarz	2558072
2,5	48 × 0,25	2,01 ± 0,05	5,2 ± 0,15	4,6	rot	12529712
2,5	48 × 0,25	2,01 ± 0,05	5,2 ± 0,15	4,6	blau	12529713
2,5	48 × 0,25	2,01 ± 0,05	5,2 ± 0,15	4,6	schwarz	12529714
4,0	56 × 0,30	2,54 ± 0,05	5,8 ± 0,15	6,6	rot	12545801
4,0	56 × 0,30	2,54 ± 0,05	5,8 ± 0,15	6,6	blau	12537896
4,0	56 × 0,30	2,54 ± 0,05	5,8 ± 0,15	6,6	schwarz	12545802
6,0	81 × 0,30	3,30 ± 0,10	6,9 ± 0,20	9,2	rot	12568182
6,0	81 × 0,30	3,30 ± 0,10	6,9 ± 0,20	9,2	blau	12568183
6,0	81 × 0,30	3,30 ± 0,10	6,9 ± 0,20	9,2	schwarz	12552756
10	78 × 0,40	4,30 ± 0,10	8,1 ± 0,15	14,4	schwarz	12537897
16	119 × 0,40	5,30 ± 0,10	9,5 ± 0,20	21,0	schwarz	12567377

Anmeldung Netzanschluss

① ☐ **Anmeldung zum Netzanschluss (Strom)**

☐ **Inbetriebsetzung** ☐ **Teil-Inbetriebsetzung**

Erläuterungen auf der Rückseite

Eingangsvermerk (NB)

② **Anschrift des Verteilers-Netzbetreibers (VNB)**

Name des VNB

Straße und Haus-Nr. bzw. Postfach

Postleitzahl Ort

Angaben zum Netzanschluss

Straße und Haus-Nr. ggf. Anschlussnutzer

Postleitzahl Ort Ortsteil / Flurstück-Nr. / Etage

Bei Neubaugebieten Name des Baugebietes

Bei vorhandener Anlage: NB-Kundennummer oder Zählernummer

③ **Angemeldet wird nach TAB:**

☐ **Neuanschluss** ☐ **Stilllegung** ☐ **Anschluss-/Anlagenveränderung**

☐ Austausch von Messeinrichtungen
☐ Anschluss weiterer Anlagen/Leistungserhöhung
☐ Anlagentrennung
☐ Anlagenzusammenlegung
☐ Veränderung Hausanschluss
☐ Wiederinbetriebsetzung

☐ **zeitlich befristeter Anschluss** (Baustrom, Schaustellerbetriebe, …)
☐ **Erzeugungsanlagen**
☐ **Notstromanlagen**
☐ ....

☐ **Zustimmungspflichtige Geräte:**

Bezeichnung des Gerätes Anschlussleistung (kVA) Bezeichnung des Gerätes Anschlussleistung (kVA)

④ **Für folgende Anlagen:**

Art: a) Baustelle (zeitl. befristet) b) Wohnung c) Gewerbe m.Branche d) Gemeinschaftsanl. e) Erzeugungsanlagen f)				**Messeinrichtung (Art/Anzahl):** WS: Wechselstromzähler DS: Drehstromzähler MZ: Mehrtarifzähler LGZ: Lastgangzähler MW: Messwandler SG: Steuergerät				**Gleichzeitig benötigte Leistung (kVA)**			**Zugeordnete Überstromschutzeinrichtung (A) vor Zähler**		**Benötigte Hausanschlusssicherung**	**Erwarteter Jahresverbrauch (kWh)**
				Einbau		Ausbau								
▼	bisher	neu	im Endausbau	Anzahl	Art	Anzahl	Art	bisher	neu	im Endausbau	bisher	neu	(A)	je Kundenanlage

Anschlussnehmer bzw. Grundstückseigentümer erkennen an, dass Grundlage für den Netzanschlussvertrag die **„Verordnung über Allgemeine Bedingungen für den Netzanschluss und dessen Nutzung für die Elektrizitätsversorgung in Niederspannung (Niederspannungsanschlussverordnung - NAV)"** ist. Dem Grundstückseigentümer obliegt es nach der NAV u. a. das Anbringen und Verlegen von Leitungen und Leitungsträgern zur Zu- und Fortleitung von Elektrizität und sonstiger Einrichtungen für die Zwecke der örtlichen Versorgung mit elektrischer Energie auf seinem Grundstück zu dulden (§§ 2, 6, 8, 10, 12 NAV). Die NAV ist beim Netzbetreiber (NB) und im Internet auf der Homepage des NB erhältlich. Die elektrische Anlage ist von einem eingetragenen Elektroinstallationsunternehmen unter Beachtung der einschlägigen Bestimmungen zu errichten und in Betrieb zu setzen.
Wird kein Stromlieferant benannt, erfolgt die Stromlieferung gemäß § 36, § 38 EnWG durch den Grundversorger.
Datenschutz-Hinweis: Die in Zusammenhang mit dem Vertragsverhältnis anfallenden Daten werden nach den Vorschriften des Bundesdatenschutzgesetzes (BDSG) zweckbezogen verarbeitet und genutzt.

⑤ **Angebot an:**

Name, Vorname bzw. Firmenname

Geburtsdatum bei Privatpersonen bzw. Registergericht / Registernummer bei Firma

Straße und Haus-Nr.

Postleitzahl Ort

Telefon, Fax, E-Mail

Datum Unterschrift Name in Druckschrift

Zustimmung des Grundstückseigentümers:
(wenn der Anschlussnehmer nicht Grundstückseigentümer ist)

Name, Vorname bzw. Firmenname

Registergericht / Registernummer bei Firma

Straße und Haus-Nr.

Postleitzahl Ort

Telefon, Fax, E-Mail

Datum Unterschrift Name in Druckschrift

⑥ **Terminwunsch:** __________ **Bemerkungen:** __________

⑦ **Eingetragenes Elektroinstallationsunternehmen:**

Firmenname

Straße und Haus-Nr.

Postleitzahl Ort

Firmenstempel

Telefon, Fax, E-Mail

Eingetragen bei:

NB

Ausweisnummer

Datum Unterschrift

⑧ **Erklärung:** Die aufgeführte(n) Installationsanlage(n) ist/sind unter Beachtung der geltenden Rechtsvorschriften und behördlichen Verfügungen sowie nach den anerkannten Regeln der Technik, insbesondere nach den DIN VDE-Normen, den Technischen Anschlussbedingungen (TAB) und den sonstigen besonderen Vorschriften des oben genannten VNB von mir/uns errichtet und fertiggestellt worden. Die Ergebnisse der Prüfung werden dokumentiert. Die Anlage kann gemäß NAV und TAB in Betrieb gesetzt werden. Soweit erforderlich, wird die Inbetriebsetzung im Namen des Anschlussnehmers/-nutzers beantragt.

Ort, Datum Unterschrift der eingetragenen verantwortlichen Elektrofachkraft Name in Druckschrift

Anschluss von Eigenerzeugungsanlagen

Datenblatt für den Anschluss von Eigenerzeugungsanlagen bis 100 kW

(Anlage für „Anmeldung zum Anschluss an das Niederspannungsnetz" des EVU)

Eingang: .... Datum

Projektnummer: ....

Bearbeiter: .... Abteilung Name

1. Energiequelle der Eigenerzeugungsanlage

☐ Wind
- ☐ „Stall"
- ☐ „Pitch"

☐ Sonne

☐ Sonstige ....

☐ Deponiegas

☐ Klärgas

☐ Biogas

☐ Wasser

☐ Kraft-Wärme-Kopplung (BHKW)
- ☐ Erdgas
- ☐ Heizöl
- ☐ Sonstige ....

2. Betriebsweise der Eigenerzeugungsanlage

☐ Einspeisung in das Niederspannungsnetz des EVU (teilweise)

☐ Einspeisung in das Niederspannungsnetz des EVU

3. Netzeinspeisung

☐ Asynchrongenerator

☐ Synchrongenerator

☐ Wechselrichter

☐ Generator ist über Wechselrichter angeschlossen

☐ zwischen Außen- und Neutralleiter an 230 V

☐ zwischen zwei Außenleiter an 400 V

☐ zwischen zwei Außenleiter an 220 V

☐ an 3 × 400/230 V mit symmetrischer Belastung mit bzw. ohne Neutralleiter

4. Technische Daten der Eigenerzeugungsanlage

Wirkleistung P_{rA} in kW ....

Scheinleistung S_{rA} in kVA ....

Nennspannung U_n in V ....

Nennstrom I_{rA} in A ....

Bemessungsleistung P_{therm} in kVA ....

Bemessungsleistung P_{therm} in kW ....

Kurzschlussstrom I_k in kA ....

Kurzschlussfestigkeit der Gesamtanlage I_k in kA ....

☐ Kompensationsanlage ☐ geregelt
- ☐ für Einzelanlage
- ☐ für Gesamtanlage
- ☐ verdrosselt mit % ....
- ☐ zu Saugkreisen ausgebaut mit *n* ....

Windenergieanlagen

Spitzenleistung S_{max} in kVA ....

gemittelt über *t* in s ....

Anlagenflickerbeiwert *c* ....

Asynchrongeneratoren, die motorisch vom Netz hochgefahren werden

Bemessungsstrom I_{rA} in A ....

Anlaufstrom I_S in A ....

Wechselrichter ....

☐ netzgeführt

☐ 6-pulsig

☐ 12-pulsig

☐ inselbetriebsfähig

☐ 24-pulsig

☐ pulsweitenmoduliert

Überschwingungsströme

ν	2. OS	3. OS	5. OS	7. OS	11. OS	13. OS	17. OS	19. OS	23. OS	25. OS
I_ν in A										

Zutreffendes bitte ankreuzen

Antragsteller:

.... Telefon Nr. Fax-Nr.

.... Firmenname

.... Straße und Hausnummer

.... Postleitzahl und Ort

.... Datum Name Unterschrift

Vermerke des EVU:

Auszug aus einem Simulationsprogramm

Elektro Solarstrom – Solarstromstr. 1 – 54321 Solarstadt

Kunde Maier
Sonnenstr. 25
54321 Solarstadt

Elektro Solarstrom
Solarstromstr. 1
54321 Solarstadt
Tel: + 49 123 456-0
Fax: + 49 123 456-100
E-Mail: info@el-mustermann.de
Internet: www.el-mustermann.de

Systemübersicht (Deutschland (Germany)/Stuttgart)

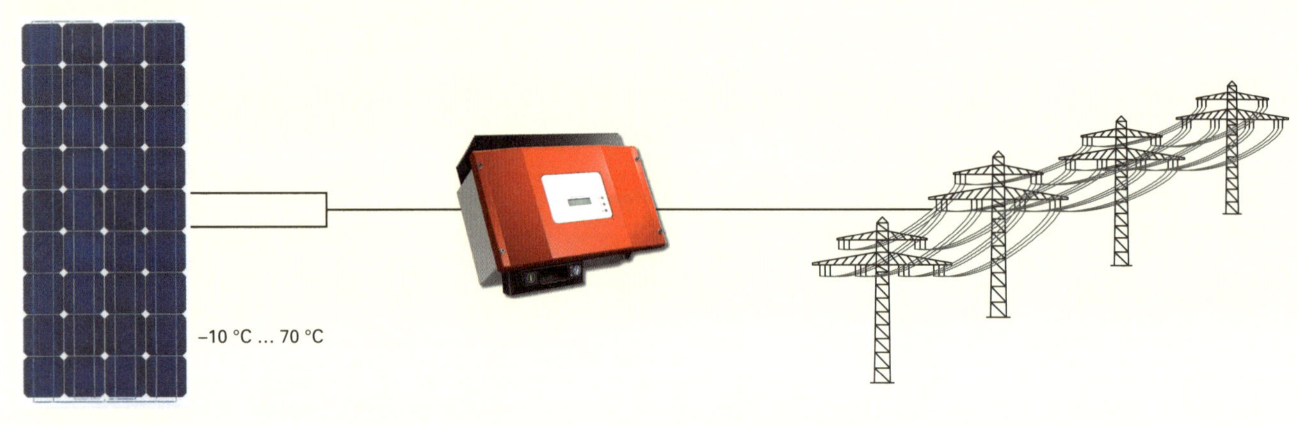

PV-Modul	Wechselrichter (WR)
Solar-Fabrik AG;	Sunny Boy SB 2100TL
SF 115/2 (115 W)	Anzahl: 1
Neigung: 42°	max. Wirkungsgrad: 96 %; EU-Eta: 95,2 %
Azimut: 14°	max. DC-Leistung: 2,2 kW; max. AC-Leistung: 2,1 kW
Module × String: 20 × 1	Netzspannung/-frequenz: 230 V/50 Hz

Auslegungsdaten

PV-Peakleistung:	2,30 kW	Nennleistungsverhältnis:	96 %
Gesamte Modulanzahl:	20	jährl. Energieertrag*:	2187 kWh
PV-Generatorfläche:	20,4 m²	Energienutzungsfaktor:	100,0 %
Anzahl der WR:	1	Performance Ratio*:	79 %
WR max. DC-Leistung:	2,20 kW	Spez. Energieertrag*:	951 kWh/kWp
WR max. AC-Leistung:	2,10 kW	Kabelverl. (% PV-Energie):	nicht berücksichtigt
WR-Nutzungsgrad:	94,2 %		

Notizen: Platz für Ihre Kommentare

Unterschrift

* Wichtiger Hinweis: Es handelt sich bei der Ertragsberechnung um geschätzte Werte aufgrund mathematischer Modelle. SMA übernimmt keine Haftung für den realen Energieertrag, der durch verschiedene äußere Umstände, z. B. Verschmutzung der Module oder Schwankungen der Wirkungsgrade von Modulen, davon abweichen kann.

Installation von Fotovoltaikanlagen

Installation einer Fotovoltaikanlage bei Netzeinspeisung und Eigenverbrauch (Überschusseinspeisung)

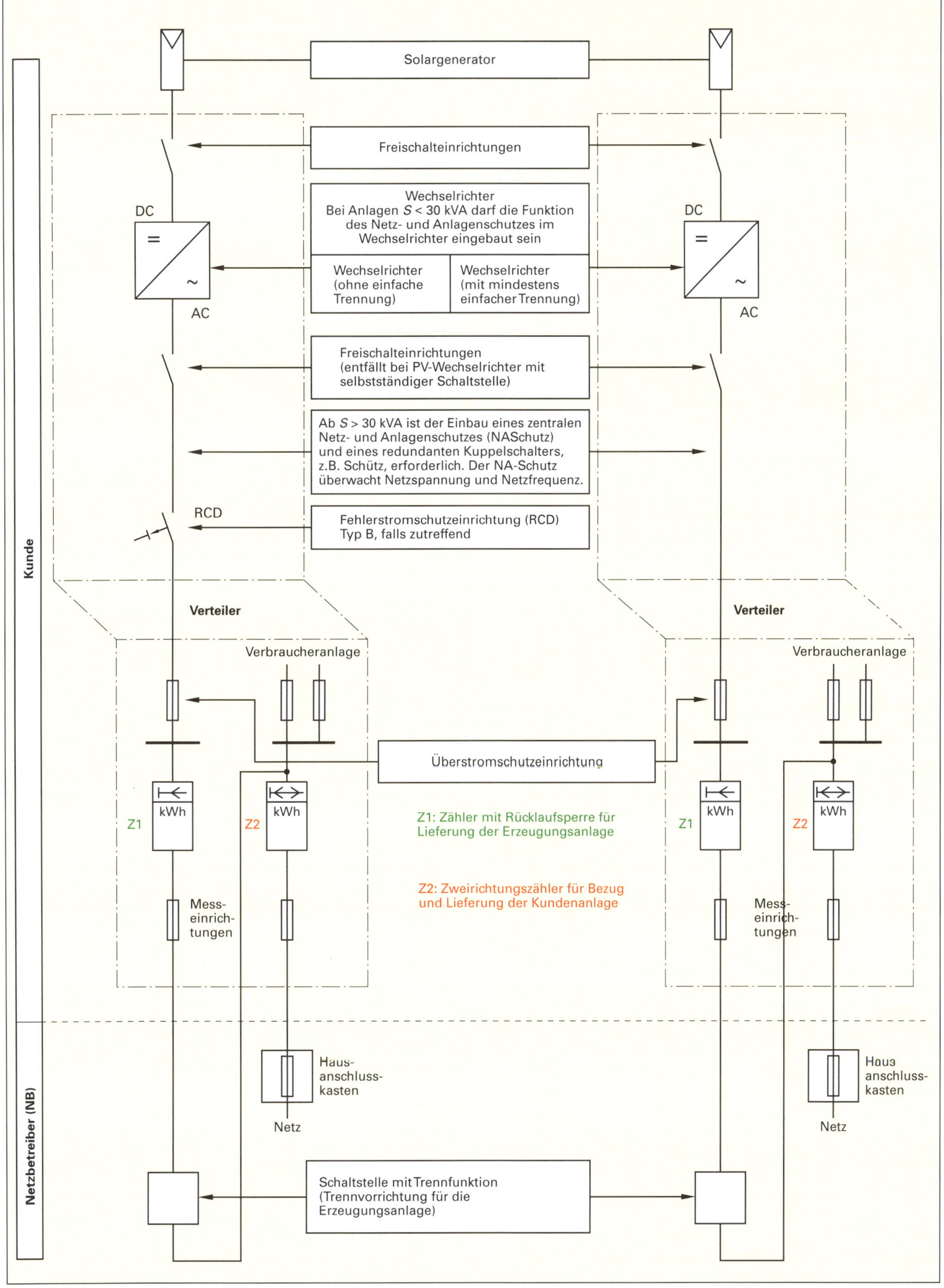

Stetigregler, Funktionsbeschreibung (Auszug)

Der **Stetigregler** (Raumtemperaturregler) kann zur Einzelraum-Temperaturregelung verwendet werden. In Abhängigkeit der Betriebsart des aktuellen Temperatur-Sollwertes und der Raumtemperatur kann eine Stellgröße zur Heizungs- oder Kühlungssteuerung auf den KNX ausgesendet werden.

Die Raumtemperatur kann wahlweise durch den internen Temperaturfühler oder durch einen externen Temperaturfühler, der an der Klemmleiste der Tasterschnittstelle angeschlossen wird, erfasst werden.

Der Regler kennt fünf Betriebsmodi (Komfortbetrieb, Standby-Betrieb, Nachtbetrieb, Frost-/Hitzeschutz- und Reglersperre).

Darstellung des Stetigreglers

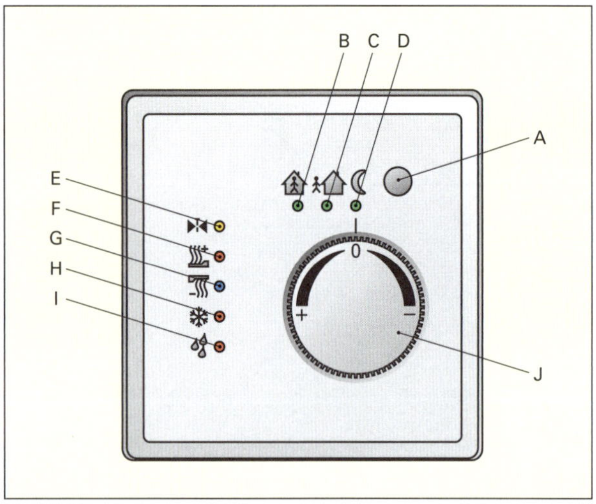

Bedienelemente:

A: Präsenztaster
B: Status-LED grün, Komfortbetrieb
C: Status-LED grün, Standby-Betrieb
D: Status-LED grün, Nachtbetrieb
E: Status-LED gelb, Energieanforderung
F: Status-LED rot, Betriebsart Heizen
G: Status-LED blau, Betriebsart Kühlen
H: Status-LED rot, Frost-/Hitzeschutz
I: Status-LED rot, Taupunkt
J: Stellrad zur Sollwertverstellung

Der Raumtemperaturregler unterscheidet verschiedene Betriebsmodi. So ist es möglich, durch Aktivierung dieser Modi, beispielsweise abhängig von der Anwesenheit einer Person, vom Zustand der Heiz- oder Kühlanlage, tageszeit- oder wochentagsabhängig verschiedene Temperatur-Sollwerte zu aktivieren..

- **Komfortbetrieb**
  Der Komfortbetrieb sollte aktiviert werden, wenn sich Personen in einem Raum befinden und aus diesem Grund die Raumtemperatur auf einen komfortablen angemessenen Wert einzuregeln ist. Die Umschaltung in diesen Betriebsmodus kann auch präsenzgesteuert erfolgen.
  Ein aktiver Komfortbetrieb wird durch die LED B (🏠) signalisiert.
- **Standby-Betrieb**
  Ist ein Raum tagsüber nicht in Benutzung, weil beispielsweise Personen abwesend sind, kann der Standby-Betrieb aktiviert werden. Dadurch kann die Raumtemperatur auf einen Standby-Wert eingeregelt und somit Heiz- oder Kühlenergie eingespart werden.
  Ein aktiver Standby-Betrieb wird durch die LED C (🚶🏠) signalisiert.
- **Nachtbetrieb**
  Während den Nachtstunden oder bei längerer Abwesenheit ist es meist sinnvoll, die Raumtemperatur auf kühlere Temperaturen bei Heizanlagen (z. B. in Schlafräumen) einzuregeln. Kühlanlagen können in diesem Fall auf höhere Temperaturwerte eingestellt werden, wenn eine Klimatisierung nicht erforderlich ist (z. B. in Büroräumen). Dazu kann der Nachtbetrieb aktiviert werden.
  Ein aktiver Nachtbetrieb wird durch die LED D (☾) signalisiert.
- **Frost-/Hitzeschutzbetrieb**
  Ein Frostschutz ist erforderlich, wenn beispielsweise bei geöffnetem Fenster die Raumtemperatur kritische Werte nicht unterschreiten darf.
  Ein Hitzeschutz kann dann erforderlich werden, wenn die Temperatur in einer meist durch äußere Einflüsse stets warmen Umgebung zu groß wird. In diesen Fällen kann durch Aktivierung des Frost-/Hitzeschutzes in Abhängigkeit der eingestellten Betriebsart „Heizen" oder „Kühlen" ein Gefrieren oder Überhitzen des Raums durch Vorgabe eines eigenen Temperatur-Sollwerts verhindert werden.
  Ein aktiver Frost-/Hitzeschutz wird durch die LED H (❄) signalisiert.
- **Komfortverlängerung (vorübergehender Komfortbetrieb)**
  Die Komfortverlängerung ist aus dem Nachtbetrieb oder dem Frost-/Hitzeschutz (nicht ausgelöst durch das Objekt „Fensterstatus") heraus zu aktivieren und kann dazu genutzt werden, den Raum für eine bestimmte Zeit auf die Komfort-Temperatur einzuregeln, wenn beispielsweise der Raum auch während den Nachtstunden „benutzt" wird. Eine Aktivierung erfolgt ausschließlich durch die parametrierte Präsenztaste.
  Die Komfortverlängerung wird automatisch nach Ablauf einer festlegbaren Zeit oder durch erneutes Betätigen der Präsenztaste oder durch Empfang eines Präsenz-Objektwerts = „0" deaktiviert. Die Verlängerung ist nicht nachtriggerbar.

Datenblatt Helligkeitssensor, 3-fach mit Lichtfänger

Helligkeitssensor

REG-Gehäuse 2TE komplett mit Lichtfänger, mit integriertem Busankoppler, zur helligkeitsabhängigen Lichtsteuerung.

- Steuert Schalt- und Dimmaktoren in Abhängigkeit der Umgebungshelligkeit.
- Je nach Applikation besitzt das Gerät mehrere Sendekanäle, deren Schaltschwelle mit der ETS parametriert werden können.
- Über ein Sperrobjekt kann eine beliebige Kombination von Sendekanälen vorübergehend deaktiviert werden.

Technische Daten

3 Schwellenwerte, Dimmstufen und Schaltverzögerung über Software einstellbar.	
Betriebsspannung:	Busspannung 24 V
Leistungsaufnahme:	< 50 mW
Einstellbereich:	1 Lux ... 20 000 Lux
Schaltverzögerung:	8 s ... 240 s
Zulässige Umgebungstemperatur:	−5 °C ... +45 °C
Aufbau-Lichtfänger (IP 54):	
Querschnitt:	2 × 0,75 mm^2
Leitungslänge:	max. 100 m

Funktionsbeschreibung

Der Lichtfänger erfasst die Helligkeit mit einem Fotowiderstand LDR. Bei hoher Helligkeit hat der LDR einen kleinen Widerstandswert, bei geringer Helligkeit einen hohen Widerstandswert. Der Messwert wird dem Helligkeitssensor zugeführt. Dieser sendet in Abhängigkeit von der gemessenen Helligkeit Telegramme auf den KNX-Bus.

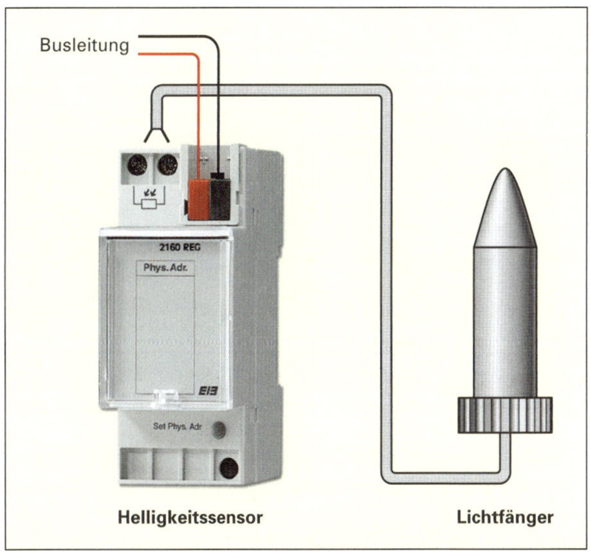

Funktionsumfang

- Drei unabhängige Schaltkanäle mit drei voneinander unabhängigen Grenzwerten.
- Separate Schaltschwelle bei Unterschreiten und Überschreiten der Grenzwerte.
- Sendeverzögerung, um ein Schalten bei kurzzeitigen Helligkeitsänderungen, z.B. durch Abschattung, zu vermeiden.

Beispiel für das Überschreiten eines Grenzwertes:

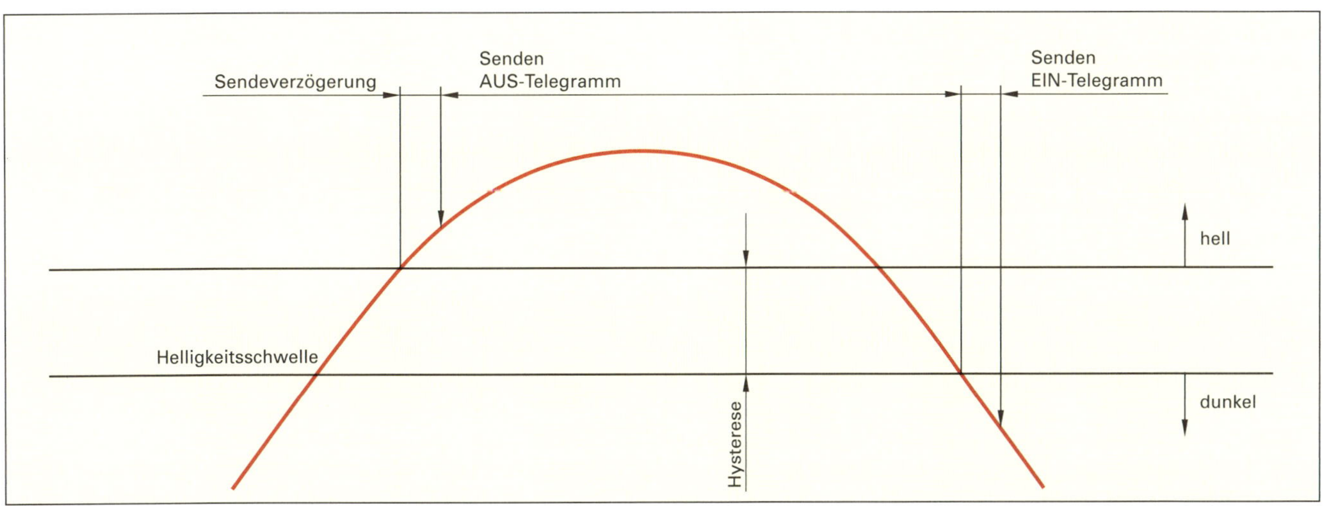

Informationen zur Abschlussprüfung in den Elektroberufen in Handwerk und Industrie

Lernfeld 1 • • • Lernfeld 6	**Prüfung Teil 1** **im 4. Halbjahr (nach 1,5 bis 2 Jahren)**	Komplexe **Arbeitsaufgabe** mit **situativen Gesprächsphasen**	**Schriftliche Aufgabenstellung** zu der komplexen Arbeitsaufgabe	**40 %**
		In der Prüfung Teil 1 soll der Prüfling zeigen, dass er z.B. technische Unterlagen auswerten, Arbeitsabläufe planen, Teile montieren, demontieren, Betriebswerte einstellen, Unfallverhütungsvorschriften beachten, Fehler suchen und beseitigen, Produkte in Betrieb nehmen, übergeben, erläutern und Prüfprotokolle erstellen kann.		
		max. 8 h	**max. 2 h**	

Lernfeld 7 Fachkunde Elektrotechnik, Lernfeldhinweise • Lernfeld 13	**Prüfung Teil 2** **Ende 7. Halbjahr**	**Systementwurf**	**Funktions- und Systemanalyse**	**Wirtschafts- und Sozialkunde**	**60 %**
		Es sind technische Problemanalysen durchzuführen und für bestehende Betriebsabläufe Lösungskonzepte zu entwickeln.	Es sind Schaltungsunterlagen und Dokumentationen auszuwerten und zu analysieren, Änderungen in Programmen vorzunehmen und Fehlerursachen zu bestimmen.	Es sind praxisbezogene handlungsorientierte Aufgaben und wirtschaftliche und gesellschaftliche Zusammenhänge der Berufs- und Arbeitswelt darzustellen und zu beurteilen.	
		max. 2 h	**max. 2 h**	**max. 1 h**	
		Arbeitsauftrag: Hier soll der Prüfling zeigen, dass er die schon in Teil 1 der Prüfung genannten Anforderungen an einen komplexen betrieblichen Auftrag oder eine praktische Aufgabe umfassend beherrscht. Das Fachgespräch geht mit bis zu 30 % in die Bewertung ein.			
		17–24 h			

	Bestehen der Prüfung		
		• Insgesamt über alle Prüfungsteile 50 % ***und*** • im Arbeitsauftrag 50 % der möglichen Punkte ***und*** • Systementwurf + Funktions- und Systemanalyse + Wirtschafts- und Sozialkunde 50 % der möglichen Punkte, dabei mindestens 2x ausreichend und kein ungenügend* (Gewichtung: 2/1 = schriftlich/mündlich) * mündliche Ergänzungsprüfung nur für Bestehen möglich (Gewichtung: 2/1 = schriftlich/mündlich)	**100 %**
		Beispiel: Welche Punktzahl im 100-Punkte-Schlüssel erreicht ein Auszubildender im Ausbildungsberuf Elektroniker für Betriebstechnik, wenn er folgende Einzelergebnisse erzielt? Komplexe Arbeitsaufgabe: 70 Punkte, schriftliche Aufgabenstellung: 82 Punkte, Systementwurf: 83 Punkte, Funktions- und Systemanalyse: 77 Punkte, Wirtschafts- und Sozialkunde: 91 Punkte, Arbeitsauftrag: 76 Punkte. Ergebnis = $70 \cdot 0{,}2 + 82 \cdot 0{,}2 + 83 \cdot 0{,}12 + 77 \cdot 0{,}12 + 91 \cdot 0{,}06 + 76 \cdot 0{,}3 = 77{,}86$ Punkte	**77 P.**

Tabelle: FAQ[2] zur Prüfung in den Elektroberufen (einschließlich Mechatroniker)

Unter welchen Voraussetzungen findet eine mündliche Prüfung statt?	Eine mündliche Prüfung wird nur dann durchgeführt, wenn dadurch noch das Bestehen der Abschlussprüfung gesichert werden kann.
Muss ich die Prüfung Teil 1 wiederholen, wenn ich in dieser Prüfung weniger als 50 % mögliche Punkte erreicht habe?	Nein, über das Bestehen der Prüfung wird erst nach allen erfolgten Prüfungsteilen befunden. Welche Prüfungsteile dann zu wiederholen sind, wird im Einzelfall entschieden.
Darf ich die Prüfung Teil 1 ein zweites Mal machen, wenn der Lehrvertrag nach dem zweiten Lehrjahr um ein weiteres Jahr verlängert wird?	Nein, darum ist es sinnvoll die Vertragsverlängerung vor Ableistung der Prüfung in Teil 1 zu stellen und nicht zur Prüfung anzutreten.
Habe ich die Prüfung bestanden, wenn ich insgesamt 54 % erreicht habe, jedoch im Arbeitsauftrag nur 45 % erreicht habe?	Nein, die Prüfung ist nicht bestanden. Im Arbeitsauftrag müssen unbedingt 50 % erreicht werden. Dieser Prüfungsteil muss dann wiederholt werden.
Ab welcher Prozentzahl erhalte ich die Note gut in meinem Facharbeiter- oder Gesellenbrief?	Ab 81 Punkte gibt es die Note gut.
Wie oft kann ich die Prüfung wiederholen?	Es sind zwei Wiederholungsprüfungen möglich.
Muss ich unbedingt zur mündlichen Ergänzungsprüfung antreten?	Nein, aber dies ist die einzige Chance, die Prüfung noch in diesem Prüfungsdurchgang zu bestehen.
Im Prüfungsteil 1 habe ich nur 42 % erreicht, durch den Prüfungsteil 2 komme ich aber insgesamt auf über 50 %. Habe ich die Prüfung bestanden?	Die Prüfung gilt als bestanden.
Ich habe in Systementwurf nur 40 Punkte erreicht. Bin ich durchgefallen?	Die Prüfung gilt als bestanden, wenn im Durchschnitt der Fächer Systementwurf + Funktions- und Systemanalyse + Wirtschafts- und Sozialkunde insgesamt 50 % der möglichen Punkte erreicht werden.
Gibt es eine „Sperrfachregelung" wie in der alten Prüfungsordnung in Technologie?	Auf einzelne Fächer bezogen nicht. Jedoch müssen im Arbeitsauftrag in Teil 2 und in den theoretischen Fächern in Teil 2 jeweils mindestens 50 % erreicht werden.

1 gilt für ab 2008 abgeschlossene Lehrverträge bei den Elektronikerberufen des Handwerks
2 FAQ, Abk. für: frequently asked questions (engl.) = häufig gestellte Fragen

Informationen zur Abschlussprüfung in den Elektroberufen in Handwerk und Industrie

Seit dem 1. April 2005 gilt das neue Berufsbildungsgesetz. Damit soll die berufliche Bildung an die veränderten Anforderungen der Arbeitswelt angepasst werden.

Das Berufsbildungsgesetz 2005

- Abkürzung BBiG.
- Wesentliche Grundlage für die Durchführung der Berufsausbildung.
- Gültig seit 1. April 2005, geändert Juli 2017
- Regelt u.a. die gestreckte Abschlussprüfung.
- Bindend für Auszubildende und Betriebe.
- Nachzulesen unter: www.bmbf.de

Regelungen des Berufsbildungsgesetzes

- Eignung der Ausbildungsstätte
- Ordnung der Berufsbildung
- Ausbildungsberufe
- Berufsausbildungsverhältnis
- Prüfungswesen
- Fort- und Weiterbildung
- Organisation der Berufsbildung

Die Top-Ten der dualen Ausbildungsberufe 2016*

Rang	Anzahl	Beruf
1	28656	Kaufmann/-frau im Büromanagement
2	25191	Kaufmann/-frau im Einzelhandel
3	23850	Verkäufer/-in
4	21465	Kraftfahrzeugmechatroniker/-in
5	17934	Industriekaufmann/-frau
6	15822	Medizinische/-r Fachangestellte/-r
7	14463	Kaufmann/-frau im Groß- und Außenhandel
8	13290	Elektroniker/-in
9	12780	Zahnmedizinische/-r Fachangestellte/-r
10	12714	Industriemechaniker/-in

* Quelle: BIBB

Lernorte der Berufsbildung (§ 2)

Berufsbildung wird durchgeführt, z.B. in Betrieben der Wirtschaft, im öffentlichen Dienst, in berufsbildenden Schulen und in sonstigen Berufsbildungseinrichtungen.

Ausbildungsabschnitte im Ausland: Auslandsaufenthalte können Bestandteil der Ausbildung sein, wenn dies dem Ausbildungsziel dient. Die Auslandsaufenthalte können bis zu einem Viertel der Ausbildungsdauer nach der Ausbildungsordnung betragen, z.B. bei 3-jähriger Ausbildung bis zu 9 Monate.

Durch Ausbildungsabschnitte bei Partnern oder Firmen im Ausland können die Betriebe ihre Ausbildung attraktiver machen, die Ausbildung international ausrichten und dadurch ihren künftigen Fachkräften internationales Wissen vermitteln.

Ausbildungsordnung (§ 5)

Ausbildung stufenweise: Die Ausbildungsordnung legt die Ausbildungsdauer fest. Sie soll nicht mehr als drei und nicht weniger als zwei Jahre betragen. Bei den zukünftigen Berufen kann eine Stufenausbildung geregelt werden, die der Auszubildende nach der ersten Stufe beenden kann. Ein besonderer Ausbildungsstufenvertrag ist jedoch nicht vorgesehen. Der Vorteil für lernschwächere Auszubildende: Sie können früher aufhören, erhalten ein Zeugnis und gelten nicht als Abbrecher. Man spricht vom Aufstiegsmodell. Der Vorteil für Betriebe: Sie sind dann nicht gezwungen, die Ausbildung trotz Überforderung fortzusetzen.

Ausbildung aufstocken: Die Ausbildungsordnung kann vorsehen, dass auf die durch die Ausbildungsordnung geregelte Berufsausbildung eine andere, einschlägige Berufsausbildung unter Berücksichtigung der hierbei erworbenen beruflichen Fertigkeiten, Kenntnisse und Fähigkeiten angerechnet werden kann. Dazu kann es aufeinander abgestimmte Berufe mit zwei- oder dreijähriger Ausbildung nach dem Beispiel der Bauberufe geben. Hier kann ein zweijähriger Ausbildungsvertrag vereinbart werden. Das dritte Jahr kann später vertraglich aufgestockt werden. Auszubildende und Betriebe entscheiden, ob und wann es nach dem ersten Abschluss weitergeht.

Prüfung gestreckt: Die gestreckte Prüfung teilt die Abschlussprüfung in zwei zeitlich auseinanderfallende Teile: Etwa nach zwei Jahren und am Ende der Ausbildung wird je ein Teil der Prüfung abgelegt. Die grundlegenden Kenntnisse, Fertigkeiten und Fähigkeiten werden als Prüfungsteil 1 geprüft sowie bewertet und fließen in das Gesamtergebnis der Abschlussprüfung ein. Der Prüfungsteil 2 kann sich dann auf die berufstypische Handlungskompetenz konzentrieren, die besonders das Ziel der Ausbildung ist. Aufwendige Wiederholungen der Grundqualifikationen vor der Abschlussprüfung entfallen, da diese vorher im Prüfungsteil 1 geprüft und bewertet werden. Die Auszubildenden müssen von Anfang an ihre beruflichen Kenntnisse und Fähigkeiten aufzeigen.

Ausbildungsnachweis: Die Ausbildungsordnung sieht vor, dass Auszubildende einen schriftlichen oder elektronischen Ausbildungsnachweis (Berichtsheft) zu führen haben.

Zusatzqualifikationen: Neue Ausbildungsordnungen ermöglichen Zusatzqualifikationen. Zusatzqualifikationen sind freiwillig und müssen zwischen Betrieb und Auszubildenden zusätzlich vereinbart werden. Betriebe können Zusatzqualifikationen anbieten, müssen dies aber nicht. Zusatzqualifikationen, z.B. Betriebswirtschaft Management, müssen gesondert geprüft und bescheinigt werden. Damit ist es möglich, besonders leistungsfähigen Auszubildenden eine Alternative zum Hochschulstudium zu bieten, den Beruf attraktiver zu machen und die Chancen auf dem Arbeitsmarkt zu verbessern.

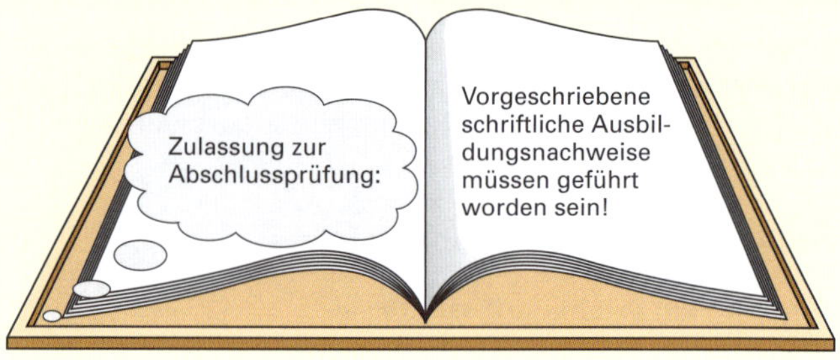

Anrechnung beruflicher Vorbildung auf die Ausbildungszeit (§ 7)

Die Anrechnung beruflicher Vorbildung wird künftig durch die Landesregierungen durch Rechtsverordnung geregelt. Die Länder können entscheiden, ob Bewerber einen Rechtsanspruch auf Abkürzung der Ausbildungszeit haben. Die Rechtsverordnung kann vorsehen, dass Verkürzungen der Ausbildungszeit vom Auszubildenden und dem Betrieb gemeinsam beantragt werden. Unterschiede zwischen den einzelnen Ländern sind zukünftig möglich. Bundesweit tätige Unternehmen müssen sich dann über die unterschiedlichen Anrechnungsregelungen in den Bundesländern informieren.

Für die Ausbildung im Handwerk gilt zusätzlich die Handwerksordnung (HwO).

Abkürzung und Verlängerung der Ausbildungszeit (§ 8)

Abkürzung: Auf gemeinsamen Antrag des Auszubildenden und des Betriebes hat die zuständige Stelle, z.B. Industrie und Handelskammer (IHK), die Ausbildungszeit zu kürzen, z.B. bei beruflicher Vorbildung, wenn zu erwarten ist, dass das Ausbildungsziel in der gekürzten Zeit erreicht wird.

Verlängerung: In Ausnahmefällen kann die zuständige Stelle auf Antrag des Auszubildenden die Ausbildungszeit verlängern, wenn die Verlängerung erforderlich ist, um das Ausbildungsziel zu erreichen.

Teilzeitberufsausbildung: In Ausnahmefällen können Auszubildende und Betrieb künftig bei der zuständigen Stelle eine Verkürzung der täglichen oder wöchentlichen Ausbildungszeit beantragen. Voraussetzung sind wichtige Gründe, z.B. wenn Auszubildende ein eigenes Kind oder einen pflegebedürftigen nahen Angehörigen betreuen müssen. Die Vergütung kann prozentual entsprechend der Verkürzung der Zeit gekürzt werden.

Vertrag (§ 10)

Berufsausbildungsvertrag: Wer andere Personen zur Berufsausbildung einstellt, hat mit dem Auszubildenden einen Berufsausbildungsvertrag zu schließen.

Verbundausbildung: Mehrere Betriebe können in einem Ausbildungsverbund zusammenwirken, soweit die Verantwortung für die einzelnen Ausbildungsabschnitte und die Ausbildungszeit insgesamt sichergestellt ist.

Verhalten während der Berufsausbildung (§ 13)

Auszubildende haben sich zu bemühen, die berufliche Handlungsfähigkeit zu erwerben, die zum Erreichen des Ausbildungszieles erforderlich ist.

Sie sind insbesondere verpflichtet,

1. die ihnen im Rahmen ihrer Berufsausbildung aufgetragenen Aufgaben sorgfältig auszuführen,
2. an Ausbildungsmaßnahmen (Berufsschulunterricht, Prüfungen) teilzunehmen, für die sie nach § 15 freigestellt werden,
3. den Weisungen zu folgen, die ihnen im Rahmen der Berufsausbildung von Ausbildenden oder von anderen weisungsberechtigten Personen erteilt werden,
4. die für die Ausbildungsstätte geltende Ordnung zu beachten,
5. Werkzeuge, Maschinen und sonstige Einrichtungen pfleglich zu behandeln,
6. über Betriebs- und Geschäftsgeheimnisse Stillschweigen zu wahren.

Berufsausbildung (§ 14)

(1) Ausbildende haben

1. dafür zu sorgen, dass den Auszubildenden die berufliche Handlungsfähigkeit vermittelt wird, die zum Erreichen des Ausbildungszieles erforderlich ist und die Berufsausbildung in einer durch ihren Zweck gebotenen Form planmäßig, zeitlich und sachlich gegliedert so durchzuführen, dass das Ausbildungsziel in der vorgesehenen Ausbildungszeit erreicht werden kann,
2. selbst auszubilden oder einen Ausbilder oder eine Ausbilderin ausdrücklich damit zu beauftragen,
3. Auszubildenden kostenlos die Ausbildungsmittel, insbesondere Werkzeuge und Werkstoffe, zur Verfügung zu stellen, die zur Berufsausbildung und zum Ablegen von Zwischen- und Abschlussprüfungen, auch soweit solche nach Beendigung des Berufsausbildungsverhältnisses stattfinden, erforderlich sind,
4. Auszubildende zum Besuch der Berufsschule sowie zum Führen von Ausbildungsnachweisen anzuhalten, soweit solche im Rahmen der Berufsausbildung verlangt werden, und diese durchzusehen,
5. dafür zu sorgen, dass Auszubildende charakterlich gefördert sowie sittlich und körperlich nicht gefährdet werden.

(2) Auszubildenden dürfen nur solche Aufgaben übertragen werden, die dem Ausbildungszweck dienen und ihren körperlichen Kräften angemessen sind.

§ 20 Probezeit

- Maximal 4 Monate (früher 3 Monate)
- Minimal 1 Monat
- Kündigung innerhalb der Probezeit jederzeit möglich

Probezeit (§ 20)

Das Berufsausbildungsverhältnis beginnt mit der Probezeit. Die maximale Probezeit beträgt vier Monate. Auszubildende und Ausbildender können sich dadurch gegenseitig besser kennenlernen. Die minimale Probezeit beträgt 1 Monat. Während der Probezeit kann das Berufsausbildungsverhältnis, ohne Einhalten einer Kündigungsfrist, jederzeit von beiden Seiten gekündigt werden.

Beendigung (§ 21)

Das Berufsausbildungsverhältnis endet mit dem Ablauf der Ausbildungszeit. Im Falle der Stufenausbildung endet es mit Ablauf der letzten Stufe.

Bestehen Auszubildende vor Ablauf der Ausbildungszeit die Abschlussprüfung, so endet das Berufsausbildungsverhältnis mit Bekanntgabe des Ergebnisses durch den Prüfungsausschuss. Wird die Abschlussprüfung nicht bestanden, so verlängert sich das Berufsausbildunfsverhältnis auf ihr Verlangen bis zur nächstmöglichen Wiederholungsprüfung, höchstens um ein Jahr.

Leichter ausbilden (§§ 28, 30)

Unter der Verantwortung eines Ausbilders kann künftig auch bei der Berufsausbildung mitwirken, wer selbst nicht alle Voraussetzungen für die fachliche Eignung mitbringt. Wer fachlich nicht geeignet ist oder wer nicht selbst ausbildet, darf Auszubildende nur dann einstellen, wenn er persönlich und fachlich geeignete Ausbilder oder Ausbilderinnen bestellt, die die Ausbildungsinhalte in der Ausbildungsstätte unmittelbar, verantwortlich und in wesentlichem Umfang vermitteln.

Abschlussprüfung früher nachholen (§ 45)

Auszubildende können nach Anhörung der Ausbildenden und der Berufsschule vor Ablauf ihrer Ausbildungsszeit zur Abschlussprüfung zugelassen werden, wenn ihre Leistungen dies rechtfertigen.

Zu Abschlussprüfung ist auch zugelassen, wer nachweist, dass er mindestens das Eineinhalbfache der Zeit, die als Ausbildungszeit vorgeschrieben ist, in dem Beruf tätig gewesen ist, in dem die Prüfung abgelegt werden soll.

Prüfungsausschüsse (§ 39)

Die Prüfungsausschüsse können künftig zur Bewertung einzelner, nicht mündlich zu erbringender Prüfungsleistungen gutachterliche Stellungnahmen Dritter, z.B. Lehrern an berufsbildenden Schulen, einholen.

Zulassung zur Abschlussprüfung (§ 43)

Zur Abschlussprüfung ist zugelassen:

1. wer die Ausbildungszeit abgelegt hat oder wessen Ausbildungszeit nicht später als zwei Monate nach dem Prüfungstermin endet,
2. wer die schriftlichen oder elektronischen Ausbildungsnachweise geführt hat und
3. wessen Berufsausbildungsverhältnis in das Verzeichnis der Berufsausbildungsverhältnisse eingetragen oder aus einem Grund nicht eingetragen ist, den weder die Auszubildenden noch deren gesetzliche Vertreter oder Vertreterinnen zu vertreten haben.

Welche Angaben muss der Ausbildungsvertrag mindestens enthalten?

- Art und Ziel der Berufsausbildung sowie Berufstätigkeit, für die ausgebildet werden soll.
- Angaben zur sachlichen und zeitlichen Gliederung, kurz: zum Ablauf der Ausbildung.
- Beginn und Dauer der Ausbildung.
- Ausbildungsmaßnahmen außerhalb der Ausbildungsstätte, z.B. überbetriebliche Ausbildung.
- Dauer der regelmäßigen täglichen Ausbildungszeit.
- Dauer der Probezeit (mindestens 1 Monat, höchstens 4 Monate).
- Zahlung und Höhe der Vergütung.
- Dauer des Urlaubs.
- Kündigungsvoraussetzungen und -fristen.
- Hinweis auf anzuwendende Tarifverträge, Betriebs- oder Dienstvereinbarungen.

Der Vertrag muss vom Ausbildenden und vom Auszubildenden unterschrieben werden. Ist der Auszubildende noch nicht volljährig, dann ist auch die Unterschrift der Eltern oder eines gesetzlichen Vertreters erforderlich.

Tabelle: FAQ[1] zum Berufsbildungsgesetz

Unter welchen Bedingungen kann in der Probezeit gekündigt werden?	Während der Probezeit kann jede Vertragspartei den Ausbildungsvertrag jederzeit ohne Angaben von Gründen fristlos kündigen (§ 22 BBiG). Die Kündigung muss schriftlich erfolgen und dem Vertragspartner (Auszubildenden oder Betrieb) vor Ablauf der Probezeit zugegangen sein.
Unter welchen Bedingungen kann dem Auszubildendem nach Ablauf der Probezeit gekündigt werden?	Nach der Probezeit kann das Ausbildungsverhältnis nur fristlos und bei Vorliegen eines wichtigen Grundes schriftlich gekündigt werden (§ 22 BBiG). Mit einer Kündigungsfrist von 4 Wochen, wenn die Berufsausbildung aufgegeben wird oder es wird eine andere Berufstätigkeit aufgenommen.
Aus welchem Grunde kann ein Ausbildernder nach der Probezeit kündigen?	Wichtige Gründe können z.B. sein: Fortgesetztes unentschuldigtes Fehlen im Betrieb oder in der Berufsschule.
Muss ein schriftlicher oder elektronischer Ausbildungsnachweis (Berichtsheft) geführt werden?	Ja! Spätestens zur Abschlussprüfung muss der Ausbildungsnachweis vorliegen, sonst wird man zur Prüfung nicht zugelassen. Der/die Auszubildende hat Recht darauf, das Berichtsheft während der Arbeitszeit zu führen. Die Berichtshefte werden kostenlos vom Ausbildenden zur Verfügung gestellt.
Wann endet die Ausbildung?	Die Ausbildung endet üblicherweise zu dem Zeitpunkt, der im Ausbildungsvertrag vereinbart ist. In bestimmten Fällen kann die Ausbildungszeit verkürzt oder verlängert werden. Legt der/die Auszubildende z.B. die Prüfung vorzeitig ab, endet das Ausbildungsverhältnis dann, wenn der Prüfungsausschuss das Bestehen der Abschlussprüfung bekannt gibt. Besteht der/die Auszubildende die Abschlussprüfung nicht, kann die Ausbildungszeit auf Verlangen des Auszubildenden bis zur Wiederholungsprüfung, jedoch höchstens für ein Jahr, verlängert werden.
Muss man Ausbildungs- und Prüfungsmittel selbst kaufen?	Nein! Dem Auszubildenden sind kostenlos die Ausbildungsmittel, z.B. Werkzeuge und Materialien, die zur Berufsausbildung und zum Ablegen der Abschlussprüfung erforderlich sind, zur Verfügung zu stellen.
Muss der Ausbildungsbetrieb nach bestandener Abschlussprüfung den Auszubildenden weiterbeschäftigen?	Nein! Die Vertragpartner können aber während der letzten 6 Monate des Berufsausbildungsverhältnisses eine Weiterbeschäftigung vereinbaren. Jugend- und Ausbildungsvertretungen müssen nach Beendigung des Ausbildungsverhältnisses grundsätzlich weiterbeschäftigt werden, wenn sie es verlangen.
Sind grundsätzlich alle Aufgaben und Arbeiten während der Ausbildung auszuführen?	Nein! Dem Auszubildenden dürfen nur Arbeiten übertragen werden, die dem Ausbildungszweck dienen und seinen körperlichen Kräften angemessen sind (§ 14 BBiG). Verboten sind Tätigkeiten, die gegen geltendes Recht, z.B. JArbSchG (Jugendarbeitschutzgesetz), verstoßen.

1 FAQ, Abk. für: frequently asked questions (engl.) = häufig gestellte Fragen